意识形态的起源

16世纪法国的意识与社会

[英]唐纳德·克雷 著

江晟 译

浙江大学出版社·杭州

ZHEJIANG UNIVERSITY PRESS

浙江师范大学出版基金资助

Publishing Foundation of Zhejiang Normal University

国家社科基金青年项目

"近代早期法国世俗化背景下民族身份认同的建构研究"

21CSS012）阶段性成果

图书在版编目（CIP）数据

意识形态的起源：16世纪法国的意识与社会 / (英)
唐纳德·克雷著；江晟译. -- 杭州：浙江大学出版社，
2023.5
书名原文：The Beginning of Ideology
Consciousness and Society in the French
Reformation
ISBN 978-7-308-23533-4

Ⅰ.①意… Ⅱ.①唐… ②江… Ⅲ.①社会意识形态—研究
—法国—16世纪 Ⅳ.①D095.654

中国国家版本馆CIP数据核字（2023）第026982号

意识形态的起源：16世纪法国的意识与社会

（英）唐纳德·克雷 著 江 晟 译

责任编辑	谢 焕	
责任校对	陈 欣	
装帧设计	云水文化	
出版发行	浙江大学出版社	
	（杭州天目山路148号　邮政编码：310007）	
	（网址：http://www.zjupress.com）	
排　版	浙江时代出版服务有限公司	
印　刷	杭州钱江彩色印务有限公司	
开　本	880mm × 1230mm　1/32	
印　张	13.875	
字　数	355千	
版 印 次	2023年5月第1版　2023年5月第1次印刷	
书　号	ISBN 978-7-308-23533-4	
定　价	88.00元	

译　序

　　法国宗教改革仍然是一头掩藏于迷雾之后的巨兽，其首尾各部可能都已分别为人们所瞥见和研究，但它的庞大全貌却迟迟未能清晰地展现在世人面前。

　　何为法国宗教改革？相关研究可谓自古有之，且卷帙浩繁。在法国宗教改革仍在进行的 16 世纪下半叶，时任加尔文教派领袖的泰奥多尔·贝扎等人便已经开始编撰具有浓厚新教教会官方色彩的《法兰西王国新教教会史》。以此为代表，关于法国宗教改革的研究和讨论大幕徐徐拉开，此后的相关著述可谓浩如烟海。及至 20 世纪，关于法国宗教改革这一历史进程的研究已经呈现出了多条路径。因此，现在看来，法国宗教改革既是一部宗教史，亦是一部政治史和文化史。然而，就法国宗教改革的性质定义而言，它仍然是一个未能取得广泛一致意见的问题，而且诸多研究者甚至赋予了它悲观和负面的色彩。比如吕西安·费弗尔就曾将 16 世纪这一宗教改革时期描绘成"出现大规模宗教无序状态的漫长时期"[1]；而在《上帝的士兵》一书中，法国宗教改革更是被德尼·克鲁泽描绘为一场"失败的革命"[2]。

　　但是对唐纳德·R. 克雷而言，法国宗教改革在更大意义上则是一段涉

1　Lucien Febvre, *Au coeur du religieux du XVIe siècle*. SEVPEN, 1960, p. 80.

　　2　Denis Crouzet, *Les guerriers de Dieu: la violence au temps des troubles de religion, vers 1525-vers 1610*. Editions Champ Vallon, 2005, p. 713.

及思想史和智识史的进程。意识形态观念成为他所设定的这一历史剧场当中的主角，其产生、发展及其影响成为一个宏大故事的重要线索。在此，政治、宗教的繁杂背景被大量隐去，得到凸显的是这样一个核心问题：宗教改革时期的法国社会如何酝酿、制造出了一系列崭新的意识形态观念，并使之具备了如此强大的社会影响力，甚至反过来推动了这个传统社会的进一步转型（若非崩溃的话）？因此，在克雷看来，法国宗教改革乃是一个从旧牢笼中孕育新生，从摇摇欲坠的旧厦中构筑稳固新宇的进程。

本书可谓唐纳德·R.克雷基于其早年对于16世纪法国法律史、政治史和思想史等分支研究的集大成之作，被广泛视为其研究16世纪法国历史的总结性成果。克雷在本书中指出，作为一个词语的"意识形态"仅有数个世纪的历史，但作为一个概念，它却可以被追溯到更早的时期。他试图通过本书展现意识形态在近代早期如同生命体一般的若干发展阶段。

首先是意识形态的产生。这是个体对抗权威的阶段，也是区别于传统的新的意识形态的萌芽期和发育期。在这个阶段，由家庭、教会、国家等一系列社会单元所构筑的藩篱已经形成了一个严密的网络，而在其中得到彰显的正是父权、教权和王权等一系列保守的权威。这样的权力现状虽然保证了传统社会结构的稳定，却也纵容了诸多弊病的滋生与蔓延。对于新生思想的恐惧和压制成了这一传统社会中权威的普遍应激反应，不论是在家庭中，还是在教会和国家层面皆是如此。因此，对于弊病（也就是对于现状和传统）的不满也势必表现为对不同层级的权威的藐视和挑战。因此，虽然有着时间上的先后之别，但它往往展现了对父权、教权和王权的共同敌意。这一点在路德身上展露无遗。自路德以降，加尔文、贝扎也都表现出了这样的特质。宗教改革的新的意识形态正是在这一传统权威的裂隙中得以酝酿和产生的，它在本质上是对传统与现状的反动，是对当前权威的背弃。然而，值得注意的是，这种反动与背弃却不够彻底，从而导致了克雷所谓的"意识形态的循环"。路德等人转而又成为宗教改革中的新权威，并开始构建他们所认可的现状与传统。

其次是意识形态的发展。意识形态虽然产生于个人对于权威的挑战和反抗，但其发展壮大仍然要倚赖社会性的平台和渠道。新教组织、印刷行业和大学便成为16世纪法国宗教改革意识形态发展的"助推器"。这一阶段表明意识形态本身仍然是一种社会性的产物，而它在当时法国社会中最重要的表现和影响便是"派系"（*parti*）的产生：在16世纪的语境当中，*parti* 尚不具备"党派"的含义，而仍然保持着其原初的意涵。不过，此时的派系已经对社会产生了强大的冲击力，其表现甚至溢出了政治思想论争的范畴，在宗派化（*confessionization*）、政治对立的过程中都扮演了重要的角色。甚至于在某种意义上可以说16世纪法国最具标志性的事件——圣巴托罗缪屠杀——便是意识形态分裂导致的派系纷争的极端体现。

最后则是意识形态的终结。随着派系斗争的白热化，所有的意识形态论争都诉诸更为直接的暴力与战争，但是，这样的状态对于法国社会的秩序而言显然是无益的。因此，带有马基雅维利色彩的，或谓之为"政治家派"的新派系开始发挥更大的影响力。1589年纳瓦拉的亨利成为法国国王其实是意识形态终结的一个重要标志。一方面，亨利四世的继位标志着波旁王朝的开始和绝对主义王权建构的开端，这种秩序的重建和权威的重构事实上意味着以挑战权威姿态问世的法国宗教战争意识形态开始退居次席，有序取代了混乱，权威取代了反抗，成为此后几个世纪的主导状态/形势；另一方面，意识形态中显而易见的宗教色彩遭到了削弱，亨利四世本人多次的改换信仰阵营，乃至于最后坊间讹传的"巴黎值得一场弥撒"，事实上都反映了宗教意识形态已经不再成为时人的一种根本性的关切，宗教意识形态已经呈现出了克雷所谓的"政治化"的转向。

　　本书的翻译工作起于译者的博士阶段末期，此后数度停顿，直至七八年后方完成最终译稿。克雷之行文颇为晦涩，诸多用词需再三揣摩；然译文中如有错谬，皆为本人学识疏漏所致，望方家指正。

前　言 vii

　　本书代表着在我看来必然是被称为智识史或者观念社会史（尽管该名词已在对过去的不同阐释方法中被率先使用）的历史进程当中的一项实验。同时它也代表着 20 余年间挖掘和反思 16 世纪欧洲文本遗存的成果。它通过某些方法构建了与这些研究相关的两类成果，其一是与历史思想和学术相关的历史，其二是这一时期最为活跃和最具争议性的论战人物的传记。[1]尽管本书立足于部分相同的基础，但它不仅偏离了后者的叙事性和纪年性的形式，也不同于前者的分析式（正如科学史家所言的"内在论者"的）方法。现阶段我所考虑采用的是一种综合式的方法；而因为其部分手段看似可疑而过时，我将在开篇处就予以承认，并在可能的情况下证明这些选择的合理性。

　　我的初衷在于重新获得与 16 世纪的体验、思想、行动相关的游离于观念史与社会、制度史之间的内容，从而能够获得一幅比正常预期更为全面和连贯的时代图景。为了保持这一初衷，并基于反对现今将定量、客观科学和社会现实置于主观体验之上的智识传统立场，我不得不首先强调主观论证（尽管我希望是通过不加批判的方式），并由此开启全书的内容。克尔凯郭尔（Kierkegaard）曾指出："主观即真相"；尽管对于在此阙疑

　　1　见唐纳德·R. 克雷的《近代历史研究的基础》（Donald R. Kelley, *Foundations of Modern Historical Scholarship*, New York, 1970）和《弗朗索瓦·奥特芒：一位革命者的苦难经历》（D. R. Kelley, *François Hotman: A Revolutionary's Ordeal*, Princeton, 1973）。

的主观性而言，最好的选择是间接予以接受，但也不应由此认为它未及更具自主性的证据而漠然视之。我并不主张历史仅仅由观念（或者食欲、拳头、工具，凡此种种）所推动；但我的确认为现今对物质因素和非言语行为的强调已经模糊了个体情感、思想和言论在复杂历史进程中的影响和关联。在任何情况下，我的方法都是由观念过渡至社会，而非相反。

viii

　　这一观点不乏认识论和方法论方面的合理理由。欧文·巴菲尔德（Owen Barfield）曾就自然科学提出过一个更切合于人文研究的观点。"长期以来，自然科学强调了其所研究之内容［诸如宇宙（包括地球）的真实结构］和正常人类意识所展现的现象与表象之间的巨大差别。与此相协调的是：（无论如何，自康德以来的）大部分哲学都十分强调人自身的意识在创造或引发这些现象中所起到的作用。"[1] 在我看来，太多的历史学家仍在一个前康德世界中搜寻与人类意识截然不同的"真实结构"——包括他们本人的及其研究对象的；为了避免这种方法论上的傲慢，我不得不尝试剔除其中潜藏的（似是而非的）客观性。我对过去的意识和社会的探究确实属于20世纪晚期北美地区对于社会、文化科学以及历史所进行的重构活动的一部分。显然，我无法获得关于16世纪人之情感、思想和行为全然真实的画面，在提出重要问题时无法避免对数据的获取和重构造成干扰。

　　在接下来的一系列分析过程中，我们不仅要冒险进入一系列的历史分支领域（宗教史、教育史、法律史、印刷史等等），而且还要接触到更为陌生的领域（诸如对一系列属于相似范畴的行为的心理学和社会学研究），并遇到诸多争议性问题（包括性别与世代之间的矛盾，宗教和政治立场的改变，流亡和殉道，口述、手抄和印刷文化的重要意义，修辞和法律的概念价值，宣传现象及其形式，政治派系的本质，此外当然还包括了意识形

　　1　见《拯救表象》（*Saving the Appearances*, London），第12页。

态问题本身），其中涉及了社会学和人类学领域的知识。它试图在这些场景中引入一系列历史领域之外的与学科间的概念，但我已经在极大程度上尝试避免无故地（以及言之无物地）援引源于其他背景的理论。在我看来，弗洛伊德的精神分析法和马克思的阶级分析法并不比路德教派或托马斯主义者的神学理论更适于 16 世纪心态和意识形态的重构。恰恰相反，我更   ix
倾向于认为 16 世纪的体验和思维模式的显露，本身可能对其他专业领域产生了影响，而后者的论据与观点却甚少能对前者产生如此深远的影响。我们没有理由认定宗教动机或政治信念会顺从于近代的传统，或者精神性或社会性的行为（俄狄浦斯情节、谚语或阶级）会维持着一个恒定的模式。此处疑窦丛生，但却无从梳理。

举例而言，在这样的背景之下，我并无意于将现今应用于"心理史学"的元素用于考察 16 世纪事件的观察者和当事人的深刻而令人震惊的体验〔尽管埃里克·埃里克森（Erik Erikson）立足于此类体验的作品与此不无关联〕。显然，16 世纪的题材已经丰富到了足以展开一般意义上的心理史学分析的程度（比如世代矛盾的证据、皈依、殉道、忏悔、口角、自传性质的启示录，甚至是形制规整的神学理论），但它却难以在不预设判断的情况下在此类证据中寻得相关的模式。由于倾向于摆脱因循守旧的心理学理论，我（除非疏忽大意）也决定不采信关于社会结构与进程的因循守旧观点（除非到了马克思主义理论当中与潜意识相关之观点已经无可避免的程度）；而对于任何一种基督教观点，我可能都持有这种立场。如果说我已经拥有了一个更为可取的模式，那便是文化人类学的模式：历史成了一个异域之国，我们需要通过某种陌生的、可能令人不安的田野考察方式来了解它，却不要指望能够从结果中获得满足或肯定。虽然我对于探究 16 世纪的意识和它们所反映的社会构成的可能性怀有高度的期望，但我并不打算使用论证的方式说明 16 世纪的剧变。通常而言，我的目的不在于寻找原因，而在于展示模式；不在于削弱体验，而在于重构体验；不在于"阐释"，而在于展现。

通过这种诠释性的尝试，我希望对源自其若干观点的多种论据的想象式重构能够揭示 16 世纪与我们所处时代的联系和连续性，而更为实证、刻板的学科内方法则忽视或拒绝承认这一点。这便展现了困难之所在，因为目前我们并未认识到 17 世纪之前任何一个世纪之间的相似之处。难道因为自然科学中不可逆转的"革命"和欧洲社会中深刻的"全面危机"而使世界开始共同发生转变的这个时代不是"天才的时代"？或许如此；但我不希望这个问题就此终结。科学革命有着比早期历史学家所认定的更为深远的根源；它产生了一些畸形的后裔，从而毁损了那些通过伪装成为科学史的成功故事；通常而言，理性主义、自然主义和科学主义的遗产既非部分辩护者所主张的那般有益，也非此辈所认为的那般具备启发性。至于 17 世纪的"危机"这一争议性的论题，它是以人口统计学上的转变、阶级矛盾和"现代化"的特殊概念为张本（此即吾辈之"辉格党谬见"或进步观念吗？），从而看起来过于杂陈、过于唯物主义和线性发展，无法适应普遍意义上的历史体验的评价，以及我们在个体意义上的各种困境。我认为，它所代表的意义是对历史路径的另一种辩护——这种辩护似乎是每一代人都需要的，而这条历史路径与年代错置无关，其具备长远的意义和无可辩驳的启迪性。

更大的困难在于：为了达成这些目标（触及 16 世纪体验的人文意义，并将其与我们当代人的生存境况联系在一起），我必须依靠许多历史学家都极力避免或至少（对他们本人）加以隐瞒的一种概念性手法。这种手法可被称为历史归纳法；而它所采用的形式并不属于静态定义的范畴，而属于重构的领域，或者至少属于由历史推断而出的时间连续统一体范畴。部分观念、制度和行为类型（虽然可能在未来出现广泛而剧烈的变化）依然确立了需要连贯历史定义和分析的传统或方法。数个世纪以来，诸如"艺术"、"科学"、"代议制"和"财产"等抽象概念的内容已经发生了彻底的改变；而这些表面上看显得时代错置的术语有着赋予历史进程概念以连贯性的必要作用。此前，我已经提出了与两个被更为具体地定义的连续统一体有关的观点——其一在学术上关注于所谓的"历史主义"，其二则关注于"革命"思想和行动的较早期例证。比代（Guillaume Budé）的历史主义几乎不能与莫姆森（Mommsen）的混为一谈，更遑论奥特芒（François Hotman）与马克思的"革命性"观点了；在我看来，以上两种情形都宣示了历史性的联系，并回溯论证了"历史归纳法"假定的合理性。[1]这也是本书的概念性观点——"意识形态"观念的理论基础，在我看来，它是追溯我们的世界与前科学时代的，以及前工业时代的欧洲世界之间最为重要的纽带联系的有效方法。

　　我对"意识形态"的历史性阐释将出现在本书之中。容我阐明如何将本人的研究纳入这一特别的（对于许多历史学家而言则是令人烦恼的）领域，以总结这些初步的观点。尤其是，为何会是意识形态的起源（beginning）？尚处争议之中的当然不是特定历史意义中的意识形态的起源，而是作为历史体验共同特点和人的生存境况问题的"意识形态的起源"。多年之前，对于这一附带现象（即意识形态的起源）的对立面——意识形态的终结——有过诸多讨论；尽管存在着严重的混乱（即更多地聚焦于"谁的意识形态"的问题，而非这一富于情感的词语本身），这个问题仍然十分重要。[2]理想耗竭的现象（phenomenon）或非现象（non-phenomenon）、

1　可能类似于保罗·里克尔，《邪恶的象征》，E. 布坎南译（Paul Ricoeur, *The Symbolism of Evil*, trans. E. Buchanan, Boston, 1969）和彼得·芒兹，《时间的形态》（Peter Munz, *The Shapes of Time*, Middletown, Conn., 1977），第 321 页中所讨论的并可追溯到黑格尔的"具体的共相"。

2　见哈伊姆·I. 韦克斯曼编，《意识形态辩论的终结》（Chaim I. Waxman, ed., *The End of Ideology Debate*, New York, 1968）。

xi

集体决心的倾圮和幻灭的开始是见证诸多意识形态盛衰兴废的历史洞察力的核心，并在催生它们出现的社会已经远去之后再度兴起。然而这一问题意味着，在意识形态进程的另一端将会出现甚至更为重要的另一问题，即随之而来的价值、理想和行动的形成（generation）。本书即聚焦于欧洲历史上这一段对后世产生巨大影响的时期，明确地提出"意识形态的起源"这个问题，并将其作为其出发点。

放下抱负与自负不论，我曾经尝试就部分所谓的"近代历史"提出一些相当显白的问题。考虑到主题的性质和范围，提及那些曾经在我的两部相关论著中出现过的手稿材料多半显得无关紧要；而另一方面，援引更大范围内的印刷材料却十分必要，这一时期的这些材料远未得到充分的挖掘。媒介的限制已经令人遗憾地阻碍了对视觉和图像材料的利用；无知已经让对与"意识形态"更为无关的表达［诸如历史学家（不同于人类学家）基本无望观察到的戏剧元素、物质文化的不同方面和较少能接触到的行为模式］的探索变得不切实际。就我而言，我不希望在16世纪中读出20世纪的意味，与此同时，我也不主张借这个时代的观点——并带有一些对这些困境的关切——进行写作；在某种程度上，我认为这是对一种规模更大且更为普遍的现象——对心理学、社会学以及可能的人类学的现象的研究。因为我的呈现方式（若非我的方法）具备有计划的系统性，所以年代顺序可能会被打乱；但我希望历史女神本身犹然维持着其魅力和效力（若非其美德的话）。此乃我最基本之愿景：唯有上帝和读者——在这个世俗时代可能唯有读者——可以评判我的作品。

在过去十多年间，我在两大洲的众多图书馆中展开了撰写本书所必需的研究。在哈佛大学和普林斯顿高等研究院的长期留驻促成了本书的完稿；在此期间，我特别感谢已故的迈伦·吉尔默、贾尔斯·康斯特布尔、费利克斯·吉尔伯特和约翰·艾略特，以及约翰·西蒙·古根海姆基金会和罗切斯特大学。其他诸君给予的帮助同样不可胜数，虽将其纳入这份短小的感谢名单但我们的友情仍旧无法被衡量。然而更普遍而言，为了与本书的局部研究方法保持一致，我将单独列出我的母系亲族，感谢他们为了向我灌输基本教义信仰（第三章）所做出的（多半是徒劳无用的）努力；还有罗切斯特大学的部分友人和同僚，感谢他们加强了我理解教育和政治逻辑论证法（第四、六和七章）的能力；还有高等研究院克利福德·格尔茨和阿尔伯特·赫希曼研讨会的成员（特别是昆廷·斯金纳），感谢他们鼓励我在这一主题上进行超出一名历史学家的训练所允许之范围的思考（第一和第八章）；最后还有邦尼和约翰·里德·克雷，感谢他们在社会化最基本层面（第二章）的写作上给予我的帮助。本书献给他们，以致感谢。

唐纳德·R. 克雷

目录

序章： 意识形态问题与历史进程

1789 年秋，副总统约翰·亚当斯发现自己如同其众多继任者那般有了大把闲暇时间；受法国近期发生的骚乱刺激，他开始致力于其最喜欢的一个话题——革命现象的研究。为了系统地检视这一主题，他从其所知的欧洲历史中挑选了一个我们所谓的历史"模型"。不出所料，他选定的模型十分接近于本书的主题，即宗教战争中纷乱的社会、政治和智识背景。他的观点源于达维拉（Davila）在 17 世纪撰写的历史著作，此书与德·图的《历史》（*History*）都为英国人和美国人的历史教育提供了众多内容。1790 年春，亚当斯出版了《论达维拉》（*Discourses on Davila*）——此书内容最初是以系列文章的形式发表，而后才结集成册，意在阐明曾经威胁法国王权的封建动乱和民众起义的意义。[1] 亚当斯对于新教徒的抵抗和胡格诺派怀有矛盾的情感。他一方面称赞了其"信仰自由"的原则，但另一方面又谴责了导致欧洲分裂和羸弱的派系意识。他长期以来都相信这场内部冲突首先为绝对主义政府奠定了基础，并且最终导致了法国社会的毁灭。他的恐惧——以及他所传递的信息——将使法国再次重启这一毁灭进程。

差不多四分之一个世纪之后，亚当斯认为他见证了其预言的实现。1813 年，他听闻了拿破仑从莫斯科可耻地撤兵之后在杜拉瑞宫发表的演

1　见《论达维拉》（*Discourses on Davila*, Boston, 1805），最初发表于《合众国公报》（*Gazette of the United States*），署名为"一位美国公民"。

说。[1]这位皇帝的措辞所指向的目标就是他所谓的"意识形态"（*idéologie*）。在 18 世纪晚期，德斯蒂·德·特拉西（Destutt de Tracy）已经应用这个词语来区别人类社会的哲学路径和之前盛行的神学观点，但拿破仑显然轻蔑地曲解了这一词语。于他而言，"意识形态"是"一个晦涩的隐喻"，它为理解政府提供了一条抽象和非历史的路径，并根源于此君自身与日俱增的困境。他向麇集的廷臣和市民发问：除了意识形态的提供者，还有谁"将叛乱理论宣示为一种职责……通过宣示民众的主权来讨好人民……并摧毁了法律的神圣与尊严？"他却又补充称，其所站立的这片土地不止一次地染上了为不同意识形态而战斗的男男女女的鲜血，这正是达维拉之后的史书编撰者们已经注意到并仍将继续注意的。

亚当斯为其先见之明获得确证而感到欢欣雀跃，以至于在他于一代人之前所撰写的《论达维拉》之扉页中记下了自己的评注，正是这段评注将"意识形态"一词引入了美式英语。"政治与文学世界正从这个新词——意识形态——的发明中受益良多，"他写道，"我们的英文词语'意识性'（Ideocy）或'意识主义'（Ideotism）无法表达出其力量或者意义。"之后他继续说道：它是一门比《呆厮国志》（*Dunciad*）的潜水夫更为深奥的科学。"它曾在愚人学校中得到传授，然自托马斯·潘恩以降，富兰克林、杜尔哥（Turgot）、拉罗什富科（Rochefoucauld）和孔多塞（Condorcet）都成了这所学校的大师。"而今，在经历了一场革命之后，亚当斯见证了其预言的实现。他戏谑地将拿破仑的演说理解为对其论著的"评论"，而在他本人的回应中，亚当斯总结了《论达维拉》一书的经验。他惊呼："拿破仑！在汝名声显赫之前，此书便已预卜汝之帝国。"只消改头换面，所言正是阁下之事（*Mutato nomine, de te fabula narrabitur*）——亚当斯说道：正所

1　见佐尔坦·豪劳斯蒂，《约翰·亚当斯与进步先知》（Zoltán Haraszti, *John Adams and the Prophets of Progress*, Cambridge, Mass., 1952），第 166-167 页。

谓换汤不换药。如果说他们没能在其他任何地方达成一致意见的话，这两位年迈的革命者（一位前总统和一位行将成为过去式的皇帝却在"意识形态"方面拥有了共同语言）的这项意图至少通过文字、观点以及观念动员来推动世界的计划成为近代历史的主要动乱力量（若非推动力量的话）。

亚当斯还曾就这一问题致信其旧交托马斯·杰斐逊。[1] 在谈及拉法耶特（Lafayette）时，亚当斯哀叹于"他在统治与历史上的愚昧无知"，将此君与杜尔哥以及其他显露出"粗浅意识形态"的人归为一类。三年之后，他已不再关注拿破仑，但"意识形态专家"的问题仍然困扰着他。了解德斯蒂·德·特拉西并确实知晓此书（《论达维拉》）著者之秘密的杰斐逊告知了亚当斯有关这篇论述意识形态文章的情况。亚当斯大感震惊："充斥意识形态的三卷本著作！请为我解释这个新鲜的标题！当波拿巴使用它时，我尚觉欣喜，我们无法在每件事情上都了解到愉悦的普遍原理。这是否意味着愚蠢？一门不负法律责任的科学？一门精神错乱的科学？一种谵妄的理论？或者意味着自私的科学？一种恰当的恋情？关涉到虚荣的种种元素？"亚当斯颇为诙谐幽默，但其总统之位的继任者却直白地向他解释道："特拉西认为'意识形态'一词包含了法语词'实体'（*Physique*）的反义词'精神'（*Morale*）所指涉之全数内容。"因此，杰斐逊试图在观念研究中赋予意识形态观念一种调和的哲学性的解释，以区别于自然与物质世界的解释，从而避免了对历史学家或同时代社会学家的冒犯。不管人们如何看待意识形态专家或特拉西所创造的词语，这个概念本身就能够通过成为一项研究的合理目标而得到理解。

1　见《亚当斯－杰斐逊书信集》，L. 卡彭编（*Adams-Jefferson Letters*, ed. L. Capon, Chapel Hill, 1959），第 2 卷，第 355、471、500 页（1813 年 7 月 13 日、1816 年 5 月 3 日和 12 月 16 日致杰斐逊的信）和第 505 页（1817 年 7 月 11 日杰斐逊的复函）；另见 E. 肯尼迪，《革命时代的一种哲学：德斯蒂·德·特拉西与"意识形态"的起源》（E. Kennedy, *A Philosophe of the Age of Revolution: Destutt de Tracy and the Origins of 'Ideology'*, Philadelphia, 1978）。

　　这两位备受尊崇的人物之间的理论交流——他们本人绝非意识形态专家——将有助于引入本书的基本主题，即在意识形态影响最为深远的时代背景之下，它的兴起、影响、传播和改变。对一些人（如拿破仑）而言，"意识形态"是一种危险信号；对另一些人（如亚当斯）而言，它代表着未开化；对除此之外的其他人等（如杰斐逊）而言，它提供了一种能够用于哲学和历史领域的普遍概念。我倾向于最后一种观点，并按照近代社会学的惯例将"意识形态"视作一种概念性的工具，一种将社会研究（不论是进行制度或阶级结构方面的研究还是文化形态方面的研究）与特定人类思想和证据（这毕竟是历史学家的最后手段和专业上的首要关切）相联系的方式。与亚当斯一样（我欣赏此君文学上的讽刺风格），我认为英语当中并不存在另一个具备恰当力量和综合性的词语；与杰斐逊一样（虽然我意识到他仅仅是在复述特拉西的观念），我认为并不需要怨气满腹地看待这个词语，它至少将人类的精神（Morale）与存在的实体（Physique）区别开了；我相信只有愚蠢地拘泥于字面意义才会阻碍它发挥在赋予历史进程某方面意义上的作用。

　　"意识形态"作为一个词语的历史要少于两个世纪，但作为一个概念却能追溯至更早的时期。在某种贬抑的意义上，它与维柯（Vico）所区分的特定学术词语"诡计"（*borie*）相联系，在更早之前则与培根（Bacon）著名的概念"谬论"（idols）存有关联。它间接地让人回想起怀疑思想所表现出的人类认知的关键观点，比如内特斯海姆的海因里希·科尔内留斯·阿格里帕（Henry Cornelius Agrippa of Nettesheim）对整个人文和自然科学范畴内"知识虚荣心"的抨击。[1] 特别就政治意义而言，它同表面政策与实际策略［经典制度（classical devising）中的"帝国的秘密"（*arcana*

　　1　见下文第 178 页，注释 7。（本书注释中所提上下文页码，均为原书页码）

imperii ）〕之间——也就是马基雅维利所谓的宫廷政治与公共广场政治之间的一贯差别息息相关。[1]但是我意欲在此处使用的意识形态观点远远超出了"错误意识"以及与个体信念相对比的公共立场的概念的范畴。况且其中还包含了一系列特别并且基本具备连贯性的假设、看法、观点、价值观念、理想和目标（它们已经被一个或多或少具备组织性的人群接纳，并可能加以践行）的集合体。它既超越了哲学，但同时又不足以成为一门哲学，前者是因为它包含了感性的、潜意识的和非理性的元素，必须与特定的社会模式相联系；后者是因为它还缺乏理性的和自我封闭的思想体系。与此同时，它也比"心态"（mentality）或〔借用爱德华·希尔斯（Edward Shils）的术语〕用以描绘一个稳定和多元化社会的"观点"（outlook）更加明确和系统。[2]在范围上更为全面并在吁求上更为急迫的意识形态要求获得"一致的意见"和某种共同的具体化表现，这涉及了希尔斯所谓的"意识形态的基础群体"。此外，意识形态还支持一种"超验的存在"，即超脱物质利益的理念，其中包含了对作为一个整体的社会的背离，甚至可能还包括了即便不是反社会的以及（16世纪观察家所相信的）反国家的，也是反文化的创造。

通常而言，"意识形态"集中于社会与意识之间重要而几乎难以接近的交接之处——有人可能会说，这正是笛卡儿所猜测的用以联系思想与身体的至关重要的松果体的历史对应物。意识与社会之间的这种联系的本质为何？这一明确的关系中无疑包含了一个元历史的问题，但如今，对于大部分的历史学家而言（正如对于大部分的社会学家而言），尝试用其中

1　见卡尔·曼海姆，《意识形态与乌托邦》，L. 沃斯、E. 希尔斯译（Karl Mannheim, *Ideology and Utopia*, trans. L. Wirth and E. Shils）（纽约：1952年），第56页。

2　见《知识分子与当权者》（*The Intellectuals and the Powers*, Chicago, 1972），第23页及后页；可参照 C. 格尔茨，《文化的解释》（C. Geertz, *The Interpretation of Cultures*, New York, 1973），第193–233页。

一者去解释另一者是徒劳无功的。这一路径包括了最为庸俗的马克思主义
或最为幼稚的观念主义，这些学说可能有所助益，但甚少具备启迪性。在
黑格尔与马克思之间——或莫尔与马基雅维利之间——做出选择，旨在通
过逻辑演绎的（*a priori*）假设发现历史进程的秘密源泉并非历史学家的职
责所在；这类似于在历史中寻觅上帝之行止。（因此我认为）倒不如对这
些转瞬即逝的人类创造——思想与社会的进程——加以研究，并阐释它们
之间的部分相互影响。虑及人的境况的内部和外部元素，意识形态的概念
开启了阐述特殊领域体验的普遍意义的可能性——这并非简单的哲学上的
意义，它还具备了在后世回溯式发展的重要意义，不管这一发展（从历史
角度来看）是事出有因还是（在阐释学意义上或虚构地）依托于污名化与
阐释。[1]

在任何情况下，意识形态的问题虽然令人遗憾地被社会学家和哲学家
们垄断，但对我而言，它在最基本的意义上仍然是历史性的。在由社会群
体建立的细节静态条件下研究该问题是可能的，但这种关注焦点势必遗漏
作为一种能够挑战、干扰甚至可能完全改变现状之力量的意识形态的重要
意义。的确，可以说现有意识形态本身在遇到此类挑战前大体上仍显得暧
昧不明。意识（特别是社会和政治意识）的现象在任何时候都不比意识形
态与反意识形态之间的交锋更易为历史学家理解。这似乎与拿破仑和亚当
斯的体验（当然也与亚当斯选来阐释最激烈意识形态现象——革命的模型
的体验）是一致的。

如果"意识形态"是一个需要进行正当化辩护的概念性设计，"历史
进程"则涉及了一个我们所有人都作为其组成部分的现实谜团，一个我们
所有人毕生都无法走出的迷宫。它是一个难以从内部理解的体验的连续统

1　见埃米利奥·贝蒂，《阐释的一般理论》（Emilio Betti, *Teoria generale della
interpretazione*, Milan, 1955）。

一体，在任何普遍的意义上都必须通过隐喻得以表达。而最为人所熟知的隐喻之一便是形同无缝之网的历史。马特兰（Maitland）的意象的确是一种可信回忆，正如基督的最后装束以及自鸣得意且因循守旧的渐进主义，它认为历史的结构是由理性的、学识渊博的，特别是熟知律法之人编造的。然而，仍然有充分的理由质疑明喻的运用（即便是偶尔的故意为之），因为它意味着与我们的体验以及我们对历史的认知相异的简单性、规律性和同质性。关于"革命""危机"以及历史确乎在此转向的转折点的研究，并未在历史学家和社会学家中蔚然成风，否则我们对于无意识的隐秘力量就会有更为彻底的认识。最近的一系列质疑和解惑释疑的手段已经令我们对人类过去（关于历史进程的断裂、激变、反潮流和逆转）的意见不合、分歧甚至是分裂更为警醒和敏感。无论我们如何看待基督之袍的完整性，历史之谜作为一项正式继承的遗产在任何时期似乎都难以用于理解人的境况。当然，拿破仑和亚当斯都无法接受这一点，除非它成为一种政治和社会理念。

6

这样的警告对于 16 世纪这段甚少平静而充满危机的时期（这可能的确能够解释马特兰所坦言的他"更喜欢大多数的时代"）而言似乎是十分必要的。这一时期的人应该能够理解这种感觉。对于部分在 1500 年业已成年者而言，这是一段充满苦涩失望的时期，像马基雅维利和圭恰迪尼（Guicciardini）等政治观察家确实通过诸多方式阐释了被称为"意识形态终点"的智识综合征。对于其他人而言，谈论复兴与和平的"黄金时期"成为一种潮流。伊拉斯谟、比代、勒费弗尔·戴塔普勒（Lefèvre d'Etaples）、比韦斯（Vives）、莫尔（More）甚至路德都曾使用这种乐观的措辞。但在四分之一个世纪还未过去之前，这种希望就已经酸败了。伊拉斯谟在致信梅兰希通讨论路德教派分立一事时指出，"除了上帝，没有人能够阻止这种普世的悲剧"。[1] 年轻一代的人文主义者甚至更为强烈地感受到了他们时代的著名"革新"所导致的灾难性转向。当比代的最重要门生罗列出近代世界的主要成就时，他不忘提及已经闻名于世的印刷术、航海指南针和火药三大发明，但随后他继续列出了一些不那么正面的"奇迹"，其中包括了新式的花柳病。[2] 然而梅毒并非最糟糕的传染病。路易·勒华（Louis le Roy）继续写道："此外，所有国家都出现了教派分立的现象，严重扰乱了公共和平，消弭了人与人之间的宽容……各处之邦国均饱受摧残和困扰，甚至毁于一旦；各处之宗教均陷入了异端的麻烦之中。一切皆混乱无序；无物保持原状。"总之，世界不再只是在革新；按照传统之说，它还"上下颠倒"了。儿子反抗父亲，臣民反抗统治者，信众反抗教会。历史之网与基督之袍都不复原来的面目。

这又是如何发生的？一般而言，答案从始至终都显而易见。混乱的根源就是近代世界的最初呼喊——我们称之为宗教改革。不管是否被视为宗教和社会层面不满之长期传统的顶峰，作为焕然一新并且转向内部的十字军运动，或者初露锋芒的争取自治和自由的斗争，宗教改革都是一种冲击力十足的人类体验——或体验的复合体，其影响力远超过宗教忠诚的范畴，在特定的教义纷争业已平息之后仍在发挥其作用。事实上，宗教改革的多元特性自伊始起已经表露无遗。在一个世代的时间里，表面上经路德推动的宗教骚乱不仅导致了基督教国家的分裂，还导致了一系列世俗动乱的出现：所有阶层所经历的经济动荡、从家庭到国家所有层面上的制度变化、一系列的全国性暴动、对传统价值观和目标的最激进质疑，以及近代第一场（同时在某些方面又是最为动荡不安的）世界大战。总而言之，我们拥

1　见 P. S. 艾伦编，《伊拉斯谟书信集》（P. S. Allen, ed., *Opus Epistolarum Des. Erasmi Roterodami*, Oxford, 1906-1958），第 9 卷，第 2343 号（1530 年 7 月 7 日）。

2　见路易·勒华，《论宇宙中事物的变迁或变化》（Louis le Roy, *De la vicissitude ou varieté des choses en l'univers*, Paris, 1575），第 249 张。

有众多近代"革命"的组成要素；而将这种笨拙的抽象概念应用于 16 世纪的诱惑往往变得不可抗拒。如若我未通过任何系统性的方式系统地使用这种流行模型，那是因为"模型"（model）意味着机械的玩物和概念性的设计，也因为进一步的反思和研究或许的确揭示了它的不成熟（若非幼稚的话）。但无论何为恰当的标签，欧洲社会在宗教改革时期的转型不仅应被理解为对于历史结构的变革型设计，还应被视为一种激烈的、多维度的，可能还是多指向的进程——它需要通过大量资料和众多方法从多个角度加以检视。

我们应该如何理解这种激烈的社会变革进程？换言之，在予以适当领会而非不切实际的主观臆断的同时，如何保持敏锐的洞见，避免过分的短视？至少从历史学家的角度看来，这绝不能依赖于某些简化的答案（不管是经济、政治、智识还是心理方面）：这样的程序（不管它多么深奥微妙或令人服膺）都只能成为新研究路线的窒碍，它在学科之间设置障碍，忽视某些证据，并在总体上倾向于剥离历史中的人性。人们也不应囿于人类行为的表面层次（不管是公共事务、商贸活动还是有意识讨论的层次）：这种立场往往将人类行为中无意识的、虚构的、直觉的和总体上非功能性的方面摒除在外。最后，在我看来，人们也不应完全关注于个体行为的特征或集体行为的隐匿性：历史与统计数字之间的这种选择试图解除人类参与社会以及对其做出反应的中立立场，而这种立场正是从方法论上看似乎不可企及的历史学家的立场。

这一困境虽以历史学术语的形式提出，却是一个普遍存在的古老问题，抑或在统计学意义上遵从法律的新问题——若它终归无解，历史学家亦有义务间或进行此项尝试。为了阐明这一困境，我们可以考虑两类方法论上的极端情况。社会学方法中最具权威性的著作莫过于迪尔凯姆（Durkheim）的《自杀论》（Suicide）；无论如何过时，这项讨论都阐释了用集体性词汇解释那些隐私之事的企图的优点和局限。[1] 其结果的确就是去解释"自愿的死亡"，即通过一种让分类甚至是预言成为可能的方式，将其与社会"肇因"（cause）联系在一起。其未行之事乃至不克之事乃是将此类分析与特定的人类动机相联系，或将肇因分析用于特定的案例。从社会学概念的高度上看，心理学上的动机至多代表着一种无法有效影响更大范围趋势和模式的布朗运动。一名政治家或一名作家的自杀并不比精神病患者或患有致命疾病者的相同行为更有价值。这一观点的困境在于并未出现关于意识之特性（quality）的问题，因此就不能以有意义的方式正视"意识形态"的问题。我们可能不仅从人类的角度出发对个体选择的"原因"（why）感到好奇，出于文化理解的目的，我们也需要对有公共影响和历史意义的案例做出性质上的区分。比如由于存在着拥有领袖魅力的个体，因此也可能存在着超越其等级（有时超越其历史背景而被认为具有虚构成分）的模范和象征案例。某些行为（比如信仰皈依或被承认为殉道的特定自杀行为）都具备着超出统计评估之外的意识形态反响；同时也不应允许方法论的图腾或禁忌阻碍对它们的研究。

在这类定量分析的另一极端上，我们拥有伯纳德·德·沃托（Bernard de Voto）在某处提及的"提喻法构建的历史"。他的假定不仅认为某种方法论个人主义对获取山民的体验（观点）是必要的，而且认为为了理解任何一种历史体验（即便是最为单调的那种体验），我们都需要遭逢他人；我们需要穿着他人的软皮平底鞋站立。一个单一案例是否具备代表性、独特性或唯一性可能值得商榷；但理解的尝试决定了集体性考察必须放弃一定的洞察力深度。因为只有通过提喻法，我们才能理解人类的情感、价值

1　见 E. 迪尔凯姆，《自杀：社会学研究》，G. 辛普森译（E. Durkheim, *Suicide: A Study in Sociology*, trans. G. Simpson, London, 1952）；可参照同一作者的《社会学与宗教》（D. 波科克译）（*Sociology and Religion*, trans. D. Pocock, New York, 1974）和 J. 道格拉斯的《自杀的社会意义》（J. Douglas, *The Social Meaning of Suicide*, Princeton, 1967）。

观和思想——也才能重构过去的意识形态实质。一个无法使用这种辨别方式的领域便是智识史，这不仅是因为该领域（在一种粗俗的意义上）奉行精英主义，也因为它们为了自身，必须认定意识形态的因素比它们自己身为其中一部分的社会和政治结构更为持久——易言之，它们身为意识，不仅在书籍当中，而且也在记忆、神话和民间传说当中拥有来世。对于意识形态（以及观念）之往生的理解也取决于一种批判性和选择性的（若非招人反感且恣意专断的）路径，那么，何不称之为"定性历史"？

是否有可能将这些路径（即宏观历史与微观历史）结合起来？也就是说是否有可能视纹理为结构，视独木为森林？答案可能是否定的；我们几乎无法想象迪尔凯姆和德·沃托能够在这项事业上通力合作。然而这种不恰当的结合对于获得任何历史进程的普遍理解而言却是必要的。与这种混合式的路径一致的是，我建议从对特定个体、体验、事件和制度的检视转向对更为普遍的历史模式的检视，借此探究 16 世纪历史进程中人的一些意义。这是从作为提喻法（synecdoche）的历史到作为结构的历史的转向。人们可能会联想到与列奥·斯皮策的研究方向相类似的"历史语义学"（historical semantics），它的维系有赖于在"词语细节"及其为了标识意义的"历史周期"（类似于伽达默尔和其他人所描述的"释义学周期"）而提及的概念轨迹之间的往复运动。[1] 我希望此类的比喻性重构将出现在之后对宗教改革时期欧洲历史进程的探讨当中。

为了总结初步之假定和自承之事项，我必须坦言，尽管存在着明显具备系统性的表象形式，但文学模式在诸多方面仍然是本书首要目标（即重构宗教改革的主观部分、行为者和观察者的体验和意识以及它的智识表

10

---

[1] 见列奥·斯皮策，《语言学与文学史》（Leo Spitzer, *Linguistics and Literary History*, Princeton, 1948），第 33 页；可参照 H. 伽达默尔，《真理与方法》，G. 巴登与 J. 卡明译（H. Gadamer, *Truth and Method*, trans. G. Barden and J. Cumming, New York, 1975），第 167 页。

达）的最大希望所在。在这个意义上，我不仅认为文学批评的技巧、语言分析、类型追溯和传统主题（*topoi*）是任何最有赖于文本论述的历史事业的要点，还相信表象形式（*form*）能够从这一原始资料中有所收获。宗教改革的确是一出历史戏剧——一种集体的"挣扎"，其中，意识形态同时看透了各色主人公及其敌手，明确阐述了它们的角色，塑造了它们的行为，并在某种程度上决定了它们的命运。它也可以算作某种史诗——关于英雄的（虽然可能误入歧途的）奋争故事、宏大的设计以及最终（对于后世而言）神话般的成就。而"定性历史"的努力乞援于这种古老的形式和各种更为系统的分析是合宜的，可能也是必要的。我们就借着宗教改革的意识形态冲突（*Agon*）中的一段充满戏剧性同时又颇为典型的片段来直入本题（*in medias res*）。

第一章　背景：路德孵化之卵

伊拉斯谟召唤，路德奔命，伊拉斯谟产卵，路德孵化，伊拉斯谟怀疑，路德大加宣扬。

——弗洛里蒙·德·拉蒙

但愿路德保持缄默。

——梅兰希通

序言：布告事件（1534年）　

1534 年 10 月 17 日，星期六，在午夜之后的两三个小时内，一批宗教狂热信徒、"所谓新教信仰"的支持者们——其中一部分人手持武器——走上了巴黎和法国其他城市的街头执行一项危险的任务。他们在城墙和其他显眼位置张贴了在纳沙泰尔印制并于最近偷偷运入法国的大幅布告。[1] 这些布告的尺寸介于 10 至 14 英寸之间，使用一种质朴但清晰的黑体字（*bastarda*），其内容出自纳沙泰尔的牧师和传道者安托万·马尔库尔（Antoine Marcourt）之手，并由临时担任印刷工的皮埃尔·德·万格勒（Pierre de Vingle）印制。翌日清晨，巴黎、奥尔良、布卢瓦、鲁昂、图

1　最为详尽的记录见加布里埃尔·贝尔图，《安托万·马尔库尔》（Gabrielle Berthoud, *Antoine Marcourt*, Geneva, 1973）；这份布告被收录于 E. 德罗兹编，《论宗教宣传》（E. Droz, ed., *Aspects de la propaganda religieuse*, Geneva, 1957）。可参照 A. L. 埃尔明亚尔编，《法语地区宗教改革者通信集》（A. L. Herminjard, ed., *Correspondance des Reformateurs dans le pays de langue française*, Geneva, 1866-1897），第 3 卷，第 225 页。

尔和昂布瓦斯的市民在前往教堂的路上看到了用法文撰写的如下标题：
《对与耶稣基督圣餐直接相悖的天主教弥撒可怖、粗俗和难以容忍的滥用
行为的真实批判》。这位传道者——与其称之为路德教派教徒，不如视之
为"圣餐象征论者"（虽然对于大部分天主教信众而言，这一区别太过于
细微）——继续写道：

> 我祈求天与地见证用于批驳这一自大、傲慢的天主教弥撒的真
> 相，（如果上帝不加以阻止的话）整个世界都将被其毁灭、击败，从
> 而失去希望，成为一片废墟。

他在结尾处列出了四篇拒斥圣体论的偶像崇拜错误，并确认基督信仰
和崇拜的精神特性的文章。他总结道：天主教徒就像"四处抢掠的狼群"。
"他们杀死、焚烧、毁灭和谋害所有反对他们的人。真理对他们避而远之，
但这真理也在寻觅他们，并将马上摧毁他们。上帝啊，但愿如此。"

14　　　这些令人震惊的观点直率地反对了基督教徒的基本意识和信仰，而这
正是正统信仰及其合法性的最终象征。它们超出了异端的范畴，具备了叛
逆的精神；当国王弗朗索瓦一世在位于昂布瓦斯城堡的寝宫大门上发现这
份布告时，他必然会得出这一结论。之前一年，他曾允许翻译和出版一份
呼吁"铲除在这个国家大肆蔓延的路德教派异端和其他教派"的教皇敕书；
而今他开始坚决地参与这一运动。在这次对国王本人的冒犯行动过去两天
之后，他调动起了相关的镇压机构——高卢教会、索邦神学院和巴黎高等
法院，并诉诸其臣民的民族自豪感和支持宗教统一的立场。他委派神学家
热罗姆·德·昂热（Jerome de Hangest）负责通过印刷品回击这些"撒旦
的后裔"，又委派巴黎司法长官让·莫兰（Jean Morin）负责追查那些"路
德教派的效仿者"。在于一月颁布的一份"永久的及不可变更的敕令"当
中，弗朗索瓦一世又补充规定告发人将获得任何被宣判为这一煽动性教派

成员或帮凶的遭抄没财产的四分之一。[1]对于福音派的支持者而言，这些"四处抢掠的狼群"展开了回击。

国王发起的运动未能取得成功，但并不是因为未曾采取行动。据称曾有多达 400 人遭到了拘禁。事实上，到这一年年底，至少有 12 人遭到了逮捕和宣判。其中 9 人在经受了惯常的羞辱之后被处以火刑，另有一人（遭鞭打之后）被驱逐出境，两人——根据当时目击者的说法——"因为检举了其他许多人"而免于惩罚。在布告事件之后的一年中，总计有 120 名得到确认的遇害者，当然真实数字并不止于此，根据古老的传统，其中还包括了一些"被扔入塞纳河的人"。这群人构成了法国市镇社会清晰的剖面图。其中的大部分人属于中间阶层：零售商人和批发商，可能还包括了 1 名（名为路易·德·美第奇的）意大利人，但其中仅有 3 名贵族——他们悉数逃脱了被流放的命运。此外还有大量的知识分子：10 名教会人士（神职人员和修道士）、10 名印刷商和书商、1 名律师（他的财产遭剥夺，并被驱逐出境），还有 3 人是大学的正式员工（虽然肯定尚有其他人隐没于捉摸不定的记录之中）。尽管超过一半的遇害者最终免于被流放，其中还包括了两位著名的作者——克雷芒·马罗（Clement Marot）和马蒂兰·科尔迪耶（Mathurin Cordier），但所有人都经过了缺席审判。国王以充斥着仇恨的天主教方案［教规专家所述之自发敕书（*de motu proprio*）］为基础，在七月发布敕令要求在不经审判的情况下抄没这些人的财产。

15

这些示威者的罪名为何？据说一名妇女受审的原因是她在星期五和星

---

1 见《国王弗朗索瓦针对路德教派同路人以及窝藏上述罪犯者的法令》（*Ordonnance du Roy François contre les imitateurs de la secte Lutherienne et recelateurs d'iceaux*）（1535 年 2 月 1 日）（收录于法国国家图书馆 F.35149）；F. 伊桑贝尔、A. 茹尔当、A. 德屈西编，《法国古代法律总集》（F. Isambert, A. Jourdan, A. Decusy, eds., *Recueil general des anciennes lois françaises*, Paris, 1821-1833），第 12 卷，第 211 号和第 216 号（7 月 16 日）。可参照 P. 费雷，《巴黎神学院》（P. Feret, *La Faculté de theologie de Paris*, Paris, 1900），第 2 卷，第 28 页。

期日吃肉，而另一名男子受审则是因为他曾向一个路德教派团体捐献过财物；但要而论之，他们都是与文字相关的同一项罪名的共犯。具体而言，即持有或散布相关书籍或小册子。七月敕令的结尾处展现了官方明确的立场："禁止所有人……公开或私下阅读、主张、翻译、撰写或印刷任何与基督教信仰相悖的教义。"

由于这一事件而出逃的众人中包括了一名年轻的法国学者，他正致力于撰写一部将赋予众多受到谴责之教义以古典形式的著作。让·加尔文此时已经前往巴塞尔出版他的《基督教要义》（*Institutes of Christian Religion*）一书，而在 1535 年夏末，他曾致信弗朗索瓦一世，为这一年中的殉道者辩护。被他断然称为"吾辈之事业"的进程虽然与近期不断腐化的传统相悖，但他所从事的事业却并非全新的或煽动性的事物，亦非公共动乱的源头；他警告国王勿要理会这些中伤纯正信仰之徒。他还补充道，即使福音的传布牵涉到了冲突，也仅仅由使徒自身承受；和这些使徒一样，新的福音传道者已经准备好面对这些危险，甚至是死亡。虽然加尔文使用了平和的措辞，并否认了不服从的指控，但他的辩护却以一番如国王声明般言之凿凿的质疑作结。他总结道："主的强力之手……必将应运而出，将贫苦者从苦难中解救出来，同时惩罚那些自信满满且扬扬得意的藐视权威者。"[1]

在路德公开张贴出他的布告《九十五条信纲》17 年后以及他的教义在法国遭到谴责 13 年后，同时也可能是在加尔文改换信仰 1 年后，布告事件的发生打破了法国的平静。这一事件本身并无多少新意：更早之前就已经出现了此类布告的散布，也有人（特别是布告作者和印刷商）面临殉道和流放的命运，政府也曾采取过镇压的政策。但出于某些原因，这一

1　见加尔文，《基督教要义》（Calvin, *Institutes of Christian Religion*），前言部分。

事件又显得非同小可。它标志着法国新教命运的一个转折点，从此刻起， 16
它成为一场规模庞大的地下运动；它展现了法国社会不可逆转且显而易见
的分裂对立，并由于双方——源于加尔文的《基督教要义》和纪尧姆·比
代为国王的压迫政策辩护而创作的《从希腊主义向基督教信仰的转型》
（*Transition from Hellenism to Christianity*）——更为极端的论述而愈加得
到强化；它还毁掉了法国与德意志路德教派诸侯之间在菲利浦·梅兰希通
（Philip Melanchthon）协助下商讨签订和约的前景。[1]无疑，宗教事件具备
影响甚至决定社会和政治历史的作用。

更为重要的可能是它的象征意义和某种程度上的虚构价值。由于布告
事件成了宗教改革名副其实的缩影，呈现了 16 世纪意识形态变迁的所有
重要元素，它首先昭然若揭地展现了一场拥有出乎意料的良好组织和紧密、
狂热的基础的反抗运动。而它对规范做出的唯一妥协便是略去了路德和其
他异端人士的名字；但其语言上的放纵——"可怕而糟糕的渎神行径""可
怜的偶像崇拜者""敌基督的错误学说"等等——充满了毫不妥协的色彩。
因此，畛域已经划下，敌人已经确定，特别是在对"圣餐变体这一粗俗词语"
的攻击之下，教义之间的沟通桥梁已被烧毁。这一对立冲突令人有似曾相
识之感：一个要求回归纯粹精神奉献的理想主义的，甚至是狂热的少数派，
与之相对的则是一个承担责任但又偏向唯物论、具备不同价值观并关切不
同问题的权力主义当权派。进入公众视野的不仅是一个"教派"，还可能
是一个无法适应它在其中运转的世界的党派。[2]

和这些圣餐象征论者的激进主义同样令人震惊的是抗议活动在欧洲社

1　见纪尧姆·比代，《从希腊主义向基督教信仰的转型》（Guillaume Budé, *De
Transitu Hellenismi ad Christianismum*, Paris, 1535）；法文版由 M. 勒贝尔翻译（M. Lebel,
Paris, 1973），英文版由 D. F. 彭翰译（D. F. Penham, unpublished Ph.D. thesis, Columbia
University, 1954）。

2　见下文第 118-128 页。

会中的蔓延程度——不管是在垂直方向还是在水平方向上。新教义传播到了神圣罗马帝国的各个部分，甚至包括了查理五世的私人领地尼德兰，这已经足够糟糕了；而"笃信王"的王国从头到尾受到它的彻底影响更是令人无法容忍。1535 年，大约 50 座市镇显然已经接触到了异端思想，而其扩张的重要时期才刚刚开始。此外，法国新教徒的传教热情也遭遇到前所未有的困境——不仅在自己宅邸中传教都被视为非法，他们还要遭遇殉道和流放（这对社会稳定、财产完整和继承的连续性而言尤为糟糕）的命运。这一情况所导致的后果便是逃亡至斯特拉斯堡、巴塞尔、苏黎世，特别是日内瓦（不久之后它成了国际新教运动的主要避难所和中枢）的人数与日俱增。尽管"殉道者之血即教会之种"成为宗教改革者的座右铭，但从长远看来，流放行动在他们信仰传播的过程中更令人印象深刻。[1]

知识分子成为新教会的先驱者，他们的影响远远超过了其人数。最初，弗朗索瓦一世已经倾向于将"路德教会"的错误归咎于"底层和无知的民众"，但到了 1535 年，他肯定已经更清楚地认识到其始作俑者是诸如勒费弗尔·戴塔普勒（Lefèvre d'Etaples）和本应在 6 年之前被处死的路易·贝尔坎（Louis Berquin）等学者。他一定也了解特别针对巴黎大学这个"教会的长女"的威胁——它曾最先挺身而出反对路德教派；因为在 1533 年，多项反对"异端之粗鄙书籍"的法令得以通过。在大学团体深深牵涉其中的布告事件发生之后，意识形态的威胁似乎更加迫在眉睫；1535 年春，国王颁布了一份个人通告，如他所言，其中要求各个大学的职责务必在于恰当地"灌输信仰"。[2] 但控制新观念洪流的难度与日俱增，这点尤其表现在德意志民族和处于萌芽期的"三语学院"当中——它由弗朗索瓦一世于

1　见下文第 277 页，注释 51。

2　见 C. E. 布莱乌斯，《巴黎大学史》（C. E. Bulaeus, *Historia Universitatis Parisiensis*, Paris, 1673），第 6 卷，第 252-253 页。另见下文第 143-158 页。

5 年前筹建，是法兰西公学院的前身。这座一直以来作为辩论和骚乱舞台的大学已经成为某种反文化运动的中心，不仅推动了大学之间的冲突，还助长了世代之间和意识形态派系之间的矛盾——它挑战的对象不仅是教育学的权威，还包括了父权和政治权威。从巴黎、奥尔良、布尔日和其他地方的诸多大学中涌现出了众多下一代的新教领导者和新式知识分子，他们希望专业学者成为推广一场深刻变革的媒介。

　　布告事件的冒险行动揭示的最昭彰之处即是印刷术业已发展成熟，成为宣传手段和公众启蒙的源头。它为马尔库尔等要求布告"在每个公共区域得到发行和张贴"之辈提供了一个无法抗拒的平台，而他们也要被迫接受公众对其信仰及其广播宇内之过程的见证。作为一种为信仰提供论据并宣传它的手段，印刷术自然地在路德教派兴起的最初几年就得到了有效使用，特别是通过翻译赓即传播到了欧洲其他地区。伴随 16 世纪 20 年代意识形态爆炸式发展的不仅是书籍数量的巨量增加，还有传播手段的增加和传播速度的提高。印刷术的国际性特征通过这些布告得到了很好的展现——其创作者为瑞士牧师，发行者是一名法国印刷商，同时在 5 座法国市镇中得到张贴，法国内外的不同人士（如梅兰希通）都收到了相关副本或报告。当然，人们从一开始就认识到了印刷术对宗教正统和社会秩序的威胁。早在 1523 年，"路德教派"的文本就在法国遭到了公然焚烧，官方审查也以国王谕令的形式得以确立，但是这条致力于铲除异端"害虫"的漫长而重复的战线首先在德意志地区出现了松动。随着布告事件的发生，审查战役发展到了高潮，当时仍因反圣餐象征论者而暴怒和痛苦的弗朗索瓦一世曾试图彻底地废止印刷业。[1] 这份荒谬的法令从未得到执行（事实上法令文本也未得以留存），但却彰显了当局对宣传力量忧心恐惧的程度。

18

1　见下文第 238 页，注释 58。

通常而言，官方对待新教的态度形成了一种反狂热主义的倾向，他们所发布的法律也具备了反宣传的特质。在一份份越来越频繁地以印刷文本形式出现、在街头巷尾"伴随号角声而得到传布"的敕令中，"根绝"和"铲除"可恶教派已经成为国王的政策。1月中旬，国王在巴黎举行了一次规模庞大的集会作为回击，并颂扬了民族的统一和宗教的正统性。[1] 它始于圣母院的一场弥撒仪式，包括了一场精心擘画的高卢教会教士游行，并以公共处决6名异端谢幕。其目的显然不仅在于批判异端，还在于批判叛逆罪。两周之后，弗朗索瓦一世向（因与查理五世的敌对关系而曾加以讨好的）德意志新教诸侯宣称其不悦并非针对路德教派，而是针对这些躲在神学"悖论"后面试图颠覆法国社会之徒的悖逆行为。[2] 而比同年与土耳其人签订的条约影响更为深远的是，法国国王的这一行动标志着加勒特·马丁利（Garrett Mattingly）所谓"基督教国家的分裂"和政治问题在总体上取代宗教问题的趋势。

简言之，就路德本人而言，根本问题不仅仅是教义上的分歧，还包括了对当下政权的顺服。重视圣礼者的主要目标是基督教信仰的核心仪式，但理解圣餐拥有意识形态的和基督性的意义也是十分重要的。拥有圣餐形式论信念的新教徒信仰至高无上的上帝，因此他们认为天主教的变质说教义不仅是偶像崇拜，而且还物质化到了卑鄙的程度，暗含着将物质消耗归于圣灵的意涵。加尔文在论及其敌人时写道："彼等之神祇实乃肚肠。"而宗教战争期间的一位宣传册作者更为明确地攻击了那些"让上帝变得世俗的神人同形同性论者"。[3] 这种"圣餐仪式"是亵渎的隐喻，而亵渎的

1　见 G. 科罗泽，《巴黎的古代文化》（G. Corrozet, *Les Antiquitez de Paris*, Paris, 1586），第157页；另见下文第193–203页。

2　见 A. L. 埃尔明亚尔编，《法语地区宗教改革者通信集》，第3卷，第249页。

3　见《政治论述》（*Discours politique*），载于《查理九世治下法国回忆录》，S. 古拉尔编（*Memoires de l'Estat de France sous Charles neufiesme*, ed. S. Goulart, Geneva, 1578），第3卷，第15v页。

对象不仅是神性，还包括了在此基础上宣示合法性的整个教会组织。易言之，与"无所不在的上帝"观念相对应的是有形教会及其机构和传统都得到了上帝认可的观念——人的组织中包含了神的权力。[1]正如他们憎恶圣餐乃血祭的概念，新教徒也拒绝接受神职人员拥有圣职的观念。这种憎恶和拒斥不仅表现在谩骂和时而出现的污言秽语中，还表现在暴力行动和破坏圣像运动之中——这反映了对堕落宗教不受控制的憎恶。

到了这种程度，官方对于异端与叛乱之间纠缠不清关系的恐惧并非全无根据。路德教派的"自由"和圣餐象征论者无政府主义的威胁在布告事件事发之年已经展露无遗。立足于个人信仰而去驳斥上帝无所不在的观点，以及借此而生的传统权威之举，仅会被视为异端；但宣扬这些观点则属于叛国之列。与布告事件相关的最糟糕局面便是社会革命的前景。这种前景并未采用近代人类学的方法去洞察和向时人揭示宗教象征——特别是诸如圣餐这样的敏感象征——的社会功能。

改革的观念

"太初有道"，此乃神学家们深切关注并且对他们的探究方法至关重要的一句话。然而对于历史学家而言，他们必须反其道而观之："道"（概念、结论，甚至是精确的定义）必定在终结处现身，而从历史角度而言，这种终结始终没有出现（起码迄今为止是如此）。宗教改革展现了一种困境。当时的人们知道它的意义所在：创建或者颠覆真正的教会。然而，后知后觉的我们无法如此确定。历史学家所能表达的是"宗教改革"涉及一

20

1　见盖伊·斯旺森，《宗教与政体》（Guy Swanson, *Religion and Regime*, Ann Arbor, 1967），以及 H. G. 柯尼希斯贝格尔与娜塔莉·戴维斯（H. G. Koenigsberger and Natalie Davis）在《跨学科历史杂志》（*Journal of Interdisciplinary History*），第 1 卷（1970 年至 1971 年），第 380 页及后页中对此发表的不同观点。另见下文第 36 页，注释 35。

系列宗教、社会和政治现象，它们作为一个整体在 16 世纪期间主导着个人信仰和公共舆论。[1] 事实上，我们所面对的并非一种通常意义的可感知现象，而是只能向过去寻求意义的历史附带现象。在过去四个多世纪里观察家和历史学家们所发展的阐释中，宗教改革是一种"神圣的历史"，它赋予了其参与者价值观、判断标准和非同寻常的目标。这是一种新的创造或再创造，它的发起者们不是普通的个体，而是历史的英雄和塑造者。因此公认的路德教派历史学家约翰·斯莱丹（Johann Sleidan）将这些时代的故事作为黑暗力量与光明追随者之间的伟大斗争来讲述，当然他也未曾忽略其间的鼓号之声。而像弗洛里蒙·德·拉蒙（Florimond de Raemond）这样寻找适当文本形式的反历史学家则转向了悲剧——"路德教派－加尔文教派分裂教会的悲剧历史"，拉蒙如此描述他这本在某种程度上意在颂颂斯莱丹这个"路德教派的里维"的论著。[2] 他与斯莱丹皆认为路德的出现是超自然的；但对拉蒙而言，此为魔魅而非神迹，它已经被占星术的迹象和民众的抗议所预言。他补充道，幸运的是，命运在这一刻决定让科尔特斯（Cortés）拉起上帝的旗帜对抗阿兹特克人的"渎神行为"，虽然这无法弥合路德教派所带来的伤害。

1　这方面的重要著作见 G. 拉德纳，《改革的观念》（G. Ladner, *The Idea of Reform*, Cambridge, Mass., 1959），以及同一作者的《中世纪的改革思想及其与文艺复兴思想的关系》（"Die mittelalterliche Reform-Idee und ihr Verhältnis zur Idee der Renaissance"），载于《奥地利历史研究所简讯》（*Mitteilungen des Instituts für österreichische Geschichtsforschung*），第 60 卷（1952 年），第 31-59 页；但在我们这个时代，除了康拉德·布尔达赫（Konrad Burdach）的争议性著作——包括《宗教改革、文艺复兴与人文主义》（*Reformation, Renaissance, Humanismus*, Berlin, 1926），以及大量有关"宗教改革家"个人的难以处理的研讨材料之外，没有任何著述可与 W. 弗格森的《历史思想中的文艺复兴》（W. Ferguson, *The Renaissance in Historical Thought*, Boston, 1948）比拟。

2　见约翰·斯莱丹，《论国家宗教与国家：皇帝查理五世》，J. G. 博埃米乌斯编（Johann Sleidan, *De Statu Religionis et Reipublicae: Carlo quinto Caesari Commentarii*, ed. J. G. Boemius, Osnabrück, 1968）；弗洛里蒙·德·拉蒙，《本世纪异端诞生、发展与衰亡的历史》（Florimond de Raemond, *L'Histoire de la Naissance, Progrez et decadence de l'heresie de ce siècle*, Rouen, 1648），第 4-5、26 页。

简而言之，宗教改革对于其朋友和敌人而言皆代表着一种神话——就 21 米尔恰·伊利亚德（Micea Eliade）使用该词的意义来说，这种神话超越了人类的体验和历史的进程。宗教改革几乎从一开始就以近代历史支点以及颠覆世界并在数代人的时间里主导西方社会的剧变的面目出现。对于后来的阐释者而言，它展现了一种精神上的极度"痛苦"，在其前后发生的事件都无法拥有与马丁·路德象征性行动所引发的一系列事件相同的创造性（或毁灭性）力量。对于众多近代历史学家而言，宗教改革还提出了一些令人生畏的问题，这些问题超出了任何单一教义的阐释权力范畴。例如在韦伯和特勒尔奇（Troeltsch）的著作中，它就已经提出了一个启发并困惑了数代学者的疑问（*Problematik*）；这似乎正是神话在这个世俗时代所采用的形式。[1]

如若宗教改革无法在积极意义上被解释为一种神话，那么它自然就不是一种原生性的构建。它应当是一种对于更早时期"神圣信仰"（即基督教信仰自身的崛起）的重申。"对基督的模仿"在字面意义上成为 16 世纪宗教运动的明确主题。从概念上看，这种联系就是由来已久而多元化的改革观念，它拥有着一系列的古代根源，但又从基督教的古代传统中获得了典型的程式。复兴的宇宙论概念——特别是具备周期性特征的宇宙论概念，以及复兴的生机论概念往往与"文艺复兴"的观念相关联，而新时代的乌托邦概念则完全参与了改革的 16 世纪观念的塑造；但其最直接的源头再次指向了《圣经》。具体而言，其源头是身体复活、皈依的概念和"再生"的精神体验，其中包含了从邪恶到伴随着罪恶感、憎恶和悔恨的善良的态度上的根本变化。潜藏于其下的是压制和去除邪恶过往的欲望，一种

1　韦伯的历史学错误观念甚至是其大部分批评者的社会学错误观念已经不再令历史学家和社会学家眼中的文本显得太过无用；但"韦伯命题"仍是一次在新教意识形态产生时期对其加以阐释的无与伦比的尝试。

以洗礼作为其象征的姿态。伊利亚德说道："水的净化和再生功能源于它能够去除过去，并保持了——即便是一时的——事物初始的完整性。"[1]新教信仰中使用水涤荡罪恶的做法亦是如此。依照路德的说法，洗礼因死亡而失效，此即浸入；它又因复活而得以恢复，此即显露。在某种程度上，它是宗教改革的普世神话（对于"原始教会"已经丧失的单纯状态的回归）和皈依的意识体验的复制品。

按照保罗和奥古斯丁"观念之变革"的说法而言，"改革"也扩展到了社会和制度转变的领域；而在中世纪时期，通过改革和复兴，以及凭借重返想象中的美好旧时光来获得改善的措辞，历史变革的诸多实质内容的确得到了展现和辩护。宗教改革者祈求：让我们消灭教皇官僚制度，回归使徒们朴素的时代。法国司法改革者祈求：让我们减少诉讼以及司法腐败，回归圣路易在万塞讷大橡树下裁定案件的时代。宗教秩序、大学、行会、军队、法律、帝国以及作为整体的教会的"改革"——这些进程贯穿西方历史，从早期基督教教父时期到近代一再重复。16 世纪关于改革的观念并无任何新奇之处，但也有因夸大其词而导致的例外，这导致了像伊拉斯谟这样的狂热者提出了改革寰宇的倡议。即便是对宗教战争的极端憎恶亦无法阻止这种普世教会的主题和向往平昔的乌托邦梦想。

1512 年，伊拉斯谟的朋友、在某种意义上称得上是其导师的约翰·科利特（John Colet）给大主教区会议做过一次叱责国王亨利八世和英格兰高级教士群体的著名布道,此君在其中提出了改革的基本主题。他指出:"莫要效法这个世界和这个时代（*a ce siècle*）"，正如其同僚勒费弗尔·戴塔普勒一样，他也引用了一句话，"只要心意更新而变化"。[2]他在 15 年前

1　见米尔恰·伊利亚德，《神话与现实》，W. 特拉斯克译（Mircea Eliade, *Myth and Reality*, trans. W. Trask, New York, 1963），第 2 页。

2　翻译原文见 F. 西博姆，《牛津的宗教改革者》（F. Seebohm, *The Oxford Reformers*, London, 1869），第 230 页及后页，并可参照勒费弗尔的《新约》译本。

牛津的演讲中就已经引用了同一文本——《罗马书》第 12 章第 2 节；而今，在向国王和英格兰国教喊话时，他特别将其启示延伸到了基督教王国内的人性罪恶上。"宗教改革"不仅要求个体的悔悟，还要求恢复古代的律法和教会传统，抵制所有的世俗、官僚腐败和买卖圣职所导致的罪恶；它同时指向了平信徒和神职人员。它赋予了伊拉斯谟的"基督哲学"活力，并启迪了——或者至少支持了——在这一时期同样不可挽回地卷入使徒保罗神学理论的路德。

这些岁月见证了要求欧洲社会进行彻底改革的嘈杂呼声的日益响亮，对于老一辈的历史学家而言，这种骚动似乎足以解释 5 年后开始的更大规模的宗教改革。"在头部和四肢进行改革"，正如这句话所说的，改革包括了：由罗马教廷推行的改革，正如恰好也是在这一时期（1512 年至 1517 年）召开的拉特兰大公会议中的冒险一般；由某些高级教士［如大主教希梅内斯和主教纪尧姆·布里索内（Guillaume Briçonnet）］推行的改革；在某些修会［如德意志的多明我修会和方济各修会——其精神上的分支最终于 1517 年承认了"改革派"（reformed）对"反改革派"（deformed）的胜利］中进行的改革；在不同学术圈内由虔诚程度不一的基督教人文主义者推行的改革。[1] 此外还存在着诸多对于特定"民族教会"（特别是高卢教会）内部改革的讨论，它与一个世纪前另一"改革"时期（即大公会议至上主义时期）达成的"自由"紧密勾连，而在阿尔卑斯山以北地区，大公会议至上主义的主张尽管不受倾信，但仍获得了一定的支持；在领地与城市的教区和修道院教会组织中展开的改革，尤以德意志、瑞士和尼德兰地区为甚；在各种各样的民众运动中推进的改革，比如现代虔信派和多

23

1　见 H. 耶丹，《特伦特大公会议史》，E. 格拉夫译（H. Jedin, *A History of the Council of Trent*, trans. E. Graf），第 1 卷（London, 1957）；J. 穆尔曼，《方济各修会史》（J. Moorman, *A History of the Franciscan Order*, Oxford, 1968），第 581 页。

种宗教团体，其中农民和城市团体表现得尤为激进。"改革"最终被包括瓦勒度派、胡斯派、罗拉德派（以及诸如德意志和尼德兰的原始圣餐象征论者这类相对不易辨别的反对派）在内的中世纪异端的后裔寻获。好像几乎没有任何人对 16 世纪表现出的世界"形态"感到满意。

但大部分的呼声仅仅只是愤怒的呼喊和不满的低语，最终只剩下嘈杂声。宗教改革与社会现实或意识形态变动并无多少联系，但它主要涉及了一些试图改善自身地位、消除出现在他们各自视野中的剥削和不平等的对立团体的修辞。国家利益、世俗权力和教会权力、城市和农村团体、大学教员——它们都有其抱怨之处和解决之道；但它们各自的分歧和矛盾甚至更为明显，这阻止了改革去寻找一个特定的焦点或单一的方向。这样的意识形态混乱有何意义？

马基雅维利和圭恰迪尼（Guicciardini）这样的政治现实主义者可能已经给出了最不费力的答案，他们倾向于将这些理念视作如梦境与托词一般无足轻重之物，而这两种情况在政治上都是无用或者有害的。宗教运动似乎仅能洞察这些理念的意识或历史书写，自然无法在公共事务领域以及战争和外交领域获得一席之地。位于另一极端的是伊拉斯谟和勒费弗尔·戴塔普勒——可能还包括托马斯·莫尔（Thomas More）——这样的乐观主义者，他们自诩相信世界的确能够通过观念加以塑造，用勒费弗尔的话来说，他们"有望见到我们的时代复归类似于原始教会的状态"。[1] 处于中间立场（如若能够辨别出中间立场的话）的是克劳德·德·赛塞（Claude de Seyssel）这样的传统主义者。于他们而言，现有宗教是社会与国家的保障之一，改革则意味着高卢教会的独立和对异端的镇压。由此产生了三种看法和三种社会意识类型：马基雅维利主义、乌托邦和传统主义。它们各

1　四福音集注的前言（1522 年），载于 A. L. 埃尔明亚尔编，《法语地区宗教改革者通信集》，第 1 卷，第 93 页。

自遵循自己精英主义的、理性主义的和略显浅薄的方式，没有一方准备应对路德之现象以及在其生涯初期展现出的世界形态，也没有一方为其负责。

在这个见解的迷宫和歧见的模糊地带中，路德展现了他对于世界的明晰且焦点明确的看法，就如同他的其他观点一般；借用希尔斯的说法，路德在一场"观点"的骚乱中提供了一种明确的意识形态选择。他跳进了圣保罗的激进神学思想，在某种程度上甚至超越了它；在持各种信仰的同代人中，他的激进主义制造了一场震动，不管是对于其厌恶者抑或支持者而言皆是如此。因为他的改革总体观念是绝对的、彻底的和毫不妥协的。他希望铲除的不仅是人类传统的污秽，还包括了人类希望的虚假诱惑，并且同时摒弃前者的堕落和后者的傲慢。因此他首先转向了自身，其后又转向了他的著作，以及他在彼处发现的——或者重新发现的——至高无上的上帝。"彼处"为何处是一个经常被讨论的议题（是保罗的《罗马书》文本还是他本人的观念？），但不管在何种情况下，路德都发现了为他的上帝以及他自己辩护的方法。在经历了个人改革的阶段之后，他转而致力于公共事业，即更普遍意义上的宗教改革，借此将公共现实赋予个体理想。因此，这个故事至少仍是以关键时期流传下来的形式而得到延续。

路德改革观念的关键在于自我悔过的基督教教义，长期以来，这一教义不仅（如路德所阐释的）为教会所滥用，还成了学术批判的目标；路德的重构要归功于这两项传统。一方面，他厌恶教会法理论以及具有唯物论和功利色彩的自我悔过的实践，这一实践已经成为教皇岁入主要来源的基础，并通过同时代赎罪券的销售昭显了其荒唐无稽。另一方面，他为此利用了人文主义者——特别是洛伦佐·瓦拉（Lorenzo Valla）和伊拉斯谟对《圣经》进行的基础性批评分析，他们在语法和神学理论的基础上主张"汝等当悔改"文本之意并非外在的，而是内在的——不必自我惩罚，而应忏悔。在逻辑方面，如果由此发展出的线索未曾虑及情感因素，那么就路德

25

对于整个教法传统的拒斥而言，《九十五条论纲》的第一条就是连续而有序的。在公共方面，这条道路以一系列的"争论"和一个后来成为正式"改革"首要媒介的学术机构而著称。[1] 这种思想的尽头出现在了1520年，当时路德通过公开焚烧教会法著作的方式戏剧性地彻底拒绝了教会传统和"钥匙的权力"。就如水一般，火也具备净化的功能；在学术反抗的第二幕行动中，路德为了重新开始而象征性地抹除了过去，虽然他要在数月之后才最终焚毁了这一纽带，当时他在沃姆斯会议上基于良知和《圣经》的双重基础阐明了其著名而有力的殉道立场。在这一点上，他并未对这两者做出太多区分。

路德通过这种方式构建了他本人的神话；而当教会和世俗权力分别将其革除教籍和宣告为非法时，这个神话便得到了正式认可——与其说这是出于他的非正统性，倒不如说是出于他对权威的藐视；因为不服从是其无可饶恕的错误。至此，他的改革观念已经大体成型。在1520年著名的3周时间里（如果算上他为焚毁教会法著作所做的辩护，则是4周时间），路德阐释了智识、社会和宗教方面的改革原则。他在论"基督徒之自由"的短文中讨论了应被视为路德教派教义的宗教心理学的要素，即伴随改革出现、摆脱了"人类传统"的内在信心和自由的状态。他在论"教会的巴比伦之囚"的文章中引入了一项关于极具争议性的反天主教教义的重要隐喻，并就忏悔和其他圣礼给出了他的判断。在用德语撰写的《致德意志民族的基督教贵族》（*Address to the Christian Nobility of the German Nation*）中，他最终系统性地展现了对"天主教"敌人的忧心，指定了改革的全盘

1　可参照 G. 奥尔森，《12世纪教规学者著作中的原始教会观念》（G. Olsen, "The idea of the Ecclesia Primitiva in the writings of the twelfth-century canonists"），载于《传统》（*Traditio*），第25卷（1969年），第61-86页。"原始教会"一词也出现于1516年的《博洛尼亚宗教协定》当中，见 F. 伊桑贝尔、A. 茹尔当、A. 德屈西编，《法国古代法律总集》，第12卷，第36号。

计划，这项计划不仅包括了宗教领域，还囊括了社会领域、知识与教育领域，并且特别指向了大学——此外，民法在这里也遭到了限制，亚里士多德的思想被清除殆尽，教会法亦被拒之门外。通过这种方式，在路德（依靠日渐增多的朋友和门徒的支持）与其良知及其敌人斗争的同时，大学中首次爆发了民愤事件，随后便出现了一个宗教"派系"，最终发展成为羽翼丰满的意识形态运动。

26

此外，另一个要素也值得关注。路德教派的思想体系不仅包括了改革的计划和对未来的憧憬，也包含了对于过去的看法，从社会和政治角度而言，后者甚至更为重要。[1] 依照这种强化了并在某种程度上扩展了文艺复兴人文主义观念的看法，基督教的历史可以分为三个主要阶段，对应长久以来已经成为宗教改革者精神状态组成部分的三种神话概念。首先是原始教会的神话，"上帝的真言"便在这个可能留存于少数圣徒心中的神话里得以构建。其次是由教会世俗化引发的"人类传统"和偶像崇拜所导致的逐渐堕落的神话。最后出现的是通过清洗世俗机构和复兴精神价值而达成的原始基督教信仰的回归。成形、堕落和改革：这便是近代历史的原始辩证法，它将在本书所展现的各种层级的体验中重复出现。

马丁·路德的七头

作为一种历史体验，宗教改革的象征、焦点和起点都是马丁·路德，而理解他所造成的影响对于任何洞察 16 世纪舆论氛围的尝试都是十分重要的。直到最近，他的存在感仍然令人印象深刻——不管是充当黑格尔所谓"世界历史人物"的角色、韦伯的具备超凡魅力的领袖、埃里克森的典

---

[1] 基本上来自约翰·黑德利的《路德的教会史观》（John Headley, *Luther's View of Church History*, New Haven, Conn., 1963）。

型的焦虑青年，还是近代传播的可怕造物、一种原始的个人崇拜。在他的
世纪里，路德的公众形象变化多端，从恶魔到圣人，从英雄到恶棍，从孩
童到父亲，不一而足。在当时一幅取材自一部更早时期充满敌意的传记作
品的漫画中，他被描绘成了一个七头怪物。[1]这幅具备宗教改革漫画典型
特征的作品也暗示了路德曾向时人与末裔展现过的多种不同寻常的面目，
并以传记的标准预测了之后章节的主题。

27　　　　首先是身为愤怒青年的路德：他正处于一场"身份认同危机"之中，
显得迷茫、心理失调和焦躁，又决意规划其解救剩余人类的方法。接着是
教师路德：他正向其教区牧师、学生、前来探视的祈求者、德意志民族乃
至整个世界的灵魂阐释《圣经》和人类存在的意义。接着是牧师路德：他
同样地将对本人及其追随者灵魂的忧虑传布给更多的听众，并如使徒一般
尝试将其启示传播给尽可能多的能听到他声音的基督教徒。继这些角色之
后出现的是作家路德：他发动了宣传的攻势，并致力于将印刷的艺术由启
蒙之源转化为鼓动社会的手段。其后便是民族英雄路德：他领导其追随者
摆脱了罗马的奴役，成了一个既是德意志人又是基督徒的"自由者"。接
下来又是扮演代表权力主义的父亲角色的路德：他引发了年轻一代如子女
般的顺从和对抗，并为他们提供了重要问题的答案，以及一条通往新的和
更可实现个人抱负的生活的道路。最后出现的是反叛者路德：他质疑和摒
弃了教会的权威，（尽管是无意地）启迪了一场引发德意志内战和基督教
国家分裂并成为后世革命典范的运动。

　　　　为什么路德的第一个形象显得如此愤怒？近年来，路德的精神状态已
经成为众多研究和猜测的对象，这不仅是因为它身处西方历史的暴风眼之
中，也因为它似乎为进行某种宗教的和政治的病理学研究提供了路径，而

　　1　科赫洛伊斯在《七头怪物路德》（Cochlaeus, *Septiceps Lutherus*, Paris, 1564）一书
中将其描述为"迷茫、不恭、傲慢、野蛮、异端、无知，且拥有两个灵魂"的形象。

这种病理学有时会令历史进程更为复杂。[1] 在追寻内心安宁（这代表了救世教义的心理学基础）的过程中，路德似乎反映了——或者可能放大了——中世纪晚期基督教信仰的紧张状态与矛盾。在他那个时代的文化象征中，路德可能正在与死亡或对死亡的恐惧抗争。他继而在宗教机构、隐修生活、学术生涯和浩繁经文中寻找答案。死亡弥漫世界，永生只在书中。除了最后一项之外，其他所有答案的失败都因为一系列几乎粉碎他并最终驱动他走上前往沃姆斯命运之途的"危机"而得以彰显。

马丁·路德是一个棘手的人物；他幼时一定是一个倔强的孩童。虽然失之偏颇，但拉蒙提及的"他的母亲玛格丽特不止一次地相信她生下了一个火把"却不尽然是一种讹误。[2] 当路德在 1505 年著名的雷雨宣誓之后选择了沉闷的隐修生活而非获利颇丰的律师生涯时（虽然他后来证实其间并非全无内疚感），他的父亲也有了更多的抱怨理由。将路德描绘成七头怪的传记作者所述的关于他"与唱诗班相处融洽"的故事更为可疑，随之而来的关于路德害怕恶魔附身的暗示是从晦涩难懂的"此非本我"（*Ego non sum*）——这句话源于与被带至基督跟前的着魔孩童相关的《圣经》文本——推断而出的。在任何情况下，这都成为路德传奇的一部分。更确定和更直接相关的是路德的"塔楼体验"，他的信仰转变可能出现于 1515 年他为其演讲所做的深入彻底的圣保罗研究期间，这标志着其内在信仰和未来规划的定型。通常而言，无论一个人多认真地下定决心展开埃里克森式的分析，他都无法怀疑路德的确经历过身份认同危机，并日益放纵自己藐视权威的大胆行径，直至他于 1517 年决定公开自己的信仰。路德曾是

28

1　关于埃里克·埃里克森（Erik Erikson）著名的《青年路德》（*Young Man Luther*），见罗杰·A. 约翰逊编，《心理学与宗教》（Roger A. Johnson, ed., *Psychology and Religion*, Philadelphia, 1977）。

2　继科赫洛伊斯之后，可参见弗洛里蒙·德·拉蒙，《本世纪异端诞生、发展与衰亡的历史》，第 26 页。

一个叛逆的孩童；此后他又成了一个叛逆的男人。

这是路德本性的黑暗面，或至少是其更为本能的一面——其敌人们强调了他的强迫症，此为路德本人所承认，但却基本不被其追随者提及，他们倾向于去了解路德更为理性和谆谆教诲的一面。身为一名知识分子，路德在许多方面都具备了近代的风格：他是一名充分洞察人文主义研究最新发展的学者，也是一名在创造德意志散文文体的过程中扮演重要角色的文学艺术家和一位应用了印刷这种新媒介的通俗作家。但大体而言，路德仍然是一个相当标准的经院哲学教育的产物。[1]路德于28岁之际在维滕贝格大学获得的博士学位不仅仅是其个人和职业自豪感的来源，还成为他教授人文主义的首要理由。对路德而言，博士学位论文论证了什么至少是人类第二高的天职——发现真理，获得其传布的"控制权"，并在寰宇之内捍卫它。路德生涯中最重要的革命性行动——于1517年张贴《九十五条论纲》，其本质上就是一种学术姿态，而论纲辩论的挑战也阐明了经院哲学教育的最高目标，即（成功地）进行辩论的能力。

29　　　路德在许多方面都从其学术基础中汲取到了力量。在他的教学过程中，特别是在他关于《保罗达罗马人书》的讲演中，路德完成了其主要的思维突破。在他履行作为圣职候选人顾问的义务过程中，路德逐渐领会到了教育争取下一代人的能力，及其不仅破坏旧传统，还创造（或者维持）新传统的能力。[2]这样的门徒几乎赓即就在维滕贝格涌现了出来，其数量在路德的早期论战过程中不断增加，并散布到了埃尔福和德意志的其他地区，以及欧洲的大学社群当中。通过诸如约翰·施图尔姆（Johann Sturm）和菲利浦·梅兰希通等学者对学术机构的组建和"重建"，新教的教育体系

1　见 E. H. 哈比森，《宗教改革时期的基督教学者》（E. H. Harbison, *The Christian Scholar in the Age of the Reformation*, New York, 1956），特别是关于维滕贝格大学的内容，见 E. 施维贝尔特，《路德及其时代》（E. Schwiebert, *Luther and his Times*, St Louis, 1950）。

2　见 F. 佩因特，《路德论教育》（F. Painter, *Luther on Education*, Philadelphia, 1889）。

不仅成为路德教派教诲的最重要载体和传播者，还成为未来领导阶层的孵化器。宗教改革以一场学术事件的形态开始，而在许多方面，这种学院继续成为神学和社会变革的主要载体。

与路德的第三种形象（他的领袖作用）相关的是其身为告解牧师、顾问——特别是教师所从事的工作。在某些方面，这种牧师职能对于其教会的维持有着更为重要的作用，因为它对更广泛的人群和阶层有着更强的吸引力；事实上，路德对其讲演、集注和论战中的拉丁语智识主义与其大众布道中的简单信息和使用本国方言表述的劝诫做出了清楚的区分。正是对其堂区居民以及他本人的灵魂的拯救首先推动了他抵制出售赎罪券所体现的物质享乐主义。他逐渐从这种防守姿态转向了对教会基础与上层建筑的攻击，[1] 他认为证明教会等级制度正当性的理由——基督授予圣彼得的钥匙的权力——事实上由此授予了所有传布福音之牧师以钥匙的权力。的确，这一工作与其博士学位一同成为他作为所有人心灵导师的凭信。不管是通过讲道、提供信仰咨询的信件或桌边谈话，还是通过构成基督教团体意识形态生活准则的劝诫、探讨或例证，这种传道的过程都巩固了真正教会的领导地位，壮大了它的团体，增加了它的追随者。对路德而言，这个真正的教会是通过教义或灵魂的传统（而非制度或人的传统）得以界定的，也是通过福音的生命力（而非政府的权力）得以界定的；为了与这种精神化的过程保持一致，宣传取代了圣职授任（传道者取代了神职人员）成为宗教团体的中心。

凭借一种新的和快速发展的媒介——印刷术，受感召成为牧师并受训成为教师的路德得以拓展这两种职能；他由此发现了另一种公共角色——

30

1　在诸多相关分析中，可见 G. 鲁普，《上帝的正义性》（G. Rupp, *The Righteousness of God*, London, 1963）。

作家。[1]他将伊拉斯谟视为与众不同的典范，但在传递信息的强度上却远超后者，并由于其对本国方言的熟练掌握而在通俗性上远胜于后者。在《九十五条论纲》面世之后的 10 年间，他事实上成为近代历史中出版作品最多的作家。路德曾假意蔑视自己的著作，诡称害怕它们如早期的教父或经院哲学集注那般成为基督徒与《圣经》之间的强行闯入者；他明确地坚持《圣经》的至高效力。但毫无疑问的是，路德仍然认真对待其作家身份。他花费心神将其众多的口述作品——如讲演、辩论、讨论、声明、赞美诗，特别是对《圣经》的阐释——付梓。这些作品的出版数与翻印量在 16 世纪 20 年代达到了前所未有的水平，在全欧洲读者中引发了一场真正的宣传大爆炸，自然而然地招致了当局的反击。路德教派也通过这种方式成为一种立足于书籍的宗教。诸多企图控制或压制令其厌恶之著作的尝试是一种几乎与印刷数量一样可以直接衡量印刷文化影响力的标准；不得不承认，恪守原则的路德本人并不反对这种做法。无论如何，时人似乎都在这些发展进程中观察到了一场双重革命——德意志异端的剧增和（同样也是德意志的）印刷术时代的来临，而路德均处于这两次革命浪潮之中。

如果说印刷术的发明赋予了路德进入公共舞台的最佳渠道，那么他与世俗政府的关系则确保了其在教会中的领导地位。在 1520 年致德意志贵族的信中，路德不仅透露了其改革计划，还摆出了德语民众宗教领袖的姿态。其结果便是出现了适用于那些已经为政治和信仰独立而进行长期斗争的诸侯国（包括他所在的萨克森）和城市的新的意识形态基础。在 16 世纪 20 年代中期，宪政运动与路德教派的改革合流，产生了一个在 1529 年斯派尔帝国会议时期正式成形的派系，该派系于次年采纳了路德教派的奥

1　见 M. 格拉维耶，《路德与公众舆论》（M. Gravier, *Luther et l'opinion publique*, Paris, 1942）；A. G. 狄更斯，《德意志民族与马丁·路德》（A. G. Dickens, *The German Nation and Martin Luther*, London, 1973）；J. 本青，《路德研究参考书目》（J. Benzing, *Lutherbibliographie*, Baden, 1966）。

格斯堡信纲作为其宗教纲领。与此同时，路德及其追随者们致力于赋予其　31
教会组织结构与活力；在这个过程中，他们转向了诸侯庇护之下地区教会
（*Landeskirche*）的传统德意志体制。正是在宗教改革得到宣传并开始具
备政治色彩这一新形势下，路德的专制与偏执的一面开始崭露头角。我们
难以断言路德是不是一个在政治与社会事务上具备洞察力的人。他憎恨外
邦人与犹太人，鄙视德意志的农民，认为他们是醉鬼、下流货色和叛乱者；
他的政治哲学几乎未曾脱离保罗关于神授之权（divine right）著名论述的
范畴，虽然他也曾私下里指出政治是撒旦的（或律师们的）勾当。一方面
他颂扬自塔西佗开始就已经成为民族神话组成部分的德意志美德和"自由
权利"；另一方面他毫无疑义地认同了包括（或者说曾经包括）地区教会
的一系列政治权力实体，它们以一种更加现代和主张宗教应受国家支配的
形式成为路德死后所签订的《奥格斯堡和约》的基础："教随国定"（*Cujus
regio, ejus religio*）——是为德意志地区的民族教会。自由与秩序，即内在
的自由与外在的秩序：这是一种自相矛盾的解决方案，它不仅适用于路德
的良知，也在数个世纪的时间里赋予了德意志政治意识以活力。[1]

　　路德作为一个家族领袖所展现的专制并不比其作为一个民族领袖来得
少。通常而言，路德的"政治思想"或许不应被认真加以对待；事实上他
对公共事务的理解基本上是其对私人生活理解的一种投射（正如他的"改
革"观点是使徒保罗灵魂重生观点的投射）；尽管他曾对政治事务和宇宙
学发表过自己的观点，但其智识视野几乎未曾超出家庭的范畴。路德对家
庭这一组织怀有最高的敬意，而且将其视为权威的模范体系，尽管他本人
年轻时的行为与此相悖。在 1525 年与卡塔琳娜·冯·博拉（Katherine von
Bora）结婚之后，他便执掌着一个规模庞大且不断变化的家庭，其中除了

1　L. 克里格的《德意志的自由观念》（L. Krieger, *The German Idea of Freedom*,
Chicago, 1957）追溯了这种观点的后期发展进程。

4个孩子，还包括了一堆朋友和访客，这些人组成了一个围绕着"父亲路德"的讨论圈子。在这个圈子里，他能够任意表达感受、讲笑话（囊括了从不咸不淡的到最下流的各色笑话）、讨论各种喜好——特别是他所憎恶的人和事，而其中最为突出者便是律师、放高利贷者和通奸者。但他的大部分言论都是关于家庭问题的——婚姻的乐趣、与性相关的问题、做媒的种种困难，以及妻子和子女的各类责任。不仅对于他本人的亲属，甚至是对于无数年轻一代的成员以及众多争吵不休的派系（也就是在其死后为争夺教义遗产而相互颉颃的路德教派温和派和极端派）而言，本身是一个爱惹麻烦的儿子的路德却变成了一个提供支持和援助的父亲。即使对于持不同信仰立场的新教徒而言，路德也是作为意识形态的族长和宗教改革的典范而出现的。

　　无论是对朋友还是敌人——尤其是对16世纪后期的人来说，马丁·路德最引人注目的形象无疑是一个叛逆者。从长远的角度来看，我们就更容易将其职业生涯解读为一系列不断升级的摒弃行为——从摒弃父权到摒弃宗教法规传统、教皇至上理论、旧有的圣礼制度，最后则是摒弃皇帝。对批评者而言，这种模式似乎是邪恶的，是魔鬼的"吾不欲侍奉"（*Non serviam*）的再现。对其朋友和追随者来说，这是一种解放和净化；如果他们中的一些人走得比路德所期望的更远，那么他本人也就走得比他所期望的更远了——实际上是其良知要求他走得更远。路德颠覆性立场的关键（虽然他一开始并不理解这一点）是其激进主义，这种倾向表现在了他所理解的经文、原始教会、上帝恩典的概念中，或他本人的良知之中。有人认为，他的激进主义可能有着心理上和教义上的基础；在任何情况下，它都产生了一系列巨大的、潜在的、爆炸性的关系形式，例如，《圣经》高于律法，良知高于传统，自由高于权威。而且在原则上，路德教派的意识形态似乎没有必要的社会基础。它所吁求的不是社群的利益，而是元历史的标准，无论它是过去的乌托邦、内心之光还是一位超验的上帝；就像《圣经》本身一样，对这种理论基础有着各种各样的阐释。正如路德本人在有关《圣经》翻译的讨论中所表明的，"阐释"确实是一个非常灵活和有争议的问题。[1] 路德确实相信这是可以避免的，但历史的进程（即他所深恶痛绝的"人类传统"）则确保了它必将发生。

关于在人的意义上的反叛问题，以及武力反抗的问题，路德似乎更为有意地敞开了大门。的确，总的来说，他根据《圣经》当中著名的"保罗书信"文本禁止了这种行为，特别是谴责了 1524 年德意志农民的叛乱行为和此后的其他起义；但是在新教诸侯与皇帝之间的内战进程中，他的立场却显得更为暧昧。事实上，他在这件事上遵从了其一度嗤之以鼻的法学家们的观点。他在 1531 年写道："我们已经将这一主张放在了法学家们的面前，如果（正如一些人所想的那般）他们发现帝国法律将如此情况下的反抗视为一种自我防卫，那么我们就不能够阻止这一世俗正义的进程。"[2] "吾等之司职"，他解释称，也就是一位牧师的司职，"无法给出这样的建议；但法学家们可能会找到人之所以进行抵抗的理由"，最终的确是法学家们在这个世纪后期从神学家们那里接手了这个问题，并借此将宗教改革进一步"政治化"了。几年后，路德给出了更为直接的建议："如果一个人可以反抗教皇，那么他就可以反抗所有那些试图保卫教皇的皇帝和公爵……"

33

1　见路德在其《〈使徒行传〉与〈罗马书〉》译本中的前言；另见 S. 贝尔热，《16 世纪的圣经》（ S. Berger, *La Bible au XVIe siècle*, Paris, 1879 ）和 W. 施瓦茨，《圣经考证的原则与实践》（ W. Schwarz, *Principles and Practice of Bible Criticism*, Cambridge, 1955 ）。

2　见洛厄尔·H. 楚赫编，《基督教与宗教》（Lowell H. Zuch, ed., *Christianity and Religion*, Philadelphia, 1974 ），第 134 页中收录的路德在 1531 年 3 月 18 日至斯彭格勒的信，以及 1539 年 5 月 8 日至 9 日的辩论书。另见 H. 沙伊布勒编，《1523 年至 1546 年期间德意志新教徒所面对的反抗权利问题》（ H. Scheible, ed., *Das Widerstandsrecht als Problem der deutschen Protestanten 1523-1546*, Gütersloh, 1969 ）和昆廷·斯金纳，《近代政治思想的基础》（ Q. Skinner, *The Foundations of Modern Political Thought*, Cambridge, 1978 ），第 1 卷，第 199 页及后页。

总的来说，路德教派教义的激进结构和含义继续为反抗观念和事实上的叛乱提供了情感上和智识上的基础。在许多方面，路德教派的"改革"代表了近代革命理念的原型，尽管离这一点还非常遥远。

以上就是在马丁·路德于1546年去世后仍保留着他的意识形态特征的七个侧面。那个"愤怒的年轻人"可能已经被大部分人所遗忘，但其他许多愤怒的年轻人似乎也将扰乱欧洲的舞台，有意或无意地再现路德叛逆的早年生涯。"父亲"可能已经消失不见，但这一角色也堪称典范；它与另一个化身——"民族英雄"——融合在了一起，组成了一个为数代人和各色的思想家利用或攻击的庞大且不断增长的传奇。"老师"和"布道者"被人们铭记，并被其他追求路德的榜样和成就的人所取代；"作家"继续富于创造力，甚至更受欢迎，因为他的作品在其他许多地方和背景下得到了翻译和传播，被用于教导并引发争议，变得声名显赫或臭名昭著。最后，作为"反叛者"的路德的声望在不断上升，鼓舞了一些人，又震惊了另一些人，但仍继续引发各种阐释和争论，其中一些最为激烈的争论甚至是在他的追随者群体中爆发的。总的来说，这个七头怪物——公众领域的和死后的马丁·路德——在这整个世纪里，甚至在更久远的时间里一直困扰着欧洲的良知，它不仅代表着意识形态的开山鼻祖，而且在某种意义上是宗
34　教改革经验的典范和缩影。

宗教改革的维度

路德在人们的思想中赋予了"宗教改革"实质，但其世俗形式又是什么？简单地说，就欧洲的意识而言，它的规模、形态和持续时间为何？宗教改革的人文、地理和时间维度为何？当然，对一些人而言，"宗教改革"仍然是一项逐一灵魂展开的私人事务，是一个不可言喻的精神进程。对一

些人而言，它是路德的讯息，从第一次出现就被宣传和提供给了所有人。而对另一些人而言，这是一个从未完全实现的目标，但却也是一场一直持续到最后审判之战争的目标——用另一位富有感召力的领袖的话来说，就是一场"持续的改革"。然而，从世俗的角度来看，朋友和敌人却就这个问题保持着惊人的一致立场。像弗洛里蒙·德·拉蒙（Florimond de Raemond）这样的敌对观察家以及像约翰·斯莱丹（Johann Sleidan）和让·克雷斯邦（Jean Crespin）这样旨在护教的历史学家都同意这一故事情节。在此，回顾一下这个故事的背景——也就是在开始特定的探讨之前绘制出宗教改革的总体概况——将是颇有助益的。[1]

在政治上，16世纪欧洲的历史（至少是从1494年意大利战争开始到1559年《卡托—康布雷西》条约签订为止的这段时期）都被意大利的问题，或者更确切地说是谁将掌控意大利的问题所支配；再多的精神层面的动荡也掩盖不了强权政治的现实。在路德出现之后，这场斗争的第二阶段——哈布斯堡—瓦卢瓦战争爆发了，并断断续续地为第一代宗教改革运动提供了背景舞台。尽管查理五世与其法国对手弗朗索瓦一世以及（从1547年开始登台的）亨利二世在反对这些新的宗教观点的立场上是一致的，但直到法国宗教战争前夕，不同的国际格局开始显现之际，他们之间还一直在进行着政治斗争。尤其是当亨利二世开始与藐视皇帝权威的新教诸侯结盟时，这场冲突本身就引发了相当大的争议，尽管它无法无限期地与宗教问题分离开。斯莱丹曾试图在其针对1517年至1555年欧洲历史的概论中对此加以区隔，但也承认这种尝试就如同要将躯体和灵魂分隔开一般。事实上，对16世纪执掌权力的精英而言，即使在意识形态最为动荡的时期，

35

---

1 自从斯莱丹于1556年制定了标准并奠定了相关基础以来，关于宗教改革历史的调查和专项"研究"已经变得不计其数，在此除非涉及某些特定的方面，否则不得不忽视它们中的大部分。

政治依旧如常，至少他们仍然能够掌控各种事务。

这也是民族君主政体得以巩固的时代，尤其是在法国、西班牙和英格兰；尽管德意志和意大利似乎游离于这一趋势之外，但国家建构的进程确实也在另一个层面上得到了推进，即公国和城市国家的出现。法国便是这种民族的"力量"和公共机构的控制力相结合的典型案例：克劳德·德·赛塞撰写于 1515 年的《法国君主制》（*Grand Monarchy*）也对此做出了同样经典的论述。[1]这一巩固过程可以在许多层面上加以追溯，其中最为显著的就是绝对主义政府的理论和实践，并且特别反映在了如下方面：立法的尝试；政府机构的设置，特别是咨政的组织、司法和财政部门的扩张，以及新的外交机构；（由 1516 年的《博洛尼亚宗教协定》所确立的）民族教会的建立；新的税收来源的寻找——这一尝试最终因为胃口过大而徒劳无功。但最重要的是，其一以贯之的目标是为或进攻或防御，或追求荣誉或追求利益的战争而设置的机构。人们通常是因为赛塞的著作描述了法国君主政体的政治和社会结构而去研读它；但不应忽视，正如赛塞本人的大部分政治生涯一般，这一观点最终涉及了国家的"扩张"、其与邻国的关系，尤其是"如何征服各国并维持对它们的统治"的马基雅维利式的问题。

然而，这些巩固过程同样具有离心的和破坏性的影响。当行政官职的增值、"卖官鬻爵"现象的泛滥、官职转变为可转让财产的进程以一种不同的方式被推进之时，战争无处不在的事实或威胁加剧了国家间的仇恨和民族情绪，并让人们倾向于维持贵族的政治权力和高高在上的社会地位。总而言之，正如我们所认识到的那般，在这个世纪的进程中，确实出现了封建制度的复兴。（其社会流动性备受赛塞赞颂的）第三等级也变得越来越难以控制；不仅在意大利、德意志和尼德兰，连法国的城市也开始表现

1　见下文第 188 页，注释 26。

出政治独立的倾向。例如，拉罗谢尔早在卷入宗教抗议之前就已经发动了对抗国王税收的"反叛行动"。[1]经济上的混乱也影响到了下层阶级，即便是那些没有较明确焦点的不满宣示也能轻易煽动起他们。与此同时，教会的问题依然存在；因为即使1516年的宗教协定解决了它与教皇的关系问题，它也没有治愈多重信仰、玩忽职守和腐败的旧疾。在这种社会和制度的动荡中，将世俗问题与宗教问题分离开来——特别是与声称为社会和灵魂的弊病提供万灵药的"所谓改革派宗教"分离开来——就变得愈加困难。

　　至于宗教领域本身，与路德同时代的人们意识到，不仅是改革运动在欧洲的部分地区已经取得进展，而且各式各样的"改革前的"传统［包括上个世纪的大公会议运动，以及由诸如威克里夫（Wycliffe）和胡斯（Hus）这样的"原初殉道者"构成的反罗马教会主义的精神遗产］依然存在。然而，对于所有各方来说，宗教改革那个神奇而神秘的诞辰是1517年的诸圣日前夕，而正如我们所指出的，路德教派的蓝图实际上是在此之后的三年内完成的。到1525年，路德教派的激进阶段结束了。在德意志地区，被查理五世与一些"发动抗议的"诸侯和城市之间的宪政冲突所包围，然后又被其掩盖的福音派改革也被政治化了，这一政治化进程首先发生在1531年的施马尔卡尔登联盟中，此后，更为激进的政治化进程出现在了1548年对帝国"临时协定"的抵抗中。与此同时，奥格斯堡的路德教派信纲（其首个版本由梅兰希通于1530年所草拟）与宪政抗议一起形成了一个意识形态的大纲，从那时起，它将成为德意志历史上的一个中心要素。在1555年的《奥格斯堡和约》中，路德教派最终得以合法化；但同时它也被囿于德意志和斯堪的纳维亚的一隅之地，在很大程度上成为国际新教事业的边

1　见下文第286页。

缘地带。

16世纪20年代，欧洲的大部分地区都处于福音改革激烈活动与扩张的时期。其主要中心便是瑞士和莱茵兰的诸座城市，并且最初肇始于苏黎世——慈温利（Zwingli）正是于1519年在这座城市开始了他的福音传布事业。到1524年，苏黎世在政治上和信仰上都进行了"改革"，不久之后，斯特拉斯堡、伯尔尼、巴塞尔、康斯坦茨，以及一些规模更小的市镇和乡村相继倒戈，而10年后，则轮到了日内瓦、洛桑和其他一些城市。[1] 总的来说，"宗教改革"的进程遵循着一种常规模式，当然其中也不乏地区间的差异：首先是一位或多位富有感召力的人物进行布道的阶段；然后是一段或囿于私人领域或扩散到公共领域的骚动和争论时期，这可以被看作其"社会化"的阶段；最后是这些新的宗教形式得以合法化和制度化的阶段。尽管改革法令的日期可以得到确定，但整个进程（即便它获得了永久性的成功）也可能需要一代人的时间；例如日内瓦在1534年正式实施"改革"之后即是如此，加尔文在此后的20年里都未能掌控这座城市。

在德意志地区和一些自由城市之外，福音派宗教的发展是在抵制和官方镇压不断增强的困难条件下进行的。在诸如意大利和西班牙这样的天主

1　除了汉斯·巴伦的经典研究成果《宗教改革时期德意志帝国城市中的宗教与政治》（Hans Baron, "Religion and politics in the German imperial cities during the reformation"）［载于《英格兰历史评论》（*English Historical Review*），第52卷（1937年），第405-427页］之外，另见B. 穆勒，《帝国城市与宗教改革》，H. 米德尔福特与M. 爱德华兹译（B. Moeller, *Imperial Cities and the Reformation*, trans. H. Midelfort and M. Edwards, Philadelphia, 1972）；S. 奥兹门特，《城市中的宗教改革》（S. Ozment, *The Reformation in the Cities*, New Haven, Conn., 1975）；O. 奥尔森，《革命的神学：1550年至1551年期间的马格德堡》（O. Olsen, "Theology of revolution: Magdeburg, 1550-1551"），载于《十六世纪期刊》（*Sixteenth Century Journal*），第3卷，第56-79页；R. 贝纳特，《德意志的反抗理论与德意志的宪制》（R. Benert, "German resistance theory and the German Constitution"），载于《政治思想》（*Il Pensiero Politico*）第6卷（1973年），第17-36页，以及最近T. 布雷迪的《1520年至1555年期间斯特拉斯堡的统治阶级、政权与宗教改革》（T. Brady, *Ruling Class, Regime and Reformation at Strasbourg 1520-1555*, Leiden, 1978）。

教地区存在着若干小群体，但大部分都只能秘密活动。而在神圣罗马帝国皇帝位于勃艮第的领地上，加尔文教派取得了更大的进展，特别是在该地区的北部，而自1520年以来，帝国就不断试图通过立法予以根除。16世纪中叶之后，加尔文教派呈现出了一种类似路德教派的倾向，即开始与封建和商业利益联合起来，形成新兴的政治反对派。在亨利八世统治时期，新教在英格兰仍是一个边缘性的问题，并且主要集中在大学的圈子内。而在一度成为国际新教事业希望之一的年轻的爱德华六世统治时期，福音运动发展得愈加成功；但到了1553年其姐玛丽即位时，类似于神圣罗马帝国和法国的迫害行动就开始了。玛丽统治时期的流亡者使得英格兰新教与欧洲大陆的运动建立了直接的联系。[1]伊丽莎白一世即位后，与法国和瑞士宗教改革家之间的许多非正式联系以及与由诺克斯在流亡回国后进行改革的苏格兰之间更为直接的联系得到了维持。16世纪中期新教的国际特征——尽管这一特征是杂乱无章的——也反映在了斯莱丹所著、多少具有一些官方色彩的路德教会史当中，这部撰写于斯特拉斯堡（这里有着来自欧洲各地的讲法语、英语以及德语的社群和访客）的著作试图涵盖欧洲"基督教世界"的每一个角落。

然而正如其他许多问题一样，对于宗教问题而言，法国是人们关注的焦点和政治活动的中心，同时也是16世纪后期战争的主战场。如其对手神圣罗马帝国皇帝一般，法国国王弗朗索瓦一世试图通过立法，以及巴黎大学的神学院——索邦神学院和巴黎高等法院等机构来遏制"路德教派"的浪潮。从16世纪30年代开始，特别是在亨利二世统治时期（1547年至1559年），人们曾多次试图"铲除"异端邪说。在神圣罗马帝国，这些努力皆告无功而返，到16世纪中叶，加尔文教派再度建立起了一个遍布法

38

1　见 C. 加勒特，《玛丽流亡者》（C. Garrett, *The Marian Exiles*, Cambridge, 1938），但该领域亟须补充新的研究成果。

国各地的会众网络，并且再度与日内瓦、斯特拉斯堡、巴塞尔和其他"所谓改革派宗教"中心建立了或多或少的直接联系。1559年春，就在亨利二世的驾崩让法国陷入政治混乱并为在大多数时人看来是不可避免的宗教战争的爆发创造条件之前几个月，法国的加尔文教派教会秘密召开了第一次全国宗教会议。

　　福音改革的高潮出现在16世纪的第二个25年，时值国际新教事业分崩离析之际。分歧不仅出现在路德教派和瑞士宗教改革者之间，也出现在了瑞士人、慈温利派或圣礼派以及其他宗派之间（遑论被所有群体憎恶的再洗礼派或"反洗礼派"激进分子了）。主要的裂痕出现在了与路德教派的关系中，后者在许多问题上都已经变得愈加保守，而其中最令人不安的就是有关圣体的问题，它所信奉的是模棱两可的"圣体共在论"教义，从而暗示了一种令人不适的、接近"基督真实临在"的可怕概念，以及它所暗示的各种堕落的意涵。各种公开的分歧通常借着圣礼的托词加以表达，但关于弥撒或预定论的争议掩盖了社会、政治或国家基础上其他同样根本的分歧。甚至在路德教派内部，"极端派"和温和的"梅兰希通派"之间也出现了裂痕，后者与英格兰和法国的各个宗派保持着良好的关系。在这种混乱的宗派分歧中，加尔文教派在16世纪的第三个25年出现了，并成为所有教派中最为成功和最为团结的那一个，并且修复了与慈温利派的友好关系——如若忽略其与路德教派的关系的话。至此，"国际化的加尔文教派教徒"已经成为一个世界范围内的社群，它在欧洲各地都有传教的移民群体，特别是在法国和尼德兰地区，不久以后它还将扩展到苏格兰、英格兰、德意志（莱茵王权伯爵领）、东欧（波兰和匈牙利），甚至进入新大陆。[1] 至此，也就是在 16 世纪中期之后，这种国际性的威胁遭到了越来越有组织性的天主教反对派的抵制，而后者的活动正是在（1545 年至 1563 年期间）断断续续召开的特伦托大公会议上制定或重新制定的。特伦托大公会议的原则与法令的公布为在 16 世纪 60 年代爆发，并贯穿这个世纪余下时间（乃至延续到更久之后）的战争打下了意识形态的基础。

这些国际战争延续了哈布斯堡王朝与瓦卢瓦王朝之间的传统冲突，但又增加了意识形态因素，以前所未有的方式使它们成为近代意义上的"全面"战争。在法国，天主教徒和"胡格诺派教徒"的内战日益与荷兰和腓力二世统治下的西班牙之间的解放战争纠缠不清。一方面，这些新教徒得到了瑞士人、德意志地区的路德教派教徒和伊丽莎白一世女王治下的英格兰人不同程度的支持；另一方面，在西班牙和罗马教皇的领导下，天主教徒们似乎正在发展出某种带有特伦托大公会议性质的、鼓吹教皇绝对权力的同盟；这种两极分化趋势在 1572 年圣巴托罗缪屠杀之后表现得尤其明显，并在不止一代人的时间里对欧洲的和平与稳定构成了挑战。正是在这样的背景下，福音派宗教和激进的天主教派系都被政治化了，其结果便是在近代出现了公众争议的最大规模热潮——"意识形态的起源"。

社会层面的研究比政治层面更为棘手。在许多方面，宗教改革是一种民众现象，甚至连拉蒙都引用了一句古老的格言："民众之声即上帝之声"，这与伴随路德教派运动前后的宗教情感浪潮休戚相关。[2] 然而，宗教改革

---

1 见 R. 金顿，《日内瓦与法国宗教战争的爆发》（R. Kingdon, *Geneva and the Coming of the Wars of Religion in France*, Geneva, 1956）；H. 德·弗里斯·德·黑克林根，《日内瓦：荷兰加尔文教派教徒的苗圃》（H. de Vries de Heekelingen, *Genève: Pepinière du calvinisme hollandaise*, Frieburg, 1918）；Ch. 马丁，《加尔文时代日内瓦的英格兰新教流亡者》（Ch. Martin, *Les Protestants anglaise refugiée à Genève au temps de Calvin*, Geneva, 1915）。

2 见弗洛里蒙·德·拉蒙，《本世纪异端诞生、发展与衰亡的历史》，第 13 页："……民众的呼声犹如信使和号角，通过共同的呐喊和普遍的同意而发出……预先宣告了对尚未发生之事的判断，其笃定程度尤甚于当下之事……"

的社会力量在于城市中那些识字且能说会道的中间阶层。从阿姆斯特丹到巴塞尔，这些沿莱茵河轴线分布的城市对它的扩张和维持起着至关重要的作用，然而这绝不意味着新教是一种阶级现象，或以任何有意义的方式体现了"市民阶级"的意识形态。毋庸置疑，工匠、社会底层民众和"文盲"从一开始就经常被卷入其中，因为当局常常对此叫苦不迭；他们在构成新教历史很大一部分内容的殉道者传记中极其引人注目，尽管其名字往往不为人所知。毫无疑问，他们在户外布道的群众集会、破坏圣像运动和宗教战争期间大规模的冲突中也表现抢眼。但是对于国际新教运动的政治（和军事）力量而言，更为至关重要的是土地贵族、在某种程度上担任公职的贵族，特别是高级贵族，这个群体将自己的封建制度与宗教团体的会众组织结合在了一起，从而从日内瓦和其他宗教改革中心手中夺取了领导权。但是，宗教改革运动的庞大社会基础（这当然是从公众可见度和意识形态力量的角度来看）仍然是城市阶级，其中包括了变节的教区教士和修院修士、职业人群——尤其是作为新教运动国际化特征之基础的法律从业者、大学学者和其他知识分子成员。

欧洲的宗教改革也可以用世代特征来衡量，当然得到了公众舆论评判的这些世代特征只能从领导者的表面特征中看出。作为我们讨论焦点的宗教改革时期大约涵盖了从路德和 1520 年前后其他早期"权威性"宗教改革者［特别是梅兰希通、慈温利、布策尔（Bucer），可能还有法雷尔（Farel）和朗贝尔（Lambert）］登上舞台一直到残忍的、"政治性的"最终战斗阶段的三代人。如果将二十年作为一代人的大致时间跨度，那么以加尔文和维雷［也许还包括布林格（Bullinger）和施图尔姆］为代表的次生代在1540 年前后就变得非常重要了。紧随其后的是加尔文的门徒和继任者，包括贝扎（Beza）、奥特芒、克雷斯邦和诺克斯，他们在 16 世纪 60 年代早期开始担纲领导角色，并摆出了激进的姿态；而他们的主要意识形态成果则出现在圣巴托罗缪屠杀之后。16 世纪 80 年代见证了一种"政治家派"的现实主义与顺从的新模式，以及新的领导者，即纳瓦拉的亨利的崛起。[1]在某种程度上，他的成功以及（贝扎所认为的）对新教阵营的背叛标志着"意识形态的终结"，至少对路德引发的"宗教改革"这出大戏而言是如此。

　　总而言之，这里所追溯的意识形态循环涵盖了从"路德教派"在 16 世纪 20 年代公开亮相（尽管事实上无论是慈温利派，还是其他宗派的新教教义往往都涉及了"圣礼"问题）到 16 世纪 80 年代的这一段时间，当时的意识形态冲突实际上已经制度化和国际化；也就是说，在这一时期，面对罗马教皇和腓力二世领导的显而易见的反新教斗争，"胡格诺派教徒"的社会理想和政治纲领已经成形。但是，如果忽略前一代和后一代的边缘地带，就不可能理解这个动荡的时代。易言之，一个正确的视角应该包括宗教改革运动的背景，以及在长达一个多世纪的时间里它们的各种社会性和制度性工具。实际上，我们不仅必须理解"中世纪视角下的宗教改革"，而且应该认识到中世纪社会的许多要素在宗教改革的社会中持续存在，甚至变得更加强大。同样的，我们有必要至少从外部考虑 16 世纪现象在后世的某些孑遗和影响；实际上，将宗教改革中的政治—宗教运动解释为"意识形态"形式的整体策略涉及了某些假设，而这些假设事关在教育、宣传、职业行为、派系冲突以及宗教和政治等领域将这些模式延续到更为晚近时代的问题。无论是好是坏（也许以坏的一面居多），宗教改革的政治、社会、思想和心理遗产仍继续影响着近代世界，至少是间接地影响着我们自身作为人的困境。

41

1　见下文第 185-193 页和第 203-211 页。

人的境况和意识形态的起源

"改革"的概念性问题已被提出，人类的起点得到了考察，历史的形势也被加以概述；但我们仍须指出将要采取的方法和被问及的问题种类。16世纪意识形态研究的主要来源是散佚于欧洲和美国各处馆藏中的大量宣传册文本，这种材料令人生畏且难以掌握，但其数量和种类却都是无可比拟的。[1]一种假设认为，这种官方印刷或未经当局许可就被印刷出来的煽动性宣传册文本代表了意识形态的冰山一角；我意在利用它，并结合其他信息和假设，来揭示一些人和制度方面的基本模式，以及意识形态行为和表达的来源。我意在对16世纪的（不管是个体的还是公共的，无意识的还是有意识的）人的经验加以理解。由于来源和问题的性质，我们探讨的方法是从观念和态度到社会的结构和进程，即从智识史到社会史，而非相反。也由于我的目的是分析人类经验本身——也就是观念、信仰、情感和符号这些东西，这一探索过程将不会按时间顺序随意展开，而是围绕特定的社会形式、经验与潜在的意识形态得以表达的制度框架加以组织。简而言之，我的研究背景是蒙田（Montaigne）所谓的"人的境况"——他在西塞罗的基础上进行构建，但极大地丰富了（和现代化了）后者的概念——的一种颇为系统化的构想。

42

16世纪当然不乏对人的境况之复杂性的认识，尽管这些认识往往是使用宗教的和前科学的语言加以表达的，而这些语言不一定能够打动或者触及现代的观察者。从近代的意义上来说，那个时代的历史和科学可能都比较匮乏；但就其本身而言，它并非没有敏锐的心理洞察力和深刻的变革

---

1 有关这种材料，一位学者［博普雷，《支持和反对吉斯家族的宣传册》（Beaupré, *Pamphlets pour et contre les Guises*, 1865）］曾说过："在极度无聊的痛苦之下，我们切忌阅读第一页之后的内容。"

意识。路德本人虽在政治和社会问题上显得十分迟钝（在我们看来可能如此），但他却对人的境况有着非凡的洞察力，并且热情洋溢地致力于去改变它。就最基本的模式之一——人类的生命周期而言，他曾经这样说过："年轻的家伙被女孩诱惑，三十岁的男人被黄金吸引，当他们四十岁的时候，则被荣誉和荣耀所感召，而那些六十岁的人却对自己说，吾已成为一名虔诚的信徒。"[1] 对于意识形态运动而言，个体存在的这些阶段——欲望、追名逐利、野心、自满——与更为虚无缥缈的公共事业结构一样重要，尽管历史学家很少去了解它们。生命的自然节奏——成长、冲突、爱、恨、适应、成就、失败——无所不在；但显而易见的是，在一个存在危机和根本分歧的时期，年轻人的活力和理想主义可以被引导到宗教和政治事业当中去，他或许还会转变成一个涅謇栗斯的固执成年人。在接下来的几章里，我将试图通过一系列大致与生命之阶段对应，并在意识形态中以其最强烈的形式成熟（在某种程度上达至意识的上升）和达到顶点（若非在逻辑上始终符合历史的话）的阶段，来跟踪意识形态的来源和模式。

第一个层次是对于个体心理的研究；由于不存在孤立的人性，这就意味着意识形态这项研究的起点通常是家庭。[2] 在这一背景下，我们必须寻   43

1　见路德，《桌边谈话录》，泰奥多尔·G. 塔珀特编译（Luther, *Table Talk*, ed. and trans. Theodore G. Tappert），载于《路德作品集》第 54 卷（*Luther's Works*, LIV, Philadelphia, 1967），第 158 页。

2　就智识史而言，宗教心理学的近代统计研究几乎可谓是无关紧要的，在总体上也不涉及 19 世纪以前的各个时期。威廉·詹姆斯的《宗教经验之种种》（William James, *Varieties of Religious Experience*）仍然可算作是在这一方面的基础性著作，有关此书见 J. 迪特斯（J. Dittes）在《超越古典》，C. 格洛克与 P. 哈蒙德编（*Beyond the Classics*, ed. C. Glock and P. Hammond, New York, 1973）中的论述；另见 G. 奥尔波特，《个体及其宗教》（G. Allport, *The Individual and his Religion*, New York, 1950）；有关鲁道夫·奥托（Rudolph Otto）的"神圣的观念"，见 W. H. 克拉克，《宗教心理学》（W. H. Clark, *The Psychology of Religion*, New York, 1953）；J. M. 摩尔，《宗教经验的理论》（J. M. Moore, *Theories of Religious Experience*, New York, 1938）；而有关更为普遍意义上的方法论，见 M. 伊利亚德与 J. 北川编，《宗教史》（M. Eliade and J. Kitagawa, eds., *The History of Religions*, Chicago, 1959）。

找意识的最初萌芽、信仰的确立和意识形态信念的基础。在这里，我们看到了一个社会的缩影，最根本的冲突就在其中出现了，尤其是男性与女性之间，以及代际的冲突；在其中，人们做出了最根本的选择，尤其是在从众与特立独行之间做出了选择。在此，将要被接受或反对的基本标准和理想，以及与权威（也许还有不公正）的第一次对抗得以呈现。简而言之，身份认同进程在这里得到推进，并且风险正是在这个基础上侵入其他社会情境当中的。我们有理由认为，家庭的关系和态度在其他制度安排中得到了再现；虽然几乎没有直接证据证明 16 世纪即是如此，但公共表达和意识形态风格似乎在很多方面证实了这一点。不仅父母与子女的关系和兄弟情谊被投射到了亲属关系之外的世界中，而且也经常在那些更宽广舞台上上演的冲突被表达出来——若非以家庭的方式被感受到的话。对近代欧洲历史而言，它所面对的问题是：家庭是否拥有一种始终可以推动意识形态运动发展的内在的意识形态力量。

在这一层面上，宗教经验也开始发挥作用，它不仅是宗教仪式的习惯和有关上帝的观念，还包括了有组织的宗教所要求的意识形态信念。对于宗教改革或其他任何涉及基础性重估的大规模社会剧变而言，在这一信念最为炽盛之际，它一方面反映了离经叛道的情感，另一方面反映了宗教愿景或皈依的经验。总而言之，16 世纪的宗教经验显然为心理史学的研究提供了一处养料丰富的领域，特别是在有关圣徒和殉道的极端状况、各种狂热和其他异常行为方面。这并不需要任何特定的心理学说（比如最近一些依照荣格的理论阐释皈依或依照皮亚杰的理论阐释神学的企图）；[1] 但显而易见的是，宗教心理学涉及的问题超越了传统的社会史和智识史，而且（令一些历史学家感到痛苦的是）无法仅仅通过对证据字面上的解读来

1　见 J.-M. 波伊耶，《心理学与神学》（J.-M. Pohier, *Psychologie et théologie*, Paris, 1967）和 D. 考克斯，《荣格与圣保罗》（D. Cox, *Jung and St Paul*, London, 1959）。

予以回答。为了找到一些普遍的模式，用一些在逻辑上未必相洽的方式来 **44**
看待宗教——（用迪尔凯姆的话来说）也就是将其视为集体社会力量的反
映——或许是有用的；更普遍而言，（如格尔茨所说的）其可以作为一种"文
化系统"被定义为与其主流社会相关联，尽管不一定是后者的直接投影；
甚至是（如奥托所言）可以作为一种处理"全然的他者"的系统性尝试——
而对于历史学家来说，"全然的他者"（无论是否可及）构成了社会和心
理的前沿。[1]

宗教心理学和宗教社会学提出了许多对理解历史中的意识（当然还有
潜意识）而言至关重要的问题。举一些显见之例来说，什么因素可以解释
像路德、加尔文或贝扎此类人（甚至都只是间接的）的非凡感召力与魅力？
也就是说，什么因素可以解释他们信念的意识形态力量？是什么驱使人们
把个人的"良知"问题提升到公众信仰的水平？我们如何理解个体的忠诚
转移到一项不受欢迎的"事业"上去，甚至为此甘受流放乃至殉道的意愿
和热望？更普遍而言，如何评估一个外来社群取代家庭和祖国，以及意识
形态的热情取代血缘关系？如何解释言语行为（祈祷、布道、歌唱）拓展
为身体上的实际行动，包括破坏圣像、暴力犯罪和大规模的战斗？虽然在
当代，甚至是在 19 世纪和 18 世纪，人们已经对这些问题进行了广泛的实
证性和统计性调查，但在更早的历史时期却鲜有这样的尝试。然而，这些
更为早期的时代，特别是 16 世纪（尽管这些时代的人无法对问卷或治疗

---

1 除了宗教心理学之外，宗教社会学还关注历史证据，特别是在马克斯·韦伯和恩斯特·特勒尔奇的经典著作当中，关于他们的著作，见 C. 格洛克与 P. 哈蒙德编，《超越古典》（B. 尼尔森与 T. 帕森斯刊文其中），第 71-130、156-180 页；另见 J. 瓦希，《宗教社会学》（J. Wach, *Sociology of Religion*, Chicago, 1944）、W. 斯塔克，《宗教社会学》（W. Stark, *A Sociology of Religion*, London, 1966）、福伊希腾万，《宗教信仰调查研究》（S. Feuchtwang, "Investigation religion"），载于《马克思主义分析与社会人类学》，M. 布洛赫编，（*Marxist Analysis and Social Anthropology*, ed. M. Bloch, New York, 1975），第 61-82 页和 C. 格尔茨，《文化的解释》，第 87-125 页。

性询问加以回答），却会产生很多相关的材料，可能还包括了对人的境况之变化的重要洞见。

与宗教经验并行而且在某种程度上强化它的是学校提供的同样令人不安的启示和行为模式，尤其是青少年蜕变的关键战场——大学。教育心理学让我们接触到了我谓之为琐碎的智识史层面——我无意加以贬损，但它的确位居三个学科——语法、修辞学和辩证法之后。[1] 在这方面，近期教育史领域的著作便颇有助益；但这又是一个不能完全通过纯粹字面的分析来理解的主题，特别是因为在学校习得的习惯和态度并不都是刻意灌输的产物。所学并非总是所教，学生们从彼此身上学到的东西往往比从教师身上学到的还要多。特定人格的影响可能是显而易见的，但接触外来的群体和观念（特别是在规模较大的大学中）所产生的整体文化冲击又如何？劝导和辩论的技艺对于传播观念的重要性也非常明了；但是，当质疑传统和挑战"权威"的课堂技巧被先后投射到私人领域和公共机构当中时，其间接影响又如何？当人们考虑大学是如何成为一种反主流文化的孕育地（正如许多大学所做的那样）、异端邪说和事实上的地下意识形态（其基础就像欧洲大学网络本身一样国际化）的避难所时，就必须考虑这些难以捉摸的因素。难怪作为日益壮大的（同时也越来越不安分的）世俗知识分子的总部，大学成为意识形态的首要传播者，以及促成并预见16世纪后期真正的流血冲突的宗教教义战场。

学者的各种职业横跨学术和公共领域，而其中之一尤其对意识形态运动之后的发展产生了巨大的影响。堪与神学和医学相媲美的法律职业处于教育过程的最后阶段，它既是一种职业选择，也是获取公职的途径——至

1　一项虽然年代久远但却颇为基础性的研究成果是 H. 马鲁的《古代教育史》（H. Marrou, *A History of Education in Antiquity*, trans. G. Lamb, London, 1956）。

少对少数天之骄子而言是这样的。[1]虽然律师自身与"三学科"保持着联系，并且往往流连于学校之中，但他们仍有自己独特的看待世界和试图将本人的观点强加于他人的方式。通过作为受雇佣的鼓吹者和专业的意识形态操盘手的工作，他们改变了派系辩论的内容和风格，并倾向于将宗教冲突政治化和世俗化。鉴于那个时代的情况，人们很可能要问：他们对分裂的贡献是否大于对法治的贡献。他们的公众形象和某种程度上的社会作用是相互抵牾的。一方面，由于他们学识渊博、能言善辩，各方都需要他们；另一方面，由于将诡辩和欺骗的习惯搬到了政治讨论的领域，相较于一般情况，他们甚至都更多地成为令人恐惧和被嘲笑的对象。无论从哪个角度看，他们都代表了世俗知识分子中最强大、最显眼的那一部分，也可以说是意识形态最有效的媒介。总而言之，律师所扮演的角色引发了有关职业群体在公共生活中的重要性，以及更具体地说来，是有关法律观念之使用与滥用（这对 16 世纪的概念化和论证进程而言非常重要）的问题。

46

就像人文主义者和神学家一样，律师一直以来都足够直言不讳，但在 16 世纪，他们却变得极其喧闹。虽然部分原因在于派系与日俱增的要求，但它仍是路德崭露头角之前就出现的一股新的革命性力量最为直接的后果。[2]印刷术这种"德意志的技艺"成为一种危险的武器，以及启蒙与娱乐的源头，在这个过程中，它也成为一种大型商业组织的基础。除了大规

1　职业社会学似乎是另一个比较缺乏历史维度的领域；这方面的基础性论著还是马克斯·韦伯的作品［《经济与社会》（Max Weber, *Economy and Society*, New York, 1968）中有关法律的几个部分］；另见 J. 道森，《律法的神谕》（J. Dawson, *The Oracles of the Law*, Ann Arbor, 1968）和 W. 鲍斯曼，《近代早期文化中的律师》（W. Bouwsma, "Lawyers in early modern culture"），载于《美国历史评论》（*American Historical Review*）第 78 卷（1973 年），第 303-327 页。

2　马歇尔·麦克卢汉（Marshall McLuhan）和沃尔特·翁（Walter Ong）的著作，以及伊丽莎白·爱森斯坦的《作为变革动因的印刷机》（Elizabeth Eisenstein, *The Printing Press as an Agent of Change*, Cambridge, 1978）对这一讨论极为重要（如果就问题而言，而不一定要求答案的话）。

模的生产（这可谓是真正的新闻爆炸），印刷文本在心理和社会层面的潜意识影响也是难以估量的；它引发了诸多问题，而这些问题近年来已经引起了很多学者的注意，也让他们产生了分歧。随着印刷术的兴起，出现了一个新的职业人员阶级，即印刷商、经销商和技术人员，他们不仅找到了维生的手段，还发现了新教意义上的"呼召"（*appellez*）。他们的工作所导致的结果包括了一种新的职业、为欧洲"文学共和国"的扩张奠定的坚实基础，以及对我们所了解的新闻、有组织的学术活动、宣传和某种程度上的公众舆论的追求。还是通过印刷媒介，良知问题也借（虽不新颖，但却广受赞扬的）"出版"活动转变成为政治问题；由此产生了智识现代化进程中的一些令人不敢恭维的特征，包括预防性审查、全面的思想控制，以及对知识分子与一些不幸读者的迫害。这些同样也是意识形态的结果，至少是近代阶段人的境况的潜在特征。

通过诸多途径（比如宗教的经验、教育的过程、职业的生活和印刷文本的传播），我们离开了私人领域，进入更广泛的公共和"公众"的世界。

47　我们进入了这个曾经被称为（宗教、职业和政治群体的）"贪婪机构"的世界。这种社会化进程的每一个方面（正如它们可能会被认为的那样）都制造了自己的紧张、焦虑、意识和表达形式；但在公共生活及其政治背景下，我们必须面对更普遍意义上的意识和行为问题。对16世纪而言，这意味着不仅要关注等级、"秩序"，还要关注构成中世纪晚期社会复杂结构（当然还有政府结构）的其他群体和利益，尽管各种来源和策略阻止了人们超脱于最为边缘的（和上层结构的）条件之外去考虑社会背景。[1]总而言之，贵族（尽管越来越难定义其社会地位）仍然保持着其统治地位；

1　见 L. 科泽，《贪婪的制度》（L. Coser, *Greedy Institutions*, New York, 1974）；可参照 R. 穆尼耶，《社会阶层》，P. 埃文斯译（R. Mousnier, *Social Hierarchies*, trans. P. Evans, New York, 1973），特别是他的《绝对主义君主制下的法国制度》第1卷（*Les Institutions de la France sous la monarchie absolue*, I, Paris, 1974）。

实际上，我们可以认为，直到争取到封建等级当中的很大一部分之后，新教才成为一股政治力量——路德教派与作为"反对派"的德意志诸侯的联合便为法国和尼德兰（胡格诺派教徒在这里分别加入了"不满派"和"乞军"以抵抗"外国"的压迫）提供了先例和范本。作为意识形态运动发生的经典表现，宗教与社会和政治利益的这种融合标志着社会两极分化的最后阶段。这个过程无视（即使没有超越）了阶级利益和阶级意识；它导致了最确定无疑的（若非最粗鲁的）意识形态的表现——派系。这里的"派系"是否与近代政治意义上的"政党"存在着起源上的联系，或仅仅只有一般性的联系，可能尚存争议，但它显然留下了一些痕迹，特别是在组织和宣传的各种模式之中。

因此，我们最终涉及了这些局部分析的附带主题，即一种脱胎于社会冲突和宣传洪流之母体的潜在的总体意识形态的问世。[1]这种意识形态与处在较低层级的意识和制度性纽带之间的关系是明确无误的，尽管这需要一些具备考古调查性质的要素来予以揭示。在一个被信仰和战争撕裂的社会里，家庭仍然是不满和力量的源泉；哀叹教义分歧对家庭这个群体单元造成的破坏性影响（以及持续颂扬其卓绝群伦）的声音为各方提供了丰富的宣传主题。相比路德时代的状况，大学和法律界更加躁动不安和唯恐宇内不乱；的确，它们凭借自身的力量成为主战场，而印刷媒介则借其本身智识影响力的扩张，加剧并利用了各个层面的争议。封建组织和宗教组织在国际与地方层面的合流盖过了所有的动乱，由此产生了希尔斯所谓的"意识形态的首要群体"——我们可以粗略地将其定义为新教革命性派系的领导阶层。[2]

1　此处的概念语境当然是尤其源于卡尔·曼海姆之著作的知识社会学；另见乔治·古尔维奇，《知识的社会框架》，玛格丽特·汤普森与肯尼斯·汤普森译（Georges Gurvitch, *The Social Framework of Knowledge*, trans. M. Thompson and K. Thompson, Oxford, 1971）。

2　见上文第 4 页，注释 6。

因为共同的目标以及（最重要的）共同的敌人，附属于这一派系的更为广泛的社群至少暂时性地团结在了一起，从而构成了个体不满情绪的公众表现；但在特定时间段和特定情况下，它也可能展现出更强烈的集体属性，也就是群体（the crowd）[依照罗伯特·帕克对群体（*Masse*）和公众（*Publikum*）所做出的古老区分]。[1] 胡格诺派教徒和思想多元的"不满派"（malcontents）成员（在国际和地方这些层面上）具备着被古斯塔夫·勒庞（Gustave Le Bon）归于群体的特征：高涨的情绪、越来越强烈的轻信或怀疑态度——尤其是夸张与片面的观点和不宽容的立场，还有个人公正、无私的品性。虽然难以进行具体的描述，但这种集体心理的确制约了认知与知识，并产生了那种"普遍信念"——它不仅导致了特定的对抗和暴乱，而且催生了更为普遍的意识形态表达。

当然，我们不可能以著书目录的完整性甚至是历史的全面性来检视16世纪后期的意识形态爆发，而任何以系统性的方式来审视宣传册材料的内容也不尽恰当。更确切地说，其目的在更大程度上将是返回已经于此前的语境中提出的关于人的境况的某些基本问题：权威、个人自由及其限制的问题，抵抗与为其正名的问题，以及更普遍意义上的社会和政府性质的问题。对意识形态的评估不仅包括它的各种心理、宗教、社会和政治因素，还包括圣巴托罗缪屠杀之后在激烈的论争中被锻造出来的某些重要著作中所达到的（或至少是渴望达到的）哲学维度。尤其是贝扎、巴诺（Barnaud）和奥特芒，以及天主教阵营的博丹的作品，它们不仅代表了意识形态运动的顶峰，而且也代表了政治思想领域的一个开创性阶段；在这个层面上（如果没有其他层面上的意义的话），16世纪的意识形态持续存在，并影响了

49

1　见《群众与公众》，C. 埃尔斯纳译（*The Crowd and the Public*, trans., C. Elsner, Chicago, 1972），其中讨论了古斯塔夫·勒庞（Gustav Le Bon）的相关观点；可参照 N. 斯梅尔策，《集体行为的理论》（N. Smelzer, *Theory of Collective Behavior*, New York, 1962）。

此后不止一代人。伴随着这些在宗教抗争爆发半个世纪之后出现的作品，意识形态的循环似乎完成了；而考虑到"意识形态的终结"这一最后阶段，这种阐释过程也就宣告结束了。无论如何简化和理想化，这份要略至少为之后章节的特定分析提供了一个合适的框架。

不仅就一种既定"前景"（如果它不是被全然拒绝，而是被有选择性地排斥的话）的意义而言，更是就被组织起来的教义程序（它在与日俱增的论战过程中得到了明确或再度明确）的意义而言，胡格诺派意识形态预设了天主教的一种相反立场，这一点可能毋庸讳言，但对它的回顾无疑十分重要。"特伦托天主教教义"（即在断断续续召开了18年的特伦托大公会议上费力敲定的一份关于神学、制度和文化价值观念的声明）也构成了一种意识形态。虽然脱胎于传统，但它仍可以被视为一种"反意识形态"，因为其制定是由路德和其他人的离经叛道引发的，而且就整体而言，其设计（就如同许多非正式的天主教宣传的设计一般）事实上是对新派教义的逐条驳斥或否定。然而，"特伦托天主教教义"所推行的教皇绝对权力主义计划自有其活力；而要对胡格诺派意识形态的力量和强度加以理解，也无法脱离其敌人和对立面。其中包含的策略排除了对这个主题进行公正处理的可能性，但"公正处理"是一种属于律师的概念：历史学家的工作是探索和理解，即使这意味着破坏其研究主题。

以上即是本书的背景、意图、目的、方法和理论考量，现在我们从概述进入具体讨论。这项探究将从宗教经验的本质入手，然后继续着手于社会反响以及意识形态行为更为集体性的形式。

第二章 家庭：
宗教经验与意识形态信念

我不明权利为何，但我有权尊重良知的权利。

——路德

吾等信仰之神圣权利……

——孔代亲王

序言：泰奥多尔·贝扎得见光明（1548年）

1548年初秋的一天，未满30岁的泰奥多尔·贝扎——此时的他已被"所谓改革派宗教"吸引，并对自己无意义的存在感到不满——做出了一个绝望的决定。贝扎后来回忆称，他这么做的动力来自上帝。[1]

在一场让我对生活感到绝望的重病中，他来到了我的身边。看着他在我面前做出可怕的审判，我真不知该如何是好。最后，在经受了肉体和灵魂的无尽痛苦之后，上帝怜悯了他这不幸且迷途的仆人，并安慰了我，令我无法怀疑他的仁慈。我流下千滴眼泪，放弃了过往的自己，恳求他的原谅，重新立誓服侍他的真正的教会，总而言之，

1　见《通信集》第3卷（*Correspondance*, III）第45页（第156号，1560年3月12日致沃尔马的信），翻译文本来自 H. 贝尔德，《泰奥多尔·贝扎》（H. Baird, *Theodore Beza*, New York, 1899），第355-367页；可参照 P. 盖森多夫，《泰奥多尔·德·贝扎》（P. Geisendorf, *Théodore de Bèze*, Geneva, 1949），第1-31页。

我把自己完全交给了他。因此，死亡威胁吾之灵魂的幻象唤醒了我对一种真实和永恒之生命的渴望。所以对我而言，疾病才是真正健康的开端。

几天之内，甚至在大病尚未痊愈之前，贝扎就离开了已经变成"埃及地"的法国。

　　我挣断了所有的锁链，经过不懈的努力，当即舍弃了我的祖国、亲人、朋友，为了追随基督，我和我的妻子都自愿流亡到了日内瓦。

他在那片应许之地上开启了新的生活。

虽然贝扎做出的是自发的选择，但就更深层的意义而言，这是多年斗争的结果。他后来在致自己尊敬的导师梅尔基奥·沃尔马的一封信中给出了自己的解释。就在路德的不满声音首次在法国为人所知的那一年，贝扎出生在了大约位于巴黎与里昂之间的勃艮第市镇韦兹莱。他曾为自己的贵族出身而"感念上帝"，尽管这句话有所夸大，但其社会地位的不稳定性可能增强了他对这个阶级的忠诚。他的成长经历既不正常又令人不安。在三岁之前，他就被一位叔父带到了巴黎。他的母亲"就像预见到了灾难一样"反对这一决定，但她不久之后就去世了。而他的父亲在其记忆中几乎就没有出现过。贝扎在大学所在的喧闹城区里长大；他最早的记忆几乎都是消极的，主要集中在一种慢性皮肤病和一种显然是受到他叔叔的鼓动、想要自我毁灭的冲动上。

在九岁的时候，贝扎有了一次幸运的转机。他的另一位叔父是一名律师，带着他从巴黎来到了奥尔良，他被派去跟随希腊学者、法学家沃尔马学习，而后者同时也是"路德教派"的支持者。贝扎曾庆幸称他所走的这一步"不啻重生"，而沃尔马也被贝扎尊若生父。先是在奥尔良，然后

54

是在布尔日，贝扎接触了"新学"的乐趣和训练，对他来说，"新学"意味着宗教启蒙和古典研究。不幸的是，贝扎的父亲把他召回了奥尔良，让他接受正规的法律教育。但此时的贝扎已经对传统的学术学习——特别是法学中被"巴托洛—巴尔杜斯化"的领域丧失了兴趣；按照彼特拉克的经典做法，为了追寻诗歌的乐趣，他放弃了这个鄙陋的学科（尽管他还是在1539年获得了法律从业执照），回到巴黎继续他的文学生涯。正如他在1542年告诉朋友的那样，他"娶了语言学为妻"，而在做出重大信仰决定的几个月前，他还发表了自己年轻时所创作的诗歌。

然而，无论是文学上的声誉还是物质上的成功，都不足以满足贝扎更深层次的需求。可以说，他有着深切的孤独感，但同时又被困在家庭和职业关系的网中，被巴黎社会的声色之乐所诱惑，为几份主动奉上的有俸圣职而做出让步，又为安逸的世俗生活前景而感到沮丧。他真正想要做的是追随沃尔马前往德意志地区，继续他对真正学问的追求，于是他开始寻找改变自己生活的方法。他的第一次反抗行动便是秘密结婚，而他希望这次婚姻之后能够在真正的教会内得到公开颁祷。这是至关重要的几年，在16世纪40年代中期，路德已经成为他自己教会的领袖，而加尔文也在创建另一个教会。对贝扎来说，这是一段充满斗争、强烈的自我怀疑和悔恨的时期，它最后是伴随着其皈依而宣告结束的；简而言之，这是一段在意识形态方面获得重生的时期。

贝扎的困境、态度，尤其是后来的职业生涯，使之成为第二代宗教改革家的蓝本，尽管在某些方面，他依然是从一个更为古老的模子里铸炼出来的。概括而言，他皈依新教的过程遵循了路德在三分之一个世纪之前所设定的轨迹：对现有的宗教感到幻灭，懊恼地去寻找新的价值观体系，迷恋上人文主义的学术规范，出现个人怀疑的长期危机，对父权和制度权威感到反感，最后突然做出一个导致坚定信仰和新的存在形式的人生选择。

55

这一过程实际上是使徒保罗所说的内在转变意义上的革新的一种。对路德来说，这可能是一次孤独的经历，但对其后一代的精神后裔而言，这意味着一种"意识形态的顿悟"，并涉及了对一个新的社会共同体的效忠以及一次信仰的选择。

对于大多数福音派宗教改革者来说，贝扎刻意选择的出发点是文艺复兴的"新学"，它强调纯正的教义、激进主义的原典，以及随之而形成的立场、对经院哲学的敌意。他主要接触到的第一代新教徒正是沃尔马，后者不仅引导他领略了拉丁语、希腊语和法学的要素，而且还在宗教问题上刺激了他的良知（恰如他过去刺激了加尔文的良知一样）。[1]16 世纪 20 年代期间，沃尔马曾在巴黎教书，但他发现那里的宗教氛围过于抑塞；然后他来到了奥尔良，在这里，他第一次见到了贝扎；之后他又前往了布尔日，彼时安德烈亚·阿尔恰托正在此地创建新的人文主义法学学派。最后，他回到了德意志，在图宾根大学担任法学教席。沃尔马对贝扎颇为属意，甚至试图将他带回德意志。无论如何，显而易见的是，沃尔马在贝扎心中的分量要重于他的任何血亲——特别是他的父亲，他后来告知沃尔马"有人通过诽谤让父亲疏远了我"。我们可以怀疑这种情感上的疏离对其智识的影响至少与古典学一样重要，而且在时间上肯定还要更早。像拉蒙这样的批评家也这么认为，并指控贝扎不仅伪善，而且还"残忍地弑父"。[2]教育权威在多大程度上取代了父权，这在意识形态方面可能是有争议的，但它无疑为贝扎与沃尔马的另一名学生让·加尔文建立关系铺平了道路。

在贝扎的经历中，同样重要的是那些消极的冲动，尤其是被用来干扰和腐化他的世俗陷阱。尽管对自己的出生感到自豪，但贝扎显然认为随之 56

1　见 D. J. 德·格罗特，《梅尔基奥·沃尔马》（D. J. de Groot, "Melchior Volmar"），载于《法国新教历史协会会刊》（*Bulletin de la Société de l'Histoire du Protestantisme Française*）第 83 卷（1934 年），第 416-439 页。

2　见弗洛里蒙·德·拉蒙，《本世纪异端诞生、发展与衰亡的历史》，第 1045 页。

而来的愉悦和收获更像是一种负担，而非遗产。他出生时所身处的关系、责任和利益网络只会加深他对法国社会物质享乐主义（特别是高卢教会和法律界唯利是图的特点）的认识。每一种前程似乎都故意要让他落入圈套之中：若非直接落到他的头上，就是通过他的兄弟和叔父转到他手上的一连串有俸圣职；他认为令人厌恶和充满伪善的法律职业；甚至是他那诱人的情妇——"语言学"，至少在他早期的诗歌中，它呈现出了享乐主义的形式（但他后来对此感到懊悔）。这种荫庇所带来的安全感以及与日俱增的名声并没有让贝扎获得五内之宁静，相反，却使他的良知感到不安，并越发感觉孤独。对于贝扎和其他同代人来说，识别敌人并摈弃它是皈依经历的必要开端。

受困于这些力量并寅畏于其选择之重要性的贝扎逐渐意识到他的早年生活就是一出宏大的宇宙戏剧——善恶力量之间为争夺其灵魂的所有权而展开了斗争。普通人——包括他那被理想化的母亲、他那吓人的父亲，以及沃尔马，在本质上都是作为这些力量的代理人而出现的，他们或是帮助或是阻碍他走向其最终目标。他曾如此评价他的早年生活："我发现撒旦在四面八方为我设下了无数的陷阱。"最终是魔鬼——尤其是通过他的父亲和叔叔——借疾病、自杀和世俗的腐化等手段威胁着他的生命和灵魂。只有通过那种卓绝群伦的"父亲典范"的恩典，贝扎才能坚持其建立在"完全否定天主教"基础上的誓言。简而言之，正是上帝——通过沃尔马，特别是通过加尔文——使他免受这些威胁的侵扰，使他成为"优秀的作家"，将他从虚荣和懒惰中拯救了出来，并最终迫使他步入新的生活。所以贝扎注定要被救赎，以成为加尔文的精神继承人，并最终接管上帝选民的领导权。

如果在这种背景下进行的皈依可以被视为意识形态的顿悟，那么他随后的适应过程也可以被认为是一种意识形态的信念。在日内瓦，贝扎不再躲躲藏藏，他开始用正确的名称称呼各种事物，并让自己的信仰暴露在众目睽睽之下（他拒斥加尔文所谴责之伪善的"秘密信徒主义"（nicodemitism）。对贝扎来说，在他三十岁的时候重建生活是一个彻底重新建构身份认同的过程：也就是重构旧的行为模式，重新评价旧的价值观念，并设定新的目标。最重要的是，信仰取代了家庭所扮演的角色——血缘关系被意识形态关系所取代——以至于加尔文在心理上和尊称上都成为贝扎的"父亲"，而那些流亡同伴们则成为他的兄弟姐妹。与此同时，贝扎对语言学的投入也从芜杂的诗篇转变为更为有用的布道。尽管他并没有完全失去幽默感——这可以从他对天主教会和索邦神学院主义的讽刺攻击中看出，但神学已经取代文学成为他的偏好。职业的问题仍然存在。显然，贝扎曾一度考虑过和他的朋友、后来加尔文教派的殉道史研究者让·克雷斯邦一起投身印刷行业；但加尔文对他这位年轻的皈依者另有打算。于是贝扎花了十年时间在洛桑学院向年轻的新教徒教授希腊语，并赓续他的神学研究。从那时起，以某种方式传播福音将成为贝扎真正的使命。

57

　　在贝扎 1548 年 10 月的痛苦经历中，我们可以看到新教心理学的所有基本成分，特别是良知、皈依和信仰的概念。意识形态的这种三重组合暗示了一系列积极的价值观念：理想主义、自我牺牲、个人信念，以及为了共同的事业而采取的无私行动。当然，这些想法当中也有负面的成分。贝扎不仅要抛弃家庭，还要抛弃祖国，他自然得到了相应的"回报"。在巴黎，他的人像被烧毁，而在天主教的民间故事中，他的"黑暗传说"堪与加尔文甚至路德的相比拟。在努力寻找个人的判断标准、拒绝传统权威和支持一个外来的并且最终化为敌人的共同体的过程中，贝扎采取了全面且无法挽回的反抗行动。他承诺要把信仰的忠诚转变成一项充满活力的、激进的、最终导致其反叛的事业。

58   良知的自责

将贝扎的一生与之前和之后的大多数时代区分开的是内心世界的首要地位，或者更确切地说，是伴随着这种强烈意识状态的集体行为。在家庭生活的严酷考验中形成的个人信仰取代了公共规范而成为终极的行动标准，用16世纪的话来说就是"内在的讨论场域"取代了"外在的讨论场域"。因此，"良知"成为历史中的一股推动力量，而令权威人士和后来的许多历史学家感到困惑的是：至少在一段时间内，物质上的利己主义处于从属地位。[1]在这种激进的并且往往是非理性的转变中，路德再次成为中心人物，但他绝不是唯一一个这么大胆无畏的人。在欧洲各地的学校、教堂、修道院和集市中，年轻人开始背离父辈的信仰，转而寻求自己的救赎之路，或者去实现自己的梦想，路德的榜样或许给予了他们更多的支持，但他的教义解决方案却不一定能够说服这些人。在这种显而易见但并不总是可以被赓即察觉到的现象中，我们可以感受到个体方面的状况，即"宗教改革"的心理层面；它以各种令人眼花缭乱的非正统信仰、异见和分离主义的形式在社会上得到表达，而这些形式则在多种模式中（它们组成了一个真正的意识形态骚动的万花筒）出现或重新出现、被加以细分或得以扩张。

我们如何理解这些模式？最巧妙的办法是由路德本人提出的，他将这些模式排布在从左到右的光谱中（从天主教会到再洗礼派，从而颠覆了近

---

1   与良知的概念相关的文本分布广泛但不甚重要，并且在整体上与意识或意识形态的历史无关。这方面最为有用的著作包括 H. 阿佩尔，《关于道德良知的经院主义学说》（H. Appel, *Die Lehre der Scholastiker von der Synteresis*, Rostok, 1891）；A. 坎克里尼，《道德良知》（A. Cancrini, *Syneidesis*, Rome, 1970）；J. 勒克莱，《宽容与宗教改革》，T. 维斯托译（J. Lecler, *Toleration and the Reformation*, trans. T. Westow, New York, 1960）；C. A. 皮尔斯，《良知与新约》（C. A. Pierce, *Conscience and the New Testament*, Chicago, 1955）；J. 施特尔岑贝格，《道德良知、良知与良心》（J. Stelzenberger, *Syneidesis, Conscientia, Gewissen*, Paderborn, 1963）。

代的传统认知），并根据包含七种圣礼的正统信仰体系遭到修改或遗弃的程度来衡量其与他所假定的中心立场的偏离水平。如果不承认圣餐礼、洗礼、忏悔礼、婚礼、授圣职礼、坚信礼和涂油礼之教义具有使人快乐或生畏的力量，就不可能对近代早期的意识进行渗透。在其中，路德只保留了前三种圣礼（其中至关重要的是对忏悔礼的保留），加尔文保留了前两种圣礼，而慈温利则对圣餐礼持怀疑态度，再洗礼派也抛弃了婴儿洗礼。其排列和组合几乎是无穷无尽的。一位前新教徒曾说过："我见过七个宗派的圣礼象征论者，它们各不相同，每个宗派都以最为教条的方式捍卫自己的观点。"[1]但所有宗派都有一个共同的立场——不管它们之间有着怎样的分歧——那就是呼吁人们从权威转向良知，从传统的全体一致的朗读经文方式转向非传统的个人阅读经文方式。在这个转变过程中，我们可以看到意识形态这个潘多拉的盒子已经被打开了。它释放了自我，易言之，即释放了无数与之齐名的"主义"、反"主义"、"偶像崇拜"、"恐惧"和"狂热"，它们与更为人所熟悉的人类需求和动力结合起来，改变了近代社会的面貌——若非其灵魂的话。至少在正统信仰的评论家看来，这种对良知的呼吁与拉伯雷（Rabelais）在"泰勒米修道院"（Abbey of Thélème）中的格言——"为汝之欲为"一样"自由不羁"。

到了路德的时代，良知的概念已经拥有了一段尽管具备反社会的潜力但大致仍然算得上光彩的漫长历史。总的来说，它的出现是人类意识发展史上的一段重要插曲，而且像西方思想的其他指导概念一样，它具有双重血统。其一是希腊文，而最为著名的便是柏拉图关于自我认识的教导；其二则是犹太教和基督教对罪恶，以及对即将到来的愤怒上帝的审判的关注。这些态度汇聚在了基督教人文主义的伟大传统中，从使徒保罗、哲罗

59

1　见《对维尔盖尼翁骑士的回应》（*Response pour le chevalier de Villegaignon*, Paris, 1561）（藏于法国国家图书馆 Lb^{33}.19），第 12 页。

姆和奥古斯丁一直延续到伊拉斯谟、路德和加尔文这里。只看到基督教的联系纽带似乎有些狭隘；因为古希腊人已经接受了秘密和罪恶的概念，这种概念超越了简单的自我意识从而达到一种道德上的自我批评［良知（*syneidesis*）］，而犹太教的观点则需要在《旧约》的希腊文译本中应用这个术语。然而，正是那个原型的"分裂的自我"［用威廉·詹姆斯（William James）的话来说］，那个遭受折磨的犹太人和过于自信的基督徒改变了扫罗——也就是使徒保罗的信仰，后者最早表达出了具体的基督教良知观念，并把它与信仰、赎罪和上帝之愤怒联系起来，从而有代表性地"内在化"了这个概念。[1] 讨论与合理化"良知"的工作在中世纪的一些著名神学家那里得到了赓续，他们也考虑了诸如"错误的良知"，以及良知的中枢是意志还是智识等相关难题。阿伯拉尔（Abelard）将"良知"置于道德神学的中心，同时也将罪等同于违背良知的行为（*Quod peccatum non est nisi contra conscientiam*）。[2] 这个问题后来被包括马尔西利奥·费奇诺（Marsilio Ficino）和伊拉斯谟等人文主义者不太系统地重新提出来，他们回头转向了柏拉图（和使徒保罗）的内在化倾向，因此他们似乎可以更直接地与个体对话。这样去宗教化的（以及在某种意义上《圣经》化的）良知被那些权威性的宗教改革者以各种各样的方式接纳，后者同样关切通过一定方式（例如，通过讨论"如何忏悔"的方式，以及一般意义上被宗教体验唤醒和改变的方式）对他人自我意识的鼓动。

虽然经历了基督教化和宗教改革，良知却从未失去其心理上的二元性。

1　见 K. 司汤达，《使徒保罗与西方的内省良知》（K. Stendhal, "The Apostle Paul and the introspective conscience of the west"），载于《哈佛普世教会对话》，S. 米勒与 G. 赖特编（*Ecumenical Dialogue at Harvard*, ed. S. Miller and G. Wright, Cambridge, Mass., 1964），第 236-256 页；可参照 C. 特林考斯，《我们的伪装与形象》（C. Trinkaus, *In Our Likeness and Image*, Chicago, 1970），第 1 卷，第 633 页。

2　见阿贝拉德，《伦理学》，D. 卢斯孔布编（Abelard, *Ethics*, ed. D. Luscombe, Oxford, 1971），第 54 页。

利己主义和利他主义，自我宣扬和自我怀疑，自我立传和忏悔告罪：这些都是个性的根源、异见的源泉和意识形态的温床。自我意识允许人们去质疑传统；良知上的懊悔（也就是盎格鲁—撒克逊范式的"良知的自责"）迫使人们拒斥它。是为使徒保罗的辩证法，它批评照本宣科且沉闷的犹太律法，用被灌注到"自由"意识中的那种基督赋予生命的精神讯息取代它（或更确切地说是改革它）。这也是路德所概括的意识形态模式，尽管他以其一贯的做法将这一观点推向了更为极端的程度。当这个"进行着不同寻常的自我反省的人"（这正是人们给路德所贴的标签）激进化使徒保罗的信仰教义（唯有信仰！尽管他提倡《圣经》直译主义并持续不断地加入注疏）的时候，他也激进化了使徒保罗的良知观。[1]"良知自由"是路德的创新；尽管有些含糊其词，但其结果便是用个体的判断取代了包含着《旧约》和罗马教会罪恶的守法主义的习俗、传统，特别是"律法"。在路德有关沃姆斯会议的固执宣言——"违背良知的行为既不安全也不正确"中，基本问题不是异端，而是（对沉默秩序的）不服从。他的这一立场经常被煽动颠覆者引用，在接下来两代人的时间中，它使"良知自由"成为一个至关重要的问题——这对一些人来说就是丑闻，而对另一些人来说则是一句口号。

其中有些自相矛盾的地方，尤其是对于一个在不久之后将成为世俗权威的捍卫者以及"自由意志"理念的猛烈批评者的人而言更是如此。除了这一概念中隐含的伯拉纠式的谬误之外，人类弱点的因素又如何？路德的同僚梅兰希通问道："如果良知突然袭击了你的心灵，并且马上背弃上帝，

1　见 G. 鲁普，《上帝的正义性》，第 117、150 页及后页；另见 M. G. 贝勒的《行动与人：晚期经院哲学中的良知与青年路德》（M. G. Baylor, *Action and Person: Conscience in Late Scholasticism and the Young Luther*, Leiden, 1977），该书论证了路德的现代性和激进主义。

就如同一个残忍的杀人犯一样害怕他，如之奈何？”[1]梅兰希通即补充道：
61 但是如果没有良知，人类便是真正的奴隶。而对加尔文来说，良知不仅是一种“不朽精神毋庸置疑的标志”，也是被撒旦抟弄于股掌之间的恐惧、绝望和彻底反叛的根源——或者还是像拉伯雷（他的“泰勒米修道院”允许其成员“不遵守法律法规，而是根据本人的自由意志和愿望”度过一生）这样的“不信教者”出现的根源。当然还有（如加尔文引用使徒保罗的话所说的）“不是你本人的，而是别人的”良知的问题。[2]然而最成问题的还是社会习俗与个体的判断之间的关系：一方面是“人类传统”的束缚，尤其是天主教会的制度，另一方面则是人的良知，它“目睹和观察了他的所有秘密，以至于没有什么秘密可言”，并最终统治了思想——如果不包括行动的话。路德承认了这一困境。他声称：“我不懂律法，但我是一位良知问题上的权威。”[3]加尔文也是如此，他甚至还自封为（良知的）上诉法庭。而这两位似乎都不明白也不愿承认的是：他们通过藐视人类的律法，将良知本身设置为了律法。从长远来看，其结果不仅使人困惑，而且还将“良知自由”政治化了。

如果如同某些哲学理想主义者和自由主义历史学家所做的，把路德和加尔文的思想归入政治自由主义的传统之中，那很可能是对他们思想的误读。自皮埃尔·阿贝拉尔以降，“意图”对于有罪的评定是至关重要的，当然，路德和加尔文都没有对他们的良知进行有意的政治挑衅。然而，正如所有的教师和作者都有理由认识到的那样，发出的讯息并不总是（也许永远都不会）等同于接收到的讯息。路德的一个主要论点是“基督徒的自由”，虽然他指的是律法之下的自由，但基督徒总是要问：这算谁的法律？

1　见《教义要点》（*Loci Communes*），“罪恶”（sin），收录于《梅兰希通与布策尔》，W. 保克编（*Melanchthon and Bucer*, ed. W. Pauck, Philadelphia, 1969），第 42 页。

2　见加尔文，《基督教要义》，第 3 卷，第 20 章，论《哥林多前书》第 10 章 29 节。

3　见路德，《桌边谈话录》，第 131 页。

它当然不是教会的律法；事实上，正是基于"良知"取代了教会法，像夏尔·迪穆兰（Charles Dumoulin）这样的法学家（以及神学家）才会反对传统教会法对高利贷的限制。为什么其他世俗关切的领域不能在这个"内在的讨论场域"中进行评判？这似乎也是加尔文所要传达的讯息，他进一步打开了颠覆的大门。对他来说，"基督徒的自由"意味着"信徒的良知……应该摆脱并超越律法，忘记所有律法的正义性"。不同的环境（以及不同的良知！）让它不仅成为一种不服从的信号，也成为一种反抗的信号。它是路德以及众多心怀不满的同代人的良知与自我之间非同一般的共鸣的结果。无论这种"共鸣"的隐喻背后隐藏着何种心理和社会的现实，它都相当直接地将路德的态度从理念的层次提升到意识形态的层次。这是一个相比于被控制或被抑制，更易于被开启的过程。

62

也就是说，在16世纪后期，良知问题从一个神学悖论转变为激烈的政治和社会问题，而二元性与其说是一种分裂的灵魂，不如说是一种分裂的忠诚。（包括政府和教会的）官方观点承认个体的良知是混乱的根源，而对此的反应则是一波又一波旨在强化宗教统一的立法。对个体良知的认同不仅受到了法国、西班牙和神圣罗马帝国天主教君主的镇压，也受到了路德教派和加尔文教派政府的压制；"受胁迫的"或"受恐吓的良知"成为一场关于宗教宽容本质和限度的辩论的核心。其中的一个主要目标便是加尔文本人，尽管他声明是"良知自由"的拥护者；根据他最坚持不懈的批评者之一的说法，无论在什么地方，无论指向何处，宗教狂热都是他那个时代的灾祸根源。塞巴斯蒂安·卡斯泰利奥（Sebastien Castelio）在法国宗教战争爆发的第一年就曾写道："（法国的）疾病、令人痛苦的叛乱和战争的主要和直接的原因正是良知的力量（*forcement des consciences*）。"[1]

至此，良知的自由或"安宁"已经成为胡格诺派政治和教会纲领的主要支柱。在 1560 年春所谓的"昂布瓦斯阴谋"（它事实上是两年之后爆发的法国宗教战争仓促揭开的序幕）中，"这个教派的信徒"请求国王允许他们遵照"纯正的福音和良知的安宁"行事；事实上，试图和平解决这一骚乱的国王敕令看似信守了这一承诺。这一敕令甚至超越了 1562 年 1 月敕令以及这个世纪剩余时期所出台的一系列"和解敕令"，成为满足"加尔文教派"良知的最大希望，尽管这一希望依然渺茫。这些希望，至少在《南特敕令》颁布之前，并没能得以实现；与这些立法公告的善意相对应的是胡格诺派教徒对这些立法的不满。派系的路线从一开始就在两点上确立了胡格诺派的宗教合法性。一个是福音；另一个是孔代亲王（Prince of Condé）于 1562 年夏在奥尔良召集军队和组织辩论时宣告的"神圣的良知自由"（*la saincte liberté de noz consciences*）。[2] 这个主题与"一位国王，一种信仰，一种法律"的法国天主教徒团结与统一的古老前提发生了剧烈的冲突，由此产生的不和谐声音主宰了一代人甚至更久时间内的公众舆论。

63

至少从某一个角度来看，违背良知是导致那个时代混乱的根源，宗教战争的许多宣传都使用了这样的措辞。事实上，良知不再是一件私人事务。对那些为了良知而发起抗议的人来说，它已经成为一种信仰和行动纲领的基础。对于像巴黎高等法院这样的司法当局（尽管其成员也是"按良知行

1　见加尔文，《基督教要义》，第 3 卷，第 19 章。

2　见《给遭到蹂躏之法国的建议》（*Conseil a la France desolée*, 1562），第 6 页；可参照米歇尔·德·洛皮塔尔，《全集》（Michel de l'Hôpital, *Oeuvres completes*, Paris, 1824），第 1 卷，第 471 页；关于博杜安，见下文第 85-87 页和第 161-163 页。

事"[1]）来说，它是这个国家的一个祸害，因此成为政治监督的对象。但就像后来一样，此一时期的内心世界不再由外在力量所塑造，甚至也不会受到制度手段的约束，至少要到一定的时候，理想的破灭和意识形态的枯竭才能使良知获得安宁。

通往大马士革之路

在觉醒之后，良知会让个体感到不适；为了一个目标而被激活的它可以成为社会中的一种破坏性力量。威廉·詹姆斯所谓的"一个人意识中的热点"（也就是智识能量和潜在的宗教热情的中心）在 16 世纪被异常轻松地点燃了，并加入民众当中，不可避免地导致了规模更大的意识形态战火。这种从个体的角度来看构成了皈依经历的现象在西方文化中也有漫长的历史以及双重的传承。[2] 其中一种传承对应于哲学上的转变，例如在柏

---

1 见《孔代回忆录》第 3 卷（*Memoires de Condé*, III, London, 1740），第 396 页；可参照《孔代回忆录》第 1 卷，第 63、102、109、334、388、654、899 等页；尼古拉·皮图，《香槟的新教运动》，C. 勒科尔东编（Nicolas Pithou, *Le Protestantisme en Champagne*, ed. C. Recordon, Paris, 1863），第 130、139 页；P. 贝卢瓦，《诸和解救令之比较》（P. Belloy, *Conference des Edicts de Pacification*, Paris, 1600）；另见下文第 255-260 页。有关蒙田的《论良知自由》，见 K. 卡梅伦，《蒙田与〈论良知自由〉》（K. Cameron, "Montaigne and De la Liberté de Conscience"），载于《文艺复兴季刊》（*Renaissance Quarterly*），第 26 卷（1973 年），第 285-294 页。可参照加尔文，《基督教要义》，第 3 卷，第 17 章，第 1 节。

2 总体概况见 B. 西特龙，《新生：新教奠基者的福音派皈依教义研究》（B. Citron, *New Birth, A Study of the Evangelical Doctrine of Conversion in the Protestant Fathers*, Edinburgh, 1951）；W. L. 琼斯，《皈依心理学研究》（W. L. Jones, *A Psychological Study of Conversion*, London, 1937）；P. 奥班，《"信仰转变"的问题》（P. Aubin, *Le Problème de la "conversion"*, Paris, 1963）；J. R. 尼尔，《良知与宗教改革时期》（J. R. Neal, "Conscience and the Reformation Period", unpublished Ph.D. thesis, Harvard University, 1972）。但是在皈依经历方面，除了 A. D. 诺克的经典著作《信仰转变》（A. D. Nock, *Conversion*, Oxford, 1933）之外，罕有具备历史价值的研究成果，即便对于中世纪和近代早期这一时间区段而言也没有任何作品可与之相比，尽管我们的书架上不乏诸多自传形式和辩护讨论类的书籍，以及近年来面世的社会学和统计学研究成果。另外一本有趣的著作是 F. W. B. 布洛克的《1516 年至 1695 年期间英伦三岛的新教皈依现象》（F. W. B. Bullock, *Evangelical Conversion in Great Britain 1516-1695*, St Leonards on Sea, 1966）。

拉图的洞穴尽头出现的令人眼花缭乱的幻象。另一种传承则是情感上的，通常是充满负罪感的突然发作——就像使徒保罗在去大马士革的路上所经历的，同时还伴随着炫目的光线。思想的改变—心灵的改变；态度的转变—性格的转变；意志的行动—良知的反应：以上这些就是皈依经历的主要形式，至少是感知和表达它们的传统方式。

64

"皈依"一词有着丰富的含义。它包含了从进入修道院生活 [从而成为一名庶务修士（*conversus*）] 的孤独决定到政治革命 [如让·博丹对波利比乌斯的制度循环理论——封闭循环论（*anacyclosis*）的改造] 的各种各样的根本性变化。[1] 就个体而言，它与希腊的"忏悔"（*metanoia*）和"转恶为善"（*epistrophe*）观念是相联系的，并且就这点而论，它也与良知的观念相联系。在 16 世纪，皈依的过程是所有加尔文教派信仰的核心，因为它（而不是弥撒或任何外部的仪式）标志着人与神之间最直接的相遇。它与路德和其他人重新制定的忏悔礼密切相关。"你们当回头离开所犯的一切罪过"便是被加尔文用来阐明这一过程的《旧约》文本之一，当然，这样的"离开"在近代意义上等同于皈依："主啊，求你使我回转，我便回转。"[2] 尽管新教神学一般都否认这种行为确实是自愿的，但在许多情况下，它却被赋予了智识（也就是在阅读、聆听或讨论特定的《圣经》文本时受到启发），并且往往伴随着对一种被视为腐败的和恶意根源的环境的厌恶之感。

皈依不仅是这个时代许多人经历的关键节点，它也为整个历史似乎正在发生的转变提供了一个基本的解释。易言之，在最为普遍的情况下，皈依的经历是与宗教改革观念本身的几种意义——恢复、革新、重生和复活

1　见 H. 沃克曼，《修道院理想的递嬗》（H. Workman, *The Evolution of the Monastic Ideal*, London, 1913 ），第 4 页；博丹，《易于认识历史的方法》，B. 雷诺兹译（Bodin, *Method for the Easy Comprehension of History*, trans. B. Reynolds, New York, 1945 ），第 158 页。

2　见加尔文，《基督教要义》，第 2 卷，第 5 章，第 8-9 节；第 3 卷，第 3 章等。

（一种无罪之身失而复得的幻象）——联系在一起的。其基本文本便是使徒保罗的布道词，他告诉人们不要循规蹈矩，而是要"在汝等思想的更新中实现转变"（*reformamini in novitate sensus*），这被科利特和其他人视为在普遍意义上重建教会和社会的第一步。[1] 就像"良知"一样，"皈依"直接和动态地反映了宗教改革的心理层面，并在无数的神学、历史和大众文学著作中得到了阐述，从而成为近代最为强大的变形神话之一。

虽然这个观念看起来很简单，但其经验却无以言表，也更难予以分类。罕有皈依经历被记录下来，甚至连大人物的皈依都是如此，而对于更早的年代而言，系统性的研究也甚是缺乏。对 16 世纪的宗教改革者来说，古代基督教的范例就显得非常重要了，但两者实际上并没有很多的相似之处：从雅典到耶路撒冷的道路比从罗马到维滕贝格或日内瓦的道路更长，但其标记也更为清楚。进行后一段旅程的经典节点似乎就是突然的皈依（*conversio subita*），它得到了使徒保罗之案例最为戏剧性的诠释，并且在近代为路德所重述——至少，当他重构其过往经历的时候是这么做的。[2] 无论何时到来，他生命中的关键时刻都是其在经过长期斗争后由对《罗马书》第 1 章第 17 节中"义人必因信得生"这句话的洞察而引发的顿悟。对这段文本的学术讨论拥有着一段可以追溯到洛伦佐·瓦拉的重要历史，他在大约 70 年前修正了这段翻译，把现在时态改成了将来时态；但是路德的阐释却超越了语法，成为一种至高无上的原则。这样一来，新教既建立在文艺复兴时期的人文主义基础上，又脱离了它[3] 他深信唯有信仰（因此可以推论出唯有良知）才能为其提供最终的辩护。与使徒保罗摔下马背的遭遇相类似，路德的这一顿悟不仅建立起了改革派宗教的关键教义，也

65

1　见上文第 22 页。

2　见 G. 斯瓦茨，《因信得救与骤然皈依》（G. Swarts, *Salut par foi et conversion brusque*, Paris, 1931）。

3　见上文第 32 页，注释 30。

构建了皈依经历的近代原型。唯一可与之比较的便是慈温利的皈依；而他在一场近乎致命的疾病之后所出现的个人危机也为下一代宗教改革者（尤其是贝扎和奥特芒）开创了先例。

在 16 世纪，皈依的象征和催化剂是书籍，[1] 大多数关于神圣与启示之关键时刻的回忆都围绕着一段阅读经历［就像阅读路德那本装饰着插画的《塔楼经验》（*Turmerlebnis*）一样］展开。对于一些哲学家来说，世界犹如一本书，所以书籍可以是世界的隐喻，是通往宇宙或微观世界发现的大门。奥古斯丁（Augustine）曾经不断重复地说道："取下它，阅读它。"（*tolle lege, tolle lege*）这句话可能成了基督教人文主义伟大传统以及那种希腊文化理念［即教化（*paideia*）］的《圣经》变体的座右铭，而正如维尔纳·耶格尔（Werner Jaeger）所观察到的，它本身就是一种皈依行为。[2] 在广为人知的攀爬旺图山的过程中，彼得拉克（Petrarch）正是从《忏悔录》的同一段文本中获得了顿悟和启示；而对于福音派宗教改革者来说，这种书本上的启蒙甚至更为重要。纪尧姆·法雷尔在皈依后说道："我似乎被重新创造出来了。"[3]"我明白了《圣经》的意义。我的灵魂被点亮了。"一代人之后，伟大的福音布道者居伊·德·布雷（Guy de Brès）忆及类似

1　见 E. R. 库尔提乌斯，《欧洲文学与拉丁中世纪》，W. 特拉斯克译（E. R. Curtius, *European Literature and the Latin Middle Ages*, trans. W. Trask, New York, 1953），第 16 章《作为象征的书籍》（"Book as Symbol"）。

2　见耶格尔，《教化》，G. 海伊特译（Jaeger, *Paideia*, trans. G. Highet, Oxford, 1939-1944），第 2 卷，第 295 页。

3　见纪尧姆·法雷尔，《1498 年至 1565 年：由一群来自瑞士、法国和意大利的历史学家、教授和牧师根据原始文件撰写的新传记》（Guillaume Farel, "1489–1565: Biographie nouvelle, écrite d'après les documents originaux par un groupe d'historiens, professeurs et pasteurs de Suisse, de France et d'Italie"），收录于《巴黎，纳沙泰尔：德拉绍与尼斯特雷的版本》（*Paris, Neuchatel, Éditions Delachaux et Niestlé*, Neuchâtel, 1930），第 105 页；J.-D. 比尔热，《法雷尔的信仰转换》（J.-D. Burger, "La conversion de Farel"），载于《法国新教历史协会会刊》第 111 卷（1965 年），第 199-222 页；H. 梅朗，《法雷尔皈依之诸阶段》（H. Meylan, "Les étapes de la conversion de Farel"），收录于《文艺复兴初期的法国人文主义》（*L'Humanisme français au début de la Renaissance*, Paris, 1973），第 253-259 页。

的经历，尽管他的态度不是那么具有开创性。他提及了自己为理解福音所作的努力："我走上了这条路，而它已经被先知、使徒和上帝之子——我们的主耶稣基督，以及成千上万的殉道者走过了……。"[1]这样的阅读经历可能主要囿于识字和善于反思之人，但可以肯定的是，这种皈依模式代表了更为广泛的社会类型。刽子手在最后一刻被受刑者改变了信仰，这只是关于此种经历（或至少被认为是广为流传的一种习俗）的众多故事之一。

　　在整个 16 世纪，表面上的突然皈依仍然是司空见惯之事；当然，它满足了纯粹教义的要求，这需要一个恩典的时刻、一个启蒙的开端，或许还有转瞬即逝的文本洞察力。然而，历史学和心理学都表明，现实要复杂得多。对许多人来说，通往大马士革之路——即使他们没有走到终点——既不通直亦不狭窄。有时候，它更像是彼得拉克所攀爬的那座象征之山的曲径，尤其是和其兄弟（后者作为一名修士确实就是一名"皈依者"）所选择的道路相比。而对另外一些人来说，这是一场争取光亮的持续斗争；对于学者工作（包括伊拉斯谟和梅兰希通）的这种依赖容易导致一种自由意志的夸张观点以及"神人合作论"的谬误（即人在获得恩典的过程中与上帝合作），这可能并不是一件那么令人惊讶的事情。信仰上的游移不定和怀疑的重复出现进一步破坏了对作为一种转瞬即逝之经验的皈依的阐释，尽管有关救赎的那些特殊理论可能视这种阐释为甘霖。因此，从人的角度来说，一个人不必从马背上摔下来才能获得恩典。

　　出于这样或那样的原因，试着从人的境况的角度去理解皈依的模式，而不是把它当作一种救赎论的理想范式——一种涉及某种精神和道德上的"福音之准备"（*preparatio evangelium*）的过程，似乎是有用的。正如近代的宗教心理学所暗示的，以及 16 世纪的经验所证明的，皈依不是始于

---

[1]　见 E. 布雷克曼，《居伊·德·布雷》（E. Braekman, *Guy de Brès*, Brussels, 1960），第 38 页。

对正义的追寻，而是始于与罪的斗争：在了解上帝之前，人必须看见魔鬼，而这需要短暂地参与到这个世界中去。对正义的追寻本身就是一次经历了若干阶段的旅程。[1]路德也是如此，他的旅程开始于进入修道院生活这件事。与此同时，慈温利也从《圣经》研究转向了对自我的坚持——没有中介的"纯粹地祈求上帝"，并最终拒绝了弥撒仪式。居伊·德·布雷亦是如此，他记录了一段只有在长时间反思和精神错乱之后才能完成的漫长智识之旅。因此，从人的意义上来说，最好的范本可能不是使徒保罗，而是奥古斯丁。奥古斯丁的转变与对虔诚母亲的回忆、深入骨髓的古典教育以及与罪恶和异教倾向的长期斗争密切相关。总的来说，奥古斯丁的这个范本虽然包含了使徒保罗和柏拉图的相关元素，但却不是情感上的病症发作，而是智识上的朝圣。

皈依过程在某些方面也与心态史是一致的——也就是说与成长的复杂问题，特别是与威廉·詹姆斯所谓的"成长危机"是一致的。其中的一个开端便是"使命"的发现，即是否（如路德所做的那样）选择一种"宗教性的"职业或（如梅兰希通所做的那样）做出一个智识承诺，并着手进行一系列将导致对已有观念和制度之批评的思考。这个阶段可能会因为家庭以及学业和职业上的压力而变得复杂。另一个阶段则包括了斗争和不满，它们由一种罪恶感和漫无目标的感觉引发，并逐渐坚信对邪恶之本质和来源的看法；而当尘埃落定、补救办法被找到（仅就个体情况而言）、进入新的生活轨道的决定也浮出水面之际，这一阶段往往被冠以典型的"突然的皈依"之名。最后，如果这一决定是不易改变的，那就可以去进行公开的信仰宣示了，因为只有在一定的社会背景之下，重新确定身份认同的过

1　见埃米尔·G. 伦纳德，《新教史》，J. 里德与 R. 贝瑟尔译（Emile G. Leonard, *A History of Protestantism*, trans. J. Reid and R. Bethell, 2 vols, London, 1965-1967），第 1 卷，第 294 页。

程才能得以完成。至少从心理学的角度来说，质疑和重新评定传统价值观念，并向一个更广阔的世界宣示它们——这就是近代"意识形态的起源"阶段。

对表面上的"权威人物的"皈依故事加以补充的，则是一类可以被称为"门徒皈依"的更为常见的事件，这是一种部分由神赐超凡能力，以及必然的记录匮乏造成的次要现象。在某种程度上，法雷尔与勒费弗尔·戴塔普勒的关系，以及布策尔与路德的关系（都是在 1519 年得以建立），以及其他许多人之间的关系都是如此。而其中最具戏剧性的也许是弗朗索瓦·朗贝尔，如伊拉斯谟和路德一般，这样一个崇尚自由者在经历了近四分之一个世纪的修道生活后开始厌恶它，并逃亡到了新教氛围更纯粹的瑞士和德意志。尽管朗贝尔多年以来一直都是福音的拥护者，但直到 1522 年为了向包括慈温利在内的听众布道而来到苏黎世，他才在福音的理解上取得了突破。当朗贝尔大加赞颂圣母时，慈温利忍无可忍，他打断道："吾兄谬矣！"[1] 在随后的辩论中，被说服的朗贝尔接受了慈温利的思维方式；几个月后，他前往维滕贝格朝圣，在路德的鼓励下，他公然"脱下了修士袍"，对天主教会发起了攻击。

而在下一代宗教改革者中，皈依行为却变得更加墨守成规，甚至是社会化了；因为在第一代的新教徒（大致上都是 1500 年以前出生者）开辟了自己的道路之后，他们的继承者和追随者（同时也是他们的皈依者）在某种程度上能够更为轻易地皈依，也拥有了可效仿的对象——若非可遵循的路线图的话。在自身的危机爆发四年之后，贝扎促成了刚从罗马前来的路易·德·马叙尔（Louis de Masures）的皈依；而这个年轻人后来用热情

68

1　见 R. 温特斯，《阿维尼翁的弗朗索瓦·朗贝尔》（R. Winters, *Francis Lambert of Avignon*, Philadelphia, 1938），第 30 页。

洋溢但无甚异常的措辞回忆起了这次的相遇。[1]

> 在日内瓦湖畔，我永志不忘当日
>
> 甫从罗马教廷得返
>
> 我停歇脚步，听到你说：
>
> 接受并坚守真理吧，
>
> 汝将永不迷失正确的方向。

在此时，皈依不仅意味着良知的表达，也意味着加入一个宗教共同体。

正是因为这个原因，皈依的过程不能仅仅通过达到一种信念的内在状态来完成；它也必须通过一些公开的符号来得以显化。这正是加尔文所坚持的立场，特别是在他攻击那些胆小或虚伪的"秘密教徒"的时候。[2]在他看来，没有人能够在参加罗马天主教可憎的弥撒仪式或高呼"万福玛利亚"（即便是为了免受迫害才这么做）之后还能成为蒙上帝拣选之人。这一要求在面对一系列令人愤慨的叛教行为［包括加尔文促成的第一位皈依者路易·迪蒂耶（Louis du Tillet）的叛教——拉蒙曾津津有味地评论过此事］时就变得越发重要了。此外还有德维盖尼翁先生（Sieur de Villegagnon）的叛教，他曾利用他的论战天赋转头对付其前教友——曾经在一年内两度

---

1 见梅朗，《贝扎的皈依》（Meylan，"La conversion de Bèze"），载于《日内瓦》（*Genava*），第7卷（1959年），第104页：

O comme de bon Coeur et de fidèle voix

Sur le bord sablonneaux de beau lac Genevois

Un jour, don't à jamais il me souviendre, comme

Passant je retournois du conclave de Romme,

Tu m'enhortas de suivre et fermement tenir

La verité certaine, et suivre et fermement tenir

Laissant l'oblique et faux, au droit sentier j'allasse

Hors du chemin d'erreur, ou le monde se lasse.

2 见C. 金兹伯格，《秘密教徒》（C. Ginzberg, *Il Nicodemitismo*, Turin, 1970）与E. 德罗兹，《异端之路》（E. Droz, *Chemins de l'hérésie*, Geneva, 1970-1976）。

皈依（第一次皈依了胡格诺派，第二次则回归了天主教信仰）的迪罗西耶先生（Seigneur du Rosier）以及被指责七次皈依的弗朗索瓦·博杜安（François Baudouin）；更不用说纳瓦拉的亨利的经历了，他曾两次皈依信仰天主教，1572 年的那次皈依救了他一命，而 1594 年的那次则保住了他的王冠。[1] 毫无疑问，某些有关信仰"动摇"的故事至少可以说是夸大其词的，比如伊拉斯谟警告过的那些临死前改变信仰或撤销此前信仰主张的案例（特别是路易·贝尔坎的故事）。重要的是，人们把信仰视为社会身份认同的关键所在，有时甚至是生存的关键所在。

一个人如何证明自己是某一个宗教共同体的成员？礼仪礼节始终是不够充分的。对某些人来说，这意味着从事某种传播福音的工作，也就是用口头或书面的方式传播《圣经》。路德皈依过程的高潮是其《九十五条论纲》的发表，而对慈温利来说则是他于 1519 年在苏黎世大教堂讲坛上发表的新年布道；这种模式被带入了许多门徒的皈依当中。通常而言，公开本人信仰的决定比最初的信仰选择行为更为重要，它涉及了加入牧师群体的仪式——也就是新教版本的授圣职礼。对另一些人而言，他们需要逃离已经不适宜居住的环境。例如，在 1542 年圣诞节皈依后，彼得·马蒂尔（Peter Martyr）就再也无法忍受继续布道或聆听传统教义了——"除非我让真理变得晦暗，或者宣讲一些全然谬误的东西"，于是他开始了流亡生活。[2] 许多年轻人也都是这么做的，尤其是在法国和神圣罗马帝国，宗教移民到了这个世纪中叶已经成为一种重要的社会现象。我们在此也可以看到从宗教经验到意识形态信仰的转变。

1　见 R. 金顿，《16 世纪法国人的宗教选择问题》（R. Kingdon, "Problems of religious choice for sixteenth century Frenchmen"），载于《宗教史期刊》（*Journal of Religious History*），第 4 卷（1966 年），第 105-112 页；可参照 A. 格林，《叛教者鲍德温致法国的信》（A. Guerin, *Epistola ad Franc. Balduinum apostatum*, 1564）。

2　见 P. 麦克奈尔，《彼得·马蒂尔在意大利》（P. McNair, *Peter Martyr in Italy*, Oxford, 1967），第 263 页。

70　　　虽然皈依现象构成了历史实质的组成部分，但从社会角度去发现和评估它却困难重重；而且由于相关的证据都是捕风捉影的传闻，甚至是传奇故事，所以很难以任何直接的方式应用统计方法或人物志。然而，其后果也是明白无误的，皈依过程的滚雪球效应也是如此。皮埃尔·维雷（Pierre Viret）是法雷尔促成的皈依者之一，他成为一名更加杰出的传教士。据说，蒙彼利埃大学的整个医学院都在他的推动下改变了信仰，一些村庄显然也因他而皈依了新教。[1]这些故事得到了讲述，而许多人则是听着这些故事长大的。我们听说人们在户外布道场所、在秘密的宗教仪式举办地、在他们的旅行途中以及在执行死刑的时候改变了信仰。在教区教士和修会修士中，在法律和医学从业人员中，在学校和行会中，在贵族中，甚至是在王室家族中，都可以发现背弃传统信仰的现象。甚至出现了整个家族都皈依了新教，并为此频繁流亡的案例，例如巴黎的比代家族和布尔日的科拉东家族。异端邪说充斥着巴黎高等法院，至少官方和公众都是这么认为的。这种灵魂迷失的景象一方面受到了正统信仰批评家和法律的谴责，另一方面却受到宗教改革鼓吹者的赞扬，而出版作品与口头讨论都回响着那些内心骚动的问题。

　　在这种喧嚣的背后则是人类经验的整个世界。思想、情感和价值观念的嬗变，其意义超越了当下有意识辩论的问题。旧的社会秩序观念被破坏得无法修复。欧洲社会当然没有如宗教改革者们所期望的那般重新焕发活力，而是被动摇了，走上了一条通过引人注目的方式带来变革的道路，从而证实了他们的恶魔气息——也可以说是他们的复兴希望。他们的皈依理想确实促成了一种转变——但在某种意义上（用16世纪新闻业的一个流

　　1　见J.巴诺，《皮埃尔·维雷》（J. Barnaud, *Pierre Viret*, Saint-Aman, 1911）与R.林德，《皮埃尔·维雷的政治观念》（R. Linder, *The Political Ideas of Pierre Viret*, Geneva, 1964）；可参照路易·雷纳尔，《贝里史》（Louis Raynal, *Hisotire du Berry*, Bourges, 1844），第3卷，第347页。

行短语来形容）就是"一个颠倒的世界"。

首要辩证法

宗教经验和社会意识的根源大多是近乎历史的（如果说不是心理史学的话），而且即便是同时代的观察者也无法触及，因为它们隐藏于家庭的背景之中，在很大程度上具有无意识和前概念的特征。[1]孩子对家庭圈子里的小世界习以为常，甚至在以后的生活中也罕有直接批评它的手段。一些基本的模式在家庭中得到了设定：自我与他人、爱与恨、工作与娱乐、合作与竞争、服从与反抗。以下便是一个不言而喻的道理：

> 一个好孩子总是服从他的父母。
> 一个坏孩子即使挨打也会叛逆和误入歧途。[2]

这正是文艺复兴时期的教育家们所谓的"婴儿的第一阶段"，它延续到五岁左右，孩子的"天性"在这个阶段就形成了。无论人们对它有何想法，这种特性在许多方面都对应着社会意识的第一阶段，也就是所谓的家庭意识形态阶段；而且无论多么难以企及，这个对以后发展有着巨大影响的阶段至少在家庭关系方面（尤其是在被认知的父母角色方面）可以得到间接的理解。

在 16 世纪，家庭似乎是一个由血缘关系和本能关系组成的根深蒂固

1　近年来关于家庭史的大量研究中罕有涉及智识史的成果；在较早期的作品中，最为相关的是 G. 勒普安特，《古代法律中的家庭》（G. Le Pointe, *La Famille dans l'ancien droit*, Paris）、P. 德·费利斯，《往昔的新教徒》（P. de Félice, *Les Protestants d'autrefois*, Paris, 1897）与 C. 里贝，《大革命之前的家庭与社会》（C. Ribbe, *Les Familles et la société avant la Révolution*, Tours, 1879），第 1 卷。

2　见勒古尔特，《马蒂兰·科尔迪耶》（Le Coultre, *Mathurin Cordier*, Neuchâtel, 1926），摘自论"好孩子"（Le bon enfant）的四行诗。

且充满史前保守气息的小宇宙。系谱由习俗加以确定，由律师加以辩护，再由系谱学家加以颂扬。特别是"血缘和宗族的等级"确定了血统和继承权，决定了复杂的亲属关系网，定义了个体的家庭视野——至少在婚姻范围扩大或者挫败他们之前是这样的。身处信仰怀疑痛苦中的年轻的弗朗索瓦·奥特芒就将此作为其第一部重要作品的主题，并根据横向和纵向扩展线的传统平民模式勾画出了亲属关系的结构。[1]在同时代关于王朝理论和继承权的讨论中，家族的概念更为引人注目，也更具有争议性，事实上，奥特芒在几乎四十年后为纳瓦拉的亨利继承法国王位一事所作的辩护便对这一相关主题做出了重大贡献。在社会和政治理论方面，家庭是最为重要的——事实上，它比历史学家所承认的还要重要。总而言之，家庭是这样一张人的网络：它由血缘和婚姻加以定义，延伸到了过去、未来以及社会当中，最终通过关于继承权和可继承财富的诸般考量来加以维系，它对意识形态的研究仍然具有不明就里的意义。

72　　　　家庭的传统形象是一棵树；而当时的另一位社会理论家也正是将大家庭，即一个"旨在为家庭福祉和利益服务的群体"描绘成一棵树。对纪尧姆·德·拉佩里埃（Guillaume de La Perrière）来说，这棵树生长在封建制度以及宗教的土壤中，需要最悉心的栽培，因为它的生命法则是"忠诚"——意味着效忠于自身、亲属（*proches*）及其职位、最高统治者和上帝。[2]人类的基础是婚姻，而它也被拉佩里埃比作一棵树，通过丈夫和妻子的权利和义务支撑着生活。这些家庭制度与国家这棵大"树"之间存在相似之处并非偶然，因为就像婚姻制度一样，家庭确实被视为一个政治实体（a *civitas or res publica*）。正如让·博丹所指，家庭是"真正的学校，是每

　　1　见《论血缘关系与亲属关系两书》（*De Gradibus cognationis et affinitatis libri duo*, Paris, 1547）与《关于法国王位继承权的几项法律》（*De Jure successionis regiae in regno Francorum leges aliquot*, 1588）。

　　2　见《政治之镜鉴》（*Le Miroir politique*, Paris, 1567; 1st edn, 1555），第25页及后页。

个共同体的开端，也是共同体中的主要组成部分"。[1] 因此，社会的稳定要求政府保护家庭不受内部斗争、外部攻击和物资匮乏的影响；16 世纪的立法也反映了这种官方的关切。

在这个家庭共和国里，儿童基本上没有法律权利。父亲和母亲则是"看得见的神"，因为他们是其末裔的创造者；不服从他们则是最严重的罪行，会直接招致异端、无神论和悖逆的指控。孩子的生活、教育和继承权都由父母决定。十诫中的第五诫没有任何感召力，路德就曾引用了一句古老的谚语："魔鬼养育了父母无法养育之人。"[2] 面对这样的孩子，唯一的控制办法就是法官，唯一的惩罚办法就是让他坐牢或上绞刑架。由于核心问题是世代（即血统）的稳定，所以最敏感的问题之一就是对继承权的控制，也即婚姻的选择。基于这种联系，贝扎和奥特芒的那种秘密婚姻显然就构成了对社会秩序的威胁，并成为国王不满情绪的特别针对对象。1556 年，亨利二世颁布的一系列法令中的第一项就是"关于家庭中的子女秘密地和不恭敬地缔结的婚姻"。[3] 翌年，这一规范得到了法学家让·德·科拉（Jean de Coras）的大力支持，他谴责这种做法"不仅违反了神法和自然法，而且也违反了一切的人类律法和理性"。根据科拉的说法，尊重父母的意愿是区分人和动物的特征之一。无论是基于肉体的还是宗教的激情，年轻人的坚持己见在任何制度背景下都是不能被容忍的。

在"家庭意识形态"的构建过程中，最重要的就是母亲的影响。它始于对婴儿的照顾，当时的一位作家曾表达了对任何拒绝去完成这一"也许

73

1　见博丹，《国家六书》（Bodin, *Les six livres de la Republique*, Paris, 1576），第 1 卷，第 2 页；布策尔，《论基督之国》（Bucer, *De Regno Christi*），收录于《梅兰希通与布策尔》第 2 卷，第 15 页。

2　见路德，《桌边谈话录》，第 68 页。

3　见《国王关于秘密婚姻之敕令》（*Edict du roy sur les marriages clandestines*, Paris, 1556 [1557]）（收录于法国国家图书馆 F. 46814.5 与哈佛大学图书馆）；另见 F. 伊桑贝尔、A. 茹尔当、A. 德屈西编，《法国古代法律总集》，第 13 卷，第 1309-1310 号。

是她一生中能做的唯一好事"的女性的"恐惧"。[1] 而后，在孩子的"第二婴儿期"，母亲就是孩子的"良知"，并向孩子介绍教理问答和《圣经》，然后到孩子六岁左右的时候再把他交给教师。母亲所施加的影响的一个经典例子就是奥古斯丁，他的皈依在某种意义上是对其虔诚母亲的教导的回归。许多宗教改革家（其中包括了路德、贝扎和奥特芒）对自己的母亲都有着美好的回忆，这与他们的父亲形成了或多或少的对比。当然，从定义来看，这种影响几乎囿于家庭中，而不会成为社会的、道德的或政治的影响。母亲们的教导关注的是个人关系，而不是公众行为和理想这样的宏大问题。在大众心目中，女性既与内心的煎熬无关，也与社会动荡无关，她们当然不会受到历史推动力量的影响——除非是间接的影响，或者权力在偶然情况下落入了她们的手中。

这种态度得到了根深蒂固的西方智识传统的强化，正如亚里士多德曾引用过的荷马诗句所反映的："沉默是女人的第一荣耀。"[2] 由此推断，言论、理性，以及因此而来的政治活动都属于男人；在 16 世纪，这仍然是一个普遍流传的观点。与对"男人之尊严和卓越"的颂扬（这是皮科所推广的一个主题）相抗衡的则是对女人之尊严的颂扬；但应当指出，这一正面主题详细探讨的往往是美容、家庭效率和孤僻性格等方面的内容["寡言与沉默的美德"（*excellentia ex taciturnitate et silentio*）正是法学家巴泰勒米·德·沙瑟纳（Barthélemy de Chasseneux）之语，他在其 1529 年百

---

1 见 P. 德·费利斯，《往昔的新教徒》，第 4 卷，第 6 页；可参照 P. 阿里耶斯，《儿童的世纪》，R. 巴尔迪克译（P. Ariès, *Centuries of Childhood*, trans. R. Baldick, New York, 1962）；法文修订版《儿童的世纪》（*L'Enfant et la vie familiale sous l'ancien régime*, Paris, 1973）。

2 见亚里士多德，《政治学》第 1 卷（Aristotle, *Politics*, I），第 13 页。

科全书式的《世界荣誉名录》中提出了一个迥异于形而上学层次的问题]。[1]
他用这种委婉的措辞否定了女性的权威、学识和有教养的谈吐——而这些
实际上与公职上、在大学中所获得的提升和政治观点有关。

　　在法国，这些观点是法律和习俗内容的组成部分。人们普遍认为，
只有男性才能维护家庭的"荣誉"，也就是物质上的完整性。比如，曾审
判过许多异端嫌疑犯的安德烈·提拉库发表过一部关于男权至上和继承原
则的鸿篇巨著；而他的这部权威作品便代表了官方对社会和政治秩序的态
度。[2]而这一观点从"萨利克法"这一将女性排除在王位继承权之外的根
深蒂固的民众传奇中就得到了进一步的证实。封建法学家让·皮吕斯·丹
热尔贝尔姆（Jean Pyrrhus d'Angelberme）解释称："女人无法继承封地，
更遑论继承一个王国了。"[3]在法国宗教战争的最后阶段，当纳瓦拉的亨
利成为王位继承人时，这一惯例被提升到了"基本法"的层次。一个派系
曾引用了14世纪法学家巴尔杜斯（Baldus）关于男人具备优越地位的"五
个理由"来支持它：这些被令人憎恶地陈述出来的理由聚焦于女人的优柔
寡断和无法保守秘密。基于这些原因，不仅是政治上的"美德"，连国王
的"权威"（或最高统治权）都为男性所垄断；因此，在这个分裂的时代，
即便是反女权主义也被政治化了。[4]

　　对于这些渗透到欧洲的潜意识和意识当中的观点，新教徒并没有什
么不同意见。根据一位沉湎于颂扬男性尊严的福音派诗人的说法，女人只

74

　　1　见《寰宇荣耀名录》（*Catalogus gloriae mundi*, Lyon, 1529），第17v页；可参照皮
埃尔·博艾斯迪奥，《简论人类之卓越与尊严》（Pierre Boaistuau, *Bref discours de l'excellence
et dignité de l'homme*, Paris, 1559），第12页。

　　2　见提拉库，《关于贵族和血统权利的评论》（Tiraqueau, *Commentarii de Nobilitate
et iure primigeniorum*, Lyon, 1566），第431页。

　　3　见《论萨利克法》（*De Lege Salica*），收录于E.福卡德尔，《论世仇》（E.
Forcadel, *De Feudis*, Hanover, 1603），第100页："在公共事务上，男性高于女性。"

　　4　见皮埃尔·德·贝卢瓦，《关于萨利克法的探讨》（Pierre du Belloy, *Examen du
discours ... sur la loy Salique*, Paris, 1587），第57页及后页。

不过是"男人的影子"。[1]一些人的看法则大异其趣，其中就包括了加尔文的朋友和同窗弗朗索瓦·科南（François Connan），他为女性打开了封建权利的大门；但大多数人的意见还是与正统观念保持一致。福音派新教中的确存在着女英雄，但在那些可以被视为职业思想家的群体——大学学者、神学家和宣传册作者当中，却几乎没有女性的身影。的确，有某些女性在学校里教书，但这主要是作为她们家庭职能的延伸；尽管新教徒不受神学上对女性性别的限制，但女性布道者的概念和女性牧师一样显得不可思议。曾有一位女性宣称她是女"基督"，但却被新教徒谴责为"可憎之物"，其原因一半是性别上的错误，一半则是神学上的假定。[2]在政治领域，宗教抗议似乎加剧了这种偏见，至少其中的部分原因是卡特琳·德·美第奇（Catherine de Médicis）、帕尔马的玛格丽特（Margaret of Parma）和玛丽·都铎（Mary Tudor）等人物（根据新教的指控）被广泛贴上了无能和邪恶的标签。在这些案例中，女性的邪恶让女性的无能更加凸显，但这正是对刻板印象的放大，而非对它的否定，况且这种情况并非没有先例。《圣经》中的模板便是耶洗别（Jezebel），而在世俗领域，法国学者则可以将布伦希尔德王后（Queen Brunhild）作为一个邪恶且嗜血的例子。毫无疑问，以上皆是一些耸人听闻的案例，但宗教战争确实把普通的反女权主义推向了极端。

女性在某些地方不受尊重的一个显著标志（这在意识形态方面也很明显）是圣母的失势和被丑化。"反圣母"的亵渎行为（这是中世纪后期宗

1　见巴泰勒米·达诺，《彩色的诗》（Barthélemy d'Aneau, *Picta poesis*, Lyon, 1552），第 79 页；可参照科南，《民法注释第十书》（Connan, *Commentariorum Iuris Civilis libri X*, Paris, 1553），第 1 卷，第 8 页。

2　见 P. 费雷，《巴黎神学院》，第 2 卷，第 145 页。

教裁判所常见的指控）在 16 世纪变得更加泛滥。[1]在法国最早的亲路德教派出版物中有一部滑稽模仿巴黎大学对路德之描述的作品，其中不无讽刺地提到圣母的地位高于圣父（这是研究性别态度的历史学家似乎还未曾探讨过的一个有趣论题）；另一部讽刺作品使用传统的"傻瓜妈妈"（Meresotte）的形象，嘲弄了一部圣母祈祷书。除了取消弥撒礼，当时的宗教仪式中最明显的异端标志可能就是省略"万福玛利亚"的举动了。比如，法雷尔就以此标志他从高卢天主教会信仰转变为福音派信仰的历程；还有许多人也因为拒绝呼喊"耶稣与玛丽亚！"而成为殉道者。[2]随着谩骂发展为暴力的普遍过程，损毁圣母画像或砍掉圣母雕像的鼻子成为破坏圣像运动的一种流行形式。概言之，女性化的绰号是（仅次于污言秽语的）最常见的辱骂方式。路德曾把买卖圣职的行为和卖淫等同起来，从而使罗马成了"娼妓"，巴黎大学成了"教皇的妓院"，而"罗马天主教会，我们的圣母娼妓"则是贝扎在对巴黎高等法院"火焰法庭"（Chambre ardente）的庭长、法国福音派教徒的主要迫害者皮埃尔·利泽（Pierre Lizet）进行嘲讽攻讦时抛出的措辞。[3]

至少在公众舆论的层面，这个问题可以总结为：在个体的世界里，女

1 见 P. 弗雷德里克编，《尼德兰异端裁判所档案汇编》第 1 卷（P. Fredericq, ed., Corpus documentorum Inquisitionis haereticae pravatis Neerlandica, I, Ghent, 1899），全文各处；另见 M. 沃纳，《圣母的性别》（M. Warner, Alone of All Her Sex, New York, 1976），第 285 页及后页。

2 见让·克雷斯邦与西蒙·古拉尔，《殉道者的历史》，D. 贝努瓦编（Jean Crespin and Simon Goulart, Histoire des martyrs, ed. D. Benoit, Toulouse, 1885-1889），第 1 卷，第 516、590 页；C. E. 布莱乌斯，《巴黎大学史》，第 6 卷，第 180 页；安托万·弗罗芒，《日内瓦的辉煌过往》，G. 勒维约编（Anthoine Fromment, Les Actes et gestes merveilleux de la cite de Genève, ed. G. Revilliod, Geneva, 1857），第 11 页。

3 见贝扎，《过路人》，I. 利索译（Le Passavant, trans. I. Liseaux, Paris, 1875），第 84 页；路德的言论见 W. F. 本泽，《诺埃尔·贝达与巴黎的人文主义宗教改革》（W. F. Bense, "Noel Beda and the Humanist Reformation at Paris", unpublished Ph.D. thesis, Harvard University, 1967），第 316 页。

性代表着点缀、服务和道德力量等积极的美德；而在公共领域中，她们在最好的情况下也是一种对秩序的威胁，而在最坏的情况下则是一种畸形的人性。在很多方面，16世纪的社会、宗教和政治结构以及变革的关键都在于男性主导的原则。正如伊拉斯谟所哀叹的：欧洲仍然是一种武士文化；关于权威与自由、服从与反抗的整个辩论都与对权威以及（用拉佩里埃的感性话语来说的）"男子气概"的认知与假设有关。而宗教冲突似乎又一次强化了这种倾向。（"赞美胡子"的各类文章颂扬了男子气概，但是胡子本身似乎又成了反抗的象征，所以不仅在大学里，甚至在巴黎高等法院中都遭到了禁止。）[1] 概言之，宗教改革——特别是"权威宗教改革"的推动力正是领导阶层以及修辞和形象上强烈的男性特征。上帝、教皇、神职人员、国王、行政长官、布道者等都是男性；而那些攻讦他们的品德和地位的反叛者也是如此。他们同样都没有与之平起平坐的女性合作者。在宗教改革时期，（不管是在象征意义上还是在现实生活当中）父子反目，兄弟阋墙；而他们争夺的——被亵渎的基督奥体（Mystical body）——却被认为是女性，虽然它已不再是"圣母教会"。路德教派尤其具有男性的特征；根据上个世纪一位伟大历史学家的说法，它甚至导致了"反女权主义和反自由主义情绪的爆发——也就是一场拼死的搏斗"。[2]

在家庭里，男性至上的地位是不容争辩的。正如博丹所回想起来的，父亲拥有决定生死的力量。尽管古罗马和日耳曼的父权结构（the *patria potestas* and the *mundium*）到了近代已经有所修改，但与上帝和国王一样，父亲在任何意义上仍是控制其家庭所有成员的行动和命运的"主宰者"。比如说，正是基于这种理由，秘密婚姻和悖逆父子关系的行为都受到了遣

1　这些赞美胡子的作品中就包括了皮埃尔·博艾斯迪奥的《简论人类之卓越与尊严》（第12页及后页）和A.奥特芒的《论胡须》（A. Hotman, *De Barba*, Lyon, 1586）。

2　见R.莫尔德·德·拉克拉维埃，《文艺复兴时期的女性》，G.埃利译（R. Maulde de la Clavière, *The Women of the Renaissance*, trans. G. Ely, London, 1900），第467页。

责。[1]像路德那样立下修士誓言从而让父亲的心愿落空的行为已经足够恶劣了，但更糟糕的则是为外来势力效劳。父亲们为了保护他们的末裔不受加尔文教派教徒和耶稣会士的控制而斗争，并提起控告。拉蒙曾抱怨过新教对婚姻的亵渎，因为这种婚姻允许年轻人在没有父母同意的情况下结合。[2]另一方面的典型例子则是勒内·艾罗（René Ayrault），他违背父亲的意愿加入或被纳入到了耶稣会之中。恰好担任昂热的刑事总监（lieutenant-criminel），同时也是一位杰出的法律学者和公开的保王党人的皮埃尔·艾罗（Pierre Ayrault）通过对耶稣会的猛烈抨击予以了回应。他撰写了一本宣传册介绍这个团体，而这本宣传册既是一份历史素描，又是对父权这一主题的颂扬。他在其中写道："这种父权往往比整个政府更为明确和有信誉……也比行政长官更有信誉——不管后者是如何组织和武装起来的。"[3]

77

从某种意义上说，16 世纪权威（以及专制）的主要来源（尤其就一个人的早期经验和当下经历而言）不是君主或教皇，而是父亲，即作为原型的"爸爸"。在西方历史中，儿童的从属地位（甚至是受奴役地位）一直是生命的一种持续状态，是世代冲突中的一个中心因素，而至少从亚里士多德（或荷马）开始，这种冲突就被认为是历史上的一种不安定要素——如果不是驱动力的话。父亲们总是支持现实和现状，反对孩子们不规范和不负责任的行为；而在法律和制度的支持下，他们往往至少在表面上成功

1　见紧随在 1557 年敕令（见上文第 72 页，注释 38）新印本（Paris, 1572）之后面世的让·德·科拉的《关于子女在没有父亲的意见、建议和同意之情况下缔结婚姻的简短讨论》（Jean de Coras, "Petit discours sur les marriages contractés par les Enfans sans l'avis, conseil et volunté des Peres"）。

2　见弗洛里蒙·德·拉蒙，《本世纪异端诞生、发展与衰亡的历史》，第 1032 页。

3　见《论父权》（"De la Puissance paternelle"），收录于《小作品集》（Opuscules, Paris, 1598），第 234 页与帕基耶，《书信集》（Pasquier, Les Lettres, Paris, 1619），第 11 卷，第 9 页。可参照盖恩斯·波斯特，《父权、王权与帝王》（Gaines Post, "Patriapotestas, regia potestas, and rex imperator"），载于《经济史研究》（Explorations in Economic History），第 7 卷（1969 年），第 185-204 页。

地维持了传统。然而，在历史中的某些时刻，父子之间的斗争却变得激烈而普遍，不服从的动机和时机令他们不能自已。16 世纪不仅爆发了大规模的反抗，而且还为这种反抗编制了理论基础和正当理由。父权继续被视为权威和意义的终极来源；《政治论述》（*Political Discourse*, 1574 年）一书的胡格诺派作者就赋予了"父权和公民权这两种权力"同等的地位。[1] 然而，新教徒最终不得不让这二者屈居于天堂中的"吾父"之下，因为托马斯·阿奎那也曾教导说：应当对他宣示第一次效忠（*non est parents sed ipsius Dei*）。[2] 加尔文也坚持十诫之第五诫，即要尊崇与上帝共享"父"和"主"之头衔的人，但他赓即补充道，"我们被要求只在主里尊崇我们的父母"。

78 不幸的是，尘世的父亲与世俗社会的物质享乐主义、追名逐利和保守主义联系在了一起，而这些正是需要改革的态度。

一般来说，父权是自我身份认同的第一个挑战和模式，也是宗教觉醒的第一个障碍（如果不是决定因素的话）。无论宗教皈依行为的发生年龄和速度如何，它通常都是在家庭的心理背景下爆发的，表现为对家庭的价值观念、习惯、图腾和禁忌产生抵触，或信念得到加强；而非正统的信仰则是一种对父权的确定无疑的挑战。因此，路德已经迈出了第一步，他对修道院生活方式的"皈依"违背了其父亲的明确愿望，后者曾打算让他的儿子从事更为有利可图的律师职业；路德的不服从困扰了他很多年。贝扎及其年轻的朋友奥特芒也是如此。奥特芒的父亲是隶属于利泽所主持的那个"火焰法庭"的王室官员，奥特芒后来说，此人终其一生"压迫了一千名殉道者"。[3] 1548 年，奥特芒一声不响地逃离了巴黎，他小心翼翼地避

1　见 S. 古拉尔编，《查理九世治下法国回忆录》，第 3 卷，第 153 页。

2　阿奎那关于彼得·隆巴尔的《四部语录》（*Sentences*）一书的评注见 J. 布里索，《法国私法史》，R. 豪厄尔译（J. Brissaud, *History of French Private Law*, trans. R. Howell, Boston, 1912），第 180 页。

3　见唐纳德·R. 克雷，《弗朗索瓦·奥特芒：一位革命者的苦难经历》，第 47 页中奥特芒于 1556 年 5 月 24 日致梅兰希通的信。

开了其父亲派出来追捕他的差役，最终在日内瓦与他的教友会合。因此，在这个世纪中叶不断高涨的移民潮中，许多年轻人肯定都遇到过这种情况。

在这里，我们可以看到由宗教意识引起的社会结构的第一次撕裂——或许也是寻找新意识形态基础的第一次躁动。正如埃里克·埃里克森所指出的，对路德而言，对其父亲的反叛是其自我辩白的核心；这构成了拒斥权威的逻辑序列的一部分——这一逻辑序列直到他找到了统治方式为其所接受的、慈父般的上帝，并且他本人能够成为家庭和宗教团体的领袖的时候才宣告结束。这种模式在新教扩张的过程中反复出现，代表了一种完整且自然的生命周期；但是在16世纪具备异常自生性的和互为奥援的社会运动中，它却导致了不可控的和不自然的社会变革过程。

虽然直接证据不足，但子女的大规模背叛无疑是这一时期历史变化的基本要素之一。我们永远都无法确切地知道究竟有多少人逃离了家庭、学校和修道院，以及他们在多大年纪离开；同样无法确切知晓的还有宗教变革的整体格局。但不满和争执的增加导致了血缘关系基本上的破裂，这是非同寻常的现象；它始于16世纪20年代，并且持续了两代人的时间。79 一个突出的例子就是庞大的印刷王朝——埃蒂安家族（the Estiennes）。1549年，为了逃避出版审查问题，罗贝尔在日内瓦和巴黎同时发展出了一个家族分支。另一个这么做的则是埃蒂安名下最著名的作家、堪称那个时代（与伊拉斯谟一样）最伟大的学者所属的家庭。在布告事件发生后，颂扬了迫害"圣餐象征论者"政策的纪尧姆·比代死于1540年，所以他可能无法得知类似的异端邪说也将污染他本人的家庭。1547年，他的妻子在加尔文的敦促下逃离了已经变成"巴比伦"的法国，带着她的4个儿子移民到已经成为新耶路撒冷的日内瓦。在16世纪50年代，越来越多这种感到幻灭或想要反抗的人逃往了日内瓦、斯特拉斯堡、巴塞尔和其他保持独立的避风港。在1549年至1552年的三年里，日内瓦迎来了300多名新"居民"，这些人中包括了学者、律师，尤其是印刷商（至少 13 人）；其中正式登记在案的有洛朗·德·诺曼底（Laurent de Normandie）、让·比代（Jean Budé）、康拉德·巴迪乌斯（Conrad Badius）、纪尧姆·德·特里（Guillaume de Trie）［比代的内弟，举报塞尔韦特（Servetus）者，后来成为昂布瓦斯阴谋的受害者］、罗贝尔·埃蒂安（Robert Estienne）、克劳德·巴迪埃尔（Claude Baduel）、让·克雷斯邦，第二年可能还包括了（"来自布尔日教区圣阿芒的"）让·博丹（Jean Bodin）。正是为了遏制这一趋势，亨利二世于 1551 年颁布了臭名昭著的《夏多布里昂敕令》（Edict of Chateaubriand），但除了进行一番官方宣传之外，这一尝试毫无用处。[1]

以上只是 16 世纪家庭和社会混乱，以及在那个时代的斗争基础上出现的疏远和反抗心态的几个例证。在这种关系失和所导致的副产品中，谁知道会产生什么样的紧张、怨恨和负罪感？一位曾经为维雷的皈依者之一编写编年记录的正统信仰人士说道：这一行为"令他的父亲和兄弟们深感遗憾"，他"就像一只吞噬了喂养他的母亲的布谷鸟"。[2]然而，年轻一代的叛逆者则求助于一种不同的价值观念体系。下面这首歌所唱的正是一位持正统信仰的母亲，她告发了自己的女儿，并在女儿面对死刑时才为自己的行为感到后悔。[3]

母亲说："我的孩子，去做弥撒吧。"

她回应称："弥撒只是一种恶习。

---

1 见下文第 200 页，注释 57。可参照 P. 盖森多夫编，《日内瓦居民簿册》（P. Geisendorf, ed., *Livre des habitants de Genève*, Geneva, 1957），第 1 卷，第 1-24 页；这一数字尔后再度增加，比如到了关键性的 1559 年，当年涌入日内瓦且记录在册的法国居民人数就超过了 1600 人。

2 见维约米耶，《沃州新教教会史》（Vuilleumier, *Histoire de l'eglise réformée du Pays de Vaud*, Lausanne, 1927），第 61 页。

3 见 B. 沃里戈，《论布列塔尼的新教历史》（B. Vaurigaud, *Essai sur l'histoire de églises réformées de Bretagne*, Paris, 1870），第 1 卷，第 6-7 页。

取来带有吾神圣誓言之书册。

我宁愿被烧死，宁愿我的骨灰抛洒一地，

也不去做弥撒，不去破坏我的誓言。"

这种殉道者一般的自以为是进一步加深了双方的代沟。

当然，在这些态度的背后，还存在着更多物质、社会和经济方面的问题。法国有大量的家庭破裂、继承权被剥夺和财产被没收的记录，它反映了宗教战争爆发之前一代人的根本性的社会混乱。不可否认，背井离乡之人、无家可归的流浪者、"自由布道者"和其他潜在的社会和宗教煽动者始终是存在的；但是，过去从来没有爆发过这样一场前后连贯的运动，它涉及了一个按照推测应该是稳定的，并且包含市民阶级、贵族、官职所有者和地主阶级的社会；这种现象对欧洲的精神和面貌都产生了不可磨灭的影响。贝扎为他的决定付出了代价——他失去了遗产，并忍受着其人像被烧毁的羞辱。而正如加尔文所承认的，奥特芒"为了为基督而战也放弃了丰厚的遗产"；[1] 这正是很多人在接下来的半个世纪里的遭遇：重复颁布的法令要求没收异端分子的财产，而且往往会分一部分给告密者。像比代和奥特芒这样的家庭就开始同室操戈。比如当弗朗索瓦·奥特芒和他的儿子让·奥特芒在国外为新教徒奔走效力之时，他在巴黎的兄弟和堂亲则积极支持天主教神圣同盟。其兄弟之一甚至要为奥特芒的第四子达尼埃尔的叛教负责，后者自然也被剥夺了继承权（后来则成为耶稣圣堂会的一名成员）。此外还有其他类似的悲剧循环的例子，它以另一种基于血缘的更为基础性的节奏煽动了社会和宗教的动乱。

1　见唐纳德·R. 克雷，《弗朗索瓦·奥特芒：一位革命者的苦难经历》，第46页。

从血亲到宗派

如果说新兴的宗教和社会意识可能会对特定的家庭产生毁灭性的影响，那么它也会用其他方式强化亲属关系模式，并将其提升到一个更高或至少更为公开的水平。其结果便是：重点从法学家所谓的血缘关系转移到了一个共同的宗教宗派的意识形态纽带上——也就是从血缘到信仰的升华。而这种无形的过程似乎进一步支持了之前提及的论点，即新教（尤其是圣餐象征论者和加尔文教派）与众不同的特征是其对"超越性"原则的依赖，这一立场意图将神圣的观念（以及基于它的共同体）归位到历史之外和非实体的层面。[1] 正是在有意或无意地追求这一理想的过程中，福音派的宗教改革者们致力于否定"内在性"这一相反原则的表征，即净化教会，特别是净化连接人性与神性的圣礼体系。"超越性"为路德神学颠覆性作品的第一篇章（也就是他针对忏悔作为一种规定行为而非思想和良知之状态的天主教概念的抨击）提供了理论基础；它还为一种更为普遍的抨击（即针对作为肉体上的放纵而非精神上的体验或纪念仪式的"令人憎恶的弥撒礼"的抨击）提供了理论基础；因此，它是这些否定"内在性"表征的象征性行为（即路德 1517 年发布的《九十五条论纲》和 1534 年发布的多份布告）的基础。从某种意义上来说，这种从内在性到超越性的转变在个体心理层面上可以概括为忠诚从家庭向信众群体的转移。

与这种转变相对应的是，家庭本身开始被一种精神化的家庭社会所取代，这种家庭社会虽然不是建立在血统之上，但却保留了亲属关系的部分心理和道德成分。在这个通常伴随着皈依经历的过程中，最重要的一步便

1　除了盖伊·斯旺森的《宗教与政体》之外，另见 J. 费希尔，《宗教改革时期的基督教启蒙》（J. Fisher, *Christian Initiation in the Reformation Period*, London, 1970）与 J. 麦克尼尔，《治愈灵魂的历史》（J. McNeill, *A History of the Cure of Souls*, New York, 1951）。

是超越父权——就人生价值和目标而言，就是用一种更能实现个人抱负的权威和目的之来源取代一个人的自然祖先。再度如路德所阐明的，其普遍模式是选择一位年长的导师或听取告解者，他的作用是启迪和教导，指出救赎之路，并最终使之在上帝中发现终极的父权特性。我们在此可以以超然的形式看到父子地位的调和，而这往往是人类无法做到的。兄弟关系同样也在信仰而非血缘的基础上得到了重新定义。婚礼从某种意义上来说也是如此，新教教义不仅使之"去圣礼化"，从而摆脱了诸如"精神血亲"概念之类迷信的纠缠，而且还在某种程度上让它得以从通过牧师的影响以及至少通过"秘密婚姻"的手段实现的家族控制中脱身。这种趋势就是用意识形态取代亲属关系，让前者成为关系最紧密和最持久的共同体的基础。

　　在许多方面，从家庭到信众群体的这种转变在神学以及约阿希姆·瓦赫所谓的"崇拜的融合力量"中都表现得很明显。在教堂仪式中，家庭的意象取代了希腊式或拉丁式的矫揉造作；例如，"圣餐礼"（*Nachtmal, Cene*，区别于修士所主导的、遭人憎恨的弥撒礼）就是这样兴起的。[1] 这种共同的经历是一种精神滋养，就像洗礼一样，它是对上帝父权的敬意，也表现了礼拜者所处的子女地位。圣餐礼最初是一种血祭仪式；不过在使徒保罗神学的道化影响下，这种圣礼的肉体方面要素得到了修改，甚至在慈温利这样的极端圣礼主义者那里，这些要素已经被完全清除了。因此，这位嗜血的神明从多种意义上来讲已经被驯化了，而且确实得到了升华。根据加尔文的说法，无论如何，圣餐礼的意义都是"上帝将吾等永远接纳到其家庭中，视吾等为子嗣而非仆人"。[2] 上帝不仅提供了养料（这一颇具争议的观点正是慈温利与路德、加尔文的分歧所在），而且在某种意义上还会"显化"，正如任何一位好父亲必须做的那样——但加尔文还是谨

82

1　见布策尔，《论基督之国》，收录于《梅兰希通与布策尔》第 2 卷，第 15 页。
2　见加尔文，《基督教要义》，第 3 卷，第 7 章。

慎地拒斥了这种"渎神行为"，因为它将一种个体的经验转变为一种公开的表演，并沦为神职人员的禁脔，而非兄弟之间的共享之物。

信仰对血缘的取代也可以在加尔文对剩下的唯一一种被无条件接纳的圣礼的解释中得到反映。洗礼确立了加尔文教派教会类似的信仰大家庭的基本纽带，而实际上它是"诞生"本身的精神对应物。根据加尔文的说法，洗礼是"我们被接纳进入教会的标志，它旨在让进入基督之中的我们可以被视为上帝的子女"。[1] 于是他在其教理问答中教导说："我们有着一项证据，证明我们（除开那些异乡人）被接纳进入上帝的家庭，所以我们被视为其家庭的成员。"洗礼在某种意义上代表着一种社会契约，一种蒙拣选者的标志，其中包含了最广泛的时间和地理意义上的群体意识，一种孩子们也参与其中的圣约。这就是为什么尽管存在着逻辑和《圣经》方面的重重困难，人们还是必须支持洗礼，反对激进的成人洗礼支持者——也就是加尔文所谓的"再洗礼派教徒"，他们否认了基督奥体和基督教徒兄弟情谊的现实，以及世俗政府的合法性。蒙拣选者的群体不是一个教义上的俱乐部，而是一个上帝的家庭。

这种关于上帝之家庭的新生意识形态在意识层面上通过一种在传统的中世纪体裁中最为直接和最为基本的方式——（又是被路德和其他人所改革的）教理问答——而得以表达。在传统的《使徒信经》、《主祷文》和（自13 世纪以降的）《十诫》之外，路德又增加了关于洗礼、圣餐礼和忏悔礼的篇章，结果就是他在 1529 年出版了篇幅不等的教理问答。根据布策尔的说法，教理问答的首要目的是保护儿童免受撒旦的伤害。加尔文著名的《1545 年日内瓦教理问答》（它被宣传为智识上的洗礼和宗教统一的基石）的形式就是一名儿童与一位牧师之间的对话，它由一连串的教义要点组成，

83

1　见加尔文，《基督教要义》，第 3 卷，第 7 章。可参照 J. 瓦希，《宗教社会学》，第 39 页。

反映了几代人皆尽赞同的观点。[1] 它完全遵循《基督教要义》中的四重安排（实际上，《使徒信经》的讨论开篇也是如此）：圣父、圣子、圣灵和教会。家长式制度的原则似乎再次占据了主导地位。这位牧师首先问道："人的生命的尽头是什么？"那名儿童回答说："人应该了解创造他们的上帝。""我们来到世上，是要了解我们的父，并对他忠心，我们称他为'父'，因为他与基督有这样的关系，因此也与全体人类有这样的关系。"由此处开始，他们的问答延伸到了神学、律法、祈祷、圣礼和教会政府等话题：也就是一名基督徒从摇篮到坟墓需要知道的所有事情。

正当斯特拉斯堡这座独立之城市逐渐成为法国福音派新教徒的天堂之时，马丁·布策尔在此推行了礼拜仪式改革，而斯特拉斯堡的加尔文教派教会对家庭精神和家庭纽带的强调在此之后就显现出来了。[2] 马托伊斯·策尔（Matthias Zell）自 1521 年以来就一直在传布福音，并为路德辩护，但直到 3 年之后，"德意志弥撒礼"才由他的助手迪奥巴尔德·施瓦茨（Diobald Schwarz）发起。此后不久，布策尔接受了整合斯特拉斯堡信众、使之成为一个真正的基督教共同体（*gemein Christ*）的任务。向圣徒和圣母祈祷的做法被抛弃了，圣像也被撤下。诵读《忏悔经》也不再是牧师一个人的喃喃低语，而是要让全体会众都听得见；与路德一样，布策尔也鼓励人们唱赞美诗。此外还有家庭中不拘礼节的其他特征：使用方言、平信徒参分享面包和葡萄酒、抛弃神职人员的长袍，特别是拒绝牧师独身的守则。在

84

---

1 见 J. 库瓦西耶，《日内瓦与斯特拉斯堡的教理问答》（J. Courvoisier, "Les Catéchismes de Genève et de Strasbourg"），载于《法国新教历史协会会刊》第 84 卷（1935 年），第 105-121 页。可参照《纪尧姆·法雷尔生平概览》，J. 鲍姆编（*Le Sommaire de Guillaume Farel*, ed. J. Baum, Geneva, 1867; 1st edn, 1525），其内容要览见 S. 奥兹门特，《城市中的宗教改革》，第 69-70 页。

2 见 G. 范·德波尔，《马丁·布策尔的礼拜观念》（G. van de Poll, *Martin Bucer's Liturgical Ideas*, Assen, 1954）与 F. 文德尔，《斯特拉斯堡的教会》（F. Wendel, *L'Eglise de Strasbourg*, Paris, 1942）。

追寻所有信徒皆为祭司之理想的过程中，重点不是仪式和礼仪，而是同胞之爱和道德准则，比如使用默祷的方式。会众也被要求为世俗当局祈祷，并在政治危机爆发时，特别是在施马尔卡尔登战争期间参加特别集会。共同体情感是崇拜的必要因素，因为正如布策尔所言："不爱同胞者……怎能赞美上帝？"[1]

这种共同体精神在流亡的加尔文教派教会中表现得更为明显，在日内瓦和其他地方，该教会在许多方面都是模仿斯特拉斯堡教会而建立的。1553年，一个名叫安托万·卡特兰（Antoine Cathelan）的人以反讽假名"帕斯旺"（Passevent）（此名也许是借自贝扎之前出于类似的诽谤目的而取用的笔名），拜访了洛桑的加尔文教派侨民；两年后，他发文谈及了自己对此行的印象，尽管语气轻蔑，但他却提供了一些颇有价值的观察结果。[2]在卡特兰看来，其仪式简单到近乎粗野，似乎是为了嘲弄上帝而设计。他指出："所有人都称彼此为兄弟姐妹。"他们的教堂就像一间教室，没有长凳，也毫无装饰。他们的布道者们穷得像修道士，但却不无炫耀地穿着类似律师的世俗衣物，这些人径直教导信众，而省略了呼喊"万福玛利亚"的环节，不过他们仍然会经常领唱赞美诗。他们每年还会举行三到四次纪念性的"晚餐聚会"，邀请那些八岁或十岁的孩子出席。他们的婚礼和洗礼都不需要外在的盛大仪式。对很多孩子来说，一句"我为汝洗礼"就足够了。当然，他们孩子的名字都取自《圣经》，而不是圣徒历书。也许，共同体情感最引人注目的表达仍然是精心编织的针对所有形式的天主教会制度的极端偏见——不管它们是真实的还是臆想出来的。弥撒礼依然是腐化的终极象征：他们的同胞只会"去听布道"；而"去做弥撒"在其俚语

1　见布策尔，《论基督之国》，收录于《梅兰希通与布策尔》第2卷，第2章，第9页。
2　见《巴黎人帕斯旺对罗马讽刺诗文的回应》（*Passevent Parisien Respondent à Pasquin Romain*, Paris, 1875; 1st edn, 1556），第3页及全文各处。

里却是指代如厕。卡特兰写道：如俗语所言，任何"为同胞和教会作过圣礼见证"的人——他们可能会因此遭受监禁——都是受欢迎的；而其他所有人则被视为天主教徒、偶像崇拜者、间谍和信仰之敌。加尔文甚至建议他的追随者不应与那些罪恶昭彰之徒共餐。以上正是由"贪婪机构"，即宗教共同体所提出的要求和立场。

这一共同体所具备的家庭特征也许最为清楚地表现在了牧师或座首（antistes）所扮演的父亲角色上。因为福音派宗教并没有抛弃——而是重塑和世俗化了——传统的灵魂管照（cura animarum）工作。按照加尔文的说法，"此种人类之牧师……是将信徒凝聚成一体的主要力量来源"。[1]为了达致此一目标，路德和加尔文不仅成为魅力型领袖，而且还充当了其信徒的良知代理人和供养者，在许多方面甚至扮演着他们信仰大家庭的父亲角色。加尔文专门为来访者提供食宿、庇护和建议，为他们推荐职位，有时还要为他们寻找佳偶良配，而这种关怀往往会持续好几年。当然，这些非正式受职的门徒回过头来也充当了加尔文的信息来源，直接或间接地担任着传教士、宣传员甚至是使节的职务。之后出现的 16 世纪宣传洪流在很大程度上要归功于以加尔文早期家长式活动为核心的准家庭式的信仰网络。

1541 年加尔文永久定居日内瓦之后，许多年轻人将他视为父亲的替代者。最早期以及表现得最为明显的一批人就包括了贝扎，以及兄弟阋墙的原型——弗朗索瓦·博杜安和弗朗索瓦·奥特芒。加尔文这两位相互竞争的门徒之间的关系突出地说明了父权认可与信仰继承之间的争执。[2]1545年，博杜安在让·克雷斯邦的陪同下逃离了家乡阿拉斯，他来到了日内瓦，

85

1　见加尔文，《基督教要义》，第 4 卷，第 3 章；可参照 J. 贝努瓦，《灵魂导师加尔文》（J. Benoit, *Calvin directeur d'âmes*, Strasbourg, 1947）。

2　见唐纳德·R. 克雷，《弗朗索瓦·奥特芒：一位革命者的苦难经历》，第 47 页及后页。

并宣誓要视加尔文为父，在教义上保持对他的忠诚；他为被自己尊为"吾父"的加尔文做了一年的秘书，然后在布尔日大学找到了一个更为长期的职位，成为法学教授。而在 1547 年逃离巴黎的父权专制之后，奥特芒在很大程度上追随了博杜安的脚步，同样担任过加尔文的抄写员，甚至更为急切地宣示他的拳拳孝心。他告诉加尔文："我从未如此爱戴过一人，即便是我的父亲。"加尔文可能插手了奥特芒的择偶事宜；他相信自己有责任把奥特芒安置在他的首个职业岗位上的，即在洛桑新教学院教书。贝扎也是如此，他和奥特芒一同前往洛桑开启了自己的职业生涯，在加尔文的朋友兼同事皮埃尔·维雷的指导下，他成了一名教师和加尔文教派的得力干将。

86   在加尔文的所有信仰子嗣中，贝扎显然是最受青睐者，以及日内瓦遗产的最终继承人。从意识形态上来说，奥特芒也算是参与者；但由于他选择的职业道路是法律而非神学，所以远离了加尔文教派的家庭圈子，并以不同的方式利用了他的信仰遗产。另一方面，遵循同一条路径的博杜安却失宠了，他不仅被正式剥夺了继承权，还成为从前的同胞（尤其是奥特芒和贝扎）发动的没完没了的攻击的受害者。[1] 博杜安与奥特芒之间的仇怨部分带有个人色彩（即剽窃的指控），部分起于职业之争（因为加尔文教派的密谋安排，博杜安在斯特拉斯堡的法律教席于 1556 年被奥特芒抢走了），但加尔文则面临着更为严重的指控。当奥特芒在洛桑给孩子们教授拉丁语，并通过传布福音或承接贝扎的课程（让后者有时间去承担更重要的任务）使自己成为一名有用之才时，博杜安却私自在布尔日大学继续着他的学术生涯。他的信仰变节不仅表现在"秘密教徒主义"方面（因为他在参加弥撒的同时仍然假装自己是一个加尔文教派教徒），还表现在他尝试去阐释一项独立于加尔文之外的温和的宗教和政治计划。然而，最糟糕

1　见唐纳德·R. 克雷，《近代历史研究的基础》，第 5 章。

的却是博杜安对加尔文的背叛，相当于对他曾经尊为"父亲"的人犯下了信仰上的弑父罪行。他的确是加尔文信众中的害群之马。

由家庭纠纷而产生的意识形态冲突成为法国宗教战争期间的重要公共议题，但原始的准家庭模式在某些方面仍然得以保留。博杜安厌倦了过往同袍的不宽容和守旧态度，即"对加尔文的盲目崇拜"。在风格方面，相比于伊拉斯谟和梅兰希通，他偏爱一种更为普世的（因此也更为模糊的）基督教概念；即便是在暴力高涨、宗教战争迫近的16世纪60年代，他仍在继续推行他的"和平主义"计划。当然，这种尝试是毫无希望的（甚至连梅兰希通都成了不可阻挡地向派系斗争堕落之进程的牺牲品），博杜安最终回归了高卢天主教会。加尔文教派教徒则继续愤怒地攻击叛教的害群之马，而且仍然采取了一贯的诽谤中伤方式。例如，博杜安被指为"阴阳人"，这不仅是因为他的优柔寡断和信仰贫弱，还因为他始终未婚。这场论战的腔调让人联想到了路德与博杜安的同胞伊拉斯谟之间的争吵，只是此时的怒火与意识形态冲突蹿升到了一个更高也更为危险的水平。博杜安仍然是一个过时之人，他退回到了陈旧的"精神和内在的宗教改革"，正如他在宗教战争期间所写的，"这种宗教改革也被称为复兴"。[1] 他是一个争端无法调和之时代的"调解人"，一个充满意识形态之世界里的理想主义者。 87

随着奥特芒在意识形态争论的另一个更为复杂的阶段卷入了与博杜安弟子巴皮尔·马松（Papire Masson）的论战，并且通过（字面意义上的）"在这位旧友和信仰之兄弟的坟头跳舞"之手段来强调他的观点，这些争议在1572年圣巴托罗缪屠杀之后，甚至在博杜安死后的次年都未曾停息，在政治上也变得更加尖锐有棱。至此，血缘和信仰都已被另一个意识形态

---

1 见《法学家弗朗索瓦·博杜安就教会改革一事所给的意见》（*Advis de François Balduin jurisconsulte, sur le faict de la Reformation de l'eglise*）（收录于法国国家图书馆 D. 12839）。近年来终于面世了一部现代评传，即米夏埃尔·埃尔布的《弗朗索瓦·博杜安（1520 年至1573年）》[Michael Erbe, *François Bauduin (1520-1573)*, Gütersloh, 1978]。

共同体所取代，而宗教战争则把这个意识形态共同体变成了最为贪婪的"贪婪机构"之——派系，而派系当然有它自己的良知要求和家族寓意。

家庭与宗教团体之间、亲属关系与会众之间的联系种类繁多，而且往往是明确的。然而，用后者彻底取代前者的尝试终归是野蛮的和具有破坏性的。在时间的长河中，两者的相互促进才是思想运动蓬勃发展的一个显著特征；因为按照传统，宗教的作用正是建立并以一种精神上的和普遍化的方式拓展确定的家庭模式。现在是时候对这种社会化功能进行一番研究，并更为明确地从家庭转向信众群体了。

第三章　信众群体：培育信仰

鲜血结出基督教会之果。

——让·克雷斯邦，《德尔图良》。

福音乃叛逆之种。

——无名氏（1577 年）

序言：圣雅克街事件（1557年）

1557 年 9 月 4 日星期四晚上，约 400 名巴黎人聚集在大学城的一幢（坐落于巴黎大学附近的书商一条街上的）宅邸里举行宗教仪式。他们用法语朗读《圣经》，一位牧师做了祷告，那些自认为有资格之人领了圣餐。接着又有许多人为国王、王国和教会做祈祷，最终这场集会以唱赞美诗告终。虽不合法，但这还是一场听起来十分传统的仪式，就像战争和经济萧条时期的其他诸多仪式一样。然而当时的环境并不算正常。不到一个月前，西班牙在圣康坦战役中取得了胜利，随后发生了入侵边境事件，这一消息令巴黎紧张不安，事实上，可能正是它刺激了新教徒举行这次集会。而且就在不到六周前，国王刚刚发布了臭名昭著的《贡比涅敕令》（Edict of Compiègne），重申了他的迫害政策。在这种动乱不断加剧、官方坚持不妥协立场，以及偏见长期恶化的氛围下，圣雅克街的集会引发了一场比23

年前的布告事件更为凶险的对抗。[1]

就如过去频频发生的，对抗的火花由大学的动荡不定所引发。在一段时间内，一些与街对面的普莱西学院关系甚密的教士一直在寻找这类麻烦制造者，他们聚集在这幢宅邸的入口处，吸引来了越来越多的支持者。他们在街上燃起了篝火，收集石块，并对着宅邸里面的"强盗和阴谋家"大喊大叫。在得知他们只是一伙"路德教派教徒"之后，这些暴徒被进一步激怒了。那些坐困于宅邸之中的人担心一场大屠杀即将来临，于是再次进行祈祷——这次是为了他们本人的安全。有些人决定在几个佩剑绅士的襄助下逃离此地；许多人成功了，但也有一些人因此受伤，还有一个人被石头砸死了。余下的人（主要是妇孺）则俟候城市治安官的到来，希望得到他们的保护（若非支持的话）。王室诉讼代理人（*procureur royal*）马蒂纳（Martine）在抵达之后当场展开了调查，他在得知该地举行过秘密仪式之后便逮捕了上百名"路德教派教徒"，并赓即将他们押入监狱，其中一些人在途中甚至还受到了进一步的羞辱。这些犯人聚集在拥挤的牢房中，继续祷告和唱赞美诗。

此案的法律诉讼是在一种充满极端偏见（而不仅仅是怀疑他们有罪）的气氛中开始的。有传言称新教徒纵欲狂欢，还会分食婴童；但官方一如既往地指控他们参与了"非法集会"和异端活动，因此犯下了煽动叛乱罪。

1　见让·德·福斯，《巴黎一位神圣同盟本堂神父的日记》，E. 德·巴泰勒米编（Jehan de Fosse, *Journal d'un cure liguer de Paris*, ed. E. de Barthélemy, Paris, 1866），第31页及后页；鲍姆与库尼茨编，《法兰西王国新教教会史》（Baum and Cunitz, ed., *Histoire ecclésiastique des églises réformées au royaume de France*, Paris, 1883），第1卷，第139页及后页；让·德·拉瓦克里，《天主教徒关于废除今天盛行的异端邪说致国王的抗议书》（Jean de la Vacquerie, *Catholique remonstrance aux roys ... touchant l'abolition des heresies, troubles et scismes qui regnent auiourd'huy*, Paris, 1560）（收录于法国国家图书馆 BN Ld[176].6 与 R. O. 林赛与 J. 诺伊，《1547 年至 1648 年期间法国的政治宣传册》[R. O. Lindsay and J. Neu, *French Political Pamphlets 1547-1648*, Madison, 1969），第 212 号]，第 37 页；可参照 L. 罗米耶，《宗教战争的政治根源》（L. Romier, *Les Origines politiques des guerres de religion*, Paris, 1913），第 1 卷，第 254 页，其中列出了集会参与者的名字。

国王把起诉这群人当成了首要工作，不到一个月时间，其中的 7 人就被处死了。当中 2 人是学生，2 人是律师，1 人是医生，还有 1 人是名为菲利普·德·伦斯（Philippe de Luns）的年轻女子。贝扎后来讲述了一个堪与索邦神学院成员所编造的任何传奇相提并论的关于她的残忍故事：在最终被处死之前，她的舌头被割掉，生殖器被火把烧焦。除了若干已经宣布放弃新教信仰者，余下的人都被押入大牢。据说，倘若洛林枢机主教的计划得逞，这些人最后也免不了遭到处决。亨利二世没有这么做，但他也不会听从瑞士新教州和莱茵兰王权伯爵领提出的请求——这一请求是由加尔文和贝扎等人所策动的。其中一些囚犯最终得以逃脱；另一些人，尤其是年纪较小的学生，则被送进了多家修道院，以图让他们重新皈依天主教。

　　然而最后无一问题得到解决。一场小规模的宣传册战争紧随这一事件爆发了。正统派批评家指责这些人悖逆且不信神，甚至试图烧毁巴黎大学的书籍。像往常一样，辩护者处于守势，他们不得不去否认这些极端的指控，而非为自己的信仰正名。加尔文本人的态度也大为转变，他宣称不久之后"整个王国就将陷入一片火海"。[1]

　　从路德之言论在法国引发第一次反响到 16 世纪 50 年代名义上的"路德教派"集会举行，其间这一代人的宗教行为模式发生了根本性的转变。过去表现为短暂且零星之异见的"所谓的改革派宗教"创造了一场连贯的运动和一个几乎统一的组织。布道和牧领的职能、仪式和程序已经吸引了大量的迷途信徒进入自觉且有组织的会众团体当中；感召力（用韦伯的话来说）已经被同胞情谊所取代。在这一过程中，信仰上的合契以诸多方式跨越了年龄和阶级的界限。这个敢于在巴黎大学的阴影之下举行宗教仪式

93

1　见《让·加尔文全集》第 16 卷，鲍姆、库尼茨、罗伊斯编（*Ioannis Calvini Opera quae supersunt omnia*, XVI, ed. Baum, Cunitz, Reuss, Braunschweig, 1872-1879），第 2716 号，1557 年 9 月加尔文致狱中囚徒的信。

的群体并不是由"地位低下的民众"（弗朗索瓦一世对那些参与"布告事件"者的形容）组成的，而是由"各个阶层"的男人、女人和孩子组成的，其中包括了佩剑绅士和大学毕业生。[1] 其中一人正是弗朗索瓦·比代（François Budé），其父乃是法国最伟大的古典学者，国王的忠实臣属；如果地下有知，他肯定会对儿子的不得体行为和宗教倾向感到震惊。精神上的交融与群体的身份认同令阶级、代际和教育的差异黯然失色，至少在这个扩张和亢奋的时代是这样的。

当然，信众群体仍然需要牧师和上帝的训诲。布道在教导和聚焦信仰方面仍然不可或缺。然而，它们的设计在很大程度上是为了消除皈依者的疑虑，而不是挑剔那些可疑之辈。会众组织的重要原则是相互奥援。宗教仪式的基本活动也都是集体的活动，而非牧师主持的圣礼，它们不是面向消极被动的平信徒的精英式的神秘活动，而是一种成员共享的体验；因此，它们似乎与教会机构认可的阶层习惯背道而驰。大家共同用方言诵读经文的做法本身就已经颇为可疑了，更为过分的则是选唱马罗和贝扎译本的赞美诗；而祈祷无疑是为了传播信仰和保护王国，背诵信仰宣告则是作为忠诚的象征，以及以一种最应受谴责的方式领受圣餐——这些都是增进集体精神的有效但非正统的方式。每一个这样聚集起来的会众组织都是一个有着自己的规则和理念的社会，它存在于一个不同的世界之中，对其主体文化构成了明确且现实的威胁。

这种威胁的公共特性已经日益显现。就在圣雅克街事件发生两年前，巴黎第一个新教教会得以成立。而在这场骚乱之后，尼古拉·德·加拉尔（Nicolas de Gallars）从日内瓦赶来此地指导教会的发展。也正是在这几

1　见 A. 德·尚迪厄，《自 1557 年以来巴黎教会的受迫害史与殉道者历史》（[A. de Chandieu], *Histoire des persecutions et martyrs de l'eglise de Paris depuis l'an 1557*, Lyon, 1563），第 xxxix 页。

个月期间，法国新教教会开始获得更高等级贵族的支持，特别是纳瓦拉国王、孔代亲王及其兄弟弗朗索瓦·当德洛（François d'Andelot）——后者 94
于圣康坦战役被俘之后在西班牙的监狱中获得了第一次的信仰领悟。巴黎新教徒高涨的士气在 1558 年春得到了更多的展示，当时，一部分的大学场地［"学者草地"（the Pré-aux-clercs）］成为人们定期集会的场所，他们在这里唱遭禁的马罗和贝扎译本赞美诗，参与的人数越来越多，也许多达一万。仅仅一年之后，法国的加尔文教派就在巴黎召开了第一次全国宗教会议。

简而言之，在这一创制过程中，出现的不仅是一个教派，还是一个新的教会，它在 16 世纪拥有着被激动人心的言辞控制的所有神秘、集体和政治的内涵。双方都承认这一点。被从圣雅克街带走的囚犯声称自己代表了"真正的教会"，而官方的批评家、神学家、沉迷于凯尔特文明的历史学家罗贝尔·塞诺（Robert Ceneau）则认为这一点还有待商榷。[1] 他写道：这个"假教会"的标志是一把上了膛并指向地狱的枪，而高卢天主教会的象征则是一口用悦耳之声打开天堂大门的洪钟。这两种比喻似乎都不尽恰当；尽管被捕者未主动出击，但新教的信仰体系中仍然存在着潜在的攻击性力量。也许其首要源头正是他们的不妥协或反抗，这是基于对虚伪的恐惧和对见证的执着追求。但更为至关重要的是他们对天主教这个敌基督教会之教义及其所有物欲陷阱和圈套的绝对排斥。用不了多久，这种反感情绪就会驱使他们采用破坏圣像的典型方式——而像贝扎这样的领导人则会证明这种做法是合理的。这种对天主教的"内在"教会假设的激烈反应确实将异端推到了煽动叛乱的地步。

这次宗教骚乱所展现的最凶险一面也许就是国际反响了，更具体地说，

1　见《天主教对当时异端分子的回应》（*Response catholique contre les heretiques de ce temps*, Paris, 1562）。

是日内瓦的反应。加斯帕·卡梅尔（Gaspar Carmel）把圣雅克街事件的消息告知了加尔文，后者则派出了几名同僚前往吁请瑞士的新教州和即将为加尔文教派主导的莱茵兰王权伯爵领向亨利二世求情。这些同僚中有贝扎、法雷尔和让·比代——后者是遭到囚禁的弗朗索瓦·比代的兄弟；尽管他们并没能大获成功，但确实展现了新教所获得的国际社会同情和公众关注程度。不仅是加尔文，连日内瓦的牧师们也给那些身陷囹圄之人寄去了安慰信。加尔文还再度代表"信徒群体"和"真正的教会"，通过一份简短的信仰宣告向法国国王发出呼吁。这些文章的最后（加尔文要求他的抄写员们确保此项内容被放在这一位置上）加尔文宣称："我们有义务遵守他们的律法和法规，缴纳贡金、税收和其他附加税，只要我们的宗教得到保护。"但他对国王之仁慈的期望显然并不高，因为他建议身处巴黎的同胞们为最终的和最不可撤销的意识形态承诺——殉道做好准备。

从信仰到事业

由于良知扩大了亲属关系的范围，使之包含了一个基于共同信仰的共同体（正如家庭被信众群体所取代一样），因此，沟通的价值观念、目标、关系和方式也随之发生改变；一个意识的新世界由此诞生了。与此同时，随着这种意识成为一股社会力量（正如"信仰"成为一种社会的而不仅仅是一种个体的关切），宗教观念被转变为一种意识形态。人们的关注重点从过去的秘密忏悔转移到了更为公开的忏悔仪式（*exomologesis*）上。一位胡格诺派宣传册作家在宗教战争爆发前夕曾如是宣称："忏悔就是公开证明你绝不赞同偶像崇拜，并向他人传达你所信奉的同一教义。"[1] 在某

1　见《论君主之义务》（*Traitté du devoir des princes*, 1561）（收录于法国国家图书馆 Ld[176]. 16），第 3 页。

些方面，一个人的信条形式变得与他的社会地位一样重要；而这一教义上的身份证明（*carte d'identité*）影响到了 16 世纪历史进程的属性。信仰的改变——皈依、回归和叛教——从未如此大行其道，而信仰隶属关系的标志——洗礼、信仰的宣示或撤销、出席教堂仪式的行为——也从未得到如此这般的坚持。一般来说，这种得到升华的家庭（即信仰群体）变成了一项论战性的和诱导他人皈依的事业［用一位批评家的话来说就是"加尔文教派的事业"（*calvinista causa*）］，以及历史变革之革命性的首要来源。

这种早期意识形态的社会基础是"会众"，伊拉斯谟曾用这个词来指代早期的基督教教会，意指团结在信仰周围之人的集合，而非有组织的、分等级的教会法教会（*ecclesia*）。这种被赋予了实质意义的重新定义不仅成为《圣经》文本的首选翻译，而且也作为一种教会和社会的理念而为新教徒所极力主张。宗教改革所效仿的不是天主教会式的等级制度，而是奥古斯丁的"信徒的集合"（*congregatio fidelium*），甚至是"圣徒的集合"（*communion of saints*）；因此，占主导地位的形象变成了牧羊人和牧群，从而取代了教皇教义的浩瀚语汇。牧师神学（即管照和喂养牧群的技艺）具备了新的重要地位。[1] 这个新的社会单位（改革后的会众组织）是集体的自我意识，甚至连遭到简化和"祛魅"的圣礼体系也要与之相适应。根据路德所作的区分，忏悔礼变成了"福音派的"而非"摩西律法的"仪式，所以圣餐礼（在新教批评家看来）变成了一种集体性的体验，而非迷信的仪式。表现为社会意识之反映的洗礼也被定义为"在人前所拥有的一种好的良知"，正如"真正的忏悔"以及加尔文所谓之"吾等借以公开宣示希望被视为上帝之子民……并公开捍卫吾等之信仰的标志"。[2]

新教崇拜仪式的自我表达形式涵盖了从最崇高的神学概念到最招人怨

1　见 J. 麦克尼尔，《治愈灵魂的历史》。
2　见加尔文，《基督教要义》，第 4 卷，第 15 章。

尤的辱骂，从最结构化的话语到最自发的暴力的一系列范畴；意识形态的产生应该通过各种各样的笃信证明来予以理解。特别是"加尔文教派事业"的生命原则正是表达、沟通、洞察他人良知的需求；它的目标包括了对天主教这一敌人的谴责，以及福音的自我宣传和强化。由于需要避免最可悲的错误，即"秘密教徒主义"，获得公众见证的冲动进一步得到增强。所有这些刺激和抑制、图腾和禁忌，都在更为审慎的宣传和官方反应上留下了印记，构成了意识形态的公众形象，而这一公众形象则以幸存至今的书面形式构成了本项研究的基础。

这并不是说我们必须被完全束缚在印刷文本当中，因为一些资料事实上已经阐明了并不完全囿于文本的意识形态行为。例如，没有什么比音乐更能直接表达宗教团体内部的和谐与团结，正如路德和加尔文都认为没有比之更好的赞颂上帝的方式了。与教士所唱的圣歌相比，会众所唱的赞美诗和圣歌则传播得更为迅速、更为广泛。16世纪20年代早期，安特卫普、斯特拉斯堡和其他的德意志城市都能听到路德教会的圣歌；而从斯特拉斯堡开始，这种音乐的影响力通过旋律和歌词渗透到了法语区。赞美诗这种"塞壬之歌"（一位天主教评论家如是谓之）——尤其是克雷芒·马罗和贝扎的译本——代表了除《新约》以外最具影响力的口头宣传模式。[1] 1531年，马罗的赞美诗在大学中遭到了禁止，后来，他和贝扎的赞美诗又遭到了更为严厉的审查。对新教徒来说，唱赞美诗是一种最为直接的交流方式。在法国宗教战争前夕，作为通往理解福音之大门，这一做法还被推荐给了王太后卡特琳·德·美第奇。这些赞美诗中有些包含了预言成分，也许还

98

1　见 P. 伯扎尔，《中世纪的异端和宗教改革》（P. Beuzart, *Les Hérésies pendant le moyen âge et la Réforme,* Paris, 1912），第 221 页；P. 德·费利斯，《往昔的新教徒》，第 1 卷，第 53 页；E. 贝尔，《乞丐的世纪》第 2 卷（E. Baie, *Le Siècle des Gueux,* II, Brussels, 1932），第 242 页；J.-B.-L. 克勒维耶，《巴黎大学史》（J.-B.-L. Crevier, *Histoire de l'Université de Paris,* Paris, 1761），第 5 卷，第 258 页。

会自然而然地成为预言：

> 我饱受折磨，准备赴死
>
> 自我的青年时代起就如此。[1]

当然赞美诗也可以起到煽动、哀悼或启迪的作用，以贝扎著名的"暴力赞美诗"为例：

> 他必将因其罪孽而击倒之；
>
> 也必将在其邪恶处击杀之；
>
> 是的，耶和华我们的神要把他们剪除。

这种针对天主教派系的含蓄攻击最终导致贝扎被告上了法庭，他不得不在日内瓦当局面前为自己辩护。

大众对新教的热情还在其他更令人反感的音乐形式中迸发了出来。早在 1525 年，巴黎高等法院就听闻了有关一些粗鄙歌曲（*chansons*）的抱怨，但却无法阻止这种音乐反抗的洪流。尼德兰地区的情况亦是如此，"丐军歌谣集"（*Guezenliedboek*）是胡格诺派"歌曲集"（*Chansonnier*）的翻版。关于弥撒礼的歌曲、关于十诫的歌曲、关于像阿纳·迪布尔格（Anne du Bourg）这样的殉道者的歌曲、"证明现存宗教的诸多错误和谬误"的歌曲——所有这些都反映和强化了福音派运动及其与正统信仰社会之间与日俱增的疏离。粗鄙的（有时是冒犯性的）歌曲往往以讽刺或下流的方式记录和庆祝了许多重要人物和新教义的片段。一段早年的歌词曾经提到了勒费弗尔·戴塔普勒的朋友米歇尔·达朗德（Michel d'Arande）的布道，他在回归正统信仰之前曾是莫城宗教改革者圈子中的一员。

1　见《诗篇》第 94 篇，第 23 篇，以及第 88 篇。

> 别传布福音了，米歇尔导师；
>
> 牢狱实乃龙潭虎穴。

另一段则提到了"可怜无知的天主教徒"的皈依仪式。[1]

99
> 汝愚昧无知。
>
> 汝在谬误中生活了太久。
>
> 可怜的天主教徒回归到
>
> 为吾等而死的耶稣身边。

在宗教战争期间，大众音乐也并行不悖，有时还被用来重复胡格诺派的宣传。它还记录了那个时代的一些耸人听闻的故事，包括暗杀和屠杀，而且可能更为直接地表现了舆论和情感的氛围，而非矫揉造作地去表达希望和恐惧。音乐行为不仅更接近于情感，而且可能也更接近于行动。

甚至在战争爆发之前，音乐和战斗就越来越频繁地联系在了一起。在16世纪30年代巴黎拉丁区的"学者草地"上，唱赞美诗的人群就已经颇为常见，有时甚至还会发生暴力事件，比如在学生的五朔节庆祝活动中。在鲁昂，人们会唱歌嘲笑修士，而在这座城市和图卢兹，高等法院都曾报告称唱歌活动导致了骚乱。[2] 在蒙托邦，一位教人们唱赞美诗的牧师被关

1　见亨利·博尔迪耶编，《16世纪的胡格诺派歌曲集》（Henri Bordier, ed., *Le Chansonnier Huguenot du XVIe siècle*, Paris, 1870），第15卷，第97页：

Paovres papistes retournez vous

A Jesus qui est mort pour nous.

Paovres papisted debonnaire

Qui desirez a Jesus Plaire

Vostre ignorance a trop duré

Paovres papistes ⋯ etc.

2　见A. 弗洛凯，《诺曼底高等法院史》（A. Floquet, *Histoire du Parlement de Normandie*, Rouen, 1840），第2卷，第310页；J. B. 迪贝达，《图卢兹高等法院史》（J. B. Dubédat, *Histoire du Parlement de Toulouse*, Paris, 1885），第1卷，第342页。

进了监狱，他的一群追随者随后攻击了监狱。从 16 世纪 50 年代后期开始，此类事件变得越来越普遍和流行。在巴黎，大贵族们和学生们一起在"学者草地"上歌唱。人们经常涌到安特卫普的街道上，一路唱着歌，听着居伊·德·布雷或皮埃尔·达汀（Pierre Dathenus）的布道，他们甚至在被布道词煽动起来之前就已亢奋不已。1560 年在瓦朗谢讷，马罗的赞美诗和其他"不虔诚的歌曲"为人们所传唱，这似乎对公共秩序构成了威胁，在翌日就遭到了禁止。同年，一位重要的反新教宣传册作家为"马罗的路德教派"的假赞美诗提供了一剂"解毒良药"。[1] 歌唱赞美诗的活动在宗教战争爆发前的几年里达到了高潮。它的身影出现在了 1557 年的圣雅克街事件中；翌年又出现在了往西几个街区的"学者草地"上发生的骚乱中；在 1560 年，它与昂布瓦斯阴谋如影随形；然后是被大多数观察家视为宗教战争开端的"瓦西屠杀"。在宗教战争期间，歌唱赞美诗也一直是一个热门议题，而且这种活动至多被允许在私人宅邸中进行。显然，它已经成为一种公共威胁。

当然，在这个动荡的年代，新教音乐中回荡的好战精神表现得更加具象，有时甚至损害到了其他艺术形式。身为圣餐象征论者的拉蒙就曾抱怨称"他们反抗的主要对象"是"被他们错误地称为'偶像'的肖像画"。[2] 通过这种对"偶像崇拜"和"迷信"的仇恨，被净化之宗教的崇拜仪式很容易被一些狂热者的秉性转变为暴力崇拜仪式。破坏圣像运动这种对"内在性"原则的最直接的暴力攻击便是一项历史悠久的活动，而 16 世纪的当局对这个问题并不陌生。1503 年，一个误入歧途者几乎是当着巴黎高等

100

　　1　见阿蒂斯·德西雷，《灵丹妙药：克莱芒·马罗的五十二首歌曲》（Artus Desiré, *Le Contrepoison des cinquante deux Chansons de Clement Marot*, Paris, 1560），第 Aiiii 页。
　　2　见弗洛里蒙·德·拉蒙，《本世纪异端诞生、发展与衰亡的历史》，第 896 页。另见 N. 戴维斯，《近代早期法国的社会与文化》（N. Davis, *Society and Culture in Early Modern France*, Stanford, 1975），第 152 页及后页。

法院的面，在圣礼拜教堂把圣饼扔在了地上，再用脚踩了下去。在一位 18 世纪的历史学家看来，他绝对是"路德和加尔文的先驱"。[1] 从 16 世纪 20 年代开始，这种行为就成了常态，在新教的地界上甚至是可被宽恕的。在斯特拉斯堡，教堂里的画像和雕像都依照相关政策被移走了，但在其他地方，这种宗教狂热的行为更多的是信徒的自发之举。1528 年夏，巴黎的蓄意破坏者损毁了圣母的雕像，沉重打击了对奇迹的信仰和对偶像的崇拜。在伯尔尼主教区，纪尧姆·法雷尔的年轻皈依者们［也就是他所谓的"了不起的孩子们"，其中包括了因为在家乡奥尔布的祭坛上胡乱涂鸦而锒铛入狱的克里斯托弗·奥朗德（Christophe Hollande）］也做出了类似之举。[2]

作为对这些抗议活动的回应，官方采取了报复行动，首先是恢复了反对渎神行为的旧立法，并根据 1487 年的法令，保护"荣耀的圣母"和"天堂里的所有圣徒"。[3] 官方和民众不满情绪的其他表现则更值得宣传一番。在 1537 年的一次破坏圣像运动爆发后，人们便效仿"布告事件"之后国王所树立的典范举行了赎罪仪式；还有一次是在尼姆；另外两次则是于 16 世纪 50 年代由波尔多高等法院下令举行的。[4] 没有什么社会现象能比这样的抗议活动和反抗议活动更能说明法国公众舆论的两极分化了。不出所料，在宗教挑衅或借口下发生的破坏圣像运动和暴力事件仍然不断增加，尽管很难将其与普通类型的犯罪区分开来；事实上，相信这些出于挑衅目的的言论、姿态和暴力行为都在其管辖范围内的立法者也没有认真尝试去这

1　见 J.-B.-L. 克勒维耶，《巴黎大学史》，第 5 卷，第 42 页。

2　见维约米耶，《沃州新教教会史》，第 61 页及后页。

3　见 F. 伊桑贝尔、A. 茹尔当、A. 德屈西编，《法国古代法律总集》，第 11 卷，第 59 号。

4　见莱昂·梅纳尔，《尼姆城史》第 4 卷（Léon Ménard, *Histoire ... de la Ville de Nîmes*, IV, Nîmes, 1874），第 176 页；J. B. 迪贝达，《图卢兹高等法院史》，第 1 卷，第 432 页；C. 博舍龙·德波尔特，《波尔多高等法院史》（C. Boscheron des Portes, *Histoire du Parlement de Bordeaux*, Bordeaux, 1877），第 1 卷，第 146 页；可参照 P. 安巴尔·德·拉图尔，《宗教改革的起源》第 3 卷（P. Imbart de la Tour, *Les Origines de la Réforme*, III, Melun, 1944），第 167 页。

样做。

集体的宗教体验当然是以仪式为中心的；因为公众对宗教情绪的大部分投射（无论是书面的还是口头上的）都是在此处产生的。我们已经讨论过一些比较具有家庭特征的——也可以说是具有内部特性的——仪式种类，而一些比较具有政治意义表征的仪式则留待以后讨论。但是为了说明会众自我界定的过程（它也可以被称为身份认同的声明），我们必须转向福音派改革的另一个典型而永续的机制，它涉及了情感和奇观，以及理性和话语。在 16 世纪，神学争论虽然是最为传统的中世纪行为，但却具备了新的、往往是轰动性的重要地位，它遭到正统信仰观察家的谴责，又为许多新教徒所颂扬，因为它可能是说服万千之众的最有效方式了。[1] 此类辩论是路德前往沃姆斯道路上的里程碑，它们同样也是慈温利和其他瑞士宗教改革者宣传和说服他人皈依的工具。1519 年在莱比锡，1523 年在苏黎世，1525 年在巴塞尔，1524 年在巴登，德意志的福音派都找到了广为人知的辩论场域和分属多国的听众；法国的宗教改革者也汲取了这一经验。

伯尔尼主教区乃是通过对抗来培育新教义的沃土之一，宗教改革派 1527 年在此取得了市政议会的多数席位，并在接下来的一月份，偕胜利之势举行了一场公共辩论。[2] 在这场辩论中，一个法国代表团应邀请前来参加，法雷尔还特意准备了一份待辩论论题的法语版本目录。从表面上看，其目的是宗教的统一，以及对"每个人都可以不顾对上帝真理的简单理解，相信任何他所喜欢的东西并为之辩护"这一可恶概念的拒斥。"混乱的"和"煽动性的"行为遭到了禁止，违者将被处以死刑，而诽谤、伤害、挑衅和嘲弄的行为同样也遭禁绝。然而，所有人都意识到了这场集会的目的并

---

1 见布策尔，《论基督之国》，收录于《梅兰希通与布策尔》第 1 卷，第 2 页；加尔文，《基督教要义》，第 4 卷，第 1 章。
2 见 A. L. 埃尔明亚尔编，《法语地区宗教改革者通信集》，第 2 卷，第 55 页及后页。

非和解。洛桑主教找了个借口拒绝赴会，而来自巴黎的"索邦神学院派"则被法雷尔彻底击败了（无论如何，观察家们是这么说的，尽管相关记录已经遗失，人们必须依赖布林格的说辞，而很难说他是一个不偏不倚的目击者）。总的来说，其结果是宣扬了宗教的《圣经》基础，当然也抨击了诸如弥撒礼、圣像崇拜和教士独身主义等弊病。

对瑞士的法语区来说，更重要的则是"洛桑之辩"——八年后，以征服者之姿登台的伯尔尼人不顾查理五世的反对发起了这场辩论。[1]这场只有寥寥几个正统信仰辩论者参与的辩论既是由新教徒举办的，亦是为他们而举办的。代表"与主同在的弟兄"的法雷尔就洛桑的牧师维雷提出的十条论纲展开了辩论。其他的福音派支持者包括了加尔文、皮埃尔·卡罗利（Pierre Caroli）和最近声名大噪的布告作者马尔库尔；他们从弥撒礼和圣像出发，在神学和牧领议题上发动了攻势。他们没有心思做出妥协，因此很高兴听到多明我会修士让·米舒（Jean Michod）承认"为了向人们灌输信仰"而进行的方言布道的合法性；但是他们不愿意接受"圣像是无法阅读《圣经》的穷人的书籍"的更进一步的观点。所有派系的"言论自由"和安全通行权都得到了保障，但显而易见，再多的争辩都无法改变加尔文和他的同僚们所认知的《圣经》。

16世纪40年代和50年代，加尔文教派的论战特性越来越得到凸显，各条战线上的辩论也越来越普遍，而它们往往都会产生分裂的效果。对于像梅兰希通和布策尔这样的温和派来说，辩论和对话可能是一种达成妥协和合作的方式，至少在新教的宗派团体当中是这样的；但对于激进的加尔文教派教徒而言，它们却是定义教义、赢得皈依者和惩罚天主教徒的手段。在朋友之间，它们是宣传的平台；在敌人之间，它们是意识形态的战场。

1　见维约米耶，《沃州新教教会史》，第142页及后页，和R. 德吕编，《洛桑之辩》（R. Deluz, ed., *La Dispute de Lausanne*, Lausanne, 1936）。

甚至连洛桑的伯尔尼统治者也开始谴责加尔文教派教徒对神学比武的偏好；后者还与洛桑学院的法国教员发生了冲突，其中就包括了维雷、贝扎和奥特芒，因为他们认为传统的月度神学辩论过于凸显加尔文教派的教义，遂禁止了这一活动。与讲德语的慈温利派的冲突最终导致了讲法语的加尔文教派教徒（包括奥特芒、贝扎和维雷）的亡逸，并进一步限缩了日内瓦意识形态的基础。

　　在 16 世纪的所有对话中，最发人深省的一场——对许多法国新教徒以及天主教徒而言是终结所有对话的一场——可能就是在 1561 年举行的旨在对胡格诺派教徒与正统信仰之间的关系进行最后调和的普瓦西会谈，它发生在棍棒和石块取代人们已经越来越习以为常的恶毒的咒骂之前。[1] 卡特琳·德·美第奇和洛林枢机主教都加入了这场戏剧性的对抗之中，后者因为支持在自己的领地洛林和法国境内实施迫害，已经被视为法国新教的死敌。新教代表团的领导者是泰奥多尔·贝扎，他曾得到加尔文明确的指示，不得在教义上进行退让；事实上，他表现得就像是在传教，在太后和高卢天主会领袖面前公然地重申了加尔文教派的信仰宣告。普瓦西会谈是一次精彩纷呈但并不出人意料的失败对话。这些演讲和辩论的结果与在表面上达成和解的目的南辕北辙。相反，它确定了一代人甚至更长时间内的分界线，并为在这次会谈之后不到六个月就爆发的宗教战争做好了准备。

　　在诸般由宗教情绪引发的意识形态骚动中，最有效的传播媒介仍然是面向大众的布道。相比之下，其他的表达形式（赞美诗和破坏圣像运动、公共对话和辩论）都要略逊一筹。布道将其他宗教表达形式复杂化和戏剧

103

　　1　见 D. 纽金特，《宗教改革时代的普世主义》（D. Nugent, *Ecumenism in the Age of the Reformation*, Cambridge, Mass., 1974）与 D. 齐格勒编，《宗教改革的大辩论》（D. Ziegler, ed., *Great Debates of the Reformation*, New York, 1969）。

化了，其中包括教理问答（它在加尔文教派的活动中为一整年的星期日布道提供了素材）和忏悔礼；它把情感聚焦于会众，而公众则推动了它的热忱；它还推动了其他形式的活动，包括音乐和军事方面的；总而言之，它代表了公众舆论的主要推动力。当然，在口述文化的语境中，没有其他的话语能更好地说明从个体信仰到公共事业的转变，以及从一种信仰的宣示到一致的宣传，甚至是行动纲领的转变。宗教改革时期与基督教早期时代一样，意识形态的优先次序是明确的——"福音必须先传给万民"[1]，因此布道现在成为我们关注的焦点。

由听道而生的信仰

在任何一个层次的意识形态的产生过程中，都必须有一位发言人发挥带头作用。在宗教团体中，感召力的要素以先知的形式出现了，如马克斯·韦伯所言，"借他的使命宣告了一种宗教教义或神的戒律"。这是一个复兴者以及奠基者所肩负的使命，正如路德本人不甚谦虚地说过："我身上有先知的影子。"[2] 与这一角色相一致的是，他不仅定义了教义，指引了良知，确立了目标，而且还让别人接受了他对过去和未来的看法。最重要的是，路德又一次如使徒保罗这位"上帝的宣告者"那般，以几乎前所未见的方式成功地吸引了他那一代人的注意，甚至包括其最严厉的批评者（他们或许尤为如此）。在 16 世纪，常有人指出，聆听的地位要高于目视，尤其是在培育信仰方面。路德宣称："聆听上帝的话语本身就是信仰"（*Auditum*

104

1　见《新约·马可福音》第 13 章 10 节。

2　见路德，《桌边谈话录》，第 384 页。可参照韦伯，《宗教社会学》，E. 菲斯霍夫译（Weber, *Sociology of Religion*, trans. E. Fischoff），收录于《经济与社会》，第 2 卷，第 399 页及后页。

verbi Dei, id est fidem）。[1] 即便是在这个印刷术的时代，口头的论述方式仍然至关重要；事实上，如果不去理解口述话语的力量（尤其是在布道的集体体验之中），就不可能理解 16 世纪宗教热忱的爆发。

16 世纪早期此一方面的权威乌尔里希·萨金特（Ulrich Sargant）如是写道："布道是人类转变信仰的最有效媒介，特别是罪人，他们正是通过它达至忏悔的。"[2] 路德遵从了这一建议，也遵从了萨金特给布道开出的特定处方。在路德的职业生涯中，他发表了超过 2300 篇布道，而自 1514 年以后的大部分布道均以方言完成。[3] 尽管这一数字令人印象深刻，但不仅是加尔文和布林格这样的宗教改革者，甚至还包括路德的一些前辈，他们所做的布道都轻松超过了这一数量。因为尽管人们皆在哀叹宗教的衰落，但事实上，15 世纪传教士的布道数量在总体上是增加的。这可以从大量现存的手稿中推断得出，在诸如威斯特伐利亚和斯特拉斯堡这样的德意志领土上就存有数百份手抄本，以及摇篮本时期的大约 1 万份印刷布道文本；这些当然只代表了当时所撰写文本的冰山一角。某些已获得出版的布道文集非常受欢迎：在 1500 年之前，"门徒"布道文集就有 41 种版本（约 4 万册），而"安眠"布道文集（得名于心静如水的状态，而非其内容可能呈现出的乏味特性）有 24 种版本。另一个衡量尺度是诸如《圣经》百科全书和经本（*plenaria*）此类旨在提供参考和说明性材料的辅助类书籍——特别是确定布道之本质和目的的"论布道之技艺"［*ars praedicandi*，类似于

105

1　见关于《希伯来书》的注疏，引自 R. 芒德鲁，《近代法国导论》（R. Mandrou, *Introduction à la France modern*, Paris, 1961），第 70 页；可参照 J.-M. 波伊耶，《心理学与神学》，第 146 页。

2　引自约翰内斯·杨森，《德意志民族史》第 1 卷，M. 米切尔与 A. 克里斯蒂译（Johannes Janssen, *History of the German People*, I, trans. M. Mitchell and A. Christie, London, 1896），第 36 页。

3　见 E. 基斯林，《路德的早期布道及其与前宗教改革布道的关系》（E. Kiessling, *The Early Sermons of Luther and their Relation to the Pre-Reformation Sermon*, Grand Rapids, Michigan, 1935）。

"诗歌的技艺"、"修辞的技艺"和"历史学的技艺"（*artes poeticae, rhetoricae,* and *historicae*）] 的文章——的数量和种类。[1]

尽管新议题的出现影响到了布道的内容，但在许多方面，讲坛布道的形式与中世纪的传统几乎无甚差别。16世纪晚期，一位在法国大受欢迎的意大利布道者帕尼加罗（Panigarole）就曾提供了一份为各种场合和目的而准备的关于"布道以及如何完成一场出色布道的技艺"的学术总结。[2] 他区分了四种布道类型，其中唯有一种，即说教式布道在某种程度上是中立的。而在其他布道类型中，第一种是情感外露式的布道，其目的是根据基督教的标准赞扬或谴责某一事物；第二种是审判式的布道，旨在对特定的人或目标提出指控或辩护；最后一种是商议式的布道，其目的是说服或劝诫其对象。所有这些布道类型都以修辞传统作为基础，因此适用于各种辩论、政治和宗教的目的。在宗教冲突和分裂的压力之下，布道形式的全部意识形态潜力通过口述和印刷的手段在16世纪得以实现。

"你要大声喊叫，不可止息，扬起声来好像吹角，向我百姓说明他们的过犯"，是为讲坛上的演说者几个世纪以来一直在践行的内容（《新约·以赛亚书》第58章1节）。[3] 最初，福音传道（*kerygma*）是向蛮族宣示的一项庄严法令，因此它在其《圣经》形式中保留了"福音必须先传给万民"。几个世纪以来，"效仿使徒"一直是僧侣、修士和平信徒布道者的座右铭；而新教牧师很可能被视为恰好处于一个绵延浪潮的顶峰。其最强大的驱动

1　见 T. 查兰，《布道的技艺》（T. Charland, *Artes Praedicandi*, Paris, 1936）。

2　见 F. 帕尼加罗，《布道之技艺与做好一场布道》，G. 沙皮伊译（F. Panigarole, *L'Art de prescher et bien faire un sermon*, trans. G. Chappuis, Paris, 1604）。

3　见米歇尔·梅诺（Michel Ménot）之语，引自 R. 佩特里编，《确凿之声》（R. Petry, ed., *No Uncertain Sound*, Philadelphia, 1958），第30页；T. 帕克，《上帝的预言》（T. Parker, *The Oracles of God*, London, 1947），第14页；E. 道格拉斯，《中世纪晚期布道的正当性：凯瑟斯贝格的约翰·盖勒之研究》（E. Douglass, *Justification in Late Medieval Preaching, A Study of John Geiler of Kaisersberg*, Leiden, 1966）；可参照 M. 维凯尔，《模仿使徒》（M. Vicaire, *L'Imitation des apôtres*, Paris, 1935）。

力来自庞大的布道修会——多明我会和方济各会；尽管已经步入不可救药的衰落期，但它们并没有完全忘记自己的使命。出现在更为晚近时期，也可能更为有趣的则是他们的各类竞争对手，包括纯洁派（Albigensians）和瓦勒度派（Waldensians），像现代虔信派这样的平信徒运动，还有"自由布道者"和流浪布道者（*vagabundi*），他们带来了噪声——如若不是前路德时代的虔诚信仰的话。还有一种类似形式就是沃州山谷中所谓的"蓄须者"（*barbes*），即在宗教改革前夕仍在给教会当局制造麻烦的巡回布道者。[1]都灵主教克劳德·德·赛塞在其生前的最后几年里（他于1519年去世）就曾对他们生活的纯粹印象深刻，然而他还是谴责了导致将他们与伯尔尼以及德意志南部地区的新教徒联系在一起的神学谬误。与英格兰的罗拉德派（Lollards）一样，沃州地区的宗教社群与权威宗教改革的强大意识形态潮流相融合，并在很大程度上被后者所淹没。

自14世纪起出现的一项重要创新便是市民对布道职位的赞助。在路德引发骚动之前的那些年里，这样的例子已经大为增加。[2]1455年，在方济各会修士的协助下，日内瓦市政议会设置了公共布道职位，尽管随后的骚乱使这座城市的元老们怀疑他们的这一举措是否明智。在1530年之前，斯特拉斯堡有12个这样的职位，共有59名布道者，其中大多数都受过大学的训练。当然，就像使徒一样，一些布道者（即获得教会资助的著名的"使徒布道者"）和籍籍无名的"流浪布道者"会在乡间旅行，以冀通过

　　1　见 A. 梅雷，《自由传教士时代的生活》（A. Méray, *La Vie au temps des libres prêcheurs*, Paris, 1978）；纪尧姆·法雷尔，《1498年至1565年：由一群来自瑞士、法国和意大利的历史学家、教授和牧师根据原始文件撰写的新传记》，第286页；A. 莫纳斯蒂耶，《沃州教会史》，英译版（A. Monastier, *A History of the Vaudois Church*, English trans., London, 1848），第47页。

　　2　见 E. 伦魏勒，《瑞士德语区的前宗教改革宣告》（E. Lengweiler, *Die vorreformatorische Prädikaturen der deutschen Schweiz*, Frieburg, 1955），第18页；H. 内夫，《日内瓦宗教改革的起源》（H. Naef, *Les Origines de la Réforme à Genève*, Geneva, 1968），第1卷，第166页；S. 奥兹门特，《城市中的宗教改革》，第39页及后页。

口耳相传带来救赎。但是到此时为止，城市中的布道却显得更为重要。15世纪的一篇讨论《以赛亚书》的著名布道文中提出过如下建议："主曾言，布道者要去往大城市，不要去往小市镇和乡村，因为大城市中犯下的罪孽更多。"[1]口出此言者的米歇尔·梅诺（Michel Ménot）是15世纪后期众多伟大先知中的一员——其他人等还包括萨佛纳罗拉（Savonarola）、奥利维耶·马亚尔（Olivier Maillard）、约翰·科利特和凯瑟斯贝格的约翰·盖勒（Johann Geiler of Kaisersberg），若不是因为成名之路在政治环境和印刷宣传出现之前颇为变化莫测，他们可能也会与下个世纪里的权威宗教改革者齐名。就口述文化而言，布道传统的高潮在路德之前的一代就已然出现。

那些人文主义者、新教改革者以及在表面上接受了其批评意见的历史学家告诉我们，修道院生活是非人道的、蒙昧的和反动的。拉伯雷曾写道："修道士不像福音派的博士和教师一般，既传道也授业。"[2]然而，若非从制度成果，而是从个体表现来判断的话，修会修士实乃启蒙和改革的主要源泉。像洛伦佐·瓦拉和伊拉斯谟这样只会蔑视这种"宗教职业"的古典学者很难接受此般观点。瓦拉曾经讲述过一则关于方济各会修士的故事，这位修士曾解释称"使徒信经"之所以如此命名，概因最初的十二位使徒都撰写了一个篇章，而对瓦拉而言，这是托钵僧无知的缩影。但这种文字上的势利观点并没有给那些广受欢迎的布道者留下深刻印象。盖勒评论道："洛伦佐·瓦拉和其他古典主义者批评神学家的粗鄙语言，但这并非重点。"[3]真正重要的是它们的功效，这是显而易见的。1478年，一位法国方济各会修士针对社会各个阶层的批判就引起了轩然大波；当国王路易十一世禁止

107

1　见 R. 佩特里编，《确凿之声》，第30页。
2　见《巨人传》（*Gargantua*），第40章。
3　见 Ch. 施密特，《阿尔萨斯文学史》（Ch. Schmidt, *Histoire littéraire de l'Alsace*, Paris, 1879），第335页及后页。

他继续布道时，人们做出了激烈的反应，据说有些妇女还向前来令其缄口的官员投掷了石块。更著名的是方济会修士马亚尔（Maillard），他曾在1494 年、1496 年和 1508 年分别通过布道反对各种不道德的行为；尽管言辞粗蛮，还伴随着烦人的清喉习惯，但他不仅影响了自己的时代，甚至还影响了两代人之后的时代——在这一时期，他的批评言论由胡格诺派出版商亨利·艾蒂安（Henri Estienne）重新付梓出版。[1] 而这些人中最著名的莫过于"斯特拉斯堡的号角"约翰·盖勒了，他在 1492 年至 1511 年间就通过布道鼓吹改革，向前呼应了萨佛纳罗拉，向后则预演了约翰·科利特在1512 年对教士会议所做的著名布道。盖勒大声疾呼："啊，教廷的主教们，按照福音、使徒和真正教会的教导，觉醒并改革你们的教会吧。"[2]

对此种人而言，布道不仅仅是教导和慰藉，还是战斗的召唤，他们的使命在于《圣经》——正如米歇尔·梅诺所指出的，"对于今天的布道者来说，继承使徒的职位，就是传播上帝的真言"。因此，他们毫不犹豫地打破了"布道的技艺"（ars praedicandi）的规则和形式，甚至打破了所有文雅措辞的规则和形式。尽管他们使用了拉丁文的注解，但说的却是方言，而且天马行空，往往还过分冗长——布道长达三四小时，甚至是五小时。他们还

108

1　见 H. 艾蒂安，《希罗多德的辩词》，P. 里斯泰尔胡贝尔编（H. Estienne, *Apologie pour Hérodote*, ed. P. Ristelhuber, Paris, 1879），第 1 卷，第 75 页，其中收录了梅诺和马亚尔的文章。总体概况见 A. 萨穆扬，《奥利维耶·马亚尔：他的布道与他的时代》（A. Samouillan, *Olivier Maillard, sa predication et son temps*, Paris, 1891）；A. 勒诺代，《巴黎的前宗教改革与人文主义》（A. Renaudet, *Préréforme et humanism à Paris*, 2nd edn, Paris, 1953），第 163、208 页；J. 内夫，《米歇尔·梅诺布道选集》（J. Nève, *Sermons choisis de Michel Ménot*, Paris, 1924）。

2　见 L. 达舍，《15 世纪末的天主教改革者：凯瑟斯贝格的约翰·盖勒（1478 年至 1510 年）》（L. Dacheux, *Un Réformateur Catholique à la fin du XVe siècle, Jean Geiler de Kaysersberg 1478-1510*, Paris, 1876）；M. 克里斯曼，《斯特拉斯堡与宗教改革》（M. Chrisman, *Strasbourg and the Reform*, New Haven, Conn., 1967），第 69 页及后页；盖勒，《论掌权的傻瓜》（Geiler, "Concerning power fools"）收录于 G. 施特劳斯编，《宗教改革前夕不满的表现》（G. Strauss, ed., *Manifestations of Discontent on the Eve of the Reformation*, Bloomington, 1971），第 97 页及后页。

加入了诗歌、歌谣和笑话（可能超过了人们所认为的 14 世纪修士们限制每次布道 3 则的水平）；他们鼓励会众参与其中，比如通过"呼喊"（*Ruf*）或"静默"（*Leis*）的方式；总的来说，就像后来的路德一样，他们避开了博学式的风格和深奥的教义，尽管人类万象对他们而言都毫不陌生。盖勒就他的同胞塞巴斯蒂安·布兰特（Sebastian Brant）创作的著名作品《愚人船》（*Ship of Fools*）中所反映的各种愚蠢和恶习发表过上百次布道。在 15 世纪晚期发表布道的纪尧姆·丕平（Guillaume Pepin）则猎杀过更为危险的猎物，他不仅抨击了赎罪券和圣母崇拜，还批评了无所作为的君主和高级教士。[1] 同样不计后果的还有斯特拉斯堡的讽刺作家托马斯·莫纳（Thomas Murner），尽管此君后来转而开始抨击路德。日内瓦当时或许受到了一些极具煽动性的布道者的侵扰，比如臭名昭著的多马修士（Frère Thomas），他于 1517 年骑马进入这座城市，宣称上帝即将降临，并对享有特权的神职人员展开攻击。

在"宗教改革"这一时期之前，职业布道者和自由布道者是公众所熟悉的人物。按照萨金特的说法，根据传统，这个职位的准入条件有两个：神职人员的身份和适当的从业资格，除此之外，偶尔可能还需要周游四地。但与往常一样，现实多少有所出入。上一代的加布里埃尔·比埃尔（Gabriel Biel）在这个问题上颇有些经验，他区分了三类布道者：一种是自吹自擂者，他们的目的是推销自己；一种是懒汉，他们甚至无法掌控自己的权威；还有一种是颠覆分子，他们的批评甚至已经到了煽动反抗的地步。[2] 最后一类布道者的规模很大，也广为人知。例如，在自由城市斯特拉斯堡，盖勒毫不迟疑地利用他的教堂讲坛质疑最高权威，他经常反复强

1　见 A. 梅雷，《自由传教士时代的生活》，第 98 页。可参照 B. 斯莫利，《英格兰修士与古代风俗》（B. Smalley, *The English Friars and Antiquity*, Oxford, 1960），第 42 页。

2　见 H. 奥伯曼，《中世纪神学的收获》（H. Oberman, *The Harvest of Medieval Theology*, Cambridge, Mass., 1963），第 21 页。

调"国王和教皇们无权制定违背上帝律法的法律"这一主题。[1]在他看来，布道者扮演了诸多角色——先知、看门狗、渔夫、上帝的射手——在所有这些角色中，他的职责都是讲述，而非聆听；是制定法律，而非服从法律。他们的职责不在于鼓励服从；因此盖勒的态度——如果说不是他的神学思想的话——具备颠覆性也就不足为怪了。他的无法无天似乎具有传染性。他的门徒之一托马斯·莫纳在成为路德之敌之前就已经通过布道和诗歌享有着巨大的声誉。[2]他的另一个门徒则是宗教改革家雅各布·施图尔姆（Jacob Sturm），此君声称如果自己是一名异端分子，那就应该完全归功于盖勒，后者的作品确实在禁书目录中找到了一席之地。梅诺（虽然他生前获得了宽宥）的作品逃脱了这种命运，但后来为了供公众阅读也遭到了删减。无论如何，身为门徒的布道者学到的教训都不是像盖勒和梅诺这样的人所示范的蔑视和斥责之习惯那么具体的教条。

109

这是整整一代年轻人正在学习的一个经验教训，他们中的大多数人都是传统教会体系的产物，或是从中摆脱出来，这一点并不奇怪。路德本人首先就被描绘成一个因为学位而非其抗争特性而出名的"修士"，实际上他所隶属的修会组织（不仅是在德意志地区，也包括了分布于法国和尼德兰的组织）也发出了支持的声浪。最早的两位新教殉道者便是安特卫普的奥古斯丁修会修士亨德里希·福斯（Hendrich Voes）和扬·范·埃森（Jan van Essen），尽管他们主要是因为与路德教派有关联，而非是严格意义上的路德教派教徒而获罪；这一修会组织的其他成员则因为在巴黎（1523 年）、图卢兹（1526 年）、尼姆（1532 年）和其他地方的布道活动引起了官方的反应。在方济各会内部，福音派也引发了不小的骚动，其中最为严格的守规派［即所谓的"改革派"（reformati）］在经历了两个

1　见 A. 梅雷，《自由传教士时代的生活》，第 86 页。
2　见 M. 格拉维耶，《路德与公众舆论》，第 61 页及后页。

世纪的斗争之后，恰好于路德发表《九十五条论纲》那一年战胜了住院兄弟会［他们的敌人称之为"反改革派"（*deformati*）］。[1]事实上，正如日内瓦这座城市一样，诺曼底、贝里和维瓦莱也跻身于圣方济会修士们传布福音的诸多地区的行列；当然，法国第一个宣示的宗教改革者弗朗索瓦·朗贝尔也是一名方济各会修士，他甚至比路德拥有更为丰富的修道院生活经历。尽管朗贝尔和路德对他们之前所从事的职业进行了恶毒的攻击，但他们很明显都从修道院的理念中获得了启迪。这种模式非常普遍，以至于一位心怀怨恨的前新教徒曾将宗教改革描述为那些从事了魔鬼事业的修士们的杰作。弗洛里蒙·德·拉蒙写道："在奥古斯丁修会中，魔鬼拔擢了路德；在多明我会中，他拥立了布策尔；在方济各会中，他带来了康拉德·佩利康；在加尔默罗修会中，他推出了维雷和皮埃尔·里歇尔；在彼济大修会中，他选择了厄科兰帕迪乌斯……"，凡此种种。[2]

110　　　若非从绝对数量，而是从影响来看的话，布道的体量在路德声名狼藉和慈温利崭露头角（慈温利于1519年元旦在苏黎世大教堂讲坛上开始了他的公开布道）的那个年代就已经达到了引人瞩目的水平。两年后，马托伊斯·策尔在斯特拉斯堡开始围绕着那份煽动性文本——《使徒保罗达罗马人书》展开布道；尽管他被禁止在盖勒使用过的圣多马教堂的大讲坛上讲话，但在1523年布策尔、赫迪奥（Hedio）和卡皮托（Capito）加入之前，他就已经声名鹊起。在陷入衰落之前，这些布道文本在斯特拉斯堡的出版达到了这十年（1512年至1524年）期间前所未有的高度，对于天主教方面和新教方面都是如此。1522年，雅克·普雷波西托（Jacques Praepositus）开始以路德教派的方式——也就是反教皇的方式实施布道，一直到他被迫逃避皇帝查理五世在实施其针对路德的禁令过程中发动的迫

1　见 J. 穆尔曼，《方济各修会史》，第581页。
2　见弗洛里蒙·德·拉蒙，《本世纪异端诞生、发展与衰亡的历史》，第28页。

害为止。在法国，福音的口耳相传也达到了空前未有的程度，尤其是通过纪尧姆·布里索内主教在莫城建立的圈子，他本人就曾以每周布道抨击教会恶习的行动树立了榜样。所有这些对《圣经》内容的诵读似乎是为了实现 1522 年春勒费弗尔·戴塔普勒所表达的那个冀望——其中还特别提及了莫城的神学院，即福音之光能改变世界，并恢复原始教会。

福音革命

16 世纪 20 年代早期出现了一股传教浪潮。那是一个英雄的时代，一个狂热不受约束、人们开始改变信仰并前往维滕贝格、苏黎世和其他"上帝纯粹教义"的中心朝圣的时代。当时，人们还没有划定信仰的边界，也没有发动官方的镇压运动，伊拉斯谟派的宗教改革者和路德教派的改革者们仍可将自己视为共同战线的组成部分，并希望保持团结。纪尧姆·布里索内主教庇护下的莫城改革派圈子清楚地阐明了这种温和与激进的改革的结合。这里不仅有公认的法国福音派运动的领袖勒费弗尔，还有其他许多"新福音传道者"，他们希望通过布道将这个世界带入一个至臻完美的状态。[1] 其中就包括了后来成为纳瓦拉王室布道者的热拉尔·鲁塞尔（Gerard   111

1　有关这方面的具体研究包括了 E. 阿诺的《多菲内地区新教徒的历史》第 1 卷（E. Arnaud, *Histoire des Protestants du Dauphiné*, I, Paris, 1875）与《维瓦莱与韦莱地区新教徒的历史》（*Histoire des Protestants du Vivarais et du Vélay*, Paris, 1888）；R. 科利内，《16 世纪比利时的宗教改革》（R. Collinet, *La Réformation en Belgique du XVIe siècle*, Brussels, 1958）；路易·雷纳尔，《贝里史》，第 3 卷；H. 施托尔，《阿尔萨斯的新教运动》（H. Stohl, *Le Protestantisme en Alsace*, Strasbourg, 1950）；J. 维埃诺，《蒙贝利亚尔地区的宗教改革史》（J. Vienot, *Histoire de la Réforme dans les pays de Montbéliard*, Montbéliard, 1900）；维约米耶，《沃州新教教会史》；莱昂·梅纳尔，《尼姆城史》第 4 卷；H. 莫朗贝尔，《梅斯的宗教改革》第 1 卷（H. Morembert, *La Réforme à Metz*, I, Nancy, 1969）以及《法国新教历史协会会刊》中的大量文章。"福音革命"一词则来自 P. 安巴尔·德·拉图尔（P. Imbart de la Tour）的经典著作《宗教改革的起源》（*Les Origines de la Réforme*, Paris, 1905-1935; 2nd edn, 1944-1948）。

Roussel）和米歇尔·达朗德；加尔文未来的对手皮埃尔·卡罗利和未来的合作者纪尧姆·法雷尔；安托万·马聚里耶（Antoine Mazurier）、弗朗索瓦·瓦塔布勒（François Vatable）和让·德拉克鲁瓦（Jean de la Croix）。同一时期，前多明我会修士艾梅·迈格雷（Aime Maigret）也在里昂和格勒诺布尔进行着引人愤慨的布道，而在布尔日，让·米歇尔（Jean Michel）试图赢取基督徒的关注，直到他被轰下了台并被扫地出门。皮埃尔·德·塞比维尔（Pierre de Sebiville）是这些好战者的代表，他在布道中不再呼喊"万福玛利亚"；他通过布道反对圣像崇拜，反对牧师独身和斋戒的守则（并且鼓励他的修士同伴打破这一守则）；总而言之，他反对教会法规和教皇诸般行径所体现的"人类传统"。对破坏圣像运动的类似煽动不仅在米歇尔·达朗德于里昂、布尔日和阿冉松进行的布道中得到了展现，甚至在他于宫廷中进行的布道内容里也有所表露，而卡罗利的布道亦包含了类似的内容，他离开莫城后同样在巴黎引发了民愤。

然而，空口白舌仍不敌现实，这一复兴时期为时甚短。讲坛的夸张说辞变得越来越具有危险性，因为原本针对物质享乐主义和不正之风的抨击从教会转向了圣礼领域，特别是弥撒礼。威胁这个"内在性"的象征似乎比攻击天主教等级制度更具有煽动性；它将法国教会机构的全部力量——巴黎大学、巴黎高等法院和国王——的注意力都吸引到了新福音传道者身上。当支持布道而不是"辩论"的布里索内改弦易辙之后，福音派的民众阵线宣告崩溃了。米歇尔·达朗德在威吓之下回归了正统信仰，而塞比维尔则被迫公开发表了弃绝声明。到1524年底，莫城圈子的成员作鸟兽散，他们的声音也遭到了压制。

但是"福音革命"并没有被击败，它只是转向了其他渠道。法国还留存着其他较小规模的传教布道潮流，例如在16世纪30年代的巴黎，奥古斯丁修会的众多修士就发表了大量激人愤慨的布道，鲁塞尔曾在卢浮宫面对 5000 多人以及纳瓦拉王后发表布道，尼古拉·科（Nicholas Cop）也曾在巴黎大学中发表布道，而这篇布道还是加尔文代为起草的。总而言之，所有这些都是由这些年来法国人向路德教派靠拢（*rapprochement*）引发的轻微动荡，但它们很快就被布告事件之后公众舆论的反弹所遏制。1524 年之后的事实就是法国的改革运动停止了，福音派的重要事业也转向了流亡状态。它的第一个伟大的避难所是斯特拉斯堡——日内瓦之前的"新耶路撒冷"，当时这座城市正在布策尔和卡皮托的领导下抛弃罗马天主教的宗教形式。勒费弗尔、鲁塞尔、达朗德、法雷尔和朗贝尔汇聚于此已有一段时日，这不仅标志着在斯特拉斯堡出现了一个重要的法国侨民群体，而且也意味着国际新教运动持久联系的建立，尽管从各种宗派意义上来说，最终只有法雷尔和朗贝尔留在了新教阵营当中。

112

在这一短暂时期内，无法遏止的路德教派影响力和反路德教派的恐惧所导致的最重要结果可能就是宗教流亡者——特别是传教布道——的大逃亡路线的开启。传布福音的布道者们云游四方，他们从法国南部的普罗旺斯和多菲内来到瑞士的西部和南部、弗朗什—孔泰、洛林，甚至是穿过整个莱茵河河谷和王权伯爵领北部区域抵达尼德兰——他们被召到了一座城市，然后又被驱逐出去，直到令人满意的宗教改革业已完成之后才定居下来。这方面最早的先驱是弗朗索瓦·朗贝尔，而他所走的也是最为典型的路线。[1] 在《九十五条论纲》发布的当年，朗贝尔在阿维尼翁的方济各会修道院中开始了他作为"使徒布道者"的职业生涯，此后他便投身于这种使徒模式中［即传统习语中的"使徒典范"（*exemplum apostolorum*）］；但与日俱增的不满情绪让他失去了上级的好感。在良知的驱使以及路德教派改革的引导下，他于 1522 年 5 月离开了这座修道院，开启了一次奇妙

1　见 R. 温特斯，《阿维尼翁的弗朗索瓦·朗贝尔》。

的旅程。那年夏天，他在日内瓦、洛桑、伯尔尼、苏黎世和巴塞尔等地布道；翌年，他又造访了路德，甚至被维滕贝格大学录取，同时还公开了他拒斥修道院生活方式的理由。他的下一站是梅茨，赶到此处之时，他目睹了奥古斯丁修会修道士让·夏特兰（Jean Chastellain）被处决的场景，并撰写了一篇描述此次处决的文章。在此之后，他及时赶到了斯特拉斯堡，见到了莫城圈子的残留成员。他于 1530 年离世，结束了自己作为黑森宗教改革者的一生，而当时法国的宗教改革运动尚处于萌芽状态。

纪尧姆·法雷尔是早期巡回布道运动中的一个重要人物，他的职业生涯跨越了几乎三代人的宗教改革历程，但他在意识形态方面似乎从未朽迈。[1]法雷尔于 1521 年夏天在莫城开始布道，此后他的活动范围与朗贝尔一样广阔。他曾试图在自己的出生地加普进行布道，但没有取得成功，后来又去了巴塞尔，他在那里发表了一篇文章，嘲弄了巴黎大学对路德的谴责，而这篇文章旋即就在法国遭到了封禁；此外，他还公开为 13 篇颇具争议并被禁止向大学人士传播的文章辩护，从而在当地制造了更多的麻烦。他完成了三次布道，但很快就被要求保持缄默，这一局面可能是由已经开始反对这种激进主义的伊拉斯谟煽动造成的。于是他又开始了旅行。在蒙贝利亚尔，他通过巴塞尔的宗教改革家厄科兰帕迪乌斯的举荐，被允许发表布道，并受到了那些"渴求福音"者的欢迎。此后，他又搬到了斯特拉斯堡，在此地与来自莫城的朋友们重逢，并在 1525 年成为法国人社群的第一位牧师。对法雷尔来说，这仅仅是个开端。法国国内的反应导致他选择了流亡的生活，他追寻其使命的英勇旅程一直持续到他于四十年后去世方告终止。

---

1 见安托万·弗罗芒，《日内瓦的辉煌过往》；纪尧姆·法雷尔，《1498 年至 1565 年：由一群来自瑞士、法国和意大利的历史学家、教授和牧师根据原始文件撰写的新传记》；维约米耶，《沃州新教教会史》，第 45 页及后页。

法雷尔是一个新兴的布道者类型——平信徒布道者的代表，这个职业本身就对宗教意识起到了一定的改变作用。正是在蒙贝利亚尔，法雷尔才确定了他的职业选择，并把他为民众所接纳的过程当作一种奉献。他的赞助人厄科兰帕迪乌斯（Oecolampadius）对此表示赞同。他告诉法雷尔："往民众的耳中灌输教条易如反掌，但改变人们的心意却是一项神圣的工作。"[1]民众授职的概念显然颇具争议，但这是他那一代的反教士布道者普遍留存的设想。卡罗利曾说过："一个没有法学学位的人无法成为高等法院的律师，这是事实。但一个人不管是博士还是学士都可以宣讲《圣经》。"法雷尔正是基于这样的理由于 1526 年声称自己成为莱格勒的"主教"。"布道自由"的原则（如果说不是良知自由原则的话）对世俗政府也是有用的；因此在 1528 年的宗教改革以及法雷尔参加的那场辩论之后，伯尔尼便支持法雷尔享有在其领土范围内布道的权利。他曾于翌年收到过"一封呼吁在'伯尔尼各位阁下'的土地上自由宣讲《圣经》的公开信"。[2]同样的原则也被洛桑接受，尽管在 1536 年被伯尔尼征服之前，正统信仰派的抵制一直阻止着法雷尔在那里开展布道工作。而根据纳沙泰尔市政议会的说法，在这座城市中，"福音每天都在政府允许的适当时间和地点被自由地宣扬或谴责。那些愿意去聆听布道的人可以为了救赎这么去做，而那些宁愿参加弥撒礼或其他仪式的人也可以做他们愿意做的事情，而不必说'我胜你一筹，我比你拥有更虔诚的信仰'之类的话。所以，正如耶稣基督吩咐我们的那样，双方都愿意和平相处"[3]。

但这种自由布道的事业事实上却更多地招致了冲突，而非和睦相处，

114

1　见 A. L. 埃尔明亚尔编，《法语地区宗教改革者通信集》，第 1 卷，第 254 页（1524 年 8 月 2 日）："概因他们很容易听信一些教条；但不羁的灵魂却是上帝的作品。"

2　见夏尔·迪普莱西·阿尔让特雷，《错误判例集》（Carolus du Plessis d'Argentré, Collectio judiciorum de erroribus, Paris, 1724），第 2 卷，第 27 页。

3　见纪尧姆·法雷尔，《1498 年至 1565 年：由一群来自瑞士、法国和意大利的历史学家、教授和牧师根据原始文件撰写的新传记》，第 221 页。

因为它侵犯了传统教会的垄断地位，并威胁要建立一个新的意识形态精英群体。在接受伯尔尼委任后的几年时间里，法雷尔游历了沃州各地，进行布道，引发反响，并收获了门徒以及危险的恶名。他经常遭到抵制，有时还受到了人身攻击，另一方面，他的支持者则沉迷于圣餐象征论者盛行的破坏圣像运动。在奥尔布，他在教堂里被妇女们轰下了台，遭到了孩子们的激烈质问，并被迫在集市中讲话。在格朗松，他再次露天进行布道，又引发了暴力活动。在一个村子里，他的批评者高喊："感谢圣母！"而他则回应道："我只感谢上帝，别无他人。"[1] 在洛桑，他被完全禁止讲话。然而，法雷尔的开拓性努力还是取得了持久的成果。1530 年，他与瓦勒度派建立了联系，后者还曾求教于他（以及布策尔、卡皮托和厄科兰帕迪乌斯），这些人后来也加入了加尔文的阵营。他推动了许多人改变了信仰，同样重要的是，他推动了许多犹豫不决的年轻人走上了布道者的道路。其中最著名的就是 1536 年开始在洛桑布道的维雷，当然还有加尔文——他被说服于次年在日内瓦开始积极布道。法雷尔的其他门徒继续着他在沃州的工作，而这里也持续为牧师们提供了一个市场。

这些意识形态的先驱为后来者构建了福音殖民的模式。他们也建立了教会论战的模式，因为他们的工作侵犯到了文化和语言以及宗教和政治的边界。在伯尔尼，由于法语与德语社群之间的对抗，冲突变得难以避免。事实上，在洛桑，由维雷所领导的加尔文教派侨民最终发现他们无法忍受来自伯尔尼政府的慈温利派的压力。然而，传教的冲动仍然无法被遏止。在斯特拉斯堡也存在着类似的跨文化问题，但是布策尔坚持"被认可的福音布道者必须被派往王国的各个地方"，以"勤恳、热忱、及时地向各地的民众宣布王国的好消息"。随着时间的推移，这里也出现了德意志人与

1　见安托万·弗罗芒，《日内瓦的辉煌过往》，第 11 页。

法国人社群之间的分歧。在日内瓦永久定居的加尔文以及法雷尔的门徒则以更大的规模重复了这种模式。加尔文的殖民活动范围包括了欧洲社会的大部分地区——德意志、尼德兰和英格兰，因此他的工作所带来的破坏性影响要大得多。

尽管印刷文化同样也具备爆发性，但正是在这种背景下，布道成了一种极易引发争议的媒介，它的作用变得越发重要。[1]法雷尔取得了引人瞩目的成就，尽管他的态度仍然是教条式的和重复的，并没有给大多数听众留下深刻的印象。比他更有口才而且更有说服力的是他的年轻同僚维雷，在洛桑以及之后前往法国旅行的过程中，后者的布道吸引了大批的民众。尤其是在洛桑，布道的政治意义得到了彰显。其中一个例子就是"讲坛发布"（*publication du haut de la chaire*）的做法，比如说，维雷当时曾向民众宣读了1537年关于税收的法令，以及禁止从这座城市向外出口粮食的法令。[2]更引人注目的是利用布道来区分和谴责外敌。卡特兰曾评论过16世纪50年代洛桑的布道者："他们的布道只会称教皇为敌基督，称枢机主教为酒囊饭袋，称教士和修士为害虫……称国王和诸侯为教皇的暴君。"这种直言不讳的宣传在法国也颇为常见。16世纪30年代，巴黎的鲁塞尔、布尔日的让·米歇尔以及尼姆、卡昂和其他地方的布道者在大斋节期间进行的布道就吸引了大批信徒，据说其中还有众多皈依者。当局以同样的方式予以了回应。1543年，弗朗索瓦一世颁布了一项关于"吾等之信仰与布道之形式"的敕令，其中表达了对非正统信仰布道者引发的骚乱的不满，并制

　　1　见 J. 安斯利，《16 世纪与 17 世纪新教教会中的牧师团教义》（J. Ainslie, *The Doctrine of Ministerial Order in the Reformaed Churches of the 16th and 17th Centuries*, Edinburgh, 1940）。菲利斯·马克·克鲁的《1544 年至 1569 年期间尼德兰的加尔文教派布道与圣像破坏运动》（Phillis Mack Crew, *Calvinist Preaching and Iconoclasm in the Netherlands 1544-1569*, Cambridge, 1978）第 107-139 页中对"改革派教士的意识"展开了妙趣横生的讨论，而这一讨论的出发点则是韦伯的观点（见上文第 104 页，注释 23）。

　　2　见维约米耶，《沃州新教教会史》，第 352 页。

定了一系列信条作为所有布道的指导方针。[1]其他的国王法令也敦促高级教士（包括大主教）勿要因为忽视他们的教诲职责而危及其信众群体的属灵福祉，而正统信仰的反制仪式则被组织起来对抗这种"邪恶的路德教派思想"。[2]

随着宗教战争的迫近，双方激动亢奋的基础也越来越得到凸显。似乎到处都能听到煽动性的布道。[3]在尼姆，维雷曾面向 8000 之众甚至更多的人发表布道，并促使许多人改变了信仰，尤其是在律师和法官群体当中——就如他后来对蒙彼利埃的医学生所做的那般。在里昂，他每天都向大批人群布道，而在他的布道之后，往往会紧随着爆发破坏圣像运动。在 1560 年春（即昂布瓦斯阴谋发生后不久）的卡昂，一批会众在一场布道结束后到处实施破坏，他们投掷石块、打破窗户，而且还犯下了其他罪行；在这种状况下，后来甚至还爆发了暴力冲突，乃至有人遭到了谋杀。[4]在特鲁瓦，来自巴黎的布道者也煽动起了被称为"小日内瓦"的社区的居民，并被指责为各种破坏性和煽动性行为的罪魁祸首。根据时人的说法，在瓦朗斯，布道取得了异常出色的效果，以至于到了 1560 年，所有的修士都

1　见《针对巴黎大学神学院有关吾等信仰和布道形式之文章的国王敕令》（1543 年 7 月 23 日）（*Edict du roy sur les articles faictz par la faculté de theologie de l'université de Paris, concernans nostre Foy et forme de prescher*, 23 July 1543, Paris, 1552）（收录于法国国家图书馆 F. 47021）。

2　见《国王诏书》（*Lettres patentes ...*, Paris, 1557）（收录于法国国家图书馆 F. 46815.1）；可参照《关于模仿使徒行传秘仪的公共呼喊与宣告》（*Le Cry et proclamation publique pour iouer le Mystere des Actes des Apostres*, Paris, 1541）。

3　见 R. 林德，《皮埃尔·维雷的政治观念》，第 21 页及后页；莱昂·梅纳尔，《尼姆城史》第 4 卷，第 285 页；尼古拉·皮图，《香槟的新教运动》，第 78、103 页；B. 帕利西，《作品集》，A. 弗朗斯编（B. Palissy, *Les Oeuvres*, ed. A. France, Paris, 1880），第 206 页；E. 贝尔，《乞丐的世纪》第 2 卷，第 244 页；P. 伯扎尔，《中世纪的异端和宗教改革》，第 233 页；科尔德维纳，《博舍佩的加尔文教派布道》（Cordeweiner, "Prêche calviniste à Boeschepe"），载于《法国新教历史协会会刊》第 112 卷（1966 年），第 105-120 页；Ch. 帕亚尔，《1560 年至 1567 年期间瓦朗谢讷宗教纷争的历史》（Ch. Paillard, *Histoire des troubles religieux de Valenciennes 1560-1567*, Paris, 1874），第 1 卷，第 36 页及后页。

4　见 A. 弗洛凯，《诺曼底高等法院史》，第 2 卷，第 310 页。

选择了逃离并加入了新教教会。与此同时，如贝尔纳·帕利西（Bernard Palissy）所描述的，桑特的布道者们正在取得非凡的硕果。[1]尼德兰几年后的情况亦是如此，比如在安特卫普，据称有多达2万人聚集在街头甚至步行到城墙外聆听居伊·德·布雷、皮埃尔·达汀或弗朗索瓦·迪容（François du Jon）的布道，而这些布道在结束之后往往也会引发骚乱。

1559年亨利二世去世之后，尤其是自展开辩论和宗教谈判的1561年起，巴黎的意识形态骚动便随着政治危机的出现而愈演愈烈。当然，双方都已卷入其中。根据克雷斯邦的说法，甚至在国王去世前，"（天主教）布道者都从未停止过煽动民众去屠杀他们所能找到的所有路德教派教徒，甚至都不需要等待法官酌定刑罚"[2]。天主教徒也自称为之震惊。1561年，让蒂安·埃尔韦（Gentien Hervet）在听闻两名修士在向他曾经发誓要予以庇护以免受狼群侵扰的信众群体传布异端邪说时大感震惊，他在下个星期日便驳斥了"加尔文、梅兰希通、布策尔和其他新福音派成员的谎言"[3]。在10月的普瓦西会谈中，空气里充斥着意见相左的言语交锋：克劳德·德斯庞斯（Claude d'Espence）和洛林枢机主教坚持了高卢天主教会的路线，包括他们最近与路德教派的和解行动（rapprochement）；贝扎和彼得·马蒂尔则维护了加尔文教派立场的纯粹性。双方都不愿做出任何重大让步。布道的技艺正在达到一个巅峰，但是聆听他们布道或向他们学习的技艺似乎都被遗忘了。

117

---

1 见B.帕利西，《作品集》，第128-155页。
2 见《法国信徒针对其罗马天主教对手的公正诉状》（*Iuste complainte des fideles de France, contre leurs adversaires Papistes*, Avignon, 1560）（收录于法国国家图书馆Ld[176].6），第221页；让·克雷斯邦与西蒙·古拉尔，《殉道者的历史》，第2卷，第639页及后页。
3 见《加尔文、梅兰希通、布策尔与这一时代其他新教福音传布者的谎言合集》（*Recueil d'aucunes mensonges de Calvin, Melancthon, Bucer et autres nouveaux Evangelistes de ce temps*, Paris, 1561）。

一起发生在（坐落于吉斯家族领地上的）瓦西刚刚建立的一座教堂中的事件成为这种冲突的标志。[1]1561年圣诞节前的一周，洛林枢机主教派出了其代表沙隆主教前去调查这座香槟小镇上所发生的事情和关于与日俱增的宗教狂热的报告。沙隆主教好几次想打断坚持站在讲坛上的牧师格朗韦勒（Granvelle）的布道。后者坚称："我是第一个站在讲坛上的，所以我应该先发言。如果你有什么话，容后再言。"这位主教则争辩称自己身负国王委任之责，而格朗韦勒无论如何都不算被授予了圣职。然后，格朗韦勒提出了新教徒的一个观点，即精神上的呼召而非迷信的任命方能决定牧者的能力，他问主教是否曾向自己的人民布道。后者做出了如下回答："我通过助手布道。"格朗韦勒说道："你一定是在开玩笑，使徒们是通过助手来布道吗？"这场辩论或与之类似的争论显然都无法解决任何问题，因为它触及了"所谓改革派宗教"的核心。瓦西的会众在合法性的边缘继续发展，但枢机主教和他的兄弟吉斯公爵对此的猜疑也在逐渐加深。两个多月后，带来了一支军队的公爵试图打断另一场礼拜仪式，士兵和那些唱赞美诗的人打了起来，于是发生了"瓦西屠杀"。大多数观察家认为这是那场几乎无人怀疑是否会降临的宗教战争的序幕。

但是留给布道的时间尚未耗尽。在普瓦西会谈之后，贝扎留在了巴黎，他的布道取得了惊人的成功。两万多人前来聆听、祈祷、歌唱和示威。在棕枝主日这天，他上午进行布道，举行洗礼（据一位目击者称乃是"依照新旧两种传统"进行），下午则在海军上将科利尼（Admiral Coligny）的家中再次进行布道。天主教徒拿着树枝在街上走来走去，身为少数派的胡格诺派教徒则两手空空。接下来的星期五崇拜仪式在靠近圣雅克门的传统地点举行，但洛林枢机主教翌日便告诉胡格诺教徒，他们在复活节的早晨

1　见 G. 厄雷勒，《香槟地区的宗教改革运动与神圣同盟》（G. Herelle, *La Réforme et la Ligue en Champagne*, Paris），第22页及后页，引自尼古拉·皮图，《香槟的新教运动》。

只能"冒着被斩首的危险"去那里做礼拜。到了星期一，一群来聆听布道的胡格诺派教徒和来行忏悔礼的天主教徒在波庞古尔爆发了冲突。编年史家写道："他们沉默不语，虎视眈眈"，但敌意仍在不断增加。[1] 到了下一个星期日，就如在瓦西一般，人们开始投掷石块，有几个人被殴打致死。大多数胡格诺派教徒被迫离开了这座城市，许多人奔赴位于奥尔兰的孔代亲王大营，贝扎当时正在那里继续发表布道。

118

在整个宗教战争期间，各种布道你方唱罢我登场，继续针锋相对，相互间的诋毁变得越来越肆无忌惮。我们可以通过比较1550年克劳德·德·洛林（Claude de Lorraine）的葬礼布道和他的继承人弗朗索瓦·德·吉斯（François de Guise）（他于13年后遭谋杀，从而引发了天主教派系从教士到领导阶层的谴责浪潮）的葬礼布道（乃至于克劳德的孙子亨利·德·吉斯（Henry of Guise）在四分之一个世纪后遭谋杀引发的更大规模的情感宣泄），发现这种日益激烈的党派之争。胡格诺派的叛教者皮埃尔·沙尔庞捷（Pierre Charpentier）曾经谈及图卢兹的两位牧师，称他们在圣巴托罗缪屠杀之后"从和平的布道者转变成了战争的号角"。[2] 十年之后，另一个保王派成员哀叹那些煽动性的牧师在尽其所能地攻击君主制的三块重要基石——宗教、司法和"治安"（即16世纪维护社会秩序的各种机构）。双方的布道者都受到了攻击。加尔文教派教徒被指控道德败坏和放荡，天主教徒则被指控迷信和野蛮，另外双方都被认为有煽动暴力之嫌。布道理论家帕尼加罗谴责异端分子仿若犹大、魔鬼和叛国者，并以此为理由证明

1　见 P. 帕沙尔，《1562年之前法国纪事》，M. 弗朗索瓦编（P. Paschal, *Journal de ce qui s'est passé en France devant l'année 1562*, ed. M. François, Paris, 1950），第11页及后页。

2　见《关于携带武器的神圣且虔诚的公告》（*Advertissment sainct et chrestien touchant le port des armes*, Paris, 1575）（收录于法国国家图书馆 Lb³⁴.97）。

国王在圣巴托罗缪之日采取的行动是正当的。[1] 索尔邦（Sorbin）因为亨利三世没有执行消灭胡格诺派教徒的政策而对他大发雷霆。事实上，布道的政治潜力可能在宗教战争后期面向神圣同盟支持者的布道中达到了顶点；但那就是另一回事了。

教会的种子

119　　见证真正的信仰——这是伴随新教崇拜而来的所有布道、歌唱和更暴力的示威活动的目的，也是更传统的宣传形式的核心推动力。但最终的（或许也是最有效的）见证和宣传却是一种更传统、更触动人心的宗教信念的表达。殉道这一最极端的意识形态姿态并不是一个可以做出公正评判的主题，即使在今天，也很难找到对这一现象不带有隐晦的圣徒传记色彩的检视。[2] 然而，殉道这种异教徒在早期基督教徒中所发现的令人困惑的"为无法证明的事物而死的意愿"无疑代表了某种心理史学探索进程中最具希望的领域——而且更为重要的是，某些证据将使这种探索不再只是一种猜

1　见 F. 帕尼加罗，《布道十篇》（F. Panigarole, *Cent Sermons*, Paris, 1586），第343页及后页。可参照 Ch. 拉比特，《论神圣同盟布道者的民主观念》（Ch. Labitte, *De la Démocratie chez les prédicateurs de la Ligue*, Paris, 1885），第86页及后页。

2　见 E. R. 多兹，《焦虑时代的异教与基督教》（E. R. Dodds, *Paganism and Christianity in an Age of Anxiety*, Cambridge, 1965），第121页。总体概况见 E. 坎托罗维奇，《中世纪思想中的"为国捐躯"》（E. Kantorowicz, "*Pro patria mori* in medieval political thought"），收录于其《研究选集》（*Select Studies*, Locust Valley, New York, 1965），第308页；W. H. C. 弗伦德，《早期教会的殉道与迫害》（W. H. C. Frend, *Martyrdom and Persecution in the Early Church*, New York, 1967）；H. A. M. 霍彭布劳沃，《从德尔图良至拉克坦提乌斯的殉道术语研究》（H. A. M. Hoppenbrouwers, *Recherches sur la terminologie du martyre de Tertullien à Lactance*, Nijmegen, 1961）；F. A. 诺伍德，《陌生人与流亡者：宗教避难者的历史》（F. A. Norwood, *Strangers and Exiles: A History of Religious Refugees*, New York, 1969）；全面的书目讨论见 D. R. 克雷，《殉道者、神话与大屠杀：圣巴托罗缪的背景》（D. R. Kelley, "Martyrs, myths and the Massacre: the background of St Bartholomew"），载于《美国历史评论》，第77卷（1972年），第1323-1352页，转载于 A. 索曼编，《圣巴托罗缪屠杀》（A. Soman, ed., *The Massacre of St Bartholomew*, Hague, 1974），第181-202页。

测。它也不是一种囿于宗教运动的行为模式：它既是世俗热忱也是宗教狂热的特征，因此值得从一个总体的背景和长远的角度来加以考量。也就是说，它值得在从历史角度理解的意识形态框架内加以考量。

在这些方面，殉道——不管是在理论上还是在实践中——显然先于基督教而出现。例如，早在公元前 5 世纪，战死的雅典人就会被确定无疑地封为神祇加以祭祀；而为正义事业而战死的概念总是与殉道联系在一起。对于激进的福音派而言尤其如此。根据巴黎胡格诺派教会的殉道者和牧师安托万·德·拉·罗谢·尚迪厄（Antoine de la Roche Chandieu）的说法，"我们在这个世界上不是为了休憩，而是为了战斗"[1]。但基督教殉道者绝不仅仅是迫害的受害者，福音派以《圣经》人文主义的精神反对这种中世纪的陈腐用法。他们最初坚持认为，"殉道者"不是指受害者，而是"证实"信仰的人。通过这样的证明，即使是口齿最不清楚的人也能帮助传播福音，比如（根据新教编年史家的说法）特鲁瓦迫害运动中的第一个受害者"仅是通过他的殉道就完成了布道"。[2]

即使是在 16 世纪，新教也没能够垄断殉道者，但它似乎对殉道者传统采取了一种独创的态度。从某种意义上说，这种成为新教自我表达和自我宣传核心的殉道观是宗教改革的立场中自始就固有的；因为路德在沃姆斯会议中的立场——它本身就会让人想起一个世纪前胡斯的立场——可能正是一个殉道者的立场。一代人之后，这种立场通过一群为近代殉道史奠定基础的杰出人士的合作事业而更为广泛地传播开来。斯莱丹（Sleidan）、弗拉齐乌斯·伊利里库斯（Flacius Illyricus）、尚迪厄、克雷斯邦、路德维希·拉贝（Ludwig Rabe）和约翰·福克斯（John Foxe）的作品不仅相互借鉴，而且基于共同的经验、共同的意识形态承诺和共同的历史视角。近代殉道

120

---

1 见 A. 德·尚迪厄，《自1557年以来巴黎教会的受迫害史与殉道者历史》，第 xxviii 页。
2 见尼古拉·皮图，《香槟的新教运动》，第 5 页。

史的国际特性在克雷斯邦的《殉道者的历史》（*History of the Martyrs*）中表现得尤为明显，这部著作不仅试图在时间方面，而且也试图在社会方面做到包罗万象，把"所有条件、年龄、性别和民族"都纳入其范畴之内。[1] 关于新教良知的这一方面内容，没有什么比对塑造了新教自我意识的迫害情结的这些大规模记录更能展现其全面观点的了。

在殉道传统中，最引人注目的是拥有过往历史的共同体情感，甚至是回顾早期殉道者经历的普遍情感。克雷斯邦著作的基本主题便是"殉道者的现代历史与古代历史的一致性"。他的另一位同僚更为明确地将早期的殉道者称为先驱者，即"最初的殉道者"[2]；而勒费弗尔·戴塔普勒在1519年开始撰写《殉道者之苦痛》（*Agonies of the Martyrs*）时，可能也有类似的想法。殉道传统不仅代表了与"原始教会"的心理联系，而且也是使徒时代以来"真实历史"的最具体表现。"殉道者的鲜血是教会的种子"，这是德尔图良（Tertullian）的被经常引用的格言，它所具备的赋予生命的力量已经存在了好几个世纪。[3] 正统的天主教观点与教会的"内在性"原则保持了一致，它将基督教历史等同于"人类传统"的故事，尤其是教会法的故事，当然，这一观点从路德开始就彻底地被福音派宗教改革者所拒绝。在他们看来（按照弗拉齐乌斯·伊利里库斯的说法），基督教历史

121

1　见让·克雷斯邦与西蒙·古拉尔，《殉道者的历史》，第 1 卷，前言部分；可参照 G. 莫罗，《对殉道者传记的贡献》（G. Moreau, "Contribution à l' histoire du livre des martyrs"），载于《法国新教历史协会会刊》第 103 卷（1957 年），第 173-199 页与《圣巴托罗缪：让·克雷斯邦与西蒙·古拉尔的殉道史》（"La Saint-Barthélemy, le martyrologie de Jean Crespin et Simon Goulart"），收录于《16 世纪与 17 世纪宗教改革多面论》（*Divers aspects de la Réforme au XVIe et XVIIe siècles*, Paris, 1975），第 11-36 页；W. 哈勒尔，《福克斯的殉道者之书与拣选之民》（W. Haller, *Foxe's Book of Martyrs and the Elect Nation*, London, 1963）。

2　见路德维希·拉贝，《上帝见证的圣者：信仰与殉道者》（Ludwig Rabe, *Der heiligen aus erwohlten Gottes Zeugen Bekennen und Martyren*, Strasbourg, 1552）。

3　见 A. 德·尚迪厄，《自 1557 年以来巴黎教会的受迫害史与殉道者历史》，第 lxii 页；让·克雷斯邦与西蒙·古拉尔，《殉道者的历史》，第 1 卷，第 1 页。

的形态是通过一系列脆弱的"真理见证者"来保存真正的教义。[1] 正是这种"教义的传承"[*successio doctrinae*，梅兰希通认为与之形成对照的是教皇的"个人传承"（*successio personarum*）]反映在了殉道者的历史中，这段历史通过回溯性的审判被转让给了信仰的大家庭，特别是由 16 世纪宗教改革者建立的"圣徒共同体"。与教皇的阐释相反，据称殉道史关注的并非偶像崇拜的圣者遗物，而是信徒的精神遗产。从某种意义上来说，这就是最初的"辉格式的历史"。

就像它从中受益的人文主义史观一样，殉道史毋庸讳言在很多方面是一种教育史观。而 16 世纪的"苦痛"在某些方面更像是"与名人相关的"（*de viris illustribus*）古典主义灵感，而非中世纪教会的"神圣生活"（*vitae sanctorum*）。尚迪厄写道："对第一批迫害的记忆是一所教会人们如何忠于自己使命的学校。"[2] 克雷斯邦的说教意图就更为明确了。他花费大量时间收集的故事提供了一种"慰藉"、一个可供模仿的典范宝库和一面道德与神秘解释的镜子，为后世映照出了许多基督教故事主人公的"言行"。其目的是效仿——极度地模仿基督，因为正如克雷斯邦所回忆的，基督确实是"殉道者的首领"——从而"修复主的教会的废墟"。[3] 因为这样的目的，殉道史在某种程度上至少是一种缔造神话的事业。为了他的更为崇高的"事业"，克雷斯邦毫不犹豫地优化了他的材料；他还坦承希望自己的故事不仅能"造福"他的兄弟们，还能向外部那些"贫瘠偏侗之人"展示运动的正义性。在 16 世纪，几乎没有比数量越来越繁多也越来越直言不讳的殉道者记录更为有效的宣传形式了。

从心理学的角度来说，殉道者是真正基督徒和真正圣徒的典范，而到

1　见《真相见证目录》（*Catalogus testium Veritatis*, Basel, 1556）。
2　见 A. 德·尚迪厄，《自 1557 年以来巴黎教会的受迫害史与殉道者历史》，第 xiii 页。
3　见让·克雷斯邦与西蒙·古拉尔，《殉道者的历史》，第 1 卷，第 297 页。

了 16 世纪，它成为一种刻板印象。这一点在拉贝、福克斯，尤其是克雷斯邦（他确立了作为封圣的新教翻版的"十种殉道标志"）的殉道史作品中表现得很明显。[1] 正确的行为方式是由作为"灵魂的引导者""宗教改革的良知"的加尔文确立的。他曾予以警告的"秘密教徒"完全代表了这一理念的反面；他的大部分信件都致力于敦促信徒们——无论是个人还是团体——即使面对迫害也要公开恪守自己的宗教信仰。此外，实现殉道需要大量的仪式、修辞、礼仪和象征，这些都反映在了审讯、信仰宣告、行刑场景、民众反应和同时代的图画记录当中。无论是如贝扎的人像遭烧毁，还是像迪布尔格的真身被焚，受害者、官员和旁观者的行为在很大程度上都是预先确定好的。

这样做的结果就是对殉道的确定化，甚至是制度化。一方面是受历代立法制约的官方反应——这些立法决定了反对"可怕的渎神行为"之程序的法定"风格和形式"，并制定了一系列从隆重的"公开赎罪"仪式和罚金到革除神职（对教士而言）和处决的惩罚措施。肉刑方式也被模式化了，包括痛苦的且具有象征性的砍掉右手和割掉舌头的惩罚（克雷斯邦误认为此乃他那个时代的创新），以及绞杀和火刑处死。[2] 另一方面，这种行为似乎又是公平安排的，至少反映在殉道者的描述和语言中是如此。受刑者不仅表现出同样的美德（坚忍、毅力、耐心等），而且同样也保卫了自己、攻击了敌人。他们主张"纯粹的教义"；而他们的敌人——从那个追捕张贴布告者的"没有良知或上帝信仰之人"莫兰到血腥的利泽和洛林枢机主教——悉数是邪恶和虚伪的"索邦神学院派"、"鲁汶派"和"天主教徒"。

从 16 世纪 20 年代开始，殉道者的人数稳步增长，并且在歌曲、庆典、

1　见让·克雷斯邦与西蒙·古拉尔，《殉道者的历史》，第 1 卷，第 364 页。

2　见让·克雷斯邦与西蒙·古拉尔，《殉道者的历史》，第 1 卷，第 285 页；可参照腓特烈二世，《奥古斯都之书》，J. 鲍威尔译（Frederick II, *Liber Augustalis*, trans. J. Powell, Syracuse, 1969），第 169 页。

布道、史书和公众抗议中得到了颂扬。他们中既有如贝尔坎这般的著名知识分子，也有最朴素的劳动者，但都在殉道史的创作过程中都被理想化了。克雷斯邦就来自多菲内的一个名叫艾蒂安·布兰（Etienne Brun）的穷人写道："事实上，此君向我们展示了古代完整的乡村生活和第一批工人的典型，他们不仅耕种和改良了他们的土地，而且还培育和完善了他们的精神与礼仪。"许多人都有案可查，但还有许多被扔入塞纳河或莱茵河的殉道者却无记录可循。在此，死亡已经成为司空见惯之事。尤其是在巴黎，市民已经习惯于在城市的一些固定地点——比如巴黎大学书店区附近的莫贝尔广场和市政厅广场——目睹行刑的场景了，尤其是 1549 年建立的臭名昭著的高等法院"火焰法庭"在皮埃尔·利泽的主持下于不到三年的时间内发落了超过 500 名被指控为"路德教派教徒"之人，其中有超过 60 人被处死。这样的官方行动（情况类似的还有查理五世宗教裁判所治下的尼德兰和此后不久玛丽一世统治下的英格兰）直接导致了这些年的殉道抗议，以及从这些地区前往莱茵兰、瑞士和尼德兰等地自由新教城市的移民数量的增加。[1]

　　殉道者逐一殉道已经够令人震惊的了；更糟糕的则是大规模的殉道，尽管在这方面也有古老的先例可循。根据胡格诺派史学家阿格里帕·德·奥比涅（Agrippa d'Aubigné）所作的一项广为人知的区分，大屠杀的受害者构成了第二类殉道者，而这类殉道者可能会令新教徒的良知更为不安。[2] 法国发生的第一起轰动一时的事件便是在梅兰多勒针对瓦勒度派教徒的迫害，克雷斯邦称之为"人类记忆中最难忘的事件"。1545 年，一场真正的

123

1　见 J. 维埃诺，《1523 年至 1559 年期间殉道者的巴黎之旅》（J. Vienot, *Promenades à travers le Paris des martyrs 1523-1559*, Paris, 1913）；L. 霍尔金，《比利时的宗教改革运动》（L. Halkin, *La Réforme en Belgique*, Brussels, 1957）；Ch. 帕亚尔，《1560 年至 1567 年期间瓦朗谢讷宗教纷争的历史》。

2　见 A. 德·鲁布尔编，《寰宇史》（A. de Ruble, ed., *Histoire universelle*, Paris, 1886-1909），第 1 卷，第 227 页。

灭绝运动开始了，22座村庄被毁，数百人被杀；其他人则转入地下（有时是字面意思上的地下），许多人最终来到了日内瓦。这一事件，连同"火焰法庭"的所作所为，让新教徒感受到了要么殉道，要么流亡（亦即政治上的殉道）的前景的威胁。这些年来新教徒认为还发生了其他有报道价值的暴行："莫城十四君子""尚贝里五君子""里尔四君子"，特别是"里昂五君子"——它已成了真正的国际性事件。[1]1551年，从洛桑学院返回法国南部加尔文教派教会的贝扎和奥特芒的五名学生遭到逮捕并被指控为异端分子。尽管瑞士多个政府进行了干预，并向亨利二世发出呼吁，但他们还是被定罪，就如"无名小卒"一般，接连死在了火刑柱上。其后的政治反响和加尔文、法雷尔与维雷等人写的被广泛宣传的奥援书信，以及克雷斯邦即将出版的殉道史著作都让这一起很难说是前无古人的事件发展成了遍及全欧洲的一场著名运动。

124   16世纪50年代后期，迫害和殉道似乎达到了高潮，而双方的宗教狂热同样如此。在特鲁瓦，一尊圣母雕像的头不翼而飞，民众聚集起来指责胡格诺派教徒，直到圣母的头（奇迹般地！）被重新安了上去。其他的类似事件表明了一种积极的"内在性"进一步扩大了意识形态的分歧。这些分歧得到了一系列官方宣告的证明——特别是被奥特芒形容为"残暴"的《贡比涅敕令》（1557年7月24日），并通过一系列的意外事件（尤其是发生在判处异端分子死刑的法令出台六周后的圣雅克街事件）让民众印象深刻。[2]与以前一样，官方的尝试更多的是一种遏制非正统信仰观点传播的措施，而非对它的威慑。两年后，胡格诺派的第一次全国宗教会议在

---

1   见让·克雷斯邦与西蒙·古拉尔，《殉道者的历史》，第1卷，第493页；第2卷，第201、405页；莱昂·梅纳布，《尼姆城史》第4卷，第217页；可参照L.贝尔特兰多与B.伊里，《贝里加尔的洞穴：1545年利贝农的瓦勒度派教徒的最后避难所》（L. Bertrando and B. Ely, "La Grotte de la Berigard, dernier refuge de Vaudois du Libernon en 1545"），载于《法国新教历史协会会刊》第118卷（1972年），第345-353页。

2   见下文第200页，注释57。

巴黎召开。同年（1559 年）还发生了宗教战争爆发前最为著名的胡格诺派殉难者遭处决的事件。就在亨利二世晏驾之前，高等法院成员阿纳·迪布尔格遭指控入狱，并于 12 月被摄政政府以火刑处死，当时一名审判法官遭到谋杀（这也算是一种反殉道行为）更是加速了他的死亡进程。

当然就受迫害心理而言，殉道与宗教屠杀之间的区别不是质量上的，而是数量上的；甚至在宗教战争到来之前，人们就已经在不断提高对更大规模报复的预期，这仅仅是因为更大规模的抵抗已在酝酿之中。与迪布尔格事件同时发生的是一连串错综复杂的暴动，后来被称为是由胡格诺派教徒（特别是像贝扎和奥特芒这样的同谋）策动的昂布瓦斯阴谋，它被认为是宗教战争的开始阶段。紧随这一场完败（它原本旨在通过控制尚未及冠的国王弗朗索瓦二世来打破天主教派系的权力垄断局面）而发生的则是当时最著名的"大屠杀"（1560 年 3 月）。在昂布瓦斯被俘的"叛军"中，有一些人被吊死在了城堡的栏杆上，有一些人遭到了斩首，还有一些人则被追捕了几个月。其首领拉勒诺迪（La Renaudie）被吊死在了树上，背上还挂着"叛军首领"的牌子。当时的一幅版画描绘了另一名同谋者——也就是加尔文和奥特芒的老朋友维尔蒙吉先生（Sieur de Villemongis）在脑袋即将被砍掉之际大声疾呼要为他的同伙报仇的场景，这幅版画还附有奥特芒所撰的一篇新闻报道。[1] 这两人都被纳入了日益壮大的殉道名录当中，从而有助于宣传他们为之献身的事业。几周后，奥特芒的出版商马丁·洛梅（Martin Lhommet）也步其后尘，他因持有与这一场阴谋相关的印刷宣传材料而遭处决。

法国宗教战争是由发生在瓦西的一场最广为人知的"屠杀"引发的，而这场屠杀的进程正是由于吉斯公爵与他领地内的会众之间的冲突而被加

1　见唐纳德·R. 克雷，《弗朗索瓦·奥特芒：一位革命者的苦难经历》，第 105 页及后页。

速。几个月以来，瓦西的胡格诺派教徒一直在违法举行公共礼拜仪式，在三月的这个星期日，吉斯公爵和他的手下可能一直在找对方的麻烦。他们终于发现了对方的痛脚：教堂里有一千多人在唱赞美诗；而根据一方的说法，在这次冲突中（关于谁是战斗的始作俑者一直争论不休）有 74 名胡格诺派教徒被杀害。在一位研究这段历史的学者看来，瓦西事件是"王国各地的敌人准备进行一场大屠杀的信号"。[1] 不管这种观点多么不切实际，但它却被新教徒广为接受了，而且确实成为下一代新教徒长期留存的恐怖烙印。在宗教战争期间，两方的确都制造过"屠杀"，而对一场普遍性屠杀的恐惧似乎在十年之后最为著名的屠杀——圣巴托罗缪屠杀中得到了确证，这场屠杀制造了最为著名的殉道者——胡格诺派的领袖、海军上将科利尼。

紧随这些头条新闻而来的便是近代历史上最引人瞩目的一次宣传攻势。从对受害者的哀悼到残暴的故事，再到最为嗜杀的复仇呐喊，各种宣传比比皆是。除了这些情感诉求之外，还有一些完全用定量的措辞（如果还不算完全客观的话）来表达的反对意见。一位自称"N. 弗鲁芒托"（N. Froumenteau）的多产的胡格诺派作家［他还是 1573 年出版的著名图书《警钟》（*Alarm Bell*）的作者，因此往往被认为就是尼古拉·巴诺（Nicolas Barnaud）］就宗教冲突的社会代价这一问题撰写了两部非同凡响的著作。其中之一《财政的秘密》（*Secret of Finances*）不仅提供了过去一代人的时间里（下至 1581 年）过高的税收和支出的清单，还罗列了按照性别、地位（教士、贵族、士兵、罪犯）加以区分的生命损失和其他类型的破坏损失（被毁坏的房屋、被烧毁并夷为平地的村庄、被侵犯的女性）。[2] 他

1　见奥特芒，《昂布瓦斯骚乱史》（[Hotman], *L'Histoire du tumulte d'Amboyse*, Strasbourg, 1560）（收录于法国国家图书馆 Lb³². 15-16）；另见《孔代回忆录》第 1 卷，第 320 页及后页。

2　见《法国财政的秘密》（*Le Secret des finances de France*, 1587），第 407 页及全文各处。

估计总共有 765000 人在战争中死亡，其中 76010 人是平民，36000 人是在严格意义上"遭屠杀致死的"；4500 具尸体曾经漂浮在塞纳河上流经巴黎，另有 6000 具尸体则被卢瓦尔河冲走了。当时至少有 1.2 万名妇女和女孩遭强奸（实际数字可能是这一数字的两倍，因为这类事情往往不被报道）。在同年的另一部作品《法国人之镜鉴》（*The Mirror of the French*）中，作者以大量的统计数据描述了国王宝库中的三颗珍贵"珍珠"——教士、贵族和第三等级——以及它们是如何被弃之如敝屣的。巴诺指出，在第一类别之中，"400 名使节（也就是殉道者）被派到了国王那里，向他宣布宝库中最珍贵的珍珠是哪一颗"，那就是"上帝之道"。这一记录截止到了 1561 年；他估计，在接下来的 20 年里，这份荣誉名单上又增加了 4150 人。而圣巴托罗缪屠杀尚未被注意到的一个结果似乎就是给已经相当可观的专业宣传武器库补充了更多的数据。

但是对大多数宣传者来说，真相并不美好，而比起这种平淡的列举，更有效的手段是能够激起良知和情感的更为抒情的呼吁。有一首胡格诺派的歌曲用最为直接的语言戏剧化了这场大屠杀：

> 杀人凶手埋伏在藏身之处，
>
> 他们向我们扑来，宣泄所有的仇恨。
>
> "杀死所有人！"这是他们的呼喊，"让他们铭记这个

日子！"[1]

他们的确铭记着这个日子，1572 年 8 月 24 日的记忆是整个世纪中最富有成效的宣传源泉。

127

> 我们的光熄灭了，我们的圣堂被摧毁了，
>
> 我们的兄弟四散离去了，我们的崇拜被废除了。

然而根据克雷斯邦殉道史著作开头的诗句，即使是这样的迫害也构成了一次胜利；我们在这次胜利中看到了福音复兴这一经久不衰的主题的另外一个版本：

> 他们说，凤凰从火中升起，
>
> 在同一堆柴堆中死而复生；
>
> 我们缅怀的殉道者们亦将如此：

1　见亨利·博尔迪耶编，《16 世纪的胡格诺派歌曲集》，第 15 卷，第 288 页：
Toutes nos voix, faictes plaints
Toutes nos lampes esteintes,
Tous nos temples demolish
Nos eglises dissipées
Nos unions desliées
Et nos presches abolis;
Toutes nos maisons volées,
Toutes nos loix violées,
Tous nos hostels abbatus;
Tous nos coeurs prestes à se render,
Tous nos esprits combattus···
Sortans comme de leurs ruches
Ils ont dressé des embusches;
Puis en leurs coeurs ils ont dit:
　"Tuons tout! C'est la journée
Qui nous estoit destinée
Pour tuer tout dans le lict."

你烧死他们已是徒然，因为他们皆已重生。[1]

必须谨记，殉道绝不是一种必然被动或令人惋惜的行为。这种经历不仅在传统上被视为个体的快乐，而且在世俗的意义上也具有潜在的收益。在圣巴托罗缪屠杀之后，正是贝扎明确地将殉道政治化了。他在《论行政长官的权利》（*Right of Magistrates*）一书中写道："以下是我的结论：我们不仅必须荣耀那些攻无不克、仅凭耐心去对抗迫害真理之暴君的人，也必须荣耀那些获得律法和当局之授权、将其力量投入保卫真正信仰之事业中的人。"[2] 我们不仅回归到了有关光荣牺牲的异教徒概念，还回归到了关于正义战争的基督教概念，后者代表了意识形态运动中最为强大的力量之一。更重要的是，贝扎的许多同代人都很清楚殉道的历史和意识形态功能，因此一位天主教论战作家认为编写一部正式的"反殉道史"是恰当的。基督教的上帝并不是虔诚信仰的唯一受益者，因为正如拉蒙所说，"魔鬼需要他的殉道者"。[3] 以最激烈之形态表现出来的意识形态亦是如此。

流亡心理是与殉道者情结密切相关的一种心理状态，因为流亡往往是死亡之外的唯一选择。此外，它更适合新教徒日益增长的激进主义，对他们来说，特别是在危机时期，加尔文（和路德）的"消极反抗"理论可能是对基督教"毋宁战斗也不止息"之职责的否定。加深各方疑虑的正是国际联系重要性的日益增强——特别是通过流亡社群，它们与法国的会众保持着联系，并以各种方式成为激进新教徒的前驱。同样的因素还在地方层面上影响到了教会的士气和一致性，也影响到了"该宗派之信徒"的国际

128

---

1 见让·克雷斯邦与西蒙·古拉尔，《殉道者的历史》，第 1 卷，第 xxxi 页。

2 见贝扎，《论行政长官的权利》，R. 金顿编（Beza, *Du Droit des magistrats*, ed. R. Kingdon, Geneva, 1970; 1st edn, 1574），第 67 页，译文见 J. 富兰克林，《16 世纪的立宪主义与反抗》（J. Franklin, *Constitutionalism and Resistance in the Sixteenth Century*, New York, 1969），第 135 页。另见下文第 301-306 页。

3 见弗洛里蒙·德·拉蒙，《本世纪异端诞生、发展与衰亡的历史》，第 870 页。另见雅克·塞尔维，《反殉道论》（Jacques Severt, *L'anti-Martyrologie*, London, 1562）。

网络的形成。甚至比殉道者情结更严重的是，流亡心理仰赖于一种远距离的和精神上的亲近感之意识形态吸引力，并将宗教信念转变为全世界范围内的集体意识和政治意识。这正是以其最广义和最具威胁性的世俗形式［奥古斯丁和使徒意义上的"信徒的集合"（*congregatio fidelium*）］表现出来的"信众群体"。也许正是这些羔羊威胁着要把自己变成群狼，卡特琳·德·美第奇的占星家诺查丹玛斯（Nostradamus）曾预言：

> 流亡者们挟愤怒与隐秘之仇恨，
>
> 汇聚一处共谋反对这位国王的
>
> 政府。[1]

宗教所代表的显然不仅是一个舞台，还是关于意识形态的一整个的经验维度。无论宗教信仰的意识是通过突然的皈依还是逐渐的启蒙来实现的，无论它是通过私人的虔诚还是公开的展示来表达的，它与人类生活的其他方面都是相似的。其中一个方面对于达成宗教目标特别重要。如果宗教信仰的心理基础是一种被继承或被采纳的信仰，那么它的有意识的规划、辩护，或许还有与他人的交流都认定了一种更为智识化的、具有另一种制度基础和另一种意识形态意义的结构。尤其是宗教改革家意识到宗教热忱可能转瞬即逝；要使它延续几代人的时间，需要的是教育。现在让我们从宗教的组织和传播转向宗教生活的合理化及其在某种意义上的文化适应——也就是从布道转向教导。

1　见诺查丹玛斯，《预言》（Nostradamus, *Les Propheties*），第 1 卷，第 13 页：
Les exiles, par ire, haines intestine
Feront au Roy grand conjuration,
Secret mettront enemies par la mine,
Et les vieux siene, contre eux sedition.

第四章　学院：教化与辩论

拉米斯为何可恶如斯？

……依我之言，拉米斯终将死去：

你何以回应？

——克里斯托弗·马罗

序言：彼得·拉米斯及其讯息（1543年）

　　1536年，巴黎大学的一名年轻学生在人文学科教授面前为其硕士论文辩护时，曾试图让他的导师们相信"亚里士多德所言一切皆为谬误"。[1] 至少人们此后是如此讲述这个故事的，即使拉米斯（Peter Ramus）的一些门徒多有夸大，但考虑到他后来的经历，似乎也没有任何理由去怀疑其真实性。无论如何，这样一种主张不见得会震惊学术界的成员，他们惯于玩弄最古怪的假设而逍遥事外，对理性的认可也堪堪弱于对权威的认同。问题是，质疑亚里士多德就是在质疑理性本身，或者至少是在质疑被学校接纳了三个多世纪的辩证推理；如果过于偏激，这样的挑战将动摇经院哲学高度自圆其说的信仰基础和教育结构。这是拉米斯的不幸——也是其身后之幸——他确实将这一主题推得太远了，以至于对那些想为他们的加尔文教派信仰提供一个理性的、不受阻碍的基础的新教徒来说，他最终让自己

1　对此的一般性探讨见沃尔特·J. 翁，《拉米斯：对话的方法及其衰落》（Walter J. Ong, *Ramus, Method and the Decay of Dialogue*, Cambridge, Mass., 1958），第36页及后页。

成了亚里士多德的一个替身。

尽管拉米斯的观点被证明颇为令人苦恼，但他本人却绝非一个革命者。相反，他以一个全然传统的学术野心家的形象登上了舞台。比加尔文小了五岁、乡梓同为皮卡第的拉米斯也被吸引来到巴黎完成他的学业。在与巴黎大学的专制课程（到当时为止，这所大学几乎没有受到人文学科的惠顾）进行了异常漫长的斗争之后，他又重蹈了加尔文的覆辙。在 21 岁这一相对较大的年纪获得硕士学位之后，拉米斯继续从事人文学科教师（尤其是修辞学和数学教师）这一传统的职业。在这个位居哲学和其他更为崇高的科学之下的低微的（也是"琐碎的"和"作为四学科之一的"）学科中，拉米斯可以自由地放纵其古怪的反亚里士多德的观点；正是在这几年里，他发起了对学术机构更为深思熟虑的攻击。然而，由于这一次他打算公开自己的观点，惩罚变得在所难免。

在其声名狼藉（如果不用"凭空杜撰"来形容的话）的硕士论文发表七年之后，拉米斯出版了两部真正让巴黎大学的哲学家和神学家们踯躅不安的作品——那就是分别献给了大学社群和未来的洛林枢机主教的《辩证原理》（*Institutions of Dialectic*）和《批判亚里士多德》（*Animadversion on Aristotle*）。第一部著作是逻辑学方面的基础教科书，第二部是对亚里士多德《工具论》（*Organon*）漫谈式的批判。拉米斯宣称自然辩证法正是上帝的形象，虽然它在亚里士多德的镜子里有诸多扭曲的反映。有两种人致力于对它的研究：一种人通过对权威的批判研究来寻求单一的真理；另一种人将一个单一的权威等同于所有的真理。他接着说道，亚里士多德的学说不仅与自然相抵牾，而且还把基督教转变成了一种偶像崇拜的形式，甚至它就是魔鬼的一种表现。拉米斯总结道：且容我们远离亚里士多德式的混乱；让我们走进真正的理性之光——也就是拉米斯的辩证法之光和（他所暗示的）真正的信仰之光。

　　这些出版物的最后结局就是拉伯雷热衷讽刺的那种学究式的争吵，特别是一个从大学教授中遴选组成的大学委员会与拉米斯及其代表之间的辩论。这场对抗可能会被认为是教授之间漫长的竞争历史中的一段多少有点滑稽的插曲，但与大多数情况不同的地方在于这次国王本人作为仲裁者也被卷入其中。对于有争议的作品来说，这是一个不幸的时刻——加尔文的《基督教要义》在不到两年之前就一度遭到了封禁——这一决定对拉米斯而言也颇为不妙。1544 年 3 月 1 日的一份国王敕令指责他"厚颜无耻，傲慢无礼，放肆地拒斥了被所有国家接受的逻辑艺术"。[1] 拉米斯的错误是无知和不诚实；尽管官方的想法肯定相差无几，但其中并未提及宗教问题。不管怎样，一如既往地"禁止所有印刷商、书商和其他臣民……印刷、出售和分销……上述书籍，违者处以肉刑之禁令"也随之出台了。一如既往，这项法令是一种威权主义的专制表达，它并未阻止拉米斯传播其讯息。

　　这种指责对拉米斯而言只是暂时的挫折。他的教学职业生涯仍在继续发展，三年后，弗朗索瓦一世的继任者亨利二世撤销了禁止他讨论哲学话题的禁令。四年后，也就是 1551 年，拉米斯被任命为当时仍在筹建中的人文主义"三语学院"的钦定讲座教授。在生命最后的二十年时间里，他在这个显赫的位置上继续追求更纯粹形式推理的战斗。此外，到了 1561 年，他已经放弃了天主教信仰，开始支持新教和改革过的辩证法。正是这个决定导致了他最后的命运，也就是成为在 1572 年圣巴托罗缪屠杀中牺牲的殉道者。这一结局使彼时已经获得国际影响力的拉米斯的思想更具戏剧性。

　　在 16 世纪拉米斯的世界中，学院并非供沉思冥想的隐居之所，而是辩论的论坛和战斗的竞技场——这里的战斗有时是肉体上的，有时是教义

133

　　1　见《国王对皮埃尔·拉米斯教授及其书籍的审判》（*Sentence donnee par le Roy contre maistre Pierre Ramus et ses livres...*, Paris, 1554）（收录于法国国家图书馆 rés, F. 2085）。

上的。作为各代人、各民族和各学科的交汇点，大学是宗教改革本身的一个缩影，其斗争模式同样也是千变万化的。教授和学生、哲学学派和宗教派系、教士和平信徒、古代和现代、大学师生和市镇居民、大学管理机构和世俗政府，所有这些都导致了彼此之间和校园内部的冲突，而这些冲突预示了开始分裂作为一个整体的欧洲的宗教和政治的动乱。宗教改革是从一场学者之间的争论开始的，它在很大程度上也继续从导师和学生的社群中获得支持和指导。如果说这个社群在建立基本的假定和行为模式的过程中没有家庭那样深刻的影响，那么在这些观点的有意识形成过程中，甚至是社会化方面，学院肯定更有意义。

在拉米斯的时代，宗派动乱还没有出现，它只是加剧了膨胀的自我与顽固的群体之间的长期战争。不时被权力斗争、法律诉讼、公众丑闻和无休止的"改革"课程和行为准则的尝试所打断的学术惯例被越来越多地转移到了意识形态的渠道当中。学生群体以及享有特权的外国学生（尤其是德意志学生）和大量未注册的食客扈从似乎都比往常更难控制，主要是因为他们有新的宗教上的（以及传统的学术上的）问题需要担心。1534年7月，就在"布告事件"发生前四个月，一项禁止学生携带武器、出入酒馆和剧院、在街上打架、不着学院服装，尤其是阅读未经授权的文献的法令被通过了。1534年10月，具有叛国性质的"布告事件"发生之后，国王亲自向过去被他称颂为雅典直接传承人的大学社群发出了呼吁。弗朗索瓦一世的声明如下："一些邪恶的渎神者和蒙昧无知的底层民众密谋反对圣礼……并且使用了所有国家都禁止使用的措辞……我祈祷并告诫汝等和朕之所有臣民，切要保护好自己，尤其是众人之家人和孩子，要确保他们受到良好的教育和教化，以免落入这些邪恶想法的圈套之中。"[1]

1　见 C. E. 布莱乌斯，《巴黎大学史》，第 6 卷，第 247、377 页；J.-B.-L. 克勒维耶，《巴黎大学史》，第 5 卷，第 286 页。

　　此时的学习结构似乎也很混乱，1534 年 7 月法令的首要关切是增加学术课程、尊重亚里士多德的权威，特别是反对语法和修辞学教师的创新。三年前，神学家们就曾批评人文学科的教授忽视亚里士多德而偏爱新贵鲁道夫·阿格里科拉（Rudolph Agricola）。他们可能比往常更显嫉妒，因为近期三个古典语言钦定讲座教席的设置似乎威胁到了索邦神学院的垄断地位；他们中的一员诺埃尔·贝达（Noel Beda）对这个人文主义机构发起了攻击，担心他们入侵《圣经》研究领域，从而"传播对路德教派有利的东西"。八年后，这一法令再度颁布出台，试图强化亚里士多德学说、宗教正统观念和学术秩序，而这些似乎代表了相互协调的价值体系。仅仅六个月后，拉米斯就成了这个官方理念的最顽固违抗者之一，并且化身为巴黎大学中的"现代"派的领袖。

　　学院就其本质而言当然是一个危险的机构。拉米斯在后来的岁月里不得不为其辩护，使之免受煽动叛乱的指控。它的存在理由（ *raison d'être* ）颇具争议，而其发展过程也从未摆脱艺术与科学之间的斗争。在拉米斯颠覆性活动之前的三个世纪里，人们已经对传统的学科等级制度发起了攻击，首先是各种形式的唯名论学派，然后是人文主义——它也有多种流派，其中尤以洛伦佐·瓦拉的流派为甚。拉米斯主要是从瓦拉处发展出了他的方法及其反亚里士多德学说所具备的特质和烈度。尽管拉米斯大量应用了经院哲学的"主题"逻辑，但他主要关注的还是在传统的修辞学从属学科领域中改革辩证法的工作。就像人文主义者的"雄辩"一样，拉米斯的"方法"　　135
瞄准了一种更有说服力和公德心的演讲形式，它更具有教育学而非哲学的特征——它并非如布策尔所形容的法律赋予的教条，而是说服的艺术。[1]
因为拉米斯的推理不是三段论的机械式或重复练习，而是一种创造性的过

1　见布策尔，《论基督之国》，收录于《梅兰希通与布策尔》第 2 卷，第 4 页。

程，即在雄辩的语言中"寻获""论点"，并（按照拉米斯在1543年所采纳的柏拉图式的构想）将它们排列组合，从而获得上帝的启示。简而言之，拉米斯派的方法旨在促使人们坚定信仰，使他们转向另一种思考方式，给予他们教导和布道；从此处开始，它距离我们所谓之（也就是16世纪作家所谓之）"教化"的更深入论述已经不远了。

在一个印刷业蓬勃发展、派系对立加剧的时代，拉米斯的思想相当于一种宣传理论。具有讽刺意味但也许并不令人惊讶的是，他和其他类似的改革逻辑之尝试所获致的结果却是重建了一种经院哲学，尽管这种经院哲学是建立在不同基础上的，尤其是重申了辩论的习惯和技巧。尽管其灵感源泉是人文主义，但对不可更改的主题体系的执着却让他比其学术对手更显好辩和教条主义；他的态度加强了对权威、政治、宗教以及教育的零散攻击。通过这些以及更多的学术方式，拉米斯实现了智慧与雄辩、思想与行动相结合的人文主义理想。1551年，当拉米斯加入"三语学院"，即后来的国王学院，成为"辩论和哲学教授"时，这一理念得到了学术机构的认可。正如他的殉道者命运一样，这一标题暗示了拉米斯思想之力量（若非其内容）的颠覆性含义。

136   **传统教育与新学**

在拉米斯的时代，学问一词不仅代表着社会和智识精英，而且在许多方面代表了一种独立的文化。其成员们被认为用拉丁语说话，大概也用拉丁语进行思考，这样他们就能将自己融入学术遗产和传统（若非古典传统）。新教在很大程度上保留了这一理念；在众人当中，"德意志的导师"梅兰希通便坚持使用拉丁语，而排斥路德所钟爱的方言，他认为方言对青年教育构成了干扰。[1]从五岁左右开始，孩子们就要学习从加图（Cato）、多纳图斯（Donatus）到马蒂兰·科尔迪耶和拉米斯等一系列古今作家的对话和语法，有时他们还会因为误用方言而受到惩罚。这种训练的目的是培养清晰的思维和雄辩的口才——对于像瓦拉和拉米斯这样的人文主义者而言，这两者是完全一样的——但它自然还有更多的实际益处。掌握拉丁语是进入高等科学的大门，是通往有利可图的职业和地位的阶梯，无论是在政策的制定上还是在公众舆论的塑造上，它皆具有精神和世俗方面的影响力。例如，在法国，大学毕业生获得了三分之一的圣职，法学家也享有类似的待遇。拉丁语用语中也包含了大量不受宗教或政治偏好影响的态度、假设、问题和表达方式，其中很多也被带入了方言用语之中。通过许多难以捉摸的方式，近代意识形态便在新经院哲学和新古典拉丁语的背景之下出现了。

16世纪的教育从理论上讲是异常保守和落后的。虽然其目的是提高个人素质，甚至是使之臻于完美，但在社会上它却是静态的，并且以阶级、等级、职务和职业等传统观念为导向。对传统智慧最为全面的表述之一是于1559年发表的一篇论文，其作者正是投身于"面向所有阶层的教育"事业的弗朗索瓦·科利厄（François Corlieu）。[2]对于科利厄来说，每个人都有自己的职业，至少在理想的状况下，这是由其才能决定的，而这也决定了他在社会上的地位。他所描述的社会状况包括君主、法官、领主、商 137

1 见K. 哈特费尔德，《德意志的导师菲利浦·梅兰希通》（K. Hartfelder, *Philip Melanchthon als Praeceptor Germaniae*, Berlin, 1889），尤见第197、250页及后页；更为一般性的讨论见G. 库尔顿，《欧洲的学徒制》（G. Coulton, *Europe's Apprenticeship*, London, 1940）。有关大学的历史仍然可以通过拉什道尔和迪尔赛等人古老的经典著作来进行研究，虽然他们对中世纪的了解更多一些；而除了G. 莱夫的《13世纪与14世纪的巴黎大学和牛津大学》（G. Leff, *Paris and Oxford Universities in the Thirteenth and Fourteenth Centuries*, New York, 1968）之外，罕有著作涉及知识的组织以及思想与制度安排的关系问题。
2 见弗朗索瓦·科利厄，《面向所有阶层的教育》（François Corlieu, *Instruction pour tous estats*, Paris, 1559）。

人、工匠、牧师、医生、学者、治安官、父亲、母亲、孩子、仆人、寡妇、病人和老者。他的目的是为其中的每一种角色建立规范，例如，描述向他的同伴阐述"真正信仰"之理念的牧师，以及服侍丈夫、养育孩子并劝诫所有人保持整体社会平衡之理念的妻子。甚至像伊拉斯谟和拉米斯这样的教育改革家也认为教育只有在道德层面上才是充满活力的，这是一种通过灌输拉丁文化的模式和理念令个体达致卓越的方式。

保存这种文化在最高层级而言是大学之要务，而大学一度是教会机构的教学分支。其最初始的模式便是巴黎大学——根据 1231 年的一份建校敕书的说法，巴黎大学被称为是"科学之母"——其自命不凡确实如教皇以及皇帝一般。在法国，这所"导师和学者之大学"是一个独立王国，查理九世在 1568 年称之为"万邦之总汇"（une sommaire de tous etats）。[1]在国际上，它自诩为欧洲文化遗产的中心宝库，这个观点又得到了传说和传统的支持。其中最令人肃然起敬的故事如下：这所大学乃是从希腊到罗马的"学识之传承"（translation of studies）[类似于更为著名的"帝国之传承"（translation of empire）]的产物；正如路易十二世于 1498 年嗣位时所言，它是"道德和政治科学的源泉，最初属于希腊人，继而属于意大利人，而今属于吾等之王国"。关于它是由查理大帝所创（因此也是"帝国之传承"的另一媒介）的高卢神话亦始终存在，且直至 16 世纪方被推翻。事实上，安托万·卢瓦泽尔（Antoine Loisel）就曾指出，它在 12 世纪由教会创建，而被称为"国王之女"仅仅是一种诗意的表达。然而巴黎大学已经积累了大量特权、先例和教义上的胜利，从而使之成为 16 世纪论战中的一股强大力量。其神学院尤其令人寅畏：在正统派看来，索邦神学院

1　见 F. 伊桑贝尔、A. 茹尔当、A. 德屈西编，《法国古代法律总集》，第 11 卷，第 11 号；可参照皮埃尔·雷布菲，《宪法与国王法令注疏》（Pierre Rebuffi, *Commentarii in constitutions seu ordinations regias*, Lyon, 1554），第 1 页与安托万·卢瓦泽尔，《论巴黎大学》（Antoine Loisel, *De L'Université de Paris*, Paris, 1587）。

的权威不亚于罗马教廷，而在非正统派看来，其专制亦不逊色于后者。

从理论上来讲，巴黎的中世纪大学（Studium）实际上呈现出了一种极权主义的结构，它不独是为"教化"目的而设置，亦是为了对其成员（尤其是年轻的成员）进行精神上和物质上的控制而设置。全部的课程表现为一个从人文学科到神学、哲学、法律和医学等"科学"的上升的学科阶梯，而且处于这些学科中一连串层级的"导师"和"博士"的监管之下，他们在诸多方面表现得就像是父亲的替身，监督学生上课（并支付学费）、定期参加宗教仪式、为国王祈祷、在这座城市内严守规矩。自然，他们必须通过自己的教导规范、得体的衣着仪容、对上级的服从（尤其是在宗教事务上）来树立良好的榜样。他们共同决定了课程的内容、教学的速度和进度、学位的授予，在很大程度上还决定了其学生的职业前途。大学的章程形成了一种持续且重复的传统，规范了各个员工、学生同乡会和学院所拥有的特权，决定了管理和任职的方法，制定了课外行为的规范和针对不当行为的惩罚。

在 16 世纪，这一机构的智识基础仍然是"经院哲学"，这一古老的辩证方法不仅为学习过程，也为学术的诸多出版形式提供了框架结构。为教导者（scholasticus）或逻辑学教师所采用的通往知识的矫揉造作的（一些批评家则谓之"肤浅的"）方法渗透到了这些自诩为科学的学科以及在学科规模上稍逊一筹的人文学科［其中包括了语法学与修辞学，这两门学科占到了所谓"三学科"（trivium）之二，并且构成了人文学科（the studia humanitatis）的基础］的教师群体当中。在托马斯·阿奎那的时代，神学仍然是"众科学之女王"；而课堂教学仍然通过要略、评论、"有待商榷的问题"和"论争"（quodlibeta）等方式保护学生免受原始文献的影响。当然，从彼特拉克到伊拉斯谟的一系列人文主义者都对用一门"野蛮"的语言代替古代作家的"纯粹语汇"表示惋惜；但在 16 世纪之前，这样的

138

批评很大程度上仍然来自外部。尽管一些特定的"作者"可能会发生改变，但中世纪大学本身仍然保持完整，经院哲学的形式和内容也仍然保持着对学术讨论的控制。

然而，阻力——甚至是相互间的阻力依然存在；总体而言，它来自下层，特别是来自人文学科。在这里，"人文主义者"或"艺术家"长期以来一直在争取与傲慢的科学家平权。这场辩论一如既往地既涉及物质方面，也涉及意识形态方面；例如，在 1507 年，巴黎的艺术家曾呼吁更公平地分配捐赠，以提升他们的尊严和生活水平。[1] 三个世纪以来，智识层面的核心问题仍然是"哲学家"亚里士多德的价值。文艺复兴时期反亚里士多德学说的经典表述是由那位作为路德、伊拉斯谟和拉米斯的主要灵感来源，并打破传统的学者提出来的。洛伦佐·瓦拉在他最畅销的教科书《拉丁文雅》（*Elegancies of Latin*）中含蓄地提出了他的批评观点，而在《辩证法争论》（*Dialectical Disputations*）一书中，他明确提出想要推动一场"辩证法改革"（*repastinatio dialecticae*）。瓦拉最终的权威不只是一个人物，而是作为一个整体的古代［用他的话来说就是"古代权威"（*auctoritas antiquitatis*）］，他还特别将亚里士多德学派斥责为愚昧和反社会之人。[2] 他曾哀叹："啊，那些游手好闲的群氓，自然意义的破坏者。"反对空洞类别和臆想问题的瓦拉构建了自己的"职业"理念。其"人文主义方法"（*usus humanitatis*）之基础并非辩证法，而是语法；而他认为这一点"不是基于理性，而是基于实例……不是依照法律，而是依照习俗"。此外，他还宣称："哲学和辩证法不应脱离最为普遍的习俗"，也就是公民的话语。瓦拉的公理之一（实际上也是整个人文主义传统的公理之一）便是雄辩与

1　见 J.-B.-L. 克勒维耶，《巴黎大学史》，第 5 卷，第 69 页。

2　见瓦拉，《辩证法驳辩》（*Dialecticae disputationes*），收录于《全集》（*Opera omnia*, Basel, 1540），第 1 卷，第 673 页及后页。可参照唐纳德·R. 克雷，《近代历史研究的基础》，第 1 章。

智慧的不可分离性，也即人文学科与哲学的不可分离性、语言与思想的不可分离性，以及某种意义上的人类共同体与学识的不可分离性。

这一论点不仅在"人文"与"科学"之间，而且在意大利人文主义与宗教改革之间建立起了一座直接沟通的桥梁。在瓦拉之后，这座桥上最重要的游客便包括了被伊拉斯谟尊为德意志人文主义首位代表人物（而一些正统派人士仅仅对这一说辞表示了质疑）的鲁道夫·阿格里科拉、重申了瓦拉立场的梅兰希通、创建了斯特拉斯堡学院的巴黎"艺术家"约翰·施图尔姆，当然还有伊拉斯谟——一位新教徒朋友这样评价他："他是语法学家而非哲学家，是语言学家而非法学家，是演说家而非神学家。"正是这种"不科学"的态度导致了伊拉斯谟为作为语法学家的瓦拉批评《圣经》的"不可容忍的鲁莽行为"进行辩护，从而备受正统派学者的质疑。[1] 路德不仅认同这一传统中的激进主义，而且也认同其中的反亚里士多德学说，尽管他更担心关于不朽的异教徒观点，而非哲学家的谬误逻辑；1520 年，他成功地将亚里士多德的逻辑学、物理学、形而上学以及教会法从维滕贝格大学的课程中剔除。但瓦拉所进行斗争的最直接传承人却是拉米斯，后者借此在 16 世纪关于正确"方法"的多方面辩论中占据了领导地位，而这种辩论又奠定了宗教和政治的意识形态，以及近代科学哲学的诸多方面的基础。

140

与教义的谱系乃至于"新学"（*nova doctrina*）的联系并未在正统派批评家身上消失，他们从一开始就认识到了它的颠覆倾向。例如，在巴黎大学，当局惊愕地发现阿格里科拉逻辑学的日益风行，尤其是在年轻的导师中间；从 16 世纪 20 年代开始，一系列旨在抵制这些先锋（*avant-garde*）思想并恢复"经院哲学"方法支配权的法令被颁布出台。其首要任务一如

1　见 1518 年 8 月 31 日致 B. 阿默巴赫的信，载于 P. S. 艾伦编，《伊拉斯谟书信集》，第 3 卷，第 384 页。

既往地是掌握亚里士多德的辩证法和发展"论辩之敏才"的辩论；然后再使用惯常的"辩难"（*quaestiones disputata*）方式应对高级逻辑学和物理学。[1]语法学家的作用自始至终受到了严格的限制，他们既不能代替经院哲学教师的作用，也无法侵占哲学的领域。"辩证法属于辩证法家"是这一"改革"计划的格言，而这个计划的目的就是将人文学科置于辅助地位之上：

对年轻一代的许多人而言，这是一场失败的战斗。拉米斯描述了亚里士多德学说衰落的源头，以及他本人放弃学术恩典的过程。

> 自希腊和罗马的美好时代以来，鲁道夫·阿格里科拉第一次恢复了逻辑的形象，并邀请年轻人去寻找诗人和演说家，他们不仅是独具一格且雄辩的导师，而且是推理和思考之艺术的导师。在阿格里科拉学院受过教育的约翰·施图尔姆首先让巴黎见识到了这些美妙的成果，并在大学里激发了对巴然由他揭示了其实用性的艺术的不可思议之热情。正是在这位伟大导师的课堂上，我第一次学习了逻辑的艺术，然后又把它传授给了年轻人……[2]

（拉米斯所拥有的"年轻人之腐化者"的名声未曾因为他与新教徒施图尔姆的联系而有所减损。）在拉米斯准备其学术破坏活动的那些岁月里，出现了更多反抗人文主义研究（*studia humanitatis*）的普遍迹象。1535年，语法学和修辞学最终被认定为"人文科学"，更重要的是，从1530年起，弗朗索瓦一世开始组建人文主义的"三语学院"，这对巴黎大学的学者而言实乃奇耻大辱。

正是在这样的背景下，我们应该理解新学的兴起。这是一场"微不足

---

1 见 C. E. 布莱乌斯，《巴黎大学史》，第6卷，第11页；J.-B.-L. 克勒维耶，《巴黎大学史》，第5卷，第248页。

2 引自 F. 格雷夫斯，《皮埃尔·拉米斯与16世纪的教育改革》（F. Graves, *Peter Ramus and the Educational Reformation of the Sixteenth Century*, New York, 1912），第17页。

道的革命"，是卑微的人文学科工作者对更上层专业的反动。诚如拉米斯所言：

> 语法学家和修辞学家首先发现了经院哲学欺骗与腐朽的本质：他们驱逐了这些人中的愚蠢野蛮人，代之以诗人、历史学家和演说家。他们证明了：要成为一位雄辩的导师（*maitre de bien dire*），没有比通过阅读和模仿习得那些超卓作家的风格更好的方法了……[1]

其目的是根本性地改变优先等级，将学科等级转变为一个学问的"圈子"，一部包含丰富而具体的人类文化，并被组织起来向整个社会进行有说服力的传播的"百科全书"。这就是拉米斯方法的理论基础，因此它强调记忆法和教学技术，从而牺牲了发现和学术的进展。在个人层面上，这种模式是被经典地分为两部分［即"历史"和"方法"，也就是实质和结构（词汇和句法）］的语法。在社会层面上，修辞学则是基本的学科，它解决了如何最有效地传播知识并将其付诸行动的问题。

新学在智识和社会层面上的含义是深刻的，在现有的联系中至少有两点是需要注意的。第一点是伴随至高无上且无可辖制的《圣经》而来的信仰，一种在人文主义学者的重要方法与福音派宗教改革者不可妥协的《圣经》直译主义之间建立联系的顽固不化的激进主义。从中世纪语法学家的"圣页"（*sacra pagina*）到路德的"唯独《圣经》"（*sola scriptura*），《圣经》人文主义者认为知识——可能还有救赎——来自对原始和权威文本的直接和字面意义上的理解；他们通过对琐碎和文字主义的指责保持了这种态度，

1　见《关于巴黎大学改革的序言》（*Prooemium reformandi Parisiensis Academiae*, 1562）（1562 年）［法译本：《致国王关于巴黎大学改革的通告》（*Advertissements sur la reformation de l'université de Paris au Roy*, 1562）］，收录于《法国历史珍稀档案》，L. 桑贝尔与 F. 当茹编（*Archives curieuses de l'histoire de France*, ed. L. Cimber and F. Danjou, Paris, 1834）第 5 卷，第 118 页："正如老者吝啬且脾气差，青年人亦是放纵无度且纵情享乐。"

142　从而对近代宣传的风格做出了巨大贡献。其中的一个副产品便是突出了包含在希腊语（即"异端的语言"）当中的危险知识。而事实上，其中一个遭到官方正式谴责的命题便是以下这个人文主义的假设："没有希腊语、希伯来语和其他类似的语言，就无法洞悉《圣经》。"[1]

　　人文主义立场的第二点含义更令人反感，也更加难以证明。它认为那些以接触和说服人们为业的演说家们对社会福祉十分关注，而这正是学校中的哲学家们所缺乏的。辩证法家处理的是私人争议和无关问题，而修辞学家则具备了人的，甚至是人道主义的目的。他们也掌握着更为有效的方法，即通过以身作则来感化众人——正如瓦拉阐释他的职业目的，而不是用训诫来指导他们一般。因此，修辞具备一种内在的社会良知，而这种对公共事业的主张被带入了宗教改革的教会计划和劝诱皈依计划当中。

　　基于这些原因，除了与异端的具体联系之外，新学还构成了一股打破传统的态度，并产生了有效的教化方法的创新力量。尤其值得一提的是，包含了一种宣传之理论和技巧的文艺复兴时期修辞学的提出，正是通过与亚里士多德的辩证法进行对比达成的。在形式上，经院哲学的范畴被修辞学的"主题"所取代，普遍类型被"陈词滥调"所取代；其结果便是确立了话语创造和排列［"创造"（inventio）与"判断"（judicium）］的基本单位，从而在某种意义上赋予了言语策略优先于理性的地位。[2]其目的是选择适当的（预先确定好的）主题，然后设计一种话语模式，从而赋予它最大的记忆价值和有效性，在此期间不仅要强调逻辑和一致性，还要强调说服力、影响力和有用性。其中的关键字便是"信仰"（fides），在此处，

1　见夏尔·迪普莱西·阿尔让特雷，《错误判例集》，第2卷，第78页："若无希腊语、希伯来语和类似的语言，就无法完全理解《圣经》。"

2　见P. 约阿希姆森，《教义要点》（P. Joachimsen, "Loci communes"），收录于《路德年鉴》（Luther Jahrbuch），第8卷（1926年），第27-97页；J. 莱希纳，《文艺复兴概念的常见论调》（J. Lechner, Renaissance Concepts of the Commonplaces, New York, 1962）。

它的意义并不因为其被用于形式逻辑当中从而指向了对真理的信仰，乃是指向了说服力和人类的确定性，以及对某些有价值的公共目标的贡献。此即瓦拉激进主义修辞学概念的认识论要义，它不仅提供了理解世界的最佳手段，亦是塑造世界的最佳手段。这就是其观点的含义，即修辞学家不仅是最好的哲学家，也是"人民的领袖"（*dux populi*）——他不仅是一个意识形态的拥护者，也是历史的推动者和撼动者。蒙田的评论虽然没有太多的赞美之词，但却可能最为恰当："过去的一位修辞学家说过，让渺小的事情显得伟大正是他的职业。"[1] 而 16 世纪宣传者的工作就是让伟大的事物显得无比伟大。

是与非

大学始终是智识界一股令人寅畏的力量。尽管偏向于过去，但基于其功能和方法，它们仍然是知识变革的先锋。大学有目的地成为一个为年未弱冠者预备的辩论和竞争舞台，它必然也反映了成人世界同样的分裂和冲突。被设想为家庭与社会之间的桥梁的大学瑕瑜互见。也许最基本的一点就是师生关系在某种程度上概括并取代了父子关系。智识上的身份认同和地位在通常情况下是通过继承或反抗导师的教义来实现的：权威主义和反权威主义（无论是从赞颂还是贬损的角度来看）都是自我意识显现的关键阶段。而且，由于智识之苗裔会为了继承导师的遗产而争吵，有时甚至会导致这一遗产的靡费，不同的意识形态家族也会在几代人的时间里结下仇怨，而远房亲属有时也会继承他们的智识祖先的事业。每一门学科似乎都有与之齐名的英雄和恶棍；这些传奇巨人的死后斗争贯穿了近代欧洲高等

---

1 见蒙田，《文集》（Montaigne, *Essais*），第 1 卷，第 li 页，《论言语的虚荣》（"De la vanité des paroles"）。

教育机构的智识生活。类似地，"今人"总是站出来挑战"古人"，从而推动了一种强化了门徒背离模式的世代循环。当然，除了这种教义上的淆乱之外，法学与医学、神学与哲学、人文科学与高等科学之间还有数不胜数的争论。[1]

144   在16世纪宗教分裂的背景之下，这种教义上的交战导致了诸多的意识形态爆炸。宗教改革时期是各种"主义"的萌芽期，而这种概念或用词习惯则源于对大学的忠诚和信念。"主义"这个后缀本身就是源自古代的一种"希腊文化"，并以诸如"智者"（sophista）和（罗马法中的）"帕皮尼亚努斯主义者"（Papinianista）等形式为人们所熟稔。在包括基督教、无神论、（从8世纪开始的）异教和犹太教在内的大量宗教内涵方面，它已经在很大程度上被基督教传统所利用，尽管其主动形式（-ize，源自izein）更为常见。大学术语增加了"-ist"（ista）的用法，并首先将其应用于特定领域或学习阶段的学者：人文科学中的"艺术家"（artista）或"人文主义者"（umanista），教会法领域的"圣典学者"（canonista）或"教令学者"（decretista）以及民法领域的"法学家"（legista）甚至是"封建法学者"（feudista）。[2]更加具有感情色彩的形态则涉及了教义上的忠诚，比如"托马斯主义者"（Thomist）、"阿威罗伊主义者"（Averroist）、"悔罪限期论者"（terminist）、"巴托鲁斯学派"（Bartolist）〔"巴托鲁斯—秃头主义"（Bartolo-Baldism）则是法律系学生贝扎意欲用于贬损的生造词〕

---

1   E. 加林的《15世纪的技艺之争》（E. Garin, *La Disputa delle arti nel Quattrocento*, Florence, 1947）与 L. 桑代克的《15世纪的科学与思想》（L. Thorndike, *Science and Thought in the Fifteenth Century*, New York, 1929），第24-58页在意大利背景之下讨论了学科之间的斗争；除了较为晚近的时期，几乎没有相关研究从社会或智识的角度来看待古代与现代的学术之争。

2   可参照 A. 坎帕纳，《"人文主义"一词的起源》（A. Campana, "The origin of the word 'humanist'"），载于《沃伯格与考陶尔德学会会刊》（*Journal of the Warburg and Courtauld Institutes*），第9卷（1945年），第60-73页。

等等。在 16 世纪，这些新造词汇开始激增，包括拉米斯派、马基雅维利派和大量以自己名字命名的宗教派系。此外，在每一个"某某主义者"背后，至少都潜藏着可能或多或少前后一致的"某某主义"；它们每一种都以自己的方式吸引效忠并导致了一定程度的自我表现。这在某种程度上似乎是一个无关紧要的问题；但这一时期各种"主义"的激增代表了意识形态扩张的一个语言上的大致衡量尺度，而大学仍然是意识形态扩张的主要策源地。

在这些方面，巴黎大学也是学术时尚的引领者。在彼得吕斯·拉米斯之前四个世纪，另一位腐化年轻人的人文主义学者皮埃尔·阿贝拉尔已经开始将巴黎确立为一个充满好辩之学的学术中心。阿伯拉尔是一位诗人，以及内在生活和"良知"首位论的支持者，也是辩证法方面的大师，他还提出了一些危险的问题，而这些"是与非"的问题对于传统教条来说却是必不可少的。此后在巴黎组建的更为正式的中世纪大学赋予了辩证法和好辩之学（它们到了 16 世纪甚至更晚时期仍在主导着学术思想）一种制度形式。在其正统学说的光鲜表面背后，这所始终是学术潮流引领者的大学却一直是教义战争和代际冲突的战场，是阴谋和野心论的温床，是无数"改革"、复兴和激进思想的苗圃。从 13 世纪开始，学术界的中心议题就是让亚里士多德适应基督教神学；主要是他的哲学立场决定了他与各个学术派别（从准官方的托马斯主义到为官方所谴责的阿威罗伊主义）的关系，他还建立了辩论的形式，提出了针对智识、宗教和社会诸般议题的特定问题。

无论是辩证法训练的结果抑或制度主义的反映，这种学术派系之争都已根深蒂固，而且至 16 世纪成了经常性的笑柄和批判的传统对象。拉伯雷等人所嘲笑的"*kis-kis, kan-kan*"争议（即拉丁语 *quisquis and quamquam* 的正确发音）变成了学术上的轻浮表现走向极端的一个象征。然而拉米斯

145

曾指出：即使是这样学究式的荒谬之言亦能煽动人之情感，吸引其皈依。他在一篇文章中提及了一位学者对"语法上的异端"的谴责。但拉米斯本人也完全陷入了这一窠臼，他与亚里士多德的辩护者、（一些人所传言的）圣巴托罗缪屠杀期间谋杀拉米斯之人雅克·沙尔庞捷之间爆发了这个世纪最为著名的一次争吵。无论如何，关于拉米斯辩证法的争论（时人称之为"彼得吕斯之争"）不仅是关于前笛卡儿时期"方法"的争论焦点，同时也是关于真正的（与字面意义上的前"循道宗"时期的）宗教的争论焦点。

巴黎大学从一开始就是一个动荡的中心，这不仅表现在智识方面，而且也表现在社会方面，甚至是政治方面，在危机或分裂时期尤为如此。累世以来，该地区一直张贴着各种布告，非法集会和骚乱也扰乱了学术界的宁静。巴黎大学本身已经创造了一种具备分裂潜能的传统，那就是全国神职人员和大公会议至上主义者的高卢教会计划；在与国王和教皇的对抗过程中，这些想法不断萌生。1516 年的《宗教协定》便引发了最为严重的争议之一，根据该协定，法国教会的任命权主要掌握在国王手中，从而直接影响到了大学毕业生的特权——他们的学位使之可望获得俸禄丰厚的圣职。1518 年的一些无序集会便发出了抗议之声。国王非常愤怒，遂颁布了"禁阻学校领导、元老教师和其他大学人士聚众讨论国王、政府和法律，以及与大学无关之事宜的禁令"。[1] 甚至在有组织的异端问题出现之前，大学社群的反对习惯和官僚的压制惯例就已经被牢固地树立起来了：意识形态战争的形式（如果说不是内容的话）已经得到了确定。

146　　　　这场动乱在 16 世纪 20 年代通过"路德教派教徒"议题找到了一个焦点，而在大众和官方心目中，路德教派被与来自德意志的各种激进思想和威胁画上了等号（因为当时正处于哈布斯堡—瓦卢瓦战争的第一阶段）。

1　见 J. A. 德·图，《寰宇史》（J. A. de Thou, *Histoire universelle*, Hague, 1740），第 1 卷，第 8 章；可参照 C. E. 布莱乌斯，《巴黎大学史》，第 6 卷，第 88 页。

从某种意义上来说，巴黎大学在 1514 年稳固了它的位置，当时它声明反对了正在与针对先锋人文主义者的经院哲学批评声浪作斗争的罗伊希林（Reuchlin），而它对七年之后的路德的反应也全然是可预测的。索邦神学院的一个委员会甚至在教皇发布敕书和皇帝发布帝国禁令之前就谴责了路德的观点。从那时起，大学社群逐渐分化为从最肆无忌惮的圣餐象征论者和破坏圣像者，到各种各样的伊拉斯谟派，再到顽固的正统派的各种派系。而正统派的代表人物便是诺埃尔·贝达，他从 1516 年起就在一系列神学的细枝末节上与罗伊希林、伊拉斯谟、勒费弗尔·戴塔普勒等人发生了冲突；他毫不犹豫地将路德和他们归为了一类。[1] 事实上，在接下来的三十年时间里，"路德教派"成为除再洗礼派之外几乎所有异端的统称。此外，对贝达来说，若无严格的教会控制，无论是《圣经》的普及抑或语言学上的批评都是无法容忍的，于是他开始反对贝尔坎的工作和三语学院。贝达看起来是索邦神学院派的典型代表，是福音派改革所憎恨的一切事物的象征。

　　学术界的动荡状态在这些年里因其世界大同主义而加剧；大学教育中固有的文化冲击由于不同民族学生的混杂，以及年龄和社会背景的差异而加剧。像瓦伦丁·楚迪（Valentine Tschudi）和弗朗西斯库斯·德吕安德尔（Franciscus Dryander）这样曾经受到德意志宗教改革观念影响的年轻人觉得巴黎过时的经院哲学既可笑又不虔诚；当然，法国的新教徒则认为它是全然邪恶的。德吕安德尔期待着奇迹的出现。他写道："不幸的是，初来乍到的我意识到此处充斥着无知、自得和傲慢，我哀叹自己的不幸。小家子气的教师、导师……甚至连知识的传授也是如此……无论是修辞学家、哲学家，还是神学家，他们都不关心公共福祉，而只在意其个人利益。"[2]

1　见 W. F. 本泽，《诺埃尔·贝达与巴黎的人文主义宗教改革》。

2　见勒古尔特，《马蒂兰·科尔迪耶》，第 2-3 页。

教授们也多有怨言。在 16 世纪 30 年代身居大学领导层的乔治·布坎南（George Buchanan）曾写过一首拉丁文诗，描述了"巴黎人文学科教师的处境何其悲惨"。[1] 加尔文曾生动地描述了在其逃亡之前几个月学校里的动乱。当然，其中最为严厉的谴责来自像路德这样的巴黎大学的受害者，他称之为"基督教世界中所有谬误之母，阳光普照之处最大的教会娼妓和真正的后门地狱"，这个看法在巴黎，特别是享有特权的德意志人当中被广为接受。

147

自 16 世纪 20 年代以来，大学当中学生的不端行为有增多之势，这显然与当时的宗教异见、示威和破坏行为有关，其中包括 1528 年的破坏圣像运动以及六年后的"布告事件"。大学愈益试图通过立法遏制宗教狂热所导致的过激行为，包括在传统的"喧闹的庆祝活动"（特别是在圣日耳曼代普雷举行的五朔节仪式）当中唱赞美诗和实施其他非传统行为；而犯过者们则面临着失去学校特权的威胁。1533 年秋，学校领导尼古拉·科进行了一场引发众怒的演讲，致使他的合作者（同时也是近期的皈依者）加尔文被迫亡逸。这件事发生在 1534 年改革法令出台的前一年。这一法令重申了学术方法、指导了学校成员的道德和宗教观点（*etudians* 包括了导师和学生），要求他们注意自己的阶级，要参加礼拜仪式，而非去观看受大众欢迎且越来越粗鲁的戏剧演出，并且禁止年轻导师蓄须（*prolixa barba*）——这显然正在成为反抗，甚至是非正统信仰的象征。[2] 那些未被学校录取的麻烦制造者（按照威尼斯大使在 1546 年的估计，他们的存在让大学社群的规模膨胀到了 2 万人）以及放债人和无证书商（特别是售卖"异端分子的无耻书籍"的书商）遭到了特别警告。如果发现学生藏有此

1　见 G. 布坎南，《全集》（G. Buchanan, *Opera omnia*, Paris, 1725），第 2 卷，第 301 页："巴黎人文学科教师的处境何其悲惨。"

2　见 J.-B.-L. 克勒维耶，《巴黎大学史》，第 5 卷，第 267 页；贝扎，《过路人》，第 23 页。

类书籍，教师应该予以训斥，并在其第二次违规时予以上报。

这种加以控制的努力看起来基本上是徒劳无功的。异端邪说仍在增加，学生们的"节日喧闹声"亦是如此，比如1539年的五朔节庆祝活动仍然同往年一样陷入了混乱。[1] 三年后，贝扎所谓的"蓄须敕令"不得不再度颁布出台。正是在这样一个亢奋的环境中，许多未来的思想家（不仅是加尔文、马蒂兰·科尔迪耶和其他早期的流亡者，还有像贝扎、奥特芒、迪布尔格、斯莱丹和施图尔姆这样的年轻人）度过了他们的成长期。还应记住，这也是拉米斯和加尔文的破坏圣像观点遭到谴责的时期。其结果便是教职员工内部决定建立一套神学章程；1543年7月，带有巴黎高等法院印鉴的"二十五条信纲"得以发布。[2] 这份宣传册被分发给了所有的高级教士，其中重申了圣礼的价值、对圣母和圣徒的祈祷、修士誓言和其他的教理条款，它很快就获得了特伦托大公会议的一再支持。但就像这一将在未来两年内召开的大会一般，巴黎大学及其信仰宣告所反映的与其说是智识共同体的团结，毋宁说是在教义上的两极分化。

这种有限的交锋直接导致了宗教冲突，而这一宗教冲突也构成了拉米斯整个学术生涯的意识形态背景。在16世纪50年代，这些冲突达到了一个新的高度，宗教狂热与传统的大学对抗融为一体：其中一方是学生——尤其是外国人和"外来者"，他们不像那些住在市民宅邸中的"循规蹈矩的学生"，其中许多人行使了携带武器的权利，有时甚至还会兵戈相向；另一方是"新福音派"，他们唱赞美诗、游行和"去布道"的做法也表现出扰乱公共秩序的类似倾向。1557年春，就在圣雅克街骚乱发生之前几周，

148

1　见 J.-B.-L. 克勒维耶，《巴黎大学史》，第5卷，第342页。

2　见《针对巴黎大学神学院有关吾等信仰和布道形式之文章的国王敕令》（*Edict du Roy sur les articles faictz par la faculté de theologie de l'université de Paris concernans nostre Foy et forme de prescher*, Paris, 1562）（收录于法国国家图书馆 F. 47621.3 与 46803.5）；另见 F. 伊桑贝尔、A. 茹尔当、A. 德屈西编，《法国古代法律总集》，第12卷，第367、374页。可参照让·克雷斯邦与西蒙·古拉尔，《殉道者的历史》，第2卷，第365页。

这两方共同给巴黎大学制造了一场重大危机。[1]这场危机一如既往地发生在"学者草地"上——这是数代学生的聚集之地，尽管他们曾与圣日耳曼的修士们进行过激烈争论，而且自 1555 年 9 月以来，此处也是新教徒最喜欢的礼拜场所。在 5 月这一通常容易发生学生骚乱的月份，就在大学讨论另一项"改革"之时，旨在抗议于这些场地上营造建筑的骚乱爆发了。在随后的冲突中，一名学生遇害，另一名学生遭到逮捕和监禁，而他的支持者则举行了进一步的示威活动，反对民政当局——特别是一直试图将管辖范围扩大到不受约束的大学社区的市法院的干预。结果，巴黎高等法院在没收"学者草地"之后，发布了一项严厉的法令来控制这个问题。它要求下午 6 点后实施宵禁，关闭门窗，并没收所有武器。其中最具有煽动性的学生巴蒂斯特·科卡斯特（Baptiste Coquastre）被判处了绞刑，然后又要再经历一次火刑。之后，他的支持者们通过张贴"具有煽动性和威胁性"的布告予以回应。当大学校长试图在集会上宣读这一法令时，他们将他轰下了台，并威胁要四处纵火。一些人向治安官投掷石块，导致其中一人死亡。最后，国王亲自处理了这个问题，他下令停课，逮捕了更多的人，并开除了外国学生。

动乱威胁到了大学的特权和根基，也让曾经统一行动的教职工们感到了恐慌。他们指定了一个委员会向国王发起陈情，其中就包括了彼得吕斯·拉米斯——尽管他的观点不受欢迎，但却在 1551 年被任命为了钦定讲座教授。在为这个大学社群辩护的演讲中，拉米斯指出这场动乱不是政治或宗教方面的问题，而是困扰着学校和家庭的代际冲突的表现。他认为："大学不应该被贴上煽动和悖逆的标签。"他辩称："老年人天生心胸狭

1　见让·克雷斯邦与西蒙·古拉尔，《殉道者的历史》，第 2 卷，第 586 页。

隘而脾气糟糕，而年轻人无法无天，耽溺享乐。"[1]最终，国王大发慈悲，恢复了大学的特权。然而，随着宗教问题变得越来越具有紧迫性，冲突的模式仍然存在，事实上还有愈演愈烈之势。两年后，学位持有者被剥夺了未经主教允许即可在巴黎的讲坛上布道的传统权利，但这种做法仍在继续，张贴布告的做法亦复如是。

在日益高涨的异见声浪中，人们所熟悉的拉米斯的声音仍旧惹人注目。他的职业生涯充满了传奇和奇闻轶事——但从臭名昭著的1536年硕士论文开始，到1572年他遭到谋杀，至少可以说多有夸张，而且让人往往很难区别事实与传言。其中一个故事发生在宗教战争爆发前几个月。多年来已经表露出一位历史学家所谓的"一种内在的破坏圣像念头"[2]的拉米斯显然决定要将其付诸现实；于其所在的普雷勒学院内，他移除并毁坏了数尊宗教雕像，声称他不再需要这种既聋又哑的听众。在1562年春，拉米斯通过这种方式推动挑起了有关偶像崇拜的广泛争论，而这场争论也持续到了几个月之后的真正战斗中，并变得更加激烈。在同一时期，拉米斯还选择了一个极不恰当的时机对国王查理九世发表了一场关于"巴黎大学改革"这个老生常谈之问题的演讲。[3]在如同往常一般充斥着语法和修辞而非传统哲学的辩护之后，他提出了一个切实可行的改革计划，包括提高教师薪酬和制定更严格的学生作息表。他还继续支持允许神学学生布道以帮助"传播福音"的做法。尽管他选择的时机已经相当不妙，但他的用词却更显糟糕。其中散发着异端邪说的气息，事实上，拉米斯承认他是在1561年秋普瓦西会谈之后做出了皈依新教信仰的最终决定。

150

1　见P. 拉米斯，《关于巴黎大学的代表们对国王的所作所为的演讲》（P. Ramus, *Harangue touchant ce qu'on faict les deputez de l'Université de Paris envers le roy*, Paris, 1557）。另见上文第141页，注释13。

2　见F. 耶茨，《记忆之术》（F. Yates, *The Art of Memory*, London, 1966），第235页。

3　见夏尔·迪普莱西·阿尔让特雷，《错误判例集》，第2卷，第399页，紧随（1568年6月3日）这一请求之后的便是巴黎高等法院针对拉米斯的一项判决。

所以在宗教战争爆发之后，以及他被迫效仿 1543 年之情形签署一份在六年之后仍然具备法律约束力的誓言（也就是将所有的加尔文教派教徒排斥在巴黎大学之外）前，拉米斯逃离了巴黎。[1] 自从"布告事件"搅扰了学院的安宁——也就是弥撒仪式——之后，拉米斯此举便标志着学院最终的两极分化，并得到了而后一项章程的支持——它赋予了这种始终是争论主要焦点的内在象征以绝对的优先权。在巴塞尔、苏黎世、伯尔尼、斯特拉斯堡和海德堡等新教中心花费了一段时间教授他的"方法"之后便返回巴黎的拉米斯从未摆脱学术破坏者的名声。1572 年，他直接或间接地为此付出了代价——他不单是圣巴托罗缪屠杀的受害者，也是作为一次学术争议开场的"彼得吕斯之争"的受害者。（与拉米斯本人不同）拉米斯主义在这场屠杀中幸存了下来，但却不是幸存于古老的中世纪大学的背景之下。当阿伯拉尔"是与非"（*sic et non*）的古老辩证游戏被带入这种意识形态的极端观点中时，古老的中世纪大学已经无法再容纳它了。当"新学"以一种革命性的形式出现，并获得了如此多的异端勾连时，它不得不在欧洲学术共同体的另外一部分当中找到安身之所。

新教教育

尽管欧洲学校对这种新学反响热烈，但在第一代福音宗教改革时期，罕有学校提供"纯粹的《圣经》"教育。但教育改革正是这种净化的基础，事实上，对于路德来说，这两个过程实际上是完全一致的。这个问题在个人层面上可以归结为年轻人从其动物本性转向思想和精神层次——也就是

---

1 见《高等法院关于巴黎大学之规则与改革的判决结果》（*Arrestz de la Court de Parlement ... pour le Reglement et Reformation de l'université de Paris*, Paris, 1557）（收录于哈佛大学图书馆）。

希腊语当中用于指称教育和文化的词语"教化"（*paideia*），而我们已经
发现了它与"皈依"之间的关联。像伊拉斯谟和拉米斯这样的基督教人文
主义者认为这不仅是新学得以实现的过程，也是作为一个整体的社会凤凰
涅槃的第一步。在这种教育中，最重要的就是所谓的"第三童年期"，它
大约从 5 岁延续到 15 岁，但包括了大学训练的头几年，那时教师接替了
母亲身为孩子"良知"的位置。[1]导师的工作原来只需要针对两样东西，
即天性和理性；在此基础上，他又添加了第三种要素，即通过榜样和重复
而进行的练习（*exercitatio*）。这是一场战斗，但伊拉斯谟对结果却一如既
往地乐观。他讲了一个有关莱库古（Lycurgus）的故事，这位希腊立法者
展示了一条未被驯服的狗与一条训练有素的狗之间的差别："天性可能强
大，但教育仍然更为强大。"[2]

　　就像其获取知识的普遍方法一样，新学的教育心理学是以"三学科"
作为基础的，而非立足于对亚里士多德的《灵魂论》（*De Anima*）的阐释之
上。其最初的发展阶段大致可以用课程术语来进行描述：首先是拉丁语
对话的经验阶段，接下来是书面论述的实践阶段，然后是进行深思熟虑
的论证的理论阶段。在这位"德意志的导师"看来，希腊语对新教教育而
言甚至比拉丁语更为重要，梅兰希通宣称："我们认为希腊语不仅是神圣
教义的爱人与源泉，对于其他艺术而言亦是如此……它就如空气或火之于
生命一般不可或缺。"而在诸多艺术中，历史得到了特别的强调，正如梅

151

　　1　见 P. 阿里耶斯，《儿童的世纪》，第 21 页与 D. 亨特，《历史中的父母与儿童》（D.
Hunt, *Parents and Children in History*, New York, 1970），第 47 页。
　　2　见 W. 伍德沃德，《德西德里乌斯·伊拉斯谟论教育方法的目的》（W. Woodward,
Desiderius Erasmus concerning the Aim and Method of Education, New York, 1964），第
4、184 页，评注版见 J.-C. 马戈林，《论儿童的直接而免费的教育》（J.-C. Margolin,
Declamatio de pueris statim ac liberaliter instituendis, Geneva, 1966）, F. 格雷夫斯，《皮埃尔·拉
米斯与 16 世纪的教育改革》，第 109 页。

兰希通所言："若非有它，人仍未脱童稚。"[1]但是就如梅兰希通这样的教育家所提倡的，以及如斯特拉斯堡的施图尔姆学院之章程所规定的，这一教育朝圣的目的地当然始终是宗教。其理念仍然是像伊拉斯谟那样将虔诚的信仰、雄辩和学识合而为一，用施图尔姆的话来说就是"智慧与雄辩的虔诚"（*sapiens et eloquens pietas*），抑或是"学术上的虔诚"（*pietas litterata*），即哲罗姆（Jerome）或奥古斯丁等人口中信奉基督教的雄辩家。[2]

人们可以从何处寻到"福音之光"？从 16 世纪 20 年代早期开始，一批怀揣宗教改革理想的法国年轻人就把目光投向了德意志和瑞士；第一个中心自然是路德本人所在的维滕贝格大学，它由萨克森选帝侯腓特烈（Elector Friedrich of Saxony）于 1505 年创设，大体上是以巴黎大学作为模板。路德最伟大的成就之一就是改变了这座学校，并在其中确立了教义上的领导权，此后这里也始终是他的大本营。在帝国禁令颁布之前，这所大学的招生人数就已经急剧增加，在 1520 年达到了 552 人；而路德和梅兰希通的演讲吸引到了更多的人。从路德的学术改革开始显现效果的 1523 年起，这所大学就成为路德教义的意识形态中心，吸引了大批外国学生，包括朗贝尔和德·科克（De Coct）。由此开始，它扩展成为一个学术网络，并通过教育改革家梅兰希通的努力而得以增强。大约有十所高等学府，包括海德堡大学、马尔堡大学和图宾根大学，按照路德教派的路线重新组织，形成了德意志新教的教义神经中枢和众多外国狂热者的避难所。对路德来说，教育具有社会和宗教层面的功能，即向所有阶级和数代人传播真理；

152

　　1　见 K. 哈特费尔德，《德意志的导师菲利浦·梅兰希通》；E. C. 舍雷尔，《德国大学的历史与教会史》（E. C. Scherer, *Geschichte und Kirchengeschichte an den deutschen Universitäten*, Freiberg, 1927）。

　　2　见 P. 梅纳尔，《让·施图尔姆的学术虔诚》（P. Mesnard, "La pietas litterata de Jean Sturm"），载于《法国新教历史协会会刊》第 61 卷（1965 年），第 281-302 页；《施图尔姆的教育法》（"The pedagogy of Jean Sturm"），载于《文艺复兴研究》（*Studies in the Renaissance*），第 8 卷（1966 年），第 200-219 页。

因此，正如他在 1530 年"关于遣送儿童上学之义务"的布道中所指出的，世俗当局应当令教育成为一项强制性事务。[1] 近代国家教育的概念和实践便出自这一教育理念。

如果说，在诸如路德教派国家和城市这般可以安全推行改革的地区，福音教育起着保守和强化的作用，那么在天主教正统信仰地区，它显然也适用于更为激进和令人苦恼的目的。从 16 世纪 20 年代开始，像沃尔马和科尔迪耶这样的教师就已经或多或少有意识地让他们的教学成为转变宗教信仰和进行文学启蒙的工具。在某种程度上，教育过程倾向于（甚至是在无意中）鼓励信仰的转变，而这对社会和教会都构成了威胁。首先，它威胁到了家庭的稳定，篡夺了传统上父亲控制子女教育和宗教信仰选择的权利。其次，它通过赋予社会和专业团体的成员与旁人不相容的价值观和忠诚度，打破了阶层的平衡。这一幕发生在很多行业之中，比如印刷业和图书销售行业，以及法律行业和医药行业。最后，非正统信仰的教育（尤其是通过地下学校和未经许可的辅导）的影响尽管更为间接，但也变成了一种政治威胁；它成为镇压性立法的主要目标。法国的第一位女殉道者是一名女教师，她正是这种法律的受害者之一。[2]

一般而言，正是在瑞士和莱茵兰的自由领地上，可以被称为传教式教学的典范对于国际福音运动是最有效的。其中具有开创性意义的便是斯特拉斯堡学院，自 1538 年成立以来，它就成为一种制度的模板，吸引了来自欧洲各地（无论是东欧还是西欧）的学生。令人惊讶的是，在这个印刷业、前卫文化和多宗派相互接触的中心，竟然没有常设教育机构。从

153

1　见 F. 佩因特，《路德论教育》（F. Painter, *Luther on Education*），第 210-271 页；可参照 G. 斯特劳斯的《路德的学苑》（G. Strauss, *Luther's House of Learning*, Baltimore, 1978）、收录于《法国新教文集》（*Anthologie Protestante Française*）中的法雷尔的教育类文章和 R. 亨德森的《新教传统中的教育职位》（R. Henderson, *The Teaching Office in the Reformed Tradition*, Philadelphia, 1962）。

2　见 H. 梅朗，《16 世纪的侧影》（*Silhouettes du XVIe siècle*），第 5 页。

15 世纪晚期开始，斯特拉斯堡的教育改革就备受关注，尤其是像温费林（Wimpheling）和布兰特这样的人文主义者和诸如盖勒和穆纳这样的神职人员组成了一个致力于发展优秀文学作品和德意志民族性的松散兄弟会。数份要求支持平信徒教育的请愿书被提交给了市政议会，而温费林甚至在 1504 年怂恿动用教会资产来赞助这一计划。然而，这些努力收效甚微；教育方面的革新直到 16 世纪 20 年代的宗教变革到来之际方才得以施行。从 1523 年开始，布策尔和其他宗教改革家定期举行公共讲座和布道以教化成年公民——他们大概先是用无伤大雅的拉丁语，然后再用方言，最后则由教堂的钟声予以宣告。翌年，在正式批准宣讲福音（此乃官方的委婉说法）后不到一周，市政议会在甫被推举上台的部长们的推动下，被迫将注意力转向了教育改革。又过了一年，一个公共教育委员会得以成立，俄而它就被置于一群被称为"学校督察"（scholarchs）的官员的监督之下。[1]

就这样，教育在斯特拉斯堡成为一种公共垄断行业；的确，教育改革的目的自始就与宗教改革一样充满了公民色彩，旨在推动城市的道德和社会层面的进步，从而在普遍意义上为宗教改革的永续存在打下一个坚实的基础。1530 年后，这一运动超出了成人教育的范畴，转而承担了更为广泛的教导年轻人的任务，特别是通过隶属于圣多马大教堂的新式拉丁语学校，而其中最引人注目的一所正是由奥托·布伦费尔斯负责指导的。这场运动的重中之重是对牧师的训练；接下来的几年里，在布策尔的特别支持下，他们尝试建立并资助了这样一所神学院。1534 年，一所"布道者学院"在古老的多明我会修道院中建立了起来，它向斯特拉斯堡以及周边

1 　见马塞尔·富尼耶编，《法国大学的地位与特权 第 4 卷：斯特拉斯堡》（Marcel Fournier, ed., *Les Statutes et privileges des universités françaises, IV: Strasburg*, Paris, 1894），第 1962 页及后页；可参照 W. 索姆的《约翰·施图尔姆学院与斯特拉斯堡教会》（W. Sohm, *Die Schule Johann Sturms und die Kirche Strassburgs*, Munich, 1912），尤其是 A. 申德勒的《人文主义大学与帝国自由城市》（A. Schindler, *Humanistische Hochschule und freie Reichstadt*, Wiesbaden, 1977）。

的 5 个村庄开放。不久之后，许多法国流亡者也前来这里学习，其时间甚至早于加尔文在此的短暂停留。4 年后，斯特拉斯堡的这所文理高级中学（gymnasium）公布了章程，并对外开放了大门，从而开启了一段几乎没有任何近代教育机构可以超越的发展历程。

这一项教育事业的精神导师自始即是约翰·施图尔姆，他曾是拉米斯在巴黎大学的导师。施图尔姆的观点塑造不仅受到了伊拉斯谟式的教育[也就是他在列日的圣哲罗姆学院（于 1496 年由共同生活兄弟会成立）所接受的一段教育经历]的影响，毫无疑问的是，在巴黎（1529 年至 1535 年期间，他在此处接受了修辞学和辩证法的教导）所接受的智识上的刺激也影响深远。1537 年，施图尔姆被邀请前往斯特拉斯堡接管这所学院的筹建工作，并在三年后获得了一份圣多马大教堂的圣职。[1] 他见证了这所学校前半个世纪的发展历程，见证了它从当地的一所文理高级中学发展成为一所国际化的“学院”（恰如它于 1565 年所获得的称号）。1546 年，这所学院招收了 646 名学生，并且正在建设一支具备空前声望和影响力的多国教师队伍。除了在 16 世纪 40 年代早期与施图尔姆共事过一段时间的加尔文，其他教师还包括布策尔、彼得·马蒂尔、奥特芒、博杜安、热罗姆·赞基（Jerome Zanchi）以及官方认可的路德教派史学家斯莱丹。但这一时期亦可谓艰虞。德意志地区的内战、遭人憎恶的临时协定、德法（以及后来的英格兰）会众之间的冲突、来自法国和玛丽女王统治下的英格兰的流亡者大潮、如梅茨等邻近市镇对新教徒的迫害，然后是法国历经一代人的内战：所有这些问题都让这座“自由”城市的处境变得越来越矛盾和捉摸不定。同样令人担忧的是施图尔姆的处境，因为他在政治和宗教上仍然是一个伊拉斯谟主义者，一个在没有中间立场的时代居于中间立场的人物，所

1　见马塞尔·富尼耶编，《法国大学的地位与特权 第 4 卷：斯特拉斯堡》，第 1976 页。

以尤为令人担忧。

作为最初的新教教育基地，洛桑学院与斯特拉斯堡共享了荣誉和艰辛，它是法语世界最古老的学院，成立于 1537 年，也就是紧随着著名的大论争，在征服此处的伯尔尼人颁布改革法令三周之后。[1]从 13 世纪起，沃州就存在着平信徒教育的传统。它所培养的人才之一便是皮埃尔·维雷，此人在皈依新教之前曾在奥尔布师从改革派教师马克·罗曼（Marc Romain）。最终，维雷成为该学院《新约》神学的教授，同时他也担任着洛桑地区的牧师一职。然而，在教育方面与施图尔姆旗鼓相当的却是马蒂兰·科尔迪耶，他是加尔文的朋友，曾在巴黎大学任教，而且同其杰出的同僚康拉德·格斯纳（Conrad Gesner）一样，他也是当年的流亡者之一。正是在这所 1540 年开放的学院里，贝扎和奥特芒开启了他们作为新教教育奠基人的职业生涯。洛桑也成为各宗派间，以及各国家间的混乱中心，而且就如斯特拉斯堡一样，其中大多数信奉加尔文教派的居民越来越感到不适。[2]

在斯特拉斯堡和洛桑的学院中，我们可以看到新学的制度化体现，因为它适用于福音派的组织和信仰转换。两所学校的教化和智识冲突的总体模式非常相似。它们都通过富有雄心的尝试来规范学生在人生各个阶段的道德行为，从而加强了意识形态上的承诺。一如巴黎的学生，斯特拉斯堡和洛桑的学生必须说拉丁语，穿着得体，被禁止前往酒馆和其他不体面的地方，但实际监督显然更加严格。在斯特拉斯堡，为了减少大学成员与市镇居民之间的冲突，他们也被禁止与市民混居，以及参与被委婉地称为"夜间漫步"的活动。在洛桑，年轻的学生被分配到如贝扎和奥特芒这样的已婚教授家中，他们在那里获得了道德方面的指导以及食宿上的照顾。学生

1　见勒古尔特的《马蒂兰·科尔迪耶》和维约米耶的《沃州新教教会史》。另见上文第 102 页。

2　见唐纳德·R. 克雷，《弗朗索瓦·奥特芒：一位革命者的苦难经历》，第 53 页及后页。

们也参与到了他们所在社区的治安管理当中，不仅是作为指导年轻学生的"候补博士"，还充当了告密者。嬉游受到了严格的规范，从学院的章程来看，他们把更多的时间花在了祈祷和唱赞美诗上。一如新教会众，当时的新教学院似乎通过参与活动和集体意识振兴了传统的教育机构。

　　新教的教育理念不久就在加尔文教派教育网络的元老马蒂兰·科尔迪耶的作品中得到了展现，他 1545 年来洛桑教书时至少 65 岁了。他于 1530 年出版的教科书《错误语言归正》（*On the Correction of Corrupt*）呼应了莫城圈子当中一些天真的福音传道观点，将洛伦佐·瓦拉的《拉丁文雅》中所表现的那种矫正语言学发展到了更为初级的水平，只是科尔迪耶特别关注于道德、虔诚的信仰和口才。同样的组合也出现在了他极受追捧的《对话集》（*Colloquies*）之中，这本书旨在向小男孩介绍拉丁语会话，但同时也让我们得以一窥 16 世纪洛桑的学校生活。在这些对话中，学生们讨论了各种常见的主题：不仅有书籍、课堂和辩论的"月度胜利者"等话题，也包括了父母的问题、对金钱的需求、膳食、游览市场的许可、大城市（里昂）的吸引力、游戏和"在树荫下唱赞美诗"等。但是除了在讨论中用高度的道德基调来抵消幽默感之外，它还强调了责任［圣祷（*officium*）］和惩罚［"因为对男孩错误的匡正（即体罚）就像肉食一样不可或缺"］，并认为美德和知识比财富更为重要。它规定了三条主要的原则：经常祈祷、时时留心和仁慈。这所学校就像一个家庭，成员们随时都要"兄友弟恭"和"行善"（*benefacito*）。教师是令人生畏的存在（至少是道德上的存在），且贯穿始终。一个学生曾说道："等候老师之时，在此闲聊乃不合时宜之举。"另一个学生问道："你说'不合时宜'为何意？"他如此回答："我们不得如此，否则将受体罚。"[1] 这是增强集体意识的另一种方式。

156

　　1　见科尔迪耶，《精选百篇对话集》，J. 克拉克编译（Cordier, *Colloquiorum centuria selecta*, ed. and trans. J. Clarke, London, 1751），第 3 页。

新教教育最独特和最具创新性的方法之一便是"班级"和"擢升"的系统，尽管它在近代教会学校和科尔迪耶曾经担任教师的吉耶讷学院之中已有先例。根据施图尔姆颇具影响力的观点，这种做法按照科目的集中学习方法，通过最佳作者的分级序列，从语法、修辞学、希腊语和拉丁语开始，进展到更理论化的文学、辩证研究、语言学，最后则是对神学的学习。[1] 在斯特拉斯堡，这种课程按照每年课程的升序排列，从第八级（阅读和写作的要素）直到第一级；在洛桑学院则有七个序列。在这两所学校中，"擢升"都需要定期的考试，这成为一种证明，以及对成功教化的核查。在洛桑学院，学生每两周要就文科教授们提出的问题展开辩论，这些辩论不仅决出了"星期六冠军"，而且也包括了班级间每年两次的选拔，包括加尔文本人在内的一些著名学者都曾尽心主持并参与其中。[2] 当然，在学习的各个阶段，宗教都是优先考虑的因素。在斯特拉斯堡，甚至连法学的教学过程也要"通过言传身教"来维系与神法的联系。因为根据最初的章程，它始终是教育序列的终点［"完美学习的终点是上帝的信仰与公认的神圣"（*Das End volkummenes studirens ist die Religion Gottis und göttlicher Ding erkanntnüss*）］[3]。

157

由于这种宗教取向和新教教育的意识形态承诺，过分强调新教教育的新颖性也是错误的。在天主教的教育观点中也可以看到类似的变革，它尤其表现在此后不久耶稣会士的工作当中。此外，尽管有着人文主义的创新，但新教教育在某些方面似乎又回归到了中世纪的教化模式之中。这在亚里

1　见马塞尔·富尼耶编，《法国大学的地位与特权 第4卷：斯特拉斯堡》，第1977页；施图尔姆，《合宜开放之学校》（Sturm, *De Litterarum ludis recte aperiendis*, Strasbourg, 1543）。关于班级，另见 P. 阿里耶斯，《儿童的世纪》；M. 戈弗雷，《克劳德·巴迪埃尔》（M. Gaufrès, *Claude Baduel*, Paris, 1880），第40页；P. 布尔舍南，《法国新教学院研究》（P. Bourchenin, *Etude sur les Académies protestantes en France*, Paris, 1882）。

2　见勒古尔特，《马蒂兰·科尔迪耶》，第203页及后页。

3　见马塞尔·富尼耶编，《法国大学的地位与特权 第4卷：斯特拉斯堡》，第1980页。

士多德的再度现身，或者可能是其持续的隐秘影响中表现得尤为明显，甚至在诸如瓦拉和拉米斯这样的新学推动者中亦是如此。事实是，其目的并非拒绝"真正的"亚里士多德，而是要在拉米斯所抨击的经院哲学注经者的"虚假的"作品背后发现他。支持这一事业的其他人等包括阿格里科拉、勒费弗尔、梅兰希通和施图尔姆。尽管施图尔姆努力建构了一个亚里士多德辩证法的替代方案，但斯特拉斯堡的课程却特别严重地依赖于《工具论》以及亚里士多德在自然哲学方面的作品，路德教派的课程也是如此，尽管路德予以了痛斥。换言之，在他们建设性的努力中，诸如梅兰希通、布策尔和施图尔姆等新教教育者从松散的人文主义和激进主义转向了一门适合阐明和捍卫现有教义的有组织的学问。在某些方面，激进的新教教化和宣传的要求在武断程度上不亚于四面楚歌的天主教教化和宣传，其不可避免的结果便是"教育"圈子的封闭，即意识形态的僵化。

　　然而，这些意识形态要求鼓励了新教教育其他部分的创新，而有两门学科特别阐明了这一点。其一是历史研究，斯特拉斯堡学院可能是第一个指定历史教席（即教会史，而非古典历史学家的文本阅读）的学校。新教对历史的痴迷也许在梅兰希通的出版物［尤其是约翰·卡里翁（Johann Carion）的路德教派编年史］和他的大学改革，以及官方认可的路德教派史学家约翰·斯莱丹那里找到了最好的注解。历史也在其他新教学校中得到教授，包括海德堡大学和后来的尼姆学院——在那里，斯莱丹和卡里翁的书被奉为圭臬；它提供了一种在新教宣传中占据主导地位的（有些人可能对这一主导地位存有异议）方式。[1] 总的来说，"传统"对于天主教徒和新教徒而言都是一个情绪化的词语：对于天主教徒来说，它等同于《圣

158

　　1　见莱昂·梅纳尔，《尼姆城史》第 5 卷，第 179 页。总体概况见 E. C. 舍雷尔，《德意志大学的历史与教会史》；P. 波尔曼，《16 世纪宗教争论中的历史因素》（P. Polman, *L'Elément historique dans la controverse religieuse du XVIe siècle*, Gembloux, 1932）；P. 弗伦克尔，《父证》（P. Fraenkel, *Testimonia Patrum*, Geneva, 1961）。

经》，尤其是在特伦托大公会议诸公得出结论之后；新教徒则认为它对人而言几乎可谓伤风败俗。而历史本身在他们看来亦不可靠，加尔文即指出："异教徒称历史为生活之主宰，但是……只有《圣经》才配得上这一崇高的地位。"[1] 然而，在更为精神的层面上，新教徒却大量诉诸历史，既要诋毁他们的对手，也要重建自己的过去，至少在道德上让自己看起来是历史进程的顶点。

另一个领域是法学，施图尔姆于 16 世纪 50 年代早期在斯特拉斯堡成功获得了一个法学讲席。该讲席最初由夏尔·迪穆兰担任（但他从未声称拥有过这一讲席职位），随后又由他所保荐的更为年轻的博杜安和奥特芒接任。[2] 在潜移默化之中，新教徒开始因为这一项职业而获得了新的尊重，因为憎恨意大利式的律法主义，所以他们最初在原则上对这种职业是持怀疑态度的；事实上，越来越多地诉诸法律先例导致他们开始寻找自身的"人类传统"，从而利用了基督教文化的遗产。一般来说，对这一领域的强调——如对历史学的强调，代表了这种被称为"新教的政治化"（即宗教宣传转变为世俗的和潜在的革命形式）的现象的一个侧面。这种现象在学术界也有其根源，而且（正如我们将在下一章中看到的）它非常直接地促成了作为宗教战争基础的边界的划分和怨恨的定义。

学术战争

即使在和平时期，大学也是在智识上实施颠覆的中介，因此在动荡时期，它也可能成为一股危险的分裂力量；法国各大学以及新教诸学院内部

1　见《使徒保罗达罗马人书评注》（1539 年）（ "Commentarius in Epistolam Pauli ad Romanos", 1539），载于《让·加尔文全集》第 77 卷，第 86 号。

2　见 J. 迪凯纳，《16 世纪斯特拉斯堡法学教育的开端》（J. Duquesne, *Les Débuts de l'enseignement du droit à Strasbourg du XVIe siècle*, Strasbourg, 1922），第 20 页。

的冲突模式不仅预见了欧洲的宗教战争，而且在某种程度上奠定了它的基础。巴黎大学独树一帜；但是，尽管占据了主导地位，它的革命潜力却非举世无伦。法国其他的"著名大学"（也就是那些遵从 1516 年《宗教协定》的大学）都有着自己的暴力和分裂传统。[1] 这一点反映在了喧闹的学生兄弟会以及各种失控的教义论争之中。例如，在巴黎的"烂泥兄弟会"之外，还有昂热的"打架者兄弟会"、奥尔良的"舞者兄弟会"和普瓦捷的"吹笛者与嬉游者兄弟会"。在宗教热情的鼓舞下，这些团体的闹剧因为高唱赞美诗的破坏圣像行为而呈愈演愈烈之势。

　　距离巴黎最近的奥尔良大学具有特殊的重要地位，因为它为其姊妹大学（即巴黎大学）提供了法学专业的教师，在后者那里，民法的教学已经被禁止了两个多世纪。[2] 作为法国法律行业的最高机构，巴黎高等法院对这所法学院特别感兴趣，它要求其毕业生在汇集一堂的律师面前展开辩论。1538 年，高等法院提议通过立法来改善学术秩序，而它的第一个目标就是学生同乡会，在其中（就像在巴黎的类似组织中一样），外来思想和个人都受到了特殊保护。麻烦早在 1524 年就已经爆发了，当时有几个德意志学生遭到了监禁，这一情况此后断断续续地延续了下去；这些学生同乡会的数量就此从 10 个减少到了 4 个。许多未来的新教徒都曾前来这里接受法学教育——在大多数情况下，它不过是文理课程在世俗方向而非教会方向上的延伸——从而也遇到了与巴黎类似的动乱。16 世纪 20 年代后期，加尔文也来到了这里，求教于学院教师中最惹人注目的皮埃尔·德·勒埃图瓦勒（Pierre de l'Estoile），并且在事实上卷入了他平生的第一次学术论争，当时他为这位著名的法学家辩护，驳斥他的意大利对头安德烈亚·阿

1　见 E. 班伯内，《奥尔良城史》第 3 卷（E. Bimbenet, *Histoire de la ville d'Orléans*, III, Orleans, 1887），第 139 页；P. 布尔舍南，《法国新教学院研究》，第 27 页。

2　见班伯内，《奥尔良法律大学史》（E. Bimbenet, *Histoire de l'université des lois d'Orléans*, Orleans, 1853）。

尔恰托（Andrea Alciato）（加尔文也曾在布尔日大学求教于他）。在加尔
文的门徒中，同样受业于奥尔良大学的还有贝扎、奥特芒和未来的殉道者
阿纳·迪布尔格。在宗教战争之前的整个时期，奥尔良大学一直以异见思
想和行为而著称。1546 年和 1554 年，德意志学生与法国学生之间发生了
多起投掷石块事件。一场特别激烈的破坏圣像运动预示了 1562 年宗教战
争的降临，当时奥尔良还成为孔代亲王麾下胡格诺派军队的指挥部。

160　　　　图卢兹大学的情况更显混乱。朗格多克的高等法院和三级会议曾屡次
试图为学生和教职员工设定规则，这一行动早在宗教问题暴露之前就已经
开始了。1517 年 8 月，三级会议不得不对"学者和大学董事的过分行为"
施以惩罚。两年后，图卢兹高等法院发布了针对携带武器和举行非法集会
的禁令。在这个世纪之后的岁月里，这样的立法曾被反复颁布。[1]学生不
得携带刀剑、佩戴面具或打断讲座，（到了 1531 年）甚至不能自行结社
成立学生同乡会。就像在巴黎一样，大学成员被禁止蓄须或展露"丑陋的
习惯"，但是在巴黎，这项禁令在很大程度上形同虚设。1532 年，法学院
的一名成员让·德·卡蒂尔斯（Jean de Caturce）因异端邪说遭到了处决，
而另一名学生让·德·布瓦索内（Jean de Boyssone）得幸逃脱。[2]翌年，
年轻的艾蒂安·多莱（Etienne Dolet）发表了一篇引人愤慨的演讲（可惜
文稿已不存世），抨击了图卢兹——特别是图卢兹高等法院臭名昭著的不
宽容立场。此后他也遭到了放逐。1540 年又发生了一次学生暴动事件；
让·德·科拉和阿尔诺·费里埃（Amaud Ferrier）这两位著名教授所在的
学院也被烧毁了。接踵而至的又是另一场"革新"，但在接下来的 20 年
里，暴力事件持续增加。在这一动荡时期前往图卢兹法学院学习的年轻学

1　见 R. 加达夫，《图卢兹大学历史档案》（R. Gadave, *Les documents sur l'histoire de l'université de Toulouse*, Toulouse, 1910），第 126 页及后页；J. B. 迪贝达，《图卢兹高等法院史》，第 1 卷，第 365 页。

2　见 R. 加达夫，《图卢兹大学历史档案》，第 143 页及后页。

者包括了雅克·屈雅斯（Jacques Cujas）、让·博丹和路易·勒华（Louis le Roy），然而他们都已在宗教骚乱和宗教战争爆发之前离开。1562 年 5 月，由于"夜以继日"的"骚乱"，这所学校不得不关门大吉。

其他大学的模式也非常相似，尤其是在各所法学院当中，也许是因为学生的年龄稍大一些，教职员工也不像他们的神学院同僚那样倾向于天主教信仰。据称普瓦捷大学的法学系当中就藏匿着新教徒。[1]另一个麻烦的中心是瓦朗斯大学，它在 16 世纪 50 年代晚期饱受新教徒的夜间宗教仪式的困扰，后来，一名带着有关"幼儿教育"的手册、自日内瓦前来的男子所建立的地下小学也令其不胜其烦。学生们普遍显得桀骜不驯，而且如屈雅斯所言，他们总是喜欢打网球而非专心学习。[2]在同一时期，他们对瓦朗斯主教让·德·蒙吕克（Jean de Monluc）所策划的大赦年庆典发起了抗议，撕下了他分发张贴的布告。1560 年 5 月，学校被迫停课，这一状况一直持续到了第一次宗教战争结束。即使在那个时候，宗教方面的紧张局势也没有减弱。屈雅斯离开后，加尔文教派教徒的阴谋阻止了对（不久前又皈依了天主教信仰的）博杜安的任命，加尔文的门徒奥特芒取而代之，在此处教授法律。但占据多数的天主教徒令他及其家人的生活难以为继，1566 年，他被迫逃离此处。不幸的是，他的下一站布尔日显得更不友好。

至这个世纪中叶，布尔日大学已经超过图卢兹大学，成为法国乃至是欧洲最为出色的法律研究中心；当然，这一地位也颇具争议。布尔日之所以声名鹊起，概因它是后来被称为"法学人文主义"的学术运动的第一个发源地，这一场学术运动首先由阿尔恰托在 16 世纪 20 年代末发起，十多年后又由他的法国追随者［特别是埃吉奈尔·巴伦（Eguinaire Baron）和

1　见普罗斯珀·布瓦索纳德等，《普瓦捷大学史》（Prosper Boissonade et al., *Histoire de l'université de Poitiers*, Poitiers, 1930），第 111 页。

2　见约瑟夫 - 西普里安·纳达尔，《瓦朗斯大学史》（Joseph-Cyprien Nadal, *Histoire de l'université de Valence*, Valance, 1861），第 49 页。

弗朗索瓦·勒杜阿冉（François le Douaren）］复兴。加尔文本人所接触到的"改革派法学"越来越多地与加尔文教派联系在一起，成为一个宏大社会理想的组成部分；两者都成了正统所批判的目标。让·米歇尔的传教活动与阿尔恰托在法理学上的创新是并行和几乎同时出现的，他在 1525 年进行了第一次布道，而他的最后一次布道则是在 1539 年殉道前不久进行的。[1]在未来的十年里，进一步的福音传布活动［例如方济各会的阿贝尔·丕平（Abel Pepin）进行的此类活动］和更多的信仰皈依［例如在日内瓦加入加尔文行列的科拉东家族（the Colladon family）］进一步涌现而出。到这个世纪的中叶，这两场颠覆性运动在学术界逐渐合流，从而使学术界在许多公民眼中成为麻烦制造者的巢穴，并直接导致了引发宗教战争的分裂局势。

布尔日大学提供了一个典型的例子证明小规模的学术论争会演变成为全面的意识形态战争。这种派系之争的源头显然是两个重要法学教授巴伦和勒杜阿冉之间的个人对抗，它在表面上看起来事关主权［即统治权（imperium）］的法律学说，但实乃职业嫉妒作祟的结果。[2]作为一时之权，勒杜阿冉暂时离开了这所大学，直到 1550 年巴伦死后才返回；但冲突仍在继续，（于近期担任了加尔文秘书的）年轻的弗朗索瓦·博杜安取代了巴伦的位置，同时也继承了后者与"勒杜阿冉拥护者"（同时也是加尔文教派的支持者）之间的颉颃。与关系不睦的教授结盟的是在放浪不羁方面臭名昭著的学生群体，尤其是德意志学生同乡会和被称为"摩尔菲斯"的准封建兄弟会。在之后的骚乱中，勒杜阿冉的一名学生达尼埃尔·施莱歇（Daniel Schleicher）被杀。与此同时，个人仇恨被宗教问题所取代，博杜

162

1　见路易·雷纳尔，《贝里史》，第 3 卷，第 405 页。
2　关于此后发生的诸多事件，见唐纳德·R. 克雷，《弗朗索瓦·奥特芒：一位革命者的苦难经历》，第 53 页及后页。

安以前文所述的方式逐渐疏远了加尔文教派教徒。起初，人们指责他在学术和宗教信仰上犯下了不忠和疏忽等个人错误，而到了最后，他在宽容与和解问题上所展现出的公开立场则使其成为被谴责的对象。

它所导致的直接结果便是博杜安不得不逃离布尔日，他先去往斯特拉斯堡，然后再来到了海德堡，他在那里发起了反加尔文教派的"和平主义"运动。在这些年里（1555 年至 1561 年期间），他的"变节"令自己卷入了一系列的论争当中，首先是与勒杜阿冉和奥特芒的论争，最后是与贝扎和加尔文本人的论争。与此同时，博杜安在布尔日的继任者雅克·屈雅斯（他继承了勒杜阿冉对他所怀有的敌意及其讲席）也不得不在 1559 年逃离此地。在勒杜阿冉去世两年后，他的门徒于格·达诺（Hugues Doneau）和后来者奥特芒成为加尔文教派的代表人物，但他们逐渐发现自己受到了越来越多的攻击，差点就无法从 1572 年的大屠杀中逃出生天。有趣的是，这些人都参与了 16 世纪后期的宣传热潮，其中甚至包括一向淡泊超脱的学者屈雅斯，他最终被说服在圣巴托罗缪屠杀之后提笔攻击胡格诺派（尤其是他的职业对头达诺）。布尔日的这所天主教大学不仅成为人文主义法学家的训练场，也为下一代的专业的思想宣传家提供了受训之所。

在新教学院的世界里，冲突几乎都充斥着暴力，而这种模式正是由国家和信仰差异所强化的个人对抗。在斯特拉斯堡的大学中，一直隐藏在表面之下的法国与德意志派系之间的分歧到了 16 世纪 50 年代变得令人担忧，当时加尔文（主要通过他的老伙伴施图尔姆施展）的影响力已经开始分裂，而路德教派当中温和派与极端派的分裂令共同体变得更为支离破碎。梅兰希通的温和影响力面对以彼得·马蒂尔和热罗姆·赞基为代表的加尔文教派教徒以及以马巴赫（Marbach）为首的所谓的"憎恶梅兰希通派"的冥顽不灵显得无能为力。[1] 其分裂的早期受害者之一便是博杜安，此君于 1555 年被迫离开了布尔日，一年后由于加尔文教派的阴谋又在斯特拉斯堡重蹈覆辙。在施图尔姆、加尔文和一群为其请愿的学生的奥援下，奥特芒成功地打倒了他的对手，并获得了法学讲席，而博杜安则投奔了路德教派阵营，最后又回到了天主教信仰之中。后来，施图尔姆可能对其行为表达了悔意，而且毫无疑问，他不赞成奥特芒针对法国政府（即吉斯家族控制国家的派系）的阴谋活动，无意参与胡格诺派在 1559 年策动的、直接推动了宗教战争爆发的"昂布瓦斯阴谋"。

在斯特拉斯堡，法语与德语会众之间的分裂更具体地体现在了同年发生的另一起更具学术性的事件当中。神学教授热罗姆·赞基的学生抱怨他对圣餐礼持有非正统观点，在这一问题上，他就像施图尔姆一样追随加尔文。极端路德教派把持的当局的反应是禁止赞基在其讲座中讨论这一问题，而后者给予的回应却是拒绝继续其课程，并以《圣经》为由要求获得教学的自由。关于这一政府"暴政"的争论持续了好几年，但是天主教徒与（获得吉斯派系支持的）路德教派教徒之间日益友好的关系却让斯特拉斯堡加尔文教派教徒的抵抗变得毫无希望。彼得·马蒂尔逃往了苏黎世，而赞基和施图尔姆最终输诚，并在 1561 年 10 月签署了一份有利于路德教派当局的信仰宣告。在德意志的土地上，海德堡（自 1559 年选帝侯改换信仰之后）取代了斯特拉斯堡，成为加尔文教派教徒的避难所。

洛桑学院所发生的事件也遵循着类似的模式，即倾向于加尔文教派教义的法国教员和学生与德意志人以及伯尔尼的慈温利派市政议会之间的持续分歧。他们在圣餐和预定论等问题上产生了分歧，派系之争甚至影响到

1　见 J. 基特尔森，《马巴赫对赞基》（J. Kittelson, "Marbach vs Zanchi"），载于《十六世纪期刊》第 8 卷（1977 年），第 31-44 页和 N. 保罗斯，《斯特拉斯堡宗教改革与汝等信仰自由》（N. Paulus, *Die Strasburger Reformation und dir Gewissensfreiheit*, Strasbourg, 1895）。

了学生和他们的导师。[1] 路易·科贝伊（Louis Corbeil）就是其中之一，他伙同安德烈·西庇太（André Zébédée）诋毁加尔文教派这个在 1548 年已经囊括贝扎、奥特芒、维雷和科尔迪耶等人的集团。结果是伯尔尼政府对学校展开了调查。维雷被迫承认了自己的信仰，但他也无法阻止即将到来的冲突。尽管贝扎向伯尔尼提交了教职人员的请愿书，传统的每周一次的讨论会还是遭到了禁阻。1551 年，慈温利派的礼拜仪式得到强制推广，加尔文教派的教义则被禁止在沃州进行宣讲。尽管维雷和贝扎多次请愿，对于加尔文的猜疑还是与日俱增。在关于预定论的辩论中，伯尔尼支持博尔塞克（Bolsec）而反对加尔文，并在 1555 年禁止在其境内进一步讨论这个问题。这是对教育自由的再度侵犯，此后两者的关系迅速恶化，直到 1558 年爆发事件之后，残余的加尔文教派教徒遭到了流放。

当加尔文教派教徒在两所重要的新教学院中失去立足点之际（这对国际加尔文主义运动的教育需求而言则恰到好处），加尔文终于实现了在他自己的共和政体大本营建立一所大学的梦想。日内瓦学院于 1559 年对外开放并公布了章程，两年后，贝扎成为其第一任院长。[2] 该机构在 1541 年的《教会法令》中已有预兆，其中指出：在"教导信徒真正教义"的过程中，"博士"的重要性仅次于牧师；有关它的设想也的确出现在了加尔文的《基督教要义》一书中，而这本书在某种意义上正是新教教育的具体呈现。当然，这要归功于斯特拉斯堡和洛桑的两所学院，加尔文曾经在前者那里执教过，而后者则是加尔文的许多门徒的普遍去处。多年来，他一直在谈论这个想法，例如在 1550 年他就曾与克劳德·巴迪埃尔进行过讨论，后者当时仍在努力经营他位于尼姆的学校；但日内瓦当局不愿资助该项目。这所学院

164

---

1 见 J. 巴诺，《皮埃尔·维雷》，第 355 页及后页。
2 见 C. 博尔若，《日内瓦大学史》（C. Borgeaud, *Histoire de l'université de Genève*, Geneva, 1900）。

的命运从一开始就广受关注——其中既有来自竞争对手的嫉妒目光，也有像彼得·马蒂尔这样的朋友的殷殷厚望，尤其是在他被迫离开斯特拉斯堡之后。他在 1559 年秋致加尔文的信中写道："我向上帝祈祷……它能够实现你的愿望，培养出众多为宗教和国家效力的人才。"[1] 它的确做到了，至少在发展的早期阶段，它就吸引了来自德语、英语、意大利语以及法语地区的生源，到了 1564 年，也就是加尔文过世的那一年，它招收了 1500 多名学生。这所神学院最有影响力的成员便是所谓的"校友"（alumni），他们皆是前来接受神学训练、以回国担任传教士为目的的外国学生。

在 16 世纪后期，日内瓦学院是加尔文教派文学共和国的主要神经中枢，是宗教战争突击部队的训练基地。被录取学生宣誓他们"真正地崇拜上帝，虔诚地生活，摒弃一切罗马教廷的迷信"。就如斯特拉斯堡和洛桑，过去这里也有定期的、广受欢迎的论争活动，但现在这项活动特意对外公开了，据说连天主教徒都获许自由发言。虽然神学仍独占鳌头，但它在 1565 年亦引入了法学研究；在日内瓦学院，这门学科的第一批教师中有三位是当时最直言不讳的宣传家。其中一人是在圣巴托罗缪屠杀之后因为抨击加尔文教派而声名狼藉的皮埃尔·沙尔庞捷；另外两人——奥特芒和达诺——则是这项事业的重要支持者，并差点因此罹难。[2] 奥特芒对沙尔庞捷的指控反应尤为激烈，这既是因为后者曾是胡格诺派教徒的同情者，亦是因为此人竟敢利用 1572 年最著名的殉道者之一彼得吕斯·拉米斯之名牟利。在很大程度上恰是基于这种律法主义（Legalistic）的方法，这些作者都对公共论争日益世俗化的基调做出了重大的贡献。

尽管起于微末，但日内瓦学院很快就确立了自己的国际地位，其国际化程度与巴黎相比亦毫不逊色。从一开始，它就接收了带有波兰语、西班

1　见《让·加尔文全集》第 18 卷，第 653 号。
2　见下文第 290-291、308-314 页。

牙语、英语和意大利语以及法语和德语背景的学生；因此，它补充了作为国际网络中心的日内瓦牧区。不宁唯是，在法国，其他的胡格诺派学院也相继涌现，从而扩展了这个网络：16 世纪 60 年代的尼姆和奥尔泰兹学院，以及后来在蒙彼利埃、蒙托邦、皮洛朗斯、索米尔和迪镇（以及外围地区，如奥朗日和色当）开设的其他学院也加入了日内瓦的行列，它们同样延续了施图尔姆、科尔迪耶、巴迪埃尔和加尔文本人所设定的模式。[1]

　　必须再次指出的是，尝试革新教育并令其直接服务于宗教仪式，甚至是在国际舞台上加以运作的，并非只有新教徒。天主教的教育也进行了类似的尝试，并确实在多个方面抵消了前者的这些影响。其先锋便是由依纳爵·罗耀拉（Ignatius Loyola）创立的耶稣会——此君与加尔文、施图尔姆以及其他教育先驱一样都是巴黎大学在路德教派影响下最初十年的产物。1551 年，耶稣会士获准在巴黎开设一所学院，当时一份教皇敕书刚刚授予他们教授神学并授予学位的许可。从一开始，高等法院和巴黎大学就对这个外来机构表达了不满，因为它很难与受控于国王的法国社团结构相适应。1554 年，巴黎大学开始攻击这个"团体"，认为它对信仰和修道院制度构成了威胁，从而挑起了一场持续了两个多世纪的斗争。[2]普瓦西会谈的一个鲜为人知的结果正是认可了耶稣会士，但法国天主教徒仍然在继续反对他们。1564 年，艾蒂安·帕基耶（Etienne Pasquier）代表巴黎大学在高等法院起诉耶稣会士，并在接下来的半个世纪里心怀怨恨地以个人名义推动着这场运动。在此问题上，法国天主教徒和新教徒的立场是完全一致的。基于此，甚至在开始卷入高层政治问题之前，耶稣会就已经成为贯穿这个世纪的论争的主要发起者和目标。

166

　　1　见 P. 布尔舍南，《法国新教学院研究》。

　　2　见帕基耶，《法国研究》（Pasquier, *Recherches de la France*, Paris, 1621），第 3 卷，第 43 章和《书信集》，第 4 卷，24 页；另见唐纳德·R. 克雷，《近代历史研究的基础》，第 275 页。

　　然而，新教的教育改革总体而言比天主教更早，也更关注对公共教化的促进。在16世纪的战争中，此种教育（至少是高等教育）超越宗教界限的国际性特征在诸多方面都始终得以维持。最著名和薪水最高的教授就像过去补贴微薄的流浪人文主义者一样，在欧洲的大学里四处流动。巴塞尔、日内瓦、斯特拉斯堡、海德堡、牛津以及后来的莱顿的诸教育机构间的交流从未中断过；博杜安、奥特芒、达诺、屈雅斯甚至是拉米斯（此处仅提及若干熟悉之人物）的职业冒险旅程都在不同程度上跨越了国界和宗派边界，在某些方面类似于20世纪早期传教士的足迹。而在剽窃、薪水、学生、宗教和政治等问题上的传统对抗似乎只会加强学术上的相互联系。通过这些渠道得到传播的不仅是思想和智识风潮，还有情报、阴谋和各种意识形态的潮流。通过上述的以及其他的方式，学院对16世纪欧洲社会的宗教和政治分歧起到了推波助澜的作用。

　　就诸多方面而言，学院是意识形态用以灌输态度、教学方法的主要载体，并为知识分子和各类宣传家提供了训练场所。但在通常情况下，一个人只有在离开了学院，或者至少是面对更广泛的公众时，才能对整个社会产生重大的影响。课堂与有着更大的希望和需求的世界之间的一座主要桥梁便是各种专业（特别是医学、法律和神学），它们都是从书籍和学术讨论出发，开始发展出职业范畴，也许还参与到了公共行动当中。作为人文学科大纲的延伸，特别是对修辞技巧的职业性改变，法学在本质上与意识形态问题是紧密相连的，尤其是在一个两极分化和政治化的时期。我们现在抵近的正是这一公共生活的起点。

167

第五章　法庭：法律职业与政治家

律师乃不道德的基督徒。

——路德（谚语）

法学家厥为政治家。

——弗朗索瓦·博杜安

序言：巴黎高等法院中的对抗（1559年）

1559 年 4 月的最后一个星期三，巴黎高等法院最高法庭的所有厅室召开了一次特别会议［它在长达一个多世纪的时间里都被称为"水曜大会"（Mercuriale）］，讨论异端问题，以及将要采取的更为一致的处理方式。这个"大法庭"一直沿用着中世纪刑法的各种严格规定审理案件，而"刑事庭"（一个特设的刑事法庭）则倾向于采取较为温和的流放做法；事实上，法官们倾向于"根据自己的良知"而非国王的意愿行事，从而导致了这次会议的召开。刑事庭的庭长皮埃尔·塞吉耶（Pierre Seguier）因为纵容异端分子而遭到了洛林枢机主教的严厉斥责。[1] 后者不无讽刺地抱怨道："您助他们一臂之力，把他们送回到了他们的主教那里。多么愉快的旅行啊！"但却充耳不闻塞吉耶给出的有些人已回心转意的辩解。他继续说道："不，不，庭长先生。不但是普瓦捷，而是整个普瓦图，甚至包括波尔多和普罗

1　见让·克雷斯邦与西蒙·古拉尔，《殉道者的历史》，第 2 卷，第 644 页及后页。

旺斯，甚至是整个法国，都长满了他们这些害虫，这些害虫正是在您的襄助下茁壮成长的，这都是您的错。"所以这个法庭的所有成员皆被要求交代他们的职业行为以及他们的宗教观点。就在这一幕上演一个月后，在几个街区外的圣日耳曼郊区（此处往往被称为"小日内瓦"），一场更具戏剧性的集会开始了：这是法国新教教会第一次高度机密的全国性宗教会议。

在法国法律精英的主要聚集地——巴黎司法宫，人们就如何应对这些新观点（包括路德教派的观点和一些更为糟糕的观点）对公共秩序造成的日益严重的威胁产生了意见分歧。一些人认为应当采取宽大处理的方法，或者至少在召集全国性会议之前暂停相关处罚。虽然这些律师的讨论内容理应秘而不宣，但两位庭长米纳尔（Minard）和勒迈特（Le Maistre）却将这些危险的观点，以及有关某些高等法院成员（*parlementaires*）皈依异端信仰的骇人报告透露给了亨利二世。其结果便是国王被说动御临"水曜大会"——实际上是一次传统的国王主持的高等法院会议（*lit de justice*），以目睹这种异端传染的程度。由于巴黎司法宫被在这一年早些时候达成的《卡托—康布雷西条约》中约定的西班牙的腓力和瓦卢瓦的伊丽莎白的婚礼所占用，这次法律从业者们的定期会议只能在奥古斯丁修会的修道院当中举行；当时的气氛想必十分紧张。国王询问了高等法院为何还未注册他近期颁布的针对路德教派教徒的法令，从而为这场会议定下了基调，接下来他所听到的便是一连串的信仰宣告。

这是一个庄严而令人寅畏的场面，然而有几位法官却毫不犹豫地提出了温和的建议，他们无疑知道这么做会激怒国王。后来成为纳瓦拉国王的拥护者、同时也是博杜安 1561 年促使各宗派和解的伊拉斯谟计划的支持者的保罗·德·富瓦（Paul de Foix）正是大胆要求国王履行其职责的诸人之一。而其中最直言不讳者则是前掌玺大臣之子阿纳·迪布尔格（Anne du Bourg）。他声称，由于国王御临，他需要更加认真地对待自己"国王顾问"的头衔，尽管他很清楚这么做的风险。当时，他感谢上帝赐予他的好运，而后即以虔诚的福音派风格开始宣讲一篇长达一个半小时的布道。[1]他宣称，那些所谓的路德教派教徒或新福音派教徒尽管在法国被讥嘲为异端分子，但他们实际上却相信上帝之真言，并遵循原始教会的做法。与之相对的是罗马教廷及其臭名昭著的暴行。言及于此，第一庭长勒迈特打断了他的讲话，称其与"水曜大会"毫不相干，但国王却暴躁地命令迪布尔格继续发表他的观点。在此般鼓动下，迪布尔格一步步走上了绝路。他批评了亨利二世和弗朗索瓦一世所颁布法令的严厉程度，称它们"让陛下您同时成为原告、定罪者、法官和当事人，而您的法庭成为执行者，尽管制定有关宗教事务的法律是不恰当的"。与此同时，他为路德的言论进行了辩护，称其符合《圣经》之意，并谴责了"再洗礼派教徒、塞尔韦特主义者（Servetists）和其他异端分子"。最后，他自称不希望做得如此过火，但仍觉得有必要"按照自己的良知行事"。

这一切都印证了国王的怀疑，因为他无意推迟对异端的"追捕"，更遑论采取同情的态度了。他十分赞同克里斯托夫勒·德·图（Christofle de Thou）、米纳尔和勒迈特诸庭长的观点，他们主张必须执行国王法令，对待所谓的宗教改革者就要像对待古代的异端分子一样。勒迈特特别忆及了腓力·奥古斯都（Philip Augustus）如何将600名瓦勒度派教徒烧死在他们的宅邸和工作场所。于是国王在得到了法庭的书面意见后，开始了清洗的进程。8名冥顽不灵的参事遭到逮捕，并被交给了警卫军指挥官蒙哥马利伯爵（Comte de Montgomery），由其押往巴士底狱。到此时为止，迪布尔格成了罪魁祸首，亨利二世还声称要亲眼见证他被烧死。

但国王没来得及享受这种乐趣。一个月后，他在女儿们的婚礼庆典上

1　见让·克雷斯邦与西蒙·古拉尔，《殉道者的历史》，第2卷，第678页，其中提到："他上台并向众人传布了这一福音。"

与蒙哥马利比武时意外受伤，十日后便宣告驾崩。尽管如此，他的儿子弗朗索瓦二世继续进行着迫害行动，特别是从"水曜大会"开始的针对那些律师的行动。被监禁者中有数人设法逃脱了。包括保罗·德·富瓦、路易·迪福尔（Louis du Faur）和亚当·菲梅（Adam Fumée）等其他人则被停职，并被迫宣布放弃此前的信仰；但迪布尔格仍然不为所动。自那次"水曜大会"之后的两个星期里，他被审问了三次，所牵连的罪责也越来越严重。尽管他否认了煽动、侮辱和叛乱的指控，但却无法在给法官的答复中隐瞒自己的宗教信仰，后者实际上引导他完成了一次教理问答。他相信教会的传统吗？迪布尔格回答称：他不相信最近特伦托大公会议所提供的教会传统，因为《圣经》是教会传统的唯一来源；在此基础上，他拒绝了除两种圣礼之外的所有圣礼。他还特别敌视天主教的弥撒和教会法。具体而言，他承认"阅读过一些加尔文的作品，但没有读过路德的作品，而且他是从在这个国家四处游荡的书贩那里买到这些书籍的"。迪布尔格就这样决定了自己的命运，没有任何基于良知的坦白可以改变这一点。

尽管迪布尔格向高等法院和里昂大主教提起了上诉，但他仍身陷囹圄，5个月后他被判革除神职。12月17日，负责审理此案的法官之一米纳尔遭10名武装骑士袭击并被开枪打死。像往常一样，人们普遍认为新教徒应该为这一起谋杀负责。不管两者之间有什么联系，迪布尔格在4天后遭处死；自三十年前同样身为法律从业者的贝尔坎蒙难之后，法国福音派运动有了第一位著名的殉道者。

174   1559年的"水曜大会"戏剧性地再现了一种很快就具备了巨大的意识形态和社会意义的现象，即对法律职业的颠覆。其结果是，至宗教战争爆发时，不仅是政府以及控制它的吉斯家族，而且连反对派系（甚至是在他们于孔代亲王家族中找到自己的领袖之前）都配备了法律顾问和专业辩护者。一方是王室法学家，他们的传统至少可以追溯到卡佩王朝最后几位国王的律师，他们掌握着超过两个世纪的先例以及大量的罗马法来捍卫君主制和高卢的统一原则。另一方是被其批评者视为激进且充满叛逆精神的高卢主义者，他们同情福音派运动（若非积极支持的话），并且同样拥有可供借鉴的传统观点和改革派态度。简而言之，一方是声称拥有旧式传统和正统信仰的立法和执法体系，另一方是建立在超验真理假设和合法性基础之上的反对派，而这些假设和合法性也是基于同样的传统，只是对传统的解释却大异其趣。这个国家其他地方的很多意识形态产物（不仅有君权绝对主义与有限政府的两极分化，还有"政治家派"的和解方案）都是法律上的对手和专业上的同胞之间爆发职业冲突的产物。

　　巴黎高等法院从一开始就同巴黎大学联手反对路德教派的教义，与之互有联系的各行省高等法院也都如此行事。法院成员宣誓要维护正统信仰，维持高度的职业道德水准。在 1520 年得以正规化的"水曜大会制度"本身是一种确保律师注意其行为的方式。[1] 这些规则包括最细枝末节的公开礼仪，包括着装和参与宗教仪式。1540 年，他们甚至被禁止了蓄须，因为在巴黎司法宫和巴黎大学里，这是与新教观念相牵连的故习。与此同时，国王直接指控高等法院在"追捧"这些观念，异端思想不仅被视同为"煽动民众和发动暴动"，甚至也被认为是一种叛逆罪。然而，众所周知的是，以高等法院作为高层代表的法律职业却日益受到这些新观念的影响，其代表人物从贝尔坎开始，包括了布告事件中的至少一名参与者。福音派吸引了在这个世纪中叶之前成长起来并继续从事法律职业的诸多人士，包括加尔文、贝扎、奥特芒、博杜安和迪穆兰，以及不少的王室官员。

175

　　迪布尔格遭处决让法国公众拥有了证明异端思想已经渗入法国最高层级法院的确凿证据。其事迹的知名程度超越了迄今为止的所有人，在布道、

1　见 R. 德拉舍纳尔，《1300 年至 1600 年巴黎高等法院律师史》（R. Delachenal, *Histoire des avocats au parlement de Paris 1300-1600*, Paris, 1885）。

歌曲和史书中皆广为流传，旋即成了一个传奇。在被监禁期间，他曾花时间唱赞美诗并撰写此后广为流传的信仰宣告。他收到了来自四面八方的声援信件，其中包括了加尔文和王权伯爵领选帝侯，后者还为他提供了当时博杜安所任教的海德堡大学的法学讲席。但迪布尔格命数已定，实际上是他给自己判了死刑。他对良知的坚守及其行为举止给时人留下了深刻的印象。他们中最负盛名者虽已回归了天主教信仰，但在多年后仍然铭记他的忠贞不渝。弗洛里蒙·德·拉蒙写道："当我们从刑场返回大学时，众人皆泣下如雨；在他死后，我们为他的事业辩护，咒骂那些判处他死刑的不义法官们。他在绞刑架上和柴堆上所作之布道造成的伤害要比一百名牧师所能造成的还要大。"[1]一如"借殉道来布道"的其他诸君，迪布尔格通过这种方式为自己的"事业"进行的辩护要比他通过任何专业上的尝试所能做到的更为出色和有效。

出于职业上的本分，迪布尔格自然提起了上诉。他被提醒道：他乃国王的参事，因此是一个了解法律之限制的知识分子；但他对这样的说辞置之不理。他对新教的忠诚矢志不渝，在为自己辩护时，他采取了让人们蓦然想起沃姆斯会议上路德之观点的立场，并预言了他的"胡格诺派"（他们很快就被冠以这一名号）同仁们最终将采取的路线。他谈及了那些批评他的高卢主义者："他们称我们不顺服国王，全因我们没有向伪神供奉丝毫……然此却成了一种渎神行为。"[2]他问道："我们祈求上帝保佑君王之鼎盛，从而令其邦国在和平中获得治理，将一切迷信和偶像崇拜从其邦国中驱逐出去，此乃悖逆吾等君王之表现乎？"然义务之所求却一反其道。"不顺服上帝，以各种不虔诚的方式冒犯他，以致将上帝的荣耀转移到物质对象上，往往听任谎话连篇者之捏造的摆布，此岂非悖逆之表现乎？"

1　见弗洛里蒙·德·拉蒙，《本世纪异端诞生、发展与衰亡的历史》，第 1051 页。

2　见让·克雷斯邦与西蒙·古拉尔，《殉道者的历史》，第 2 卷，第 675 页。

诚如加尔文在《基督教要义》中所指，亦如贝扎在其具备政治导向的关于反抗原则的论述中所言，臣民对其统治者的义务始终受到对上帝的首要责任的节制。

从迪布尔格遭处决到宗教战争正式爆发，也就是在两年有余的时间里，异端思想与法律职业的合流引人瞩目，在某些方面甚至是爆炸性的。这种合流与亨利二世的过早崩殂所引发的宪政问题是同时发生的，并进一步加剧了这一宪政问题。虽然严格说来，它涉及了亨利二世的子嗣尚未及冠之问题，但问题实际上却取决于以吉斯公爵及其兄弟洛林枢机主教为首的天主教派系与以血亲亲王（特别是波旁家族）为首的反对派之间的权力斗争。双方皆无明确的法律立场。吉斯家族控制着国王，但他们的合法性因其"外国"血统而备受质疑。另一方面，反对派则为己方与新教的勾连，以及缺乏领导能力和抵制吉斯家族影响的明确理由所累。在之后一代人的时间里，双方合法化自身并诋毁敌人的尝试构成了公开论争的主要内容。法国宗教战争的意识形态开端可以从诸多方面理解为御前律师与胡格诺派反对派律师之间的冲突。

从更为普遍的角度看来，战争爆发前几年所出现的问题正是中世纪古老的双剑问题，尽管它是以一种近代的形式出现的。现在的对比在于宗教问题（*Question de religion*）与政治问题（*Question politique*）之间，无论它表现为管辖权的冲突抑或不同层次的人类经验。高卢教会统一的原则意味着两者的融合——"一位国王，一种信仰，一种法律"——以及异端罪和民事罪行（即煽动叛乱罪）的混同。它以一项在1554年颁布的敕令的形式出现，该敕令将对异端思想的管辖权连带授予了高等法院和宗教裁判所。然而，对许多高等法院成员而言，这一步骤不仅违反了民事管辖权与教会管辖权分离的原则，而且也侵犯了法律和神学之间的专业边界。至少在这一点上，胡格诺派教徒与他们的立场是一致的，他们始终尝试将宗教问题与政治问题分开。但环境的压力最终让这一努力付诸东流。将宗教剥离出去是不现实的；把政治剥离出去则是不道德的——因此，"宗教上的胡格诺派教徒"与"政治上的胡格诺派教徒"（或不满者）之间招人反感的区分以及"政客"一词的贬称用法后来皆与马基雅维利联系在了一起。

177　　然而，政治问题的紧迫性越来越得以凸显且不可抗拒，因此在意识形态的产生过程中，律师的作用越发超越了神学家。这是"新教政治化"的另一基本特征。

178　　**第四等级**

　　"律师乃不道德的基督徒。"——当这个话题在餐桌上被提起时，路德如此说道。他还用一句古老的谚语补充道："事实如此。"[1] 曾与新旧人文主义法学的代表人物们一同就学的加尔文同样对法律职业及其欺诈和不诚实的特质评价甚低。他在 1562 年写道，"如若你和法学家争斗"——毫无疑问，他想到了博杜安和其他人等——"你就会知道几乎在所有地方，他们都是基督传道人的敌人，因为他们不认为自己可以在教会权威立足甚稳的地方居于一流位置"。正如路德的崇拜者海因里希·科尔内留斯·阿格里帕在其对"学习之虚荣"的攻击中所指出的，法律是"人类传统"最堕落的体现，因为它依赖于有罪之人的意志。律师是一个唯利是图之行业的成员——西塞罗贬称其为"实用者"——并且从字面意义上被教导使用

　　1　见路德，《桌边谈话录》，第 474 页。可参照 R. 施廷青，《"律师乃不道德基督徒"之谚语》（R. Stintzing, *Das Sprichwort "Juristen böse Christen"*, Bonn, 1875）和 C. 肯尼，《好律师，坏基督徒》（C. Kenny, "Bonus Jurista, Malus Christa"），载于《法律季刊评论》（*Law Quarterly Review*）第 19 卷（1903 年），第 326 页及后页。1562 年 10 月 27 日加尔文致格拉雷亚努斯的信，载于《让·加尔文全集》，第 19 卷，第 565 号。

"两面三刀的"方法［其学术名称是双重阐释（*duplex interpretatio*）］。[1]
在最坏的情况下，人们认为律师是受雇佣的骗子。累世以来，讽刺作家和
社会评论家在诗歌和散文中都呼应了这些观点，并将其归咎于在暴政和不
顺服两个方向上所表现出的法律思想的极端主义。人文主义所批评的巴托
鲁斯学派（*Bartolisti*）、拉伯雷所嘲笑的"讼棍"（*Chicanourrois*）以及
奥特芒所攻击的罗马的"胡言乱语者"（*rabulae*）皆是此中代表。朱韦纳
尔（Juvenal）经常被引用的一句话是这么说的：高卢人是"律师的奶妈"
（*nutricula causidicorum*）——而这种说法在 16 世纪再正确不过了，当时，
职业的潜力和宣传的要求都非常重视合格律师的才能。

在这一时期，法律职业是一股强大的力量。法律不仅是一门学科，
而且超越了国界，甚至形成了 18 世纪法学家所谓的"法学家共和国"的
一种或一套权力结构。[2] 在这片大陆上，这个群体的所有成员都受过大学
教育，拥有共同的知识传统，即使在从事不同的事业时亦使用着同一种语
言。其内在的、有时是压倒一切的专业精神将他们联系在一起，尽管他们
之间也存在着根本性的且更为明显的分歧。民事法学家与教会法学家互别
苗头，然而他们共有的对罗马法学者传统的忠诚以及众多人等取得学位的
事实却让他们有了共同语言。他们之间也存在着社会差异（学术界人士和
执业律师）与民族差异［"山外律师"（ultramontanes）和"山内律师"
（citramontanes）］。但同样地，差异又一次增进了而不是切断了交流。

1　见阿格里帕，《对艺术和科学的不确定性和虚荣心的抨击》（Agrippa, *De Incertitudine et vanitate scientiarum declamation invective*, 1531），第 91 章。可参照 J. V. 阿尔特，《法国反市民阶级讽刺的起源》（J. V. Alter, *Les Origines de la satire anti-bourgeois en France*, Geneva, 1966），第 166 页及后页，及 R. 马里沙尔，《拉伯雷与司法改革》（R. Marichal, "Rabelais et la réforme de la justice"），载于《人文主义与文艺复兴文丛》（*Bibliothèque d'Humanisme et Renaissance*）第 14 卷（1952 年），第 176-192 页。

2　见 G. 热纳罗，《法学家共和国》（G. Gennaro, *Respublica Jurisconsultorum*, Leipzig, 1733）。

16世纪最广为人知的矛盾是人文主义者与经院哲学学者之间的方法论之争［法国风格（*mos gallicus*）以及相对的意大利风格（*mos italicus*）］；但即使在此处，专业精神也取得了胜利，人文主义学派的创始人阿尔恰托的例子就证明了这一点，他对巴托鲁斯的专业知识的看重胜过了瓦拉的文字优雅。重要的是，他们通过相同的视角看世界，并认同后世美国最高法院大法官霍姆斯（Holmes）所谓的"不明确之大前提"。因此，"法学家共和国"（*Respublica Jurisconsultorum*）为知识分子雇佣军提供了一个很好的训练场所，同时也是政府和各种利益集团均可借鉴的论证之不竭源泉与合法化之手段。它可能是近代世俗意识形态的主要媒介。

在法国，法律职业可以追溯到13世纪晚期，当时的一项国王法令（1274年）确立了律师协会的誓言和规则。[1] 这个"圣尼古拉兄弟会及律师与诉讼代理人协会"（Confrérie de Saint-Nicolas et communauté des advocats et procureurs）乃一准宗教兄弟会，其成员发誓终身维护真理标准，保持正统信仰，永不欺骗客户或收取过高费用。如若他们未能达成这些目标，亦非心存不良之故。他们每天都参加弥撒仪式，并赋予了仪式非凡的意义，比如在"宣誓日"当天，他们在刻有耶稣和圣约翰形象的石板前发誓，又比如在高等法院成员公布判决结果（the *arrêts*）时以及在"水曜大会"期间念出"太初有道"这句话。他们不赞成为"不良形迹"辩护的做法；但这至少是一个未决之问题，有些人用医生必须治疗病入膏肓者的类比来支持其立场。总之，到了15世纪末，他们已经构建了一个令人寅畏的传说，

1　概况见 R. 德拉舍纳尔，《1300 年至 1600 年巴黎高等法院律师史》，第 29 页及后页、第 296 页等；E. 莫吉，《巴黎高等法院史》（E. Maugis, *Histoire du Parlement de Paris*, Paris, 1913-1916）；J. P. 道森的《陪审员的历史》（J. P. Dawson, *A History of Lay Judges*, Cambridge, Mass., 1960）和《律法的神谕》；L. 罗米耶，《卡特琳·德·美第奇的王国》（L. Romier, *Le Royaume de Catherine de Médicis*, Paris, 1921），第 2 卷，第 22 页及后页；以及韦伯的奠基性著作《法律社会学》，E. 菲斯绍夫译（*Sociology of Law*, trans. E. Fischoff），收录于韦伯，《经济与社会》，第 2 卷，第 641 页及后页。

自称其口才和仪式之传统可以追溯到加洛林王朝时期的主日弥撒，更普遍
而言则是恢复了古典演讲术的辉煌。他们甚至基于其职务声称自己拥有与
生俱来的尊崇地位。

　　法律职业的条理性和自我意识通过它与大学的这种相似性，以及在
某些方面与之重叠的组织结构的联系而得以增强，后者为法学职业提供
了学者式的学徒和从业执照。"法学家共和国"既是一种权力基础，亦是
一种智识理想，这一点在学术界和法庭上都是显而易见的。而这种职业
精英的层级结构和垄断观点在法学家巴泰勒米·德·沙瑟纳（Barthélemy
de Chasseneux）那里得到了最好的表述，他从普世的角度阐释了法律职业
的最佳排位方式。[1] 此君写道："那些博士乃上上之选，接下来则是（1）
教导他人者，（2）薪资最高者（*majora stipendia*），（3）编撰书籍者
（*libro composuerunt seu scripserunt*），（4）位高者（*antiquior*），（5）
获高层权威（教皇或皇帝）任命者，（6）持有若干学位者（*plures habent
gradus*），（7）在规模更大、更著名和更出色的大学任教者（*in majori
famosiori et digniori universitate*），以及（8）拥有其他荣誉者。这是人们
所能想到的最为具体的权威衡量标准，它肯定比执业律师的相应标准更为
规范。当然，许多法学家同时生活在两个世界之中，尽管其他人以无足轻
重或贪婪为由，装作鄙视他们身处另一个阵营的同僚。但他们事实上都以
自己的方式促成了意识形态的产生和世俗化。

　　出于多种原因，职业律师在大众的心目中已经成为名副其实的"第
四等级"。因此，它的命运尤其与巴黎高等法院的命运密切相关，后者
同时也是在卡佩王朝末期形成的最高"主权法庭"。恰是首先凭借着与高
等法院的关系，律师获得了公共身份、声誉、影响力，更遑论财富了。仪

1　见《寰宇荣耀名录》，第220页。

式在此再次成为一种手段。到了 16 世纪，这一行业的传统和职业等级都已固化。执业律师（*barreau*）的排位反映在了高等法院大法庭（*Grand's Chambre*）的席次安排上，其右侧的长椅供高等法院成员使用，左侧的供辩护人使用，上述席位均位于装饰华丽的"高庭"后方，此处则预留给了庭长、参事（*conseillers*）、"王室官员"（*gens du roi*）和其他法官。言论自由（*liberté de la parole*）是律师所取得的最宝贵成就之一，它源于在国王法庭上对领主［其实是对国王本人，除非是直接涉及与君权（*majesté*）相关的事项］提出申辩的来之不易的特权。高等法院的职位越来越倾向于世袭，进而增强了法院和法律职业的独立性。当然，一如更大规模的律师协会，高等法院也积累了自己的一系列传奇和判例，这同样赋予了它一种加洛林式的——甚至是古典式的——血统和准宗教的特质。这一点反映在了一种独特的法律专著类型当中，例如让·德·蒙田和尼古拉·波伊耶（Nicolas Bohier）的著作，它们皆歌颂了如罗马元老院再现般的国王大参事会（*magnum concilium*）这一外延机构的美德和权威。

至 16 世纪，高等法院是一个令人印象深刻且拥有大量特权的机构——根据波伊耶的说法，它是一个"奥体"（mystical body），以及一个名副其实的"国中之国"（republic），而如另一个律师在 1527 年所指，它在各行省和巴黎均有代表。[1] 自古以来，它都是高卢地区所抱怨的"律师王国"的根基所在，一个在人员数量和制度意义上都与日俱增的七头怪物。其分庭数量在 15 世纪的 4 个的基础上又增加了 8 个，其中有些为临时设置。

181

1　见波伊耶，《论法国大参事会与高等法院的权力》（Bohier, *Tractatus de auctoritate magni concilii et parlamentorum Franciae*），收录于《高等法院文丛》（*Stilus Parlamenti*, Paris, 1542）；蒙田，《论大参事会与高等法院之权力与卓越地位》（Montaigne, *De Auctoritate et praeeminentia magni concilii et parlamentorum*），收录于《法律汇编》（*Tractatus universi juris*, Venice, 1584）第 16 卷；F. 伊桑贝尔、A. 茹尔当、A. 德屈西编，《法国古代法律总集》，第 11 卷，第 145 页。可参照 R. 杜塞，《弗朗索瓦一世之政府研究》（R. Doucet, *Etudes sur le gouvernement de François Ier*, Paris, 1921），第 1 卷，第 1 章。

律师的人数应该是遵照罗马元老院之制确定为 100 人，但后来的实际人数已远远超出了这一数字；在宗教战争爆发之时，高等法院的成员已经超过了 400 人，这一增长幅度堪与大众所抱怨的官职数量的总体增长幅度相当。与此同时，［自诩为"最高法庭"（sovereign court）的］高等法院已经将权力延伸到了政治领域，至少在暗地里是如此。它不仅为管制巴黎市、巴黎大学以及其他行会而颁布判决结果，而且还声称拥有注册国王立法和提出"反对意见"之权利。无人否认国王是法律的唯一来源——提出任何异议都将被视为犯叛逆罪——但制定法律的适当形式应当是让法令在高等法院的法庭上"被宣读、公布和注册"，这一过程通常需要数周或数月时间。严格来说，这一立法权力的来源是王室掌玺大臣公署，时人认为此乃御前会议的直接延伸，是后者与官僚机构其他部分的直接联系纽带。这个机构也与法律职业密切相关，它在这个时期由一系列杰出的法学家所领导。　182

　　此外还有另一个机构，它附属于掌玺大臣公署、高等法院和其他法院，与立法以及政策声明的制定过程更加息息相关，此即王室公证人和秘书协会。这个协会（confrérie）成立于 1352 年，定员 59 人（由于因循旧例的纳捐所导致的职位倍增过程，其实际成员大约有 120 人），并在 16 世纪逐渐超过了 200 人。像律师一样，这些秘书要宣誓效忠并遵守准宗教制度，自觉地效仿被他们称为"基督公证人"的使徒。[1] 他们在社会等级和文学成就方面皆逊人一筹，但实际上也可算作"知识分子"，其中一些人还发表过作品。其间少数人则成了杰出的学者，其中最著名者便是在曾经担任过高等法院大法官（maître des requêtes）的纪尧姆·比代、案卷保管人与古文物研究先驱者让·迪蒂耶（Jean du Tillet），以及后来的御前史官贝

1　见 F. 伊桑贝尔、A. 茹尔当、A. 德屈西编，《法国古代法律总集》，第 11 卷，第 34 页（1484 年 2 月）；可参照 H. 米肖，《大掌玺大臣官署》（H. Michaud, *La Grande Chancellerie*, Paris, 1967）。

尔纳·吉拉尔·迪阿扬（Bernard Girard du Haillan）。他们的主要成就是为国王起草了大量的官方法案，并为包括巴黎高等法院在内的各个高等法院起草判决书。他们在多大程度上是官方意识形态的拥护者，甚至是政策制定者以及官方代笔人，人们只能妄加揣测；但不可否认，他们作为政治思想的传播者和普及者在某个往往为人轻视的层面上扮演着重要的角色，尤其是其对保王党、高卢主义者和高等法院的学说所做出的贡献。

最重要的是，巴黎高等法院的律师及其较不知名的公证人同僚们构成了君主政体的意识形态突击部队。他们塑造了法国王权的官方形象，并在事前事后为其权力的扩张辩护。这种"法律传统"的历史（包括它充满赞美之词的传记和虚构故事）是由安托万·卢瓦泽尔在 17 世纪早期撰写的，它的记载始于诸如纪尧姆·德·诺加雷（Guillaume de Nogaret）和皮埃尔·德·屈尼埃（Pierre de Cugnieres）这样的卡佩王朝时期律师，结束于卢瓦泽尔本人及其同僚夏尔·迪穆兰、皮埃尔·皮图（Pierre Pithou）和艾蒂安·帕基耶。[1] 尽管在方法论上确实大量依赖于罗马教廷和教会法，但这些保王党文人（*gens d plume*）始终采取了一种具有侵略性的反罗马教廷立场。事实上，卢瓦泽尔著作的双重主题正是法国传统的优越性和天主教教义之蠹害，后者在 14 世纪的"巴比伦之囚"时期首次暴露其丑陋的头颅。他说道："就是从那时起，我们方才学会了欺诈。"也正是在那个教会混乱的时期，特别是在 1378 年东西方教会大分裂期间，高等法院才有机会扩大对教会的管辖权，并制定了诸如允许从教会法庭上诉至高等法院、对前者不利的"因滥用而上诉"（*appel comme d'abus*）的补救措施。这一过程被典型化地描述为对一种原始的和更好的状态的恢复（*reducere*

1　见《帕基耶，巴黎高等法院律师的对话》，A. 迪潘编（*Pasquier, ou dialogue des advocats du Parlement de Paris*, ed. A. Dupin, Paris, 1844）。可参照 R. 热内斯塔尔，《被滥用之上诉的起源》（R. Genestal, *Les Origines de l'appel comme d'abus*, Paris, 1951）。

ad statum pristinum），而"高等法院的高卢主义"通常被视为一项"恢复法国教会自古拥有之自由"的计划。

　　尽管"国王高卢主义"（royal gallicanism）在1516年的《宗教协定》中取得了胜利，但这种立场仍然存续了下去，事实上，高等法院曾在数年期间拒绝注册这一协定。大约到了这一世纪的中叶，它以激进甚至分裂的高卢主义改革形式重新出现，这一改革不仅与福音派宗教达成了和解，还敦促国王断绝与罗马教廷的联系，按照英格兰国教模式建立法国自己的国家教会。这是"法学家之王"夏尔·迪穆兰所采取的立场；但是当亨利二世在1552年撤回对此的支持时，这项事业就注定了其失败的命运——当然，新式的"改革"与旧式的高卢主义之间的鸿沟实际上也是无法逾越的。尽管从更长远的角度来看，法国的法律职业既保留了对某种改革的忠诚，也保留了对君主制的效忠，但其更为直接的结果却是造就了一个最为艰难的意识形态困境。大多数法学家仍然属于正统的高卢主义者阵营，或者像迪穆兰和博杜安那般回归了这一阵营，但越来越多的少数派却将国家统一的理想置于福音派宗教的更高目标之下。阿纳·迪布尔格的案例即象征着这样一种针对社会和政治稳定的日益严重的威胁。

　　多年来，法律与异端思想之间的密切联系在法学院中一直都表现明显，这一勾连至少可以追溯到1532年著名的让·德·卡蒂尔斯案。作为图卢兹的一名法学学位候选人，卡蒂尔斯遭到了拒绝为国王的健康祝酒的指控，这显然是因为此君认为这种世俗仪式和弥撒一样可憎。据说他在行刑前曾向高等法院的法庭成员高呼："啊，不公的法庭！不公的法官！"[1]早在迪布尔格事件之前，思想污染现象在法律行业的精英当中已经非常明显。　184

　　1　见让·克雷斯邦与西蒙·古拉尔，《殉道者的历史》，第1卷，第284页；C. 德维克与 J. 韦塞尔，《朗格多克通史》，第12卷（C. Devic and J. Vaissèle, *Histoire générate de Languedoc*, xii, Toulouse, 1889），第237页；可参照 R. 费杜，《中世纪末期的里昂律师》（R. Fédou, *Les Hommes de loi lyonnais à la fin du moyen âge*, Paris, 1964），第443页。

1539 年，也就是在波尔多高等法院举行赎罪仪式两年后，一项旨在"根除"被视为叛逆罪的异端思想的决议获得了通过。1551 年，诺曼底高等法院举行了自己的"水曜大会"，5 名异端分子遭到驱逐。显然，1559 年巴黎高等法院的"水曜大会"只是把一种长期且广泛存在的现象置于了举国瞩目的位置上。[1]

整个法国社会的分裂在 1562 年春达到了顶峰。当时，一份疑似异端分子的黑名单被炮制了出来，名单中的 63 人几乎是清一色的律师。[2] 其中包括了保罗·德·富瓦、亚当·德·菲梅、克劳德·维奥勒（Claude Violle）和路易·迪福尔等三年前在"水曜大会"上遭逮捕者，此外，名单中还出现了其他著名法学家的名字，如巴泰勒米·德·费伊（Barthélemy de Faye）（此君甫才编辑完成加尔文的老校友弗朗索瓦·科南之遗著）、皮埃尔·德·拉普拉斯（Pierre de la Place）（胡格诺派的先驱、高等法院庭长）、阿德里安·德·图（Adrien du Thou）、阿希尔·阿尔莱（Achille Harlay）以及弗朗索瓦·奥特芒的一名兄弟。所有这些人都因为包括从参加未经许可的布道、与新教人士过从甚密，到对妻子、兄弟或其他亲属的怀疑，再到简单的道听途说（"普通人之间的谣传"）以及言之凿凿"某人自称为无神论者"的故事等理由遭到了怀疑——当时的用词是"强烈怀疑为新教徒"。1562 年 6 月 10 日，信仰切割的工作大功告成。巴黎高等法院的所有律师都被要求在传统的"宣誓日"石碑上签署一份信仰宣告——这实际上是对天主教派系的效忠宣誓。[3] 当时，王室诉讼代理人获得了 367

1　见 C. 博舍龙·德波尔特，《波尔多高等法院史》，第 1 卷，第 50 页；A. 弗洛凯，《诺曼底高等法院史》，第 2 卷，第 274 页。

2　见欧仁与埃米尔·阿格编，《新教的法国》（Eugène and Emile Haag, eds., *La France Protestante*, Paris, 1848-1858），第 4 卷，第 57 页。

3　见《依照高等法院之令做出的审判纪要……涉及若干文章与该法庭之信仰宣告》（*Le Proces verbal faict par ordonnance de la Court de Parlement ... touchant les articles et la profession de foy d'icelle Court*, Paris, 1562）（藏于法国国家图书馆 Lb[33].84）。

份签名，两天后，又有 32 名律师加入这一行列，一个月后又有 4 名律师进行了补签。这些律师还被禁止雇用异端分子为其家庭服务，当然也被要求举报任何涉嫌之人。6 年后，这一维持正统信仰的要求又得到了剥夺职位和监禁之威胁的强化，而且有证据表明，这一法令在当时得到了施行。

与学院一样，法律职业也出现了信仰的分裂，其公众形象亦随之跌落。一方面，律师曾被认为是纯正信仰之敌，皮埃尔·利泽在大众心目中即是这一形象的代表；当然，他也得到了一群爪牙的支持，比如奥特芒的父兄。另一方面，律师也被视为异端分子，迪布尔格和奥特芒本人都证明了这一点。对于双方而言，这句出自布朗托姆（Brantome）之口的古老谚语似乎都颇为适用："优秀的法学家即是坏基督徒。"从而支持了路德的以下观点："律师乃不道德的基督徒。"

真正的哲学与人的境况

一位民事律师曾引用名句称："一位优秀的法学家绝非异端分子。"此番言论将法学家颂扬为名副其实的"法律祭司"（*sacerdotes legum*）。[1]在此处，我们看到了法律职业的一种完全不同的面貌，它认识到了社会的本质以及了解和改进这一社会的手段。在 16 世纪，法律学者和法律从业者形成了一个类似于神职人员的独特的世俗阶层，它是一个世俗的知识分子群体，其天职是分析和调节人与人之间关系，并且在某种意义上治愈公民（而非灵魂）。他们不是"宗教的"而是"世俗科学的"信徒，因此他们扮演了很多后来被分配到诸多专业领域的角色。他们不仅是立法者、行政人员和特定事业的辩护者，而且也是传统的批评者、社会的仲裁者和改

1　见 A. 法夫尔，《帕皮尼亚努斯的法学知识》（A. Favre, *lurisprudentiae Papinianae scientia*, Cologne, 1631），第 16 页："法学家之善者绝非异端。"

185

革者、信仰的捍卫者、政治理论家，最后还是拥有最崇高主张的哲学家。与其他任何群体相比，他们为近代意识形态运动的出现提供了更多的知识框架，而要理解这一点，就有必要考虑他们对自己所处世界的看法和判断。

"法理学是真正的哲学"（*vera philosophia*）是所有法学家最老生常谈的常识。这一俗语出现在民法的重要汇编《学说汇纂》的第一句话（即实际上把法学家定性为法律祭司的那句话）中；它成为文艺复兴时期法学的一个中心主题。在为这一话题辩护时，克劳德·德·赛塞继续指出："法学因其目的而优于其他知识领域。"[1]这一主张基于三个命题：第一，在古典时代被定义为"有关神圣和人类事务的知识"的法律等同于智慧（*sapientia*）；第二，因为法律研究的是事物的真正原因，而且具有普适性，所以它是一门真正的科学；第三，因为它"包含于行动而不是沉思冥想之中"，所以它与最崇高的哲学价值、正义和全人类的福祉相结合。这一点也许在新法学的先驱之一，同时也是宗教改革的积极推动者那里得到了最好的阐释。弗朗索瓦·博杜安写道："苏格拉底说过，为了人类的福祉，要么哲学家应该统辖国王，要么国王应该成为哲学家，若此言当真，那么哲学应该用行动而非语言来表达。但既然公共行为比私人行为更有力量，真正的和最崇高的哲学（*vera et summa philosophia*）便包含在了与公共行为有关的法律当中。"[2]

在中世纪与其他学科（包括医学甚至神学）的各种论争中，法学就自成一项律法。人们常常问道：神学对律师而言真的必不可少吗？一位13

1　见《学说汇纂》第6部分（*VI [Diges]torum partes*），第1页；相关概况见 D. R. 克雷，《真正的哲学：文艺复兴时期法学的哲学意义》（D. R. Kelley, "Vera philosophia: the philosophical significance of renaissance jurisprudence"），载于《哲学史期刊》（*Journal of the History of Philosophy*）第14卷（1976年），第267-279页。

2　见博杜安，《〈基督教要义〉四卷评注》（Baudouin, *Commentarius in quattuor libros Institutionum*, Paris, 1554），注疏部分。

世纪法律注释的撰写者断言："非也，因为民法囊括一切。"[1]人文主义运动也未从根本上改变法律职业。安德烈亚·阿尔恰托也许把文学方法引入了法律文本的教学之中，但他完全反对瓦拉等激进古典主义者的观点，即将法律置于人文主义研究（*studia humanitatis*）之下。问题是，对于职业法学家而言，他们的学科既不属于人文学科，亦不属于哲学的范畴；它将上述两者和其他学科都包括在内。总之，法律研究比任何其他领域都更像是一部百科全书，一套完整的世界观，它具体表达为以古典法学为模型的各种哲学体系。它的视野最终涵盖了诸如知识问题、因果过程、人之本性及其在宇宙中的位置，以及社会和政治组织的理念等宏大问题，正如它可能会被不合时宜地总结为认识论、方法论、宇宙学和社会学的问题。更为重要的是，在目前的背景下，法学承担了改天换地的任务，无论它是通过积极或消极的方式，通过改革或研制，抑或是否凭借着一种对未来的憧憬（它往往伪装成对过往的热情）。这并不意味着法律构成了一种意识形态；相反，它是诸多意识形态的源头，并包含了使更多意识形态合法化的手段。

在法学家共和国当中存在着诸多地域与派系之别，但在意见冲突之下，187他们却对人的境况抱持着相当一致的看法。在 16 世纪法学的不同形式当中——从论争到迂腐的解经，从专业著作到最宏大的体系，从最天马行空的演讲到最实用的案例汇编——我们能够以最直接的方式看到理想与现实的交叉，也就是说，一方面是制度和社会群体，另一方面是社会的规范和目标。当然，这一时期的社会分析是一门尚处萌芽阶段的学科，它通过类比以及往往是一厢情愿的想法得以推进，其结果更多的是为法律和政治方面的安排辩护，而不是加以批评。这些倾向并不能排除对社会弊病的针砭；

1　见《阿库修斯注疏》（Accursius, *ad tit*）。

但对大多数律师来说，16世纪的社会似乎是一个静态的、平衡的造物（即便不是始终井然有序的），但却被罪恶与软弱——而非制度性的缺陷（除非是那些外来的缺陷）——所玷污。在其中占据主导地位的是有关机体、等级、生物功能和仪式等级的隐喻。在15世纪后期，奥克塔维安·德·圣—加莱（Octavien de Saint Gelais）便阐述了这样的典型观点。[1] 在他看来，国家（*la chose publique*）是一个机体，在这个机体中，国王代表着头部，神职人员和王室官员（*senechaux*）代表着耳朵，参事代表着心脏，贵族代表着手，劳动阶层代表着脚。这种"国王镜鉴"文本的作者（他称自己的书为一副"眼镜"）所提出的观点即是真正智慧（*sapience*）的社会基础。

在这些术语中，社会表现为一张由诸等级、团体、官职和不大正式的机构组成的巨大网络，并由传统、自然血缘关系以及诸如爱、服从——尤其是忠诚——等道德因素联结在一起；个人行为很大程度上是由这些群体中的习惯、规则和特权所决定的。由此观之，法律与其说是一种改变社会结构的手段，莫如说是一种社会结构的反映。高等法院的一位律师曾写道："历史告诉我们，那些致力于公共利益的先民憎恶将新法律引入国家当中，他们对任何想要引入这种法律的人均持怀疑态度。"[2] 因此，习俗在法律和历史意义上都被认为具有优先地位。加尔文的朋友弗朗索瓦·科南指出："习俗解释了法律，判决巩固了习俗。"[3] 这并不是说社会是一成不变的；事实上，其微妙的平衡突出表现在了不同的对立之中，律师根据具体的利害关系，权衡是否要予以强调。公共福祉制衡着私人特权，"绝对的"主权制衡着"混合式的"政府，"利益"或"国家理性"制衡着团体"自由"。

188

1　见《贵族的宝藏》（*Le Tresor de noblesse*, 1506），第 A 页。

2　见让·德·拉马德莱娜，《论国家与贤王之司职》（Jean de la Madeleine, *Discours de l'estat et office d'un bon Roy*, Paris, 1575），第 34 页；可参照蒙田，《文集》，第 1 卷，第 xxii 页。

3　见科南，《民法注释第十书》，第 43 页。

一方面，政府持续保障特殊群体的特权，诸如行会或大学；另一方面，它已经准备好了一套方案来应对任何与君主政体利益相悖的"叛乱者"，特别是那些桀骜不驯的市镇。

然而，社会理想超越了这些显而易见的悖论。律师们设法争辩称：对政府的限制也增强了它的力量，公共利益实际上是私人利益的总和［一种自由放任主义（*laissez-faire*）的法律预想］，而"自由"对整个集体都是有益的。在那个（律师的）世界里，一切都至臻完美，因此可以推进特定的事业，而不会对个人良知造成太大的压力。至少，只要古老的高卢主义理念继续主宰大众舆论，情况就当如此。正如其最狂热的支持者所认为的，这个理念几乎就是单一的政体："一位上帝，一位国王，一种信仰，一种法律。"——这是安托万·卢瓦泽尔在 1582 年的一场演讲中所提及的。或者恰如纪尧姆·波斯特尔（Guillaume Postel）在他那更为夸大地颂扬"真正的和谐"的文章中所言："一个在独一上帝统辖之下，在一位国王和至高无上的主教、一种信仰、一种法律和一种共识（*commun consentement*）宰治之下的世界。"[1]

在政治和社会方面，这一令人宽慰的理念首先由赛塞给出了最为权威的描述——但讽刺的是，这也导致了它行将在宗教改革前夕遭到淘汰。在其对"法国君主制"的全面描绘中，赛塞将正规的法律训练与政治实践领域的漫长职业生涯结合在了一起。在某种意义上，他在学术上对法律规范的关注转变为了几乎可谓是马基雅维利式的对政策制定的兴趣，即从大学时期的"封建法律之镜鉴"（*Speculum feudorum*）转变为"国王之镜鉴"，其《法国君主制》（*Monarchy of France*）的一个方面便反映了他担任外交官、

1　见波斯特尔，《君主政体的理性》（Postel, *Les Raisons de la Monarchie*, Paris, 1551），第 3 卷和卢瓦泽尔，《吉耶讷》（Loisel, *La Guyenne*, Paris, 1605），第 99 页，献给蒙田的《宽恕书》（"Amnestie", 1557）。

国王顾问和法国天主教高级教士所累积的种种经验。对赛塞而言，社会稳定（也就是国家团结和政治力量强大）的关键是被他称为"缰绳"（*freins*）的"宗教、司法和治安"的三位一体力量。[1] 在他看来，这些缰绳不仅与君主政体的"存续"关系密切，也与其"扩张"有着紧密的联系。社会的宗教基础通过对教皇的臣服、对教会滥权行为的持续"改革"，以及对异端的拒斥（*toutes heresies et sects reprouvees*）而得到了加强；事实上，作为都灵主教，赛塞本人在其生命的最后几年里曾努力尝试根除瓦勒度教派的残余。司法是一个国家的"第二大财富"，赛塞尤其推崇法律职业，概因其品质决定了司法程序的公平和速度，以及王室顾问的智慧。在此处，他作为国王顾问的经历为其推测提供了实际依据。

更复杂的则是"治安"的概念，这个词语在国王立法的背景之下拥有着悠久的历史。对赛塞而言，"治安"对应的是"诸多由国王制定、后来得到时间强化、趋向于在总体上以及在特定方面保护王国的法令"；它还包括了后来被称为"基本法"（fundamental law）的原则，特别是领地不可让与原则，以及国王政府和社会等级的结构。对于后者，赛塞承认了其中的三种，但不包括所有人共有的教会——因为正如法学家安德烈·提拉科（André Tiraqueau）所言，教会"既不了解任何人，也不了解任何阶级"。[2] 这三个等级首先包括贵族和"平民"，后者又按照意大利的方式分为富人和小民（*peuple gras et menu*）；赛塞强调了法国的社会流动性——"一个人如何从第三等级变为第二等级，从第二等级变为第一等级"，特别是通

1　见赛塞，《法国君主制》，J. 普若尔编（Seyssel, *La Monarchie de France*, ed. J. Poujol, Paris, 1961），第1卷，第9-11页；另见《法国君主制》英文版，J. H. 赫克斯特译，D. R. 克雷编（English trans. *The Monarchy of France*, by J. H. Hexter, ed. D. R. Kelley, New Haven, Conn., 1981）。

2　见提拉科，《关于贵族和血统权利的评论》，第159页："宗教既不了解人，也不了解人的境况。"

过宗教职业、教育或财富积累达致这样的进阶。[1]这也成为政治"力量"的一个重要来源。

一代人之后的另一位法学家和历史学家纪尧姆·德·拉佩里埃在一本书中对法国社会进行了更为复杂的，甚至是更为静态的重建，而这本书也起到了"镜鉴"的作用，而且还专注于君主制的"存续"。拉佩里埃的《政治之镜》（*Political Mirror*）将世界描绘成一片森林，每棵树都代表着各种社会形态，如婚姻、司法和国家本身。对他以及赛塞而言，君主政体是一个理想的"混合"政体，在这种情况下，他不仅提到了马基雅维利，也提到了库萨的尼各老（Nicholas of Cusa），后者的"大公会议至上主义"观点（尽管遭到了官方的谴责）在法国律师中仍然广受欢迎。和赛塞一样，拉佩里埃保留了一种本质上的封建模式；但他的设计表现出了更为精细的等级制度特征，包括行政和经济部门，以及各种社会阶层（神职人员、法官、贵族、市民阶级、工匠和劳动者）。[2]他也未曾设想到赛塞所容许的那种流动性；对他来说，秉性（也就是出生）注定了一个人要扮演这些角色，训练使一个人适合这些角色（科利厄也曾提出过类似观点），而忠诚（无论是在效忠的意义上还是在宗教责任感的意义上）则巩固了整个结构。

在宗教战争期间，赛塞的三类力量继续主导着政治设想（尽管至少有一位"马基雅维利式的"作者有意地将"军队"——而非更中立的"治安"概念——加入宗教和司法的行列中去）。它们不仅为像帕基耶、勒华和御前史官迪阿扬这样的正统信仰学者所援引，也颇受新教观察家的青睐，后者的看法其实与此并无二致，只是他们更强调那些冒犯到其改革意识的缺陷。因此，尼古拉·巴诺称赞这些等级是国王宝库中三颗珍贵的"珍珠"，而迪洛里耶（Du Laurier）也颂扬了赛塞的三种"缰绳"，同时呼吁改革

190

---

1 见赛塞，《法国君主制》，第1卷，第17页。
2 见《政治之镜鉴》（*Le Miroir politique*），第20页及后页、第102页及后页。

和强化它们。[1]在所有这些论著中，声名最著者当属伊诺桑·让蒂耶（Innocent Gentillet）的《反马基雅维利》（*Anti-Machiavel*），它利用魔鬼学研究赋予了旧的赛塞传统一个新的优势。让蒂耶为古老佛罗伦萨的"政治"建言拾遗补缺，而这些内容都通过一系列格言得以重新阐明，它们齐整地排布在三个标题之下：忠告（这个马基雅维利式的主题被赛塞式的"司法"所取代）、宗教和治安。[2]尽管摆出了义愤填膺的宗教和民族情感之姿态，但让蒂耶至少含蓄地提供了一个政治和社会理念，作为对令人遗憾地缺乏社会良知的马基雅维利"无神论"和"专制"观点的纠正。相比之下，法国式的理念则建立在独立的和制度保障的（而不是依靠个人筹谋的）"法律顾问"（它确实是法国君主制的"基本法"之一）以及一个能够提供据称是被马基雅维利之流忽视的社会背景的适当"治安"体系基础之上。让蒂耶的胡格诺派同僚亨利·艾蒂安同样蔑视"马基雅维利主义者"，将这种道德观点与未开化的意大利政策（*polizza*）进行了对比。他的观点实际上与拉佩里埃的观点是一致的，后者以卓越的人文主义方法将"治安"与被我们译为"礼仪"的希腊词语"政体"（*politeia*）联系在了一起。希腊人所谓的政治政府被拉丁人称为国家或市民社会。[3]

新教的呼召观念强化了这些关于社会结构的保守观点。一位胡格诺派的高等法院成员（此君同时也是研究法国第一阶段宗教冲突的先驱历史学

---

1 见巴诺，《国王内阁》（Barnaud, *Le Cabinet du Roy*, Paris, 1567）与迪洛里耶，《王国在宗教、司法与治安方面的现状》（Du Laurier, *De l'estat present de ce Royaume quant a la religion, justice, et police*, Paris, 1583）（藏于法国国家图书馆 Lb³⁴.213）。可参照 S. 古拉尔编，《查理九世治下法国回忆录》，第 3 卷，第 162 页；有关对勒华和迪·阿扬的影响，见赛塞，《法国君主制》，附录。巴诺有关神职人员的章节已于《16 世纪神圣的一夫多妻制》（J. 埃尔韦编）（*La Polygamie sacrée au XVIe siècle*, ed. J. Hervez, Paris, 1908）中单独刊行。

2 见让蒂耶，《反马基雅维利》（评论版，A. 丹德烈亚与 P. D. 斯图尔特编）（Gentillet, *Discours contre Machiavel*, 1576, critical edn. by A. D'Andrea and P. D. Stewart, Florence, 1974）。

3 见亨利·艾蒂安，《意大利化之新法语两论》，I. 里索编（Henri Estienne, *Deux dialogues du nouveau langage François italianizé*, ed. I. Liseaux, Paris, 1883），第 97 页。

家）在一篇关于"天职"的文章中详细阐述了这一点，而他所阐述的"天职"不仅是"内部"意义上的，也是"外部"意义上的（也就是社会的）呼召。[1]皮埃尔·德·拉普拉斯认为，一个集体之成员虽然受到法律的辖制，但却更直接地受制于个人对其职责、对其家庭和教会职务和责任的态度。他们也不得承担没有具体责任的职能。例如，那些没有直接被"呼召"者即不能承担传布福音的责任。诚然，在某些情况下，这种对天职的颂扬可能会引发对其他更传统的权威来源的怀疑，事实上拉普拉斯本人在宗教战争期间也被要求记录下这种情况。但即便是天职与法律之间的冲突也被拉普拉斯的原则所掩盖了；因为根据加尔文本人的立场，反抗本身只能由那些被"呼召"者来承担，也就是说由地方行政长官来承担。一如"良知"，"呼召"仍属法治的范畴，当然，关于改革、政治和教会的各种新教概念亦是如此。

总的来说，与许多意大利观察家所持的公民观点形成鲜明对比的是，法国律师、新教徒和天主教徒对社会和政治结构都持保守的、律法主义和道德主义的观点。在持正统信仰的法学家当中，图卢兹人皮埃尔·格雷瓜尔（Pierre Gregoire de Toulouse）和路易·勒卡龙（Louis le Caron）都为作为一个"混合政体"的法国概念进行了辩护，尽管在宗教战争期间这样的论争近乎叛国。与"最为恶毒的马基雅维利"的理念相反，格雷瓜尔的理念阐述如下：国家是"一个财产和生命的共同体社会，它组成了一个皆由其成员的不同部分构成的公民主体，并且都由一个首脑和一种信仰所统摄……"，旨在获得现世的福祉并为来世做好准备。[2]尽管带有异端色彩，他还是毫不犹豫地将这种学术理念与奥特芒在对法国制度历史的著名研究中所描述的"法兰克高卢"（Francogallia）等同起来。在布尔日曾被博

1　见皮埃尔·德·拉普拉斯，《论众人皆被呼召之天职与生活方式》（Pierre de la Place, *Traitté de la vocation et maniere di vivre a laquelle chacun est appellé*, Paris, 1578）。

2　见图卢兹人皮埃尔·格雷瓜尔，《论国家》（Pierre Gregoire de Toulouse, *De Republica*, Frankfurt, 1609），第 13 卷，第 21 页。

192 　杜安招入门下的勒卡龙也遵循着同样的思路，尽管他的观点是柏拉图式的，而非亚里士多德式的，但他继续将法国法律（以及政治）传统定义为"和谐之正义"和哲学的最高形式。他写道："我发现法国的习俗具有强烈的政治色彩（*politique*），并且与我们的柏拉图的观点毫无二致。"[1] 勒卡龙的主要成就是建立了基于当地习惯法素材的罗马法体系。他在这本方言版的"汇纂"中宣称："法国法律是由普遍法则的各个部分组成的，其学科被称为法学、公民科学或一种某些人所谓的'国王'智慧。它是对人类社会最为有用的道德哲学和政治哲学的重要组成部分。"

　　对于各个派系而言，保守主义仍然是法律职业的基调。然而，在社会停滞的措辞背后，存在着一些适应变化甚至推动改良的规定。例如，可以被无视的"过时手段"和"有害习俗"、被中世纪法学家提升到系统科学水平的各种"阐释"，以及最重要的"改革"这一特定法律意义上的灵活概念（它是 16 世纪那场旨在规范和统一封建习俗的伟大运动的基础）。根据机体的假设，立法者将他们的角色比作诊断疾病和开具药方的医生。这种医学意象也适用于马基雅维利，他的第一位法语译者（比后来的读者更富有同情心）将这位佛罗伦萨秘书的忠告比作危重病人所必需的异常强效的药物。米歇尔·德·洛皮塔尔（Michel de l'Hopital）在其关于全面"司法改革"的文章中提到了这个词，而奥特芒在其献给洛皮塔尔且充满改革

1　见路易·勒卡龙，《论集》（Louis Le Caron, *Les Dialogues*, Paris, 1555），第 29 页；另见克雷，《哲学家路易·勒卡龙》（Kelley, "Louis Le Caron philosophe"），收录于《哲学与人文主义：纪念保罗·奥斯卡·克里斯特勒之文艺复兴论文集》（*Philosophy and Humanism, Renaissance Essays in Honor of Paul Oskar Kristeller*, New York, 1976），第 30-49 页。

色彩的《反特里波尼亚努斯》（*Antitribonian*）中也使用了该词。[1] 显然，像奥特芒此类作者的希望和理想是与教会改革紧密相连的，事实上，人们往往很难把世俗改革与宗教改革区分开来，尤其是在意识形态方面。

　　无论如何，其中一些看法影响了近代早期社会意识的形成，尤其是近代"政治科学"的形成。作为两门古老学科的混合体，这门崭新的或得到复兴的学科在 16 世纪以一种可被辨识的形态面世，而在此之前，这两门古老学科一直都被冷静地（但可能不合理地）区分开来。其中一门是法学这门"科学"［法学家之法令（*legitima*）或公民科学（*civilis scientia*）］，另一门是古代的"政治"科学，恰如洛皮塔尔对柏拉图和亚里士多德的描绘。"政治科学"（*la science de politiques*）一词在 14 世纪被引入，但这个概念却在 16 世纪通过人文主义者而得到阐释，这项工作首先由比代发起，最终由他的门徒路易·勒华和路易·勒卡龙完成，从而臻于完备。[2] 身为图卢兹法学院毕业生的勒华不仅致力于研究法律和古典哲学传统，还致力于研究诸如赛塞和马基雅维利这样的近代学者，努力恢复政治科学作为"所有学科中最有价值、最为有用和必要之学科"的应有地位。勒卡龙则更专注和系统地追寻这一理念，并选择了同一出发点。他

193

　　1　见洛皮塔尔，《未刊行作品集》，P. 迪费编（L'Hôpital, *Oeuvres inédites*, ed. P. Duféy, Paris, 1825），第 1 卷，第 23 页；奥特芒，《反特里波尼亚努斯》（Hotman, *Antitribonian*, Paris, 1603），第 6 页；德尼斯·雅诺，载于 A. 格贝尔，《尼可洛·马基雅维利：16 世纪和 17 世纪时期其作品之手稿、版本与翻译》（Denys Janot in A. Gerber, *Niccolò Machiavelli, Die Handschriften, Ausgaben und Übersetzungen seiner Werke im 16. und 17. Jahrhundert*, Turin, 1962），第 21 页。

　　2　见比代，《论君主制》（Bude, *De l'Institution du prince*, Paris, 1547）与勒华，《论政治艺术的起源、悠久历史、发展、卓越性和有用性》（Le Roy, *De l'Origine, antiquité, progres, excellence et utilite de l'art politique*, Paris, 1567），后者被当作了于翌年问世的勒华所译的亚里士多德《政治学》的前言。可参照 N. 奥雷姆，《亚里士多德的〈政治学〉》（N. Oresme, *Le Livre de politiques d'Aristote*, Paris, 1489），第 44 页："政治科学"。有关于此的最具权威之章节为西塞罗，《论演说家》（Cicero, *De Oratore*），第 3 卷，第 28 篇，第 109 页："古希腊的'哲学家'由于对重要事务的特殊了解而被称为'政治家'。"

写道："伟大的柏拉图曾优雅地宣称真正的哲学关切的是人们的生活和习俗"。而且它"被包含在法律书籍当中，而不是哲学家无用的、含糊不清的图书馆馆藏中……因此，"——这一主题再度出现——"法学的确可以被称为真正的哲学"。[1]

王之所好

法学这一"真正的哲学"不仅支撑了一种社会秩序的理想，还提供了建立和维系这种秩序以及惩罚背离这种秩序之行为的手段。例如，路易·勒卡龙在颂扬法国法律的文明力量时，并不介意赞同皮埃尔·利泽关于刑法的严谨观点，特别是关于为了维持社会秩序而使用没收充公手段及其条件的观点。[2] 在这里，我们要从法学回归到政治，因为立法权力越来越多地被法学家表述为王命：正如一句立法套语所言，"故此厥为吾等之所欲"（ *car tel est notre plaisir* ）。"王之所欲，即法之所欲"正是罗马王权法（ *lex regia* ）的法国版本，特别是开篇明义的"王之所好即律法之力量"（ *Quod principi placuit* ）。[3] 及至16世纪，即便是传统上不受立法干涉的私法，通过巴黎和各行省的习俗"改革"运动，也至少间接地受制于国王的意志和律师的干预，与此同时，法令、敕令和判决所覆盖的事务范围也在持续扩

194

　　1　见《拉克莱尔，法律之审慎》（ *La Claire, ou de la prudence du droit*, Paris, 1554 ），第23页；可参照《法兰西法律汇纂》（ *Pandectes ou Digestes du droict françois*, Paris, 1587 ），第1卷，第3页。

　　2　见皮埃尔·利泽，《刑事和民事案件立案与裁决的简明程序》前言（ Preface to Pierre Lizet, *Brieve et succincte maniere de proceder tant a l'institution et decisions des causes criminelles que civiles*, Paris, 1555 ）。

　　3　见奥特芒，《法兰克高卢》，R. 吉西编，J. 萨尔蒙译（ Hotman, *Francogallia*, ed. R. Giesey and trans. J. Salmon, Cambridge, 1973 ），第14章；卢瓦泽尔，《传统机构》（ Loisel, *Institutes coustumiers*, Paris, 1611 ），第19页；总体概况见 P. 施拉姆，《法兰西国王》（ P. Schramm, *Der König von Frankreich*, Weimer, 1939 ），第251页及后页，与唐纳德·R. 克雷，《近代历史研究的基础》，第197页及后页。

大。这种政府野心（若非权力）的扩张也伴随着保王派言论以及司法和官僚活动的膨胀，整个过程似乎反映了一种近乎极权主义的社会控制观点。在这个宗教动荡的时代，这种影响和侵入个人良知（与个人财产）最深处的倾向强化了他们将异见斩草除根的态度。其结果便是让国王的意志——连同其发言人和执行者的意志——成为意识形态生成的一个主要因素。

在表达国王意志方面，扮演最重要角色的是高等法院和掌玺大臣官署。总的来说，君主政体的立法传统（至少在虚构的，但是得到法律上承认的司法传统方面）可以追溯到加洛林王朝时期的法律汇编。自 13 世纪开始，越来越多地使用方言和拉丁文的法令在后世被解释为帝国模式的宪法或法令——因为根据著名的教规原则，国王确乎是"其王国的皇帝"。此即这种王权或最高统治权最为彰显的表现之一，其形式将由诸如勒卡龙和博丹这样的哲学法学家重新构建和合理化。与此同时，他的官方"行为"（终究是在法律上对所有口头宣言的夸张）构成了意识形态最显眼的表现之一。[1]

言辞和现实之间（即立法意图与行政成就之间）一如既往地相去悬殊。法国国王在其各类宣言中就社会各阶层和生活的各个方面直抒己见。根据不同场合的需要，他分别采用了自得的、和解的、充满民族自豪感的、义愤填膺的或无法控制的愤怒的语调。在负责分配特权、维持垄断、监督教会、限制个人越权、没收财产、稳定价格、规范着装、敦促履行职责或推动"改革"的过程中，国王喜欢评估和监督居于他之下的社会、军事和行政等级

195

1　被援引的往往是这些法令的原始印刷版本，它们被收录于 A. 伊斯纳尔编，《法国国家图书馆印刷书籍总目：国王法令篇》第 1 卷（A. Isnard, ed., *Catalogue general des livres imprimés de la Bibliothèque Nationale, Actes Royaux*, I, Paris, 1910），偶见于 R. O. 林赛与 J. 诺伊，《1547 年至 1648 年期间法国的政治宣传册》，但也可参考 F. 伊桑贝尔、A. 茹尔当、A. 德屈西编，《法国古代法律总集》和其他近代汇编，而最为便捷的材料可能是布里森、雷布菲与丰塔农等人编撰的经典著作。关于诸项和解敕令，见 N. 萨瑟兰，《胡格诺教派争取认可的斗争》（N. Sutherland, *The Huguenot Struggle for Recognition*, New Haven, 1980）。

的所有阶层。大多数法令都涉及了政府和社会的正式机构——法院、财政和行政官职系统、教会、军队、行会和商业组织、学校等。重组和"改革"这些机构相对容易；问题出在控制、执行和必要时实施惩罚之需要。一般来说，（以局势紧迫的名义）征收新税、（以统一的名义）改革关税、（以公共福祉的名义）贯彻禁止奢侈消费和其他立法规定，以及（以正统信仰的名义）敦促实施大学"教化"都假定了一种社会延展性的条件，反映了极端乐观主义或一种与执行机制迥异的不切实际的道德主义。无论如何，国王的好恶已经延伸到了社会的最深处。

在 16 世纪，立法之抱负与最具威胁性的反社会行为之间的对比十分明显。从各种控诉和法律行为中可以得到一个明确的判断：这是一个公民暴力愈演愈烈的时代。法律一再地，但显然是徒劳地禁止人们携带武器（包括"弓、弩、戟、长矛、铁钳、剑、匕首和其他攻击性棍具"），尽管在亨利二世采取更严厉的措施之前，贵族和王室官员都被豁免了。16 世纪 20 年代，哈布斯堡王朝与瓦卢瓦王朝的冲突令游手好闲者（*oisifs*）和麻烦制造者（*mauvais garçons*）大行其道，从而加剧了这一混乱局面；在 1523 年秋，一项敕令谴责了这些犯下强奸、偷窃和纵火等累累罪行的"冒险家、劫掠者和毁灭者"。[1] 弗朗索瓦一世以一种高高在上的道德口吻将大部分的"罪行和恶毒原因"都归咎于他的那些在神圣罗马帝国中的敌人，称其无端挑起了战争，扰乱了法国国内的和平；他敦促称，如果不把他们赶出这个国家，就得把他们杀死，砍成碎片。巴黎时时处于焦虑之中，尤其害怕纵火犯的行动。翌年，纵火犯烧毁了特鲁瓦的大部分地区。不止一名嫌疑人遭到监禁或处决，有时显然未经审判就被扔进了塞纳河。1526 年，

1　见 F. 伊桑贝尔、A. 茹尔当、A. 德屈西编，《法国古代法律总集》，第 12 卷，第 115 页；可参照《秘书指南》（*Le Guidon de secretaires*, 1516; Columbia）与《国王弗朗索瓦编年史》，G. 吉弗雷编（*Chronique du roy Françoys*, ed. G. Guiffrey, Paris, 1860），第 34 页。

一类新的官员——"治安官"受命"巡视街道、酒馆和公共场所，逮捕流浪汉和缺少身份证明的人"。[1] 人们还不得不采取措施打击"非法集会"（包藏祸心的武装人员啸聚其间对抗国王的利益），打击戴面具和蓄须的行为（因为这么做有伪装之效），不过贵族和近卫骑兵又得以豁免。应当记住的是，这一时期正值陆军统帅波旁的丑闻东窗事发，这一丑闻开创了一个反抗君权的可怕先例，并招致了"冒犯君主、叛乱和重罪"的指控。

　　犯罪活动成为城市生活当中越来越惹人注目的组成部分，它在1541年出版的一本专门讨论刑法的著作中得到了生动的描述。被充作彼时新闻插图的一系列木版画理想化地描绘了街头犯罪行为的实施、对肇事者的逮捕、法庭上对这些人的指控、"审讯"与最终的定罪。[2] 附于这本带插画的著作《犯罪行为》（Praxis criminis）之后的是年轻的弗朗索瓦·奥特芒所撰写的一篇短文，它以更系统的方式探讨了暴力犯罪，并预示了奥特芒本人后来所在派系参与的非法煽动活动。他区分了个人犯罪和公共犯罪，死罪和非死罪，并按照从盗窃和人身伤害到"骚乱"（即扰乱治安和煽动罪）的递增罪行等级对它们进行了排列。排在名单前列的是阴谋罪（conjuratio），而这正是奥特芒本人在1559年至1560年的昂布瓦斯暴动中所犯下的罪行。然而，刚刚从奥尔良大学获得法律执照的奥特芒在这一点上表达了对暴力的完全传统式的憎恶，并赞同一个和平的社会需要对违法者实施严厉的惩罚。

　　尽管人们表达了这样的态度，并且持续不断地进行着立法，但犯罪率在下一位国王统治时期似乎有着明显的上扬，亨利二世在1548年的一份

　　1　见《巴黎市政府审议档案》第1卷，F. 博纳多编（*Registre des délibérations du Bureau de la Ville de Paris*, 1, ed. F. Bonnardot, Paris, 1883），第225页与《1526年5月7日弗朗索瓦一世的诏书》（*Lettres patentes de François Premier Du Septième May 1526*）（收录于法国国家图书馆 F. 23610）。

　　2　见约安内斯·米勒乌斯，《犯罪行为》（Ioannes Millaeus, *Praxis criminis*, Paris, 1541），附奥特芒的《罪行名录》（Hotman's *Tabulae de criminibus*）。

敕令中宣称："每日有无数的谋杀和犯罪行为是由那些携带火枪和手枪者犯下。"[1] 因此，这位国王采取了一条更加严厉和更具惩罚性的路线，将强调重点从国内和平之果实转移到车轮刑的恐怖之上，从外国人转移到国内的"凶手和刺客"身上。他敦促公民们团结起来对抗威胁，并高呼："滚出去，滚出去！"当犯罪行为发生时，人们敲响教堂的钟，堵住出口，联手对付罪犯。[2] 在他的继承人统治时期爆发的宗教战争期间，这类立法几乎每年甚至每月都要重复进行一次。然而，此举在很大程度上却劳而无功，因为弗朗索瓦二世在 1559 年 12 月 17 日的一项敕令中抱怨称："每天都有人携手枪犯下严重且可恶的谋杀罪行。"一如其父，他呼吁公众公开反对那些罪犯，即"叛徒和煽动者"（*"aux traitress, aux boutefeux!"*）；同样也与其父一样，他最终只能认输。[3] 就在翌日，一桩本世纪最耸人听闻的罪行发生了，此即针对米纳尔庭长的谋杀。当然，昂布瓦斯阴谋也已在酝酿之中。一般而言，个人犯罪与通常被称为"叛乱"、"暴动"、"阴谋"和"叛逆"的公共犯罪之间只存在着一条非常细微的界线。

1562 年春，随着不断升级的暴力与军事对抗的合流，以及历时一整代人的宗教战争继一代人的零星冲突爆发之后，这条界线被打破了。尽管

1　见 F. 伊桑贝尔、A. 茹尔当、A. 德屈西编，《法国古代法律总集》，第 8 卷，第 74 页。可参照 D. 里歇，《16 世纪下半叶巴黎宗教冲突的社会文化层面研究》（D. Richet, "Aspects socio-culturels des conflits religieux a Paris dans la seconde moitie du XVIe sieicle"），载于《年鉴》（*Annales*），第 32 页（1977 年），第 764-783 页。

2　见《针对王国内每日发生的各类谋杀与暗杀……之敕令》（*Edict ... contre tous meurdres et assassinements qui se committent journellement en ce royaume*, 15 July 1547）（收录于法国国家图书馆 F. 47021. 4）。《亨利二世法令集》（*Catalogue des actes de Henri II*）的出版工作始于 1979 年。

3　见《国王诏书，包含对众人携带火绳枪、手枪之权利的反复申辩》（*Lettres patentes du Roy contenant reiteratives defenses a toutes personnes ... de porter harquebuses, pistoles ...*）（巴黎：1559 年；收录于法国国家图书馆 F. 46818. 21；R. O. 林赛与 J. 诺伊，《1547 年至 1648 年期间法国的政治宣传册》，第 151 号）；可参照收录于 A. 伊斯纳本编，《法国国家图书馆印刷书籍总目：国王法令篇》第 1 卷和 R. O. 林赛与 J. 诺伊，《1547 年至 1648 年期间法国的政治宣传册》的该年夏天的其他立法文件。

宗教战争本身时断时续，但基于宗教的犯罪行为却显然绵绵不绝，其动机当然也更加多样化。奥特芒和博杜安的老同事、法学家夏尔·迪穆兰位于巴黎的家庭便饱受暴力的摧残。迪穆兰本人曾因宗教信仰而遭受流放、监禁和财产损失，而他也给自己的后嗣遗留下了与继承问题密切相关的更大麻烦。[1]虽然迪穆兰最初为了学术独身而放弃了其遗产，但后来他更弦易辙，收回了遗产，故而其与兄弟费里（Ferry）之间的激烈争执，以及有争议财产本身都将仇恨延续了下去。1572年春，迪穆兰的女儿和她的两个孩子（实际上是三个，因为她怀孕了）遭到了"屠戮"，而他的侄女、费里的女儿安妮及其丈夫则被指控犯下了这一桩暴行。就在圣巴托罗缪屠杀爆发的三个月前，这一事件成为这个世纪最重大的案件之一。此案的诉讼代理人正是著名的法学家巴纳贝·布里索（Barnabé Brisson），此君在20年后出任高等法院庭长，并被天主教神圣同盟绞死，从而成为宗教战争期间最后一位著名殉道者。在其长篇大论中，他满怀激情地哀叹"我辈之世纪的不幸，每天都看到新的犯罪怪物出现"。这种私人宿怨被更为公开的暗杀和战争伤亡所掩盖，但它表明"治安"和社会稳定的问题并不囿于公共事务。

198

正是为了维持对赛塞所推崇的社会"力量"的控制，并压制对法律秩序的威胁，国王将自己的意志延伸到了私人领域——一个在理论上不受政治干预的领域。通过不同程度的独创性辩论，他的律师将其最高统治权主张插入了个体和潜在反抗的最基本领域，进入了意识形态混乱的最底层。国王维护家庭完整——尤其是父权——的尝试已经在与有关"秘密婚姻"之法律的联系中引起了注意，该法律是在宗教战争前动荡的十年期间颁布的。更引人注目的是国王在教育领域所展现出的傲慢，他在大学中扮演着家长的角色。他所承担的是"真正且有益之教义"（*vera et sana*

---

1 见《著名诉状汇编》（*Recueil des plaidoyez notables*, Paris, 1611），第246-264页；另见下文第207-210页。

doctrine）和"法国人信仰的纯洁性"（*fidei puritas in Galliis*）的支持者和保护者的责任；为了实现这一目标，他不仅介入学术政治，而且还介入了学术论争。例如，在1474年的一项著名敕令中，路易十一谴责了现实主义者和"极端主义者"之间不体面的斗争。[1]这只是君主制在接下来的几个世纪当中实施各种干预的一个先例，而在这一时期，各种"主义"之间的战争已经变得一触即发，"教化"也变得更具社会意义。

在16世纪，正是宗教问题将这种控制意识形态的努力推向了风口浪尖。对于侵犯良知的问题，法国国王从其头衔"笃信王"（该头衔本身就是公认的最高统治权标志之一）中获得了政治理由；[2]他还从过往的立法中发现了打击渎神和破坏圣像的个人行为的具体法律先例，而这些行为尤其属于高等法院的职权范围。典型的例子就是1487年查理八世的所作所为，他"禁止任何人否认、亵渎或诅咒上帝、圣母或圣徒……"，并设定了相应的惩罚措施，从"罚金"开始，接着是枷刑，然后是用热烙铁刺穿舌头，而到了第五层级，则没有刑罚的具体说明，但显然更加可怖。[3]反对渎神行为的最权威敕令于1510年颁布，四年后，弗朗索瓦一世于嗣位之际又颁行了一项内容相近的敕令。越来越详细的惩罚清单表明这一问题每况愈下：罚金适用于前四次论罪，接下来则是示众（在上午八点到下午一点期间，"需忍受任何人想要施加的斥骂和羞辱"），然后是不同程度的肉刑，直到第八次定谳；"如果他们铤而走险犯了上帝所禁止的弥天大罪，我们将下令将其舌头割掉，令其杜口无言，无法再散布他们的邪恶，以及对上帝和圣母的亵渎"。

199

1　见F. 伊桑贝尔、A. 茹尔当、A. 德屈西编，《法国古代法律总集》，第10卷，第664-672页（1574年3月1日）。

2　见让·德·庞热，《笃信王》（Jean de Pange, *Le Roi treschrétien*, Paris, 1949）。

3　见F. 伊桑贝尔、A. 茹尔当、A. 德屈西编，《法国古代法律总集》，第11卷，第171-173页（1587年12月3日）。

　　因此，法国君主政体在法律上已经做好了应对路德教派威胁的准备，后者在 1521 年遭到了巴黎大学和高等法院的谴责。事实上，弗朗索瓦一世所要做的就是恢复已经摆在高等法院注册簿上的针对渎神行为的立法；在接下来的几年里，这位国王恰是如此行事的。他支持了教皇谴责路德的敕书，并表露了在这个世纪所余时间里屡次展现的意图，即要铲除、扑灭和废除这个卑鄙可恶的教派与异端。[1] 在"布告事件"发生之后，他再度大张旗鼓地推动了这场战役。1540 年 6 月，弗朗索瓦一世正式将根除异端的主要职责授予了高等法院和他的法官们；无独有偶，他在一个月后颁布了第一份禁止无故移民的敕令。[2] 随后的立法也敦促尽责追捕被视为反叛者的路德教派教徒（即"煽动、扰乱公共安宁并危害国家安全的阴谋者"），并在 1543 年 7 月制定了这些信仰条款，它们实际上象征着对君主制的效忠誓言。弗朗索瓦一世在神圣罗马帝国中的对手查理五世也在其领土上——特别是尼德兰和德意志地区——发动了一场类似的战役。[3]

　　在法国，一些法学家对这种将宗教事务等同于民事事务（更确切地说，是将两者混为一谈）的倾向感到不安。根据 1542 年高等法院注册簿中的一桩轶事记载，身为两位国王发言人之一的国王诉讼代理人诺埃尔·布吕

200

　　1　见《弗朗索瓦一世法令集》第 1 卷（*Catalogue des actes de François Ier*, I, Paris, 1887），第 359 页（1523 年 9 月 25 日）；"在可恶的渎神者还没死去之前，他们的喉咙被铁器撑开，舌头被拉断，然后挂在绞刑架上被勒死。"可参照 R. 杜塞，《16 世纪法国的制度》（R. Doucet, *Les Institutions de la France au XVIe siècle*, Paris, 1948），第 1 卷，第 331 页。
　　2　见《打击异端分子以及传播路德及其他追随者和共犯之异端思想和错误教义者……之国王敕令》（*Edict du Roy ... contre les heretiques et seminateurs des heresies et faulces doctrines de Luther et autres adherans et complices ...*, Paris, 1540）（收录于法国国家图书馆 Res. F. 1906）；收录于见 F. 伊桑贝尔、A. 茹尔当、A. 德屈西编，《法国古代法律总集》，第 12 卷，第 305 页；可参照 F. 伊桑贝尔、A. 茹尔当、A. 德屈西编，《法国古代法律总集》，第 12 卷，第 309 页；以及上文第 79 页。
　　3　见《旨在消灭异端并保护吾等天主教信仰……之皇帝查理五世法令和敕令》（*Ordonnance et edict de lempereur Charles le Quint ... pour l'extirpation des sectes et conservation de nostre saincte foy catholique*, 25 Sept. 1550）[收录于大英博物馆（大英图书馆）618.b.43]。

拉尔（Noel Brulart）曾向最高法庭投诉巴黎某些堂区中正在进行的令人反感的布道活动，并敦促采取措施予以阻止。[1] 作为最后一个赞成此类布道活动之人，皮埃尔·利泽提出了反对意见。他争辩道："此乃巴黎主教之司职与责任，我认为本庭不应接掌这一职责。"然而，仅仅相隔数年，在成为负责审判刑事庭派发之异端案件的"火焰法庭"庭长之后，利泽却以一种有过之而无不及的态度接管了这些职责，他史无前例地创造了在两年时间里（1547年至1549年）就大约450个案件做出判决的记录。

在这一活动中，我们可以看到逐渐升级的"新教政治化"过程中的另一个因素。然而，法国国王镇压新教的努力显然仍有所欠缺，1549年11月，亨利二世表达了对异端"会像煤沙下的火苗一样滋生，暗地里煽动大量普通民众"的恐惧。[2] 因此，法律上的补救措施仍在赓续出台，首先是两年后的立法里程碑——《夏多布里昂敕令》，它禁止了各种长距离移民，并建立了更为严格的治安管制系统，随后是1557年的《贡比涅敕令》。[3] 此时的高等法院已经习惯于其管辖权的扩张。事实上，在1560年的昂布瓦斯阴谋之后，法庭就已经强烈反对国王将异端罪行的认定权授予高级教士；

1　见《法令》（*Ordonnances ...* ）的空白页（收录于哈佛图书馆中的卷数见下文第241页，注释71）；可参照 N. 魏斯，《火焰法庭》（N. Weiss, *La Chambre Ardente*, Paris, 1889）。

2　见《关于审判路德教派教徒的国王敕令》（*Edict du Roy sur lefaict du jugement des Lutheriens*, 19 Nov., publ. 31 Dec., Paris, 1549）（收录于法国国家图书馆 F. 46805. 8; 35149）；收录于 F. 伊桑贝尔、A. 茹尔当、A. 德屈西编，《法国古代法律总集》，第13卷，第103页："就像灰烬下的火苗一样，他们会以狡辩和掩饰遮盖他们的错误和可恶的观点，从而获得苟延残喘的机会，并暗中传染和引诱无数普通民众……。"

3　见《关于路德教会及异端分子的认定权、管辖权和审判权的国王敕令》（*Edict du Roy touchant la cognoissance, jurisdiction et jugement des proces des Lutheriens et heretiques*, Paris, 1551）（收录于法国国家图书馆 F. 46807.5-7; R. O. 林赛与 J. 诺伊，《1547年至1648年期间法国的政治宣传册》，第36号）与《惩罚反对正统信仰之错误观点坚持者的国王敕令》（*Edict du Roy portant la peine contre les perseverns en leurs mauvaises opinions contre la foy*, Paris, 1558）（收录于法国国家图书馆 Rés. F. 1956）。

国王只能做出让步。[1]他发表了一份声明，重申高等法院对于"非法集会"的管辖权，并认定参与非法集会的行为属于死罪，而法律职业当中日渐扩大的分裂也得到了承认。

　　国王的司法和立法意志对宗教生活的入侵伴随着一种更为根本的现象，即宗教不满与前文论及的日益增长的内乱显而易见的（若非始终明显的）合流。上述那些"非法集会"、街头斗殴、学生暴动、工人罢工、贵族与市镇的"叛乱"，以及破坏圣像运动都侵扰了王国的"治安"；这些都与"宗教问题"有着各种或直接或间接的联系，因此也不可避免地与1559年业已迫近的"政治问题"产生了联系。[2]高等法院庭长米纳尔遇害一事导致迪布尔格被处决，翌年人们又将这一事件作为威胁吉斯家族的武器。一段新教歌词写道："当心了，枢机主教，不要落到米纳尔那般下场。"[3]一系列的法令重申了禁止携带武器的禁令，但国王本人的手下以及后来忠诚的巴黎人却都被允许武装自己来对付"叛乱者"。与此同时，谋杀本身也变得政治化了；一位胡格诺派的宣传者在1566年[4]将"暗杀"一词——"意大利式"的杀戮——引入这种不可言说的行为当中（其实它是立法辞令中的常用术语），从而可耻地取代了光荣的决斗。从很多方面来说，宗教战争只不过是超出法律控制范畴的社会暴力的放大和延续。

　　在任何时候，政府似乎都如同担心身体暴力一般担心言语的煽动行为，政治考量再度愈加突显。造成这种情况的原因之一便是"火焰法庭"在简

201

　　1　见《巴黎高等法院法庭的两份谏书》（*Deux remonstrances de la cour de Parlement a Paris*, 1561）（收录于法国国家图书馆 Lb^{33}.11）；收录于 F. 伊桑贝尔、A. 茹尔当、A. 德屈西编，《法国古代法律总集》，第 14 卷，第 27 页，1560 年 5 月。

　　2　见《关于禁止举行集会与夷平举行上述集会之宅邸的国王敕令》（*Edict du Roy sur la prohibition et defense de faire conventicules et rasement des maisons ou se feront lesdicts conventicules et assemblees*, 4 Sept. 1559）（收录于法国国家图书馆 F. 46818. 5 and 12）。

　　3　见 J. 皮诺，《法语区新教徒的诗歌》（J. Pineaux, *La Poésie des protestants de langue française*, Paris, 1971），第 103 页。

　　4　见 H. 艾蒂安，《希罗多德的辩词》，第 1 卷，第 353 页。

单的（即个人的）、冒犯性的观点（*delit commun*）与对受谴责之教义（*cas privilegé*）的宣扬之间所做的重要区分，后者被要求采取更为严厉的措施。[1]官方的叛乱理论在《贡比涅敕令》中得到了明确的表述，该敕令针对的便是那些"异端邪说，它们首先被归于思想和精神的范畴，表现为不仅在秘密集会中，而且在诸多令人愤慨的行动以及武装公众集会中宣扬其愚蠢和大胆的观点，以诱使穷人接受他们从异端到渎神、丑闻、暴动和悖逆上帝与君主之罪行的诸多立场……"国王对话语力量的担忧也表现为压制言论攻击行为的尝试。例如，在 1561 年，掌玺大臣洛皮塔尔（在其著名的奥尔良三级会议演讲中）曾委婉地告知法国人，政府试图禁止所有人称呼他人为"该死的天主教徒"或"胡格诺派教徒"。不幸的是，正如敕令所委婉表达的，贯彻这一禁令的唯一办法似乎是用"肉刑"来回应诽谤者；因此，即使在法律上，诽谤罪也需以暴力予以回应。[2]一直是高卢主义所固有的，也经常在立法辞令中得以凸显的意识形态统一的隐含理念在 1568 年的一项敕令中得到了最明确的表述，该敕令直言不讳地宣布法国只能允许天主教的存在。

官方的暴力——肉刑——并非控制法国臣民心灵与思想的唯一的或最具威胁性的手段。没收异端分子及其庇护者的财产也许是最为凶险的行为，它最早出现在因为"布告事件"而出台的 1535 年敕令当中。此外，一项潜在的条款还规定将所没收财产的四分之一授予告密者，而之前这是作为

1　见 N. 魏斯，《火焰法庭》。

2　见《禁止所有人携带匕首、长矛或其他武器，不得煽动叛乱的禁令》（*Les Defenses a toutes personnes de porter dagues ny espees, ou autres armes, ne faire sedition*, Paris, 1561）（收录于 R. O. 林赛与 J. 诺伊，《1547 年至 1648 年期间法国的政治宣传册》，第 234 号）："勿用'该死的天主教徒'或'胡格诺派教徒'这样的词汇称呼他人，因为这么做的人会遭受到肉体的痛苦刑罚。"

叛逆罪案件的嘉奖。[1]这一举措的再次施行是在 1562 年 3 月 19 日第一次宗教战争爆发之际，时值吉斯公爵进入巴黎，以及孔代亲王逃离该城——政府规定没收所有拿起武器反抗国王者，以及后来那些拒绝返回巴黎者的财产。在随后的几年里，这种威胁被提升到了公共政策的层面。后来的一系列敕令下令出售被没收的财产，尽管其中一些财产的出售对象被指定为天主教神职人员，作为对他们的补偿，但大部分却归国王所有。禁止胡格诺派教徒在财政部门和司法部门担任任何职务的立法都将产生同样的效果。从长远来看，很难估计这些措施的效果如何，尽管它们肯定会在下一世代引发大量诉讼；但无论如何，它们对"所谓改革派宗教"构成了最为严重的威胁，这种威胁甚至比死亡还要严重。虽然它可以在一段时间内通过殉道而获得短暂的繁荣，但如若失去物质基础和人之遗产，任何意识形态运动都不可能长久地存在。

然而，这样一个最终的解决方案——用正常的立法辞令来说就是"根除和灭绝"——确实是"王之所好"。因此，无论如何，胡格诺派皆作如是观，而他们的解释似乎在查理九世宣称"既竟之事已遂朕意"，并且在某种程度上涉及圣巴托罗缪屠杀的臭名昭著的敕令中得到了证实。[2]至少对胡格诺派而言，这种熟悉的法律拟制的特殊应用不仅代表了最高统治权的最终堕落，也是近代意识形态抗议的最大规模爆发的催化剂。而且，我们也可以将其中很大一部分归于律师。

203

---

1 可参照 J. 桑比克，《有关沃奈桑伯爵领地与普罗旺斯宗教改革的文件》（J. Sambuc, "Documents sur la réforme dans le Comtat et en Provence"），载于《法国新教历史协会会刊》第 67 卷（1971 年），第 629 页及后页。

2 见下文第 291 页。

政治家

　　"法学家厥为政治家"（*Jurisconsultus hoc est Homo Politicus*）。[1]一位在宗教战争之前的教会政治中异常活跃的 16 世纪律师如是说道。弗朗索瓦·博杜安在这句话中不仅总结了被许多人文主义者和经院哲学家认可的激进法学观点，也暗示了法律职业在这个充满喧嚣和论争的时代对于意识形态之形成的重要性。事实上，法学家角色的概念是作为"真正的哲学"以及为特定"派系和事业"服务之法律实践现实的法律理念的组成部分。在很多人的心目中，政治家代表了学术和社会效用、私学和公共美德的文艺复兴式的糅合理念。例如，此即博杜安的弟子路易斯·勒卡龙的理念，他称颂法律是"真正的哲学"，因为它结合了柏拉图式的抽象正义目标与对社群的实际服务。勒卡龙与他的同事蒙田争论时，就曾争辩称"对自我的过度追求既徒劳，亦是一种无用的好奇心"。[2]"认识你自己"这一古老的准则是智慧的关键，但不是其终点。所以，"真正的哲学"变成了"政治科学"，哲学家（*philosophe*）变成了"政治家"（*politique*）。

　　勒卡龙的朋友艾蒂安·帕基耶也持有类似的观点。在宗教战争爆发前夕，他发表了《关于君主的讨论》（*Dialogue on the Prince*），其中的主要发言人是"政治人"，一个思想开阔的观察者，并且试图在一位朝臣、一位学院派哲学家和一位学者的狭隘观点之间保持合理的平衡。[3]在后来的几年里，当他的另一位朋友安托万·卢瓦泽尔为其关于法国律师伟大传统的历史性（或传记性）研究冠以"帕基耶"之名时，帕基耶本人也被视

　　1　见弗朗索瓦·博杜安，《穆齐法理评论》（François Baudouin, *Commentarius de jurisprudentia Muciana*, 1559），第 20 页。总体概况见 K.-H. 穆拉克，《17 世纪政治人物现象》（K.-H. Mulagk, *Phänomene des politischen Menschen im 17. Jahrhundert*, Berlin, 1973）。

　　2　见《哲学》（*La Philosophie*, Paris, 1555），第 15 页。

　　3　见帕基耶，《关于君主的讨论》（Pasquier, *Pourparler du prince*），收录于其《法国研究》；可参照上文第 182 页，注释 13。

为法律智慧的化身。这种政治家的一般性概念也得到了新教徒的认同，尽管他们更强调社会生活的宗教层面。在著名论著《警钟》（*Reveille-Matin*）（其作者被认为是尼古拉·巴诺）当中，主要的对话者再次被称为"政治家"（Politique），这一次他的对话者包括了"阿利希"（Alithie）和"菲拉利希"（Philalithie）（真理及其朋友），以及一位讲述了以圣巴托缪屠杀作为高潮的宗教战争之背景的"历史学家"（Historiographe）。[1]结果是，"政治家"既皈依了"福音之光"，也投靠了新教派系。几年后，同一位作者的《法国人之镜鉴》也表达了类似的观点，在这本书中，优秀的政治家（*bon politiques*）直接被视为新式改革者（*nouveaux reformateurs*）。在宗教战争期间，"政治"意识的崇高概念至少脆弱地存在着。

　　然而与此同时，一种针对"政治"心态的更加矛盾和最终带有贬义的观点出现了，它聚焦于政治理论和实践与社会所需的道德（尤其是宗教价值观）之间的明显分歧。尽管这种分歧首先与马基雅维利的观点（或至少是对它的一种普遍歪曲）有关，但该现象最初却被形容为"政治性的"，即充满贬义色彩地暗示了其不道德和不虔诚的特征。它尤其适用于任何似乎将派系或国家利益置于宗教之上者，而在法国，它针对的首要目标就是所谓的"不满者"，这群人与"胡格诺派教徒"的区别即在于他们的政治野心和利己主义。例如，在1564年，枢机主教格朗韦勒就曾用这样的字眼污蔑科利尼上将。在宗教战争的头十年里，这个词变得越来越常见——正如一位天主教作家所定义的，"政治家"是指那些优先考虑人而非上帝者。[2]根据历史学家德·图（De Thou）的说法，这一用法源于巴黎大学的

1　见下文第 301-305 页。

2　见 Ch. 沃丁顿，《拉米斯》（Ch. Waddington, *Ramus*, Paris, 1855），第 270 页与 F. 德·屈尔，《政治家派》（F. De Crue, *Le Parti des Politiques*, Paris, 1892）；唐纳德·R. 克雷，《弗朗索瓦·奥特芒：一位革命者的苦难经历》，第 250 页，可参照 J. A. 德·图，《寰宇史》，第 4 卷，第 593 页和 J. 德·塞尔，《集注三部》（J. de Serres, *The Three partes of Commentary*, London, 1574），第 59 页。

一场学术论争。这场辩论是在拉米斯（有人认为他在大屠杀中的罹难正是由沙尔庞捷的煽动所致）的宿敌雅克·沙尔庞捷与拉米斯的朋友德尼·朗班（Denis Lambin）（他也害怕招致类似的命运）之间展开的。学院又一次为此类论战做出了它的贡献。

但直到圣巴托罗缪屠杀之后，这个词才具备了自己的含义。起初，它充当了新教徒和天主教徒在新闻中大量使用的词语，后来又被用作派系的标签。正是在此种背景下，"政治方面的"思维与所谓的超越道德的、"无神论的"和"专制的马基雅维利之建议"联系在了一起。[1] 马基雅维利的影响在法国持续了整整一代人，但其具体的恶魔形象却是在 1572 年 8 月的大屠杀之后作为激情与偏见的产物沸溢而出。撇开神话不谈，马基雅维利的《君主论》（*Prince*）与《论李维》（*Discourses*）在意识形态上构成了一种特殊的政治意见和分析方法，以及普遍存在的"不信教主义"之反社会行为的实用符号。正如帕基耶所言："在马基雅维利出生之前，世界上就存在着马基雅维利主义，而今我辈之中就有很多马基雅维利主义者，但他们皆未拜读过其大作。"[2] 帕基耶倾向于怀疑"马基雅维利主义者"（而他实际上也确是这一命名的发明者之一），然而他本人的政治观点不仅体现在他对宗教战争的态度上，也体现在了其基于"政治证明之确定性不亚

---

[1]　见克雷，《法国的致命权谋政治家》（Kelley, "Murd' rous Machiavel in France"），载于《政治科学季刊》（*Political Science Quarterly*），第 85 卷（1970 年），第 545-559 页及其注释；另见 G. 施奈德，《不信教者》（G. Schneider, *Der Libertin*, Stuttgart, 1970），R. 潘塔尔，《不信教的学者》（R. Pintard, *Le Libertinage érudit ...*）（巴黎：1943 年），J. 沙博内尔，《16 世纪法国的意大利思想》（J. Charbonnel, *La Pensée italienne en France au XVIe siècle ...*, Paris, 1919）以及《第 17 届图尔国际研讨会：文艺复兴时期的政治理论与实践》（*XVII Colloque internat. de Tours, Théorie et practique politique à la Renaissance*, Paris, 1977），尤见其中加埃塔、马斯泰洛内、斯特格曼和茹阿娜（Gaeta, Mastellone, Stegman and Jouanne）的文章。

[2]　见帕基耶，《耶稣会教理问答》（Pasquier, *The Jesuites Catechisme*, London, 1602），第 64 页；另见 A. 舍雷尔，《法国的马基雅维利思想》（A. Cherel, *La Pensée de Machiavel en France*, Paris, 1935）。

于数学证明"的社会思想当中。马基雅维利与帕基耶所构想的政治科学的主要区别在于：帕基耶并未预设普遍的准则，而是谨慎地接受了历史视角、社会和制度背景以及文化传统的诸多局限性。他的"数学"似乎是一门或然的而非确定无疑的科学。

在"马基雅维利主义"一词风行之际，"政治家派"（Politique）的概念正在成为一个派系的标签，被应用于由少数胡格诺派教徒和温和天主教徒组成的一个新兴的共同阵线。这种立场的起源可以追溯到在 1561 年秋的普瓦西会谈当中令人幻灭的对抗。当时，某些"温和派"和新伊拉斯谟主义的"调停者"试图在一个更广泛宗教共识的基础上调和胡格诺派教徒与天主教极端分子的矛盾，但其彻底失败的唯一结果便是一劳永逸地证明了不存在可行的宗教解决方案。[1] 唯一的答案是"政治性的"。这种隐含在一系列"和解"敕令当中，并在各种自由高卢主义者的著作中得到明确阐述的观点首先是由律师发展起来的；但经过了整整一代人的冲突之后，它才得到广泛的认可，并最终获得了权力基础。到 16 世纪 80 年后期，（其中的）替代方案的穷竭确立了这一观点的可信度，"政治家派"开始回归到战前"温和派"或"中间派"的和解立场上。

一般而言，这个时代由于宗教理念与社会现实之间的矛盾而得以加强的"政治"意识反映出了激烈的派系斗争；但除此之外，它还隐含着更广泛且更灵活的社会结构和变化的概念，以及对于政策和立法的限制。对任何一方的教条主义者而言，这种立场似乎是加尔文所谴责的宗教上的"游移不定"和表里不一的世俗版本，它更适用于律师而非神学家；事实上，在法国的法学家当中，持有宗教、历史和地理上的相对主义观念者相当普遍。蒙田只是其中最为著名的例子。米歇尔·德·洛皮塔尔认为，正义昭

206

1　见上文第 102 页，注释 21，以及下文第 328-336 页。

如天日，同样照耀着罗马和君士坦丁堡，但法律必须适应民族和文化之差异。[1]另一位高卢主义法学家皮埃尔·艾罗指出，在一时一地被视为公正者却在另一时一地被视为不公，此皆取决于人民及其文明之情状。他总结道："在各个国家当中，人们不仅要考虑何为公正，还要考虑什么是适合国家的，而国家在不同情况下是以不同方式维系自身存在的。"[2]此外，这也是一种将司法解释置于立法宣告之上的方式。艾罗在另一项为其职业辩护的作品中的确也认为：法律实乃个人判断（res judicatae）之总和。但更为切要的一点却是："由于人们可能出于茫然费解的必要原因而行本身不公正和不合理之事，他们也可以在法外行正义和善良之事。"更坦率地说，国家理性〔艾罗更为传统地使用了一种委婉说辞，即"公共利益"（utilité publique）〕存在于私人道德之外。这是16世纪意识形态的另一种处境。

16世纪律师思想观念的另一个特点是方法和论证上的一种奇特的折中主义，它允许诉诸各种（有时是相互冲突的）传统。人文主义法学家与学院派法学家之间〔即后来被称为"法国风格"与"意大利风格"（mores gallicus and italicus）之间，也就是文本—历史路径与巴托鲁斯学派辩证法 **207** 的威权主义路径之间〕的著名辩论在很大程度上囿限于教育。[3]实践则是另一回事，这一点在最为超脱的"语法学家"雅克·屈雅斯屈节参与政治论争的著作当中表露无遗。"法律人文主义"堪称一种奢侈；即便是在学生们都搓手顿足试图摆脱这种风格的布尔日，当局亦不甚赞成。这座城市

1　见洛皮塔尔，《论司法改革》（L'Hopital, Traite de la réformation de la justice），收录于《洛皮塔尔文集》（Oeuvres），第1卷，第6页。

2　见《论饬令与司法诉讼》（De l'Ordre et instruction judiciaire, Paris, 1576），第29页；可参照其《关于个人裁断的起源与权威》（Liber singularis de origine et auctoritate rerum judicatum, Paris, 1573）。

3　见唐纳德·R.克雷，《文艺复兴时期的公民科学：法学的意大利风格》（D. R. Kelley, "Civil science in the Renaissance: jurisprudence Italian style"），载于《历史期刊》（Historical Journal），第22卷（1979年），第777-794页。关于屈雅斯，见下文第289-290页。

中的元老问询法学院的全体教员："汝等是否比巴黎高等法院更高明，以至于制定了此种（人文主义的）方法？"[1]在实践中，法学家不分皂白地将各种方法混为一谈，其中包括文学典故、法律权威、历史案例和司法判例、常规准则和逻辑推理。新教可能只依赖于经文，但像奥特芒这样的新教律师却感念来自各方面的支持。他问道：何人知晓如何方能说服众人？毕竟，如若要为一项事业辩护的话，说服比方法论上的一致性更为重要。

派系之争仍然是法律职业的本质所在，"派系"和"事业"自始便属于法律概念和法律术语。以文科教育为基础的辩论训练在法律课程中逐渐专业化，并在法庭辩论或为某种特殊利益而进行的演说中得到完善。律师总是受雇于某个委托人，他们对真理的看法在某种意义上不可避免地应是辩证的，甚至可以说是模棱两可的。"真理"是多维的和千变万化的。例如，对于弗朗索瓦·奥特芒而言，真理可能就意味着符合事实或法律（*de facto or de jure*）、上帝的认可，或者仅仅是一个特定观点的正确性——在某一点上，他甚至谈到了"法国人的真理"。[2]事实上，法律这一"真正的哲学"的终极概念（其标准是"共同利益"，而非理性）本身就意味着（在近代意义上的）一种意识形态观点，而非哲学观点。这并不是说法学家们有接受这种批评的倾向（即便他们有这种自我意识），但其"诡计"的观察者们定然不会忽视它。在这个贬义语境当中（也就是说，他们是受雇佣的意识形态家），律师可以被视为"政治家派"。

没有人比夏尔·迪穆兰更能说明这种广义上的律师职业世界了，他在其身经百战的诉讼生涯中猛烈抨击了新教徒和天主教徒。迪穆兰是最早的大理论家——"法学家之王"，他借鉴了人文主义者和巴托鲁斯学派的阐释，

1　见 L. 雷纳尔，《贝里史》，第 3 卷，第 111、395 页。

2　见唐纳德·R. 克雷，《弗朗索瓦·R. 奥特芒：一位革命者的苦难经历》，第 300 页，总体概况见 R. 施努尔，《16 世纪宗派间宗教战争中的法国法学家》（R. Schnur, *Die französischen Juristen im konfessionellen Bürgerkrieg des 16. Jahrhunderts*, Berlin, 1962）。

208　　但最重要的是他认同皮埃尔·德·屈尼埃和"卡佩王朝最后几位国王的律师"的观点。[1]他曾求学于奥尔良大学，精通各种大陆法，并在夏特雷的多个法庭和巴黎高等法院皆有过实务经验。其专业评论的对象展现了他无与伦比的专业范围：不仅有民事和教会法，还有像比代、阿尔恰托、菲利波·德乔（Filippo Decio）与让·费罗尔（Jean Ferrault）这样的近代学者的著作，国王立法文件（包括 1539 年的改革法令），高等法院的权威文件，特别是法国的地方习俗。迪穆兰的方法虽然表露出了人文主义和学术的特质，但论争性更是得到了突显，而他更喜欢称之为"分析"。他的辩论才能、淹博学识和专业声誉将其卷入了当时的诸多重要争议——在某种程度上，他的职业生涯几乎是宗教改革次生代时期法国意识形态的缩影。

　　迪穆兰的第一场战役将目标对准了封建法律，这既是因为它阻碍了民族统一，也是因为它意味着需要接受帝国的管辖。总的来说，他的目的是将本土的"法兰西—日耳曼"传统（特别是巴黎的习俗）置于"皇帝之律法"之上。本着同样的精神，他接受了黑森的腓力一世（Philip of Hesse）的委托，在后者与查理五世之间没完没了的诉讼中为其辩护。[2]迪穆兰（在1552 年）为这位新教领袖提供的建议不仅反映了他对德意志"自由"的热爱，也反映了刚刚在高等法院中被宣布为此类自由保护者的亨利二世的政策。因此，迪穆兰可以同时捍卫法国的外交政策，以及像加尔文和布林格这样的"宗教改革家"，他先是在私下里同情他们，继而又在公开场合对此辈表示了支持；通过这样的方式，他可以同时抨击封建法和教会法当中的弊病。与路德一样，他从一个小的教规问题（特别是高利贷问题）出发，由

　　1　更为详尽的论述见克雷载于《传统》（*Traditio*），第 22 卷（1966 年），第 347-402 页的文章，以及唐纳德·R. 克雷，《弗朗索瓦·奥特芒：一位革命者的苦难经历》，全文各处。另见让 - 路易·蒂罗，《夏尔·迪穆兰：1500 年至 1566 年》［Jean-Louis Thireau, *Charles Du Moulin (1500-1566)*, Geneva, 1980］。

　　2　见《谏言四则》（*Consilia quattuor*, Paris, 1552）。

此引发了对教皇至上论的更大怀疑。促使他对教会法发起攻击的正是国王
亨利二世本人的一项委托，该委托旨在调查将圣职分配日期推延的可疑做
法。[1]在评论了亨利反对此类"日期推延"的法令之后，迪穆兰接着对《教
会法大全》进行了全面的批判；相比于只是烧毁了这一著作的路德，迪穆
兰发表了一篇前所未见的、有时甚至带着尖刻的新教色彩的阐释文章，激
烈抨击了路德也颇为憎恨的虚伪的"索邦神学院学生"。

209

　　由于他所制造的麻烦，或者更确切地说，由于他过度的热情，迪穆兰
被传唤至高等法院对其观点做出回应。他的著作被谴责为"整个基督教世
界当中最为有害、最令人愤慨、最为分裂、最不虔诚、最为渎神的书籍"。[2]
这是一个迪穆兰无法打赢的官司，所以在其审判结束之前，他就已经开启
了流亡生涯，先是来到瑞士，然后是进入德意志地区。虽然按照16世纪
的标准，他已步入暮年（此时他已经50多岁了），但是他的精神丝毫没
有受到这次经历的影响。1557年回到法国（并得到了国王的青睐）之后，
他继续以律师的身份发动攻击，并确实夸大了其攻击目标的范围。流亡
生涯让他开始鄙视所有的新教派系——慈温利派、路德教派，尤其是加尔
文教派，它们代表了来自"境外"的针对法国君主制的"煽动性"威胁。
1563年，当被指控曾为胡格诺派辩护时，他矢口否认自己在为国王效力的

1　见《致亨利二世有关日期推延的报告》（*Commentarius ad edictum Henrici Secundi contra parvas datas*, Lyon, 1552），另见其法文译本，以及《教会法注释》（*Annotationes ad jus canonicum*），收录于《夏尔·迪穆兰全集》第1卷（*Opera omnia*, I, Paris, 1681）。另一篇关于教会法的阐释文章是Ch. 利奥波德的《巨人歌莱亚的刀刃，菲利士人与上帝教会之敌》（Ch. Leopard, *Le Glaive du géant Goliath, philistin et ennemy de eglise de Dieu*, 1579）（收录于R. O. 林赛与J. 诺伊，《1547年至1648年期间法国的政治宣传册》，第970号）。
2　见夏尔·迪普莱西·阿尔让特雷，《错误判例集》，第2卷，第205页。

一生中曾经支持过这种"邪恶和非法的自由"。[1]然而，他丝毫没有改变自己对罗马天主教会的态度；翌年，他撰写了两份经典要略，首先抨击了这个教会当中最令人反感的组成部分，也就是耶稣会，然后又将目标对准了巴黎大学（后者曾为此兴讼）、特伦托大公会议所制定的教规与法令（迪穆兰认为它们与法国法律水火不容）。[2]所有这些皆对迪穆兰终其一生都在努力构想和保护的那种经过改革的高卢主义构成了威胁。

　　迪穆兰给出了一个关于近代宣传家的鲜明例证，他的确追随了像路德这样的权威宗教改革家的足迹（后者实际上已经开启了针对教会法的战争），但却把这一论争转化为了世俗的语言。他的影响力不亚于其榜样。他对16世纪"习俗改革"——乃至于对下至法国大革命时期的整个法典编纂运动的主导性影响都是无可比拟的。他对天主教教义的攻击也是如此。上文已经提及了他对教规教义的攻击。一位历史学家如此评论其抨击特伦托大公会议的讨论文章：此文"为政治家派留下了一座军火库，后者利用这些武器去攻击新的（即天主教的）改革运动"。[3]此外，他的弟子当中不乏持各种宗教和政治立场的学者。天主教方面的学者包括了勒卡龙（他

1　见《针对一本名为〈无辜者与基督教会的民事与军事防御〉的宣传册……的辩护》（*Apologie ... contre un Livret intitule, La deffense civile et militaire des innocens et de l'eglise de Christ*, Lyon, 1563）和《夏尔·迪穆兰全集》第5卷，第621页（1565年）；另见鲍姆与库尼茨编，《法兰西王国新教教会史》，第13卷，第244页；夏尔·迪普莱西·阿尔让特雷，《错误判例集》，第2卷，第205页；R. 金顿，《日内瓦与法国新教运动的巩固：1564年至1572年》（R. Kingdon, *Geneva and the Consolidation of the French Protestant Movement 1564-1572*, Geneva, 1967），第138-148页；A. 卡蒂埃（A. Cartier）载于《古书回溯》（*Revue des livres anciens*），第11卷（1917年）第200-204页的文章；以及 M. 勒隆（M. Reulos）载于《法国新教历史协会会刊》第50卷（1954年），第1-12页的文章。

2　见《关于耶稣会此一新宗派或修会之效用及缺陷的探讨》（*Consultation ... sur l'utilité ou les inconveniens de la nouvelle secte ou espece d'ordre religieux des Jesuites*）与《关于特伦特大公会议之探讨》（*Conseil sur le faict du Concile de Trente*, Lyon, 1564），两本著作皆有拉丁文版与法文版面世。

3　见 V. 马丁，《高卢主义与宗教改革》（V. Martin, *Le Gallicanisme et la Reforme*, Paris, 1919），第73页。

致力于给法国的法律带来某种统一性）和皮埃尔·皮图、安东尼·卢瓦泽尔这两位王室官员。在新教方面，最引人注目者是弗朗索瓦·奥特芒（他是所有胡格诺派成员中最为多产的宣传者）以及弗朗索瓦·博杜安（当宗教战争似乎为"政治问题"开创先例之后，他便追随迪穆兰回归了天主教信仰——至少人们作如是观）。对于这些人以及其他许多人来说，迪穆兰是律师事业（*causidicus*）的辩护者和政治家（*homo politicus*）无与伦比的代表人物。

16世纪，与欧洲本身一样，"法学家共和国"也出现了根本上的分裂；正如迪穆兰的职业生涯所表明的，律师群体的思想乃意识形态冲突的核心。尽管他们在传统上被视为正统与君主主义的捍卫者，但律师们很快就被吸引到了新教的抵抗运动当中，从而迅速地将他们的职业遗产应用于这一全新的事业。随着路德教派运动在16世纪20年代后期变得越来越政治化，人们呼吁"法律博士"为包括反叛诸侯和城市，以及路德的宗教追随者们在内的新教派系提供辩护；路德本人也在内战的环境之中有意识地向律师的专业知识屈服。在1559年发生的宪政危机当中，法国的宗教改革者们亦复如是：他们也从神学家转向了"法律博士"（奥特芒可能是其中最著名者），向后者寻求有关世俗问题（特别是政治问题）的建议。[1] 由此观之，律师在"意识形态的起源"当中似乎起到了绝然关键的作用。

法律的理论和实践代表了意识形态活动的一个重要领域，而律师本身就是意识形态拥护者的原型。一方面，部分律师成为异端邪说的死敌，皮埃尔·利泽在新教徒看来就是暴行的化身——在贝扎的刻薄描述中，他不仅因为饮酒，而且因为沾染了许多殉道者的鲜血而脸色泛红；紧随其后的是成群结队的律师助手，如奥特芒的父亲，他们也犯下了类似的罪行。另

211

1　见下文第261-269页。

一方面，以迪布尔格和奥特芒为代表的律师则是反叛者，他们以多种方式将宗教改革转变为了政治反抗。当然，无论是在中世纪还是古代，律师都经常成为论争的中心。只有与另一个机构相结合，法律才能成为更广泛社会意义上的宣传的有效声音。从神学家手中接过意识形态的领导权之后，律师也同样利用了印刷术来获得民众的支持。接下来，我们将更为直接地审视意识形态的这一新技术载体——印刷媒介。

第六章 宣传：信仰的传播

取下它，阅读它！

——奥古斯丁

没有宗教会将上帝的一切奥秘和秘密交到人们手中。

——弗洛里蒙·德·拉蒙

序言：艾蒂安·多莱的火刑（1546年）

1546 年 8 月 2 日，里昂的印刷商和作家艾蒂安·多莱因渎神、煽动叛乱和出售禁书而面临巴黎高等法院第一庭长皮埃尔·利泽的判决。多莱已经在监狱里待了近两年时间，而在过去四年的大部分时间里，他对自己的审判结果并不感到乐观。就在此前不久，他创作了最后一首诗——笼中鸟的"哀歌"：

> 身体迟早要归于尘土，
>
> 因为自然将索回本应属于她的东西。
>
> 众生皆得如此。
>
> 人终有一死。[1]

但是向他索命的却是法国政府，而非自然。多莱遭到了严刑拷打，以

---

1 见 R. C. 克里斯蒂，《艾蒂安·多莱：文艺复兴的殉道者》（R. C. Christie, *Etienne Dolet, the Martyr of the Renaissance*, London, 1880），第 475 页。

期他可以吐露出同伙的名字。他还遭到了警告：若再亵渎神明，他的舌头将被割掉。翌日，他被带到了大学城传统的处决地点莫贝尔广场，按照规定的流程被处死。多莱只是法国迄今为止镇压最为残酷的这些年头里的众多受害者之一；但他却是为数不多与所谓的加尔文教派无涉者中的一员，亦是自 17 年前贝尔坎罹难之后第一个以这种方式赴死的国际知名的知识分子。

这是一段精彩人生的绚烂终结。从表面上来看，时年不到 39 岁的多莱短暂的职业生涯似乎是 16 世纪文学共和国当中一个典型的成功故事。与贝扎一样，他自小就从奥尔良来到了巴黎，并被激发了对古典文学前所未有的热情。虽然在他到来时的 1520 年，路德教派刚刚开始对法国进行渗透，但他的智识热情没有受到任何宗教倾向的束缚。在定居里昂并投身于蓬勃发展的印刷行业之前，他还曾求学于威尼斯和帕多瓦这两个哲学激进主义的中心，以及图卢兹这一法国天主教正统信仰的堡垒。在"布告事件"（对此他并不赞成）爆发那一年，他开始了自己的学徒生涯。在一位富有的合伙人的襄助之下，他于四年之内成功跻身匠师的行列。至此（1538年），他也收获了诗人和学者的声誉，通过出版瓦拉、伊拉斯谟（贝尔坎的译本）、马罗，以及西塞罗、维吉尔和其他经典作家的著作而声名鹊起。在他本人的著作当中，最具影响的或许就是《拉丁语集注》（*Commentary on the Latin Language*），它被一位权威人士誉为"新式教学法的宣言"。[1]至 31 岁时，他已成家立业，结婚生子，有着一个与新的宗教观点无涉的光明未来。这样一个能力卓著的野心家怎会落得如此糟糕的下场？

在某种程度上，这是由多莱的性格造成的，即使在那个充斥着自我标榜的英雄时代，他的性格也异乎寻常的粗暴、不稳定和自命不凡。他与包

1　见 F. 比松，《16 世纪教育著作目录》（F. Buisson, *Repertoire des ouvrages pedagogiques du XVIe siècle*, Paris, 1886），第 VIII 页。

括拉伯雷和老斯卡利杰尔（the elder Scaliger）在内的同代之人在拉丁语语法和抄袭问题上矛盾颇多。他的鲁莽和对敌人的恐惧（无论是真实的还是臆想的）都一度超出了文学上的侵略性范畴，以至于在街头斗殴中杀死了一个人（事实上，他在这一案件中始终未被宣判无罪）。他的极端主义可能也反映在了其西塞罗主义的过激行为、对异教观念和幻想的热衷，以及对诸如命运和永生等危险话题的不负责任的处理上，这使他在新教徒和天主教徒中都享有"无神论者"的恶名。我们无从得知是什么样的创伤、贫困和压力塑造了这种反复无常的性格；但其大致的模板却普遍体现在自首批"文艺复兴的角斗士"——瓦拉和波焦（Poggio）以降的许多背井离乡且不自量力的知识分子身上。[1] 其综合症状可能包括了自我膨胀、对个人名望的执着追求、文学上的表现欲、对风格和品位问题的过度敏感、偏执的倾向、对权威的不敬与对自身说服力的过度自信。将这些症状放在一起，似乎就是自印刷文化和宣传发端以来历代知识分子的病态表现。

多莱悲剧的最直接根源是其职业而非个人，因为他作为印刷商的角色放大了其缺陷，使他成为公众的威胁。他在里昂的同行先于政府意识到了这一点。在他取得成功的那一段短暂时间里（1539 年至 1543 年），印刷匠师的精英群体与想要争取到更高工资和更短工作时间的熟练工之间出现了劳工问题。[2] 其结果是一场罢工和大规模的暴力活动。不管出于什么原因，多莱站在了工人一边，他在牢房里向国王描述了此举的结果。他言之凿凿地指出：出于嫉妒，"此行之诸君对我产生了强烈且不共戴天的仇怨，他们没有像以往那样嘲笑我，而是图谋杀害我"。当然，匠师们最终取得了胜利，1542 年 7 月，工人们的上诉被高等法院驳回。不到两周后，多莱第

217

1　见 Ch. 尼扎尔，《文艺复兴的角斗士》（Ch. Nisard, *Les Gladiateurs de la Renaissance*, Paris, 1860）。

2　见 P. 梅洛特，《印刷经济史》（P. Mellottee, *Histoire économique de l'imprimerie*, Paris, 1905），第 1 卷，第 324 页。

一次遭逮捕。他认为这是敌人怂恿造成的，而在此般情形下，这似乎是一种合理的偏执想法。

这些麻烦还有着另一个不那么明显的维度，即多莱声称他相信"美德"有能力战胜"愚蠢的"命运，但值此关头，局势却已呈泰山压顶之势。就在多莱入狱期间，官方控制印刷行业的企图达到了一个空前的水平。1542年7月，在多莱第一次遭监禁期间，高等法院颁布了一项"打击新的异端教义"的法令，其中特别点名了加尔文，并禁止书商分销这些作者的著作，"违者处以绞刑"，与此同时，一份禁书目录也在紧锣密鼓地炮制当中。[1]这份禁书目录出版于1545年，其中包括了多莱的多种出版物，尤其是贝尔坎译的伊拉斯谟著作《指南》（*Enchiridion*）和马罗的《诗篇》，并且清楚地表明多莱至少在一定程度上也是这场导致拉米斯（在1544年3月）蒙受抨击的迫害异端运动的受害者。

故而多莱生命中的最后四年是在监狱里度过的。他在1543年被释放后，再度遭到了逮捕，当时还有一包裹的书被缉获，其中既有来自他本人的印刷行，也有来自日内瓦的书籍。他设法逃脱了几个月，其间他甚至有时间创作那充满感伤的（以马罗的忏悔诗命名的）《第二地狱》，但最初逮捕他的人又在里昂抓住了他，并把他送回了巴黎。他的相关记录证明了他有罪，于是他在8月3日被处死了。他同意祈求圣母玛利亚和圣斯德望（St Stephen），作为交换条件，他在遭受火刑之前就被绞死了。尽管同为诗人的贝扎为他创作了一首颂诗，但大多数加尔文教派教徒却都有如释重负之感；如果多莱是一名"殉道者"，那也许只是对印刷业这一自由行当而言，别无其他。正如一位同时代的崇拜者所说：

218   多莱已死，他被大火吞噬。

损失巨大，悲剧可怖。

但今时之命皆如斯，

吾等之英雄与圣人须忧心俟候。

末了，他仰面喟叹：

"吾之灵魂将升入天堂；

吾之骨灰将撒遍大地，

吾之名号亦将传扬各处

以令吾名于尘世流芳千古。"[1]

其中至少有一部分预言是准确的，因为在处死多莱的绞刑架曾经矗立之地（至少直到20世纪70年代末），一座雕像始终竖立，以纪念他无意间对思想自由所做出的贡献。

多莱遭火刑处死是作为16世纪一项论争议题的印刷技艺之象征和关键所在。因为多莱不仅是激进思想的传播者，还是具备经典人文主义风格的杰出学者；他不是流动书贩或不可靠的宣传人员，而是一个印刷匠师；他不是外国人，而是热爱法国文化和君主制的爱国主义者。随着他遭到处决，印刷行业被告知它需要在审查和思想控制的新制度中与政府通力合作。他们将保护法国天主教徒的纯洁性，使其免受异邦意识形态的影响，不管它是来自德意志地区的异端邪说还是来自意大利的异教思想，而印刷文本也成了这场十字军东征的战场。至多莱去世时，畛域已定：一方面是颠覆性著作的大量涌现，另一方面是打击异见之立法持续不断的出台；在这背后，是建立在教会、法院和大学的传统联盟基础上的当权派与没有组织但却通过官方施加给作者、印刷商和发行商的压力而越发明确可辨的新式知

1　见R. C. 克里斯蒂，《艾蒂安·多莱：文艺复兴的殉道者》，第477页。可参照多莱，《第二地狱》，C. 隆容编（Dolet, *Le Second Enfer*, ed. C. Longeon, Geneva, 1978）。

识阶层之间的冲突。多莱将这个知识阶层拟人化了——既作为它的象征，也作为它的替罪羊——并使之更为明晰，因为除了宣传之外，他并未投身于一项特定的事业。

到了多莱的时代，印刷业已经成为知识分子精英群体所掌握的技艺以及一张商业网络。在这张不断扩展并变得越来越紧密的网络中，思想和书籍得以迅速传播，而它们的传播者亦复如是——如印刷商、小书贩、大商行的代理人、寻觅诸如编辑或校对员等临时工作的流动学者，最后还包括了在迫害时期寻求庇护和行动自由的大印刷商。通过这些渠道，印刷业创造出了一个世界性的文学共和国，一个文化上交相辉映、信仰上激烈碰撞的大舞台。这是一个充满了许多前所未有的机会和无尽的智识刺激的世界，一座多种语言交织的通天塔，一个从（原始的）格拉勃街雇佣作家和舰队街哗众取宠的记者到因为洞悉出版奥义而声名鹊起的庞大商行的复杂社会。正如多莱应当知晓的那般，这也是一个纷乱如麻的世界，其间包含劳动者与管理层之间的冲突，作者与审查者之间的冲突，以及涉及肢体、自由和生命的危险。

印刷书籍所做出的最引人注目的贡献乃是对学术界的贡献，其对象不仅是传统所公认的学科，而且也包括了各种各样的新领域。文学研究、对历史的批判性研究和自然科学的各个分支都在印刷术发展的第一个世纪里打下了坚实的基础；所有这些都被赋予了一定程度的自我意识，以及一种在手抄本文化当中不可企及的社会组织性。中世纪和古典时期的研究通过文本和综合性的近代作品的印刷出版而得到发展。印刷术不仅使大规模的合作成为可能，也使学术上的论争成为可能，这同样在某些方面导致伪造、虚构等行为遭到揭露，以及前所未有的更为广泛的学术共识的达成。只有通过印刷书籍，像亨利·埃蒂安、小斯卡利杰尔（the younger Scaliger）和伊萨克·卡索邦（Isaac Casaubon）这样的学者方才奠定了近代"批判"

的基础。[1]毋庸置疑，印刷术也使争吵、学术笔战和学术仇杀成为可能，甚至在某种程度上令其发展到了过去难以想象的规模；而与此最为密切相关的便是印刷术充满论争的一面。

对于新教徒和天主教徒而言，至少在开始时，印刷术似乎都是一种上帝赐予的礼物，世界将因为它而焕然一新。总而言之，16世纪是一个充斥着（不管是世俗的还是宗教的）公共辩论的伟大时代，而印刷术在强化和加速信息、教育、信仰和政令的传播过程中起着至关重要的作用。[2]在被用于传布正统信仰半个世纪之后，印刷术为更为急切的新教徒，尤其是加尔文教派教徒所利用，他们可以借鉴路德教派的经验和观念，并且正如我们所见，他们非常重视公众对信仰的见证，反对躲躲藏藏的秘密信徒。印刷术提供了一种最引人注目和最容易受到谴责的证明和宣扬信仰的方式。当然，在此之前，政府就已经利用印刷术来实现其通告公众、立法和说服、控制社会的目的。因此，一般能阅读的公众所要面对的乃是为获得其认可或塑造其行为而进行的种种官方的和非官方的尝试。

显然，印刷书籍既是一种希望，亦是一种潜在的威胁，它是煽动性言论和启蒙讨论的来源，在古登堡发明印刷术的半个世纪里，它所具备的威胁性吸引了最多的关注。官方的谴责、官方指定发起的抨击、审查、禁书及其目录，以及仪式性的焚书行为都是所谓的"印刷革命"的产物，这个时代的大多数争议都是在宗教裁判官和书籍审查官的阴影下推进的。近代意识形态在诸多方面为这种权威和批评的（既有制度方面的，也有智识层面的，并且是由印刷书籍表达和加强的）复杂辩证法所塑造和拓展。意识

220

1　关于16世纪晚期的英雄一代，见 J. 雅阿斯，《批判的文艺复兴》（J. Jehasse, *La Renaissance de la Critique*, Saint-Etienne, 1976）；近年来关于宗教改革批判早期作品的研究，见 J. P. 马索，《法国宗教改革前夕的批判与传统》（J. P. Massaut, *Critique et tradition à la veille de la réforme en France*, Paris, 1974）（巴黎：1974年）。

2　见伊丽莎白·爱森斯坦的综合性著作《作为变革动因的印刷机》。

的其他社会载体（家庭、教会、学院，以及法律和其他职业）亦是如此。如果不将印刷宣传视为证据以及一种社会现象，那么就无法理解这些机构和宗教团体的政治化。

221   印刷术与原始新闻业

　　西方文明一直痴迷于书中的隐喻，有时亦痴迷于其中的现实。不仅是《圣经》，包括荷马史诗和其他不甚权威的"经典著作"皆已成为一个标准的基础，从中生发出了寅畏或蔑视、相互冲突的阐释、判断标准——或许还有行为标准，并为历史、科学、哲学，尤其是宗教提供了基础。正如恩斯特·库尔提乌斯（Ernst Curtius）所言，世界被想象成一本书，而但丁之《神曲》（*Divine Comedy*）、蒙田之《随笔》（*Essays*）则被想象成了一个世界。若说文字是神奇的、神圣的、发人深省的、振奋人心的、破坏性的，那么文字的宇宙就是一个超越人类的创造。"圣页"的中世纪评论家、文艺复兴时期的人文主义学者（以他们自己的自我中心风格），当然还有权威的宗教改革者（其激进主义反映了对这一词语价值的超然信仰）均展现出了恰当的崇敬之意。他们的座右铭的确是奥古斯丁的"取下它，阅读它"（*tolle lege*），概因其皈依几乎无一例外都是与《圣经》文本相关的斗争的产物。而文本书写的重要性并不亚于文本阅读，因为信仰不仅需要个体"见证"真正宗教，而且还需要对其进行"宣扬"。[1]

　　在许多方面，16世纪是书籍的时代，但在近年来对于"印刷革命"的各种颂扬中，不应容许精装书籍在书目中所占据的突出地位阻碍了人们对于较低层次的（但也可以说是更广泛有效的）信息交流形式的认识。印

　　1　见 B. 费伊，《怪物的诞生：公共舆论》（B. Faÿ, *Naissance d'un monstre, l'Opinion publique*, Paris, 1965）。

刷的故事几乎总是由致力于这种媒介的作者所讲述的，而他们忽视了口述文化和手抄本文化持续的（且往往是不断强化的）影响。[1] "福音革命"当中布道的有效性表明，口头语言仍然是大众传播的一个重要因素。此外，它还成为印刷宣传的刺激因素和范本。例如，斯特拉斯堡的盖勒的门徒托马斯·穆纳（Thomas Murner）（此君颇似路德，在影响力上也仅次于后者）便求助于印刷术以传播他的布道，扩大其影响力。[2] 正如布道为印刷文本提供了材料，模范布道书、祈祷书和布道者手册同样有助于布道的撰写（以及标准化）。歌曲、戏剧、演讲、辩论和各种仪式皆是如此。

222

与口语一样，手书在印刷文化兴盛之际至少保留了一种边缘意义。这不仅对于继续优先考虑手抄本的富有书籍收藏家来说是显而易见的——特别是作为仪式和赠礼之用（在某种程度上确实存在着誊抄印刷书籍为手抄本的情况），而且对于更直接的宣传目的而言亦复如是。例如，曾在大学城中被四处张贴、旨在反对1516年《宗教协定》的布告可能就是手书而成，而路德在前往莱比锡和沃姆斯参加辩论的广为人知的旅程中所见到的那些布告也是如此。[3] 在这个世纪下半叶，其他诸多宣传形式也是以手抄本形式流传的，例如贝扎于1560年走私到法国的命途多舛的"斯特拉斯堡宣传册"、胡格诺派的"结社条约"和后来天主教神圣同盟的文本，以及现存的抄没书单上的书籍。此外，往往以印刷文本作为补充的海量的外交信

<hr>

1　见 N. 戴维斯，《近代早期法国的社会与文化》，第213页；G. 勒阿迪，《诺曼底新教史》（G. Le Hardy, *Histoire du protestantisme en Normandie*, Caen, 1869），第11页；Ch. 尼扎尔，《通俗书籍史》（Ch. Nisard, *Histoire des livres populaires*, Paris, 1864）；R. 恩格尔辛，《文盲与阅读》（R. Engelsing, *Analphabetentum und Lektüre*, Stuttgart, 1973）。

2　见 M. 格拉维耶，《路德与公共舆论》。

3　见弗洛里蒙·德·拉蒙，《本世纪异端诞生、发展与衰亡的历史》，第79页；C. E. 布莱乌斯，《巴黎大学史》，第6卷，第99页。总体概况见 G. 魏尔，《日志》（G. Weill, *Le Journal*, Paris, 1934），第7-14页；J. 克莱因保罗，《16世纪与17世纪德意志诸侯的情报机构》（J. Kleinpaul, *Die Nachrichtendienst der deutschen Fürsten im 16. und 17. Jahrhundert*, Leipzig, 1930），尤见147页及后页；F. 法托雷洛，《意大利的新闻业》（F. Fatorello, *Il Giornalismo italiano*, Udine, 1932）。

函也发挥了宣传和情报收集的作用（就如外交官作为这些事务的执行者一般）。任何针对印刷术影响的评估应该考虑这些过时但尚存的信息交流手段。

可以回想一下，"出版"制度本身是先于印刷术出现的。对于书籍来说，这意味着在特定的时间内发布多份手抄本，而且在形式上类似于印刷商所遵循的正式规范。法国也存在着类似的"公布"的官方流程，其中包括了口头的和手书的阶段。[1] 因此，国王法令可以定期在巴黎高等法院或其他行省高等法院被"阅读、公布和注册"（*lecta, publicata et registrata*），而这些机构的成员皆被责令参与其中。[2] 这一流程通常发生在第一庭长发表演说后的"宣誓日"。此外，还有一些关于"公布"［其传统用语是"公之于众"（*publier et faire publier*）］行省习俗的法令，涉及了旨在完成官方通知之目的的传播和检禁。这些法令的手抄本卷帙包括按主题排列的"书册"以及按时间顺序排列的登记簿。一种从中世纪继承下来，并在印刷术出现后仍然持续存在了两个世纪有余的有趣仪式就是在大街上"大声宣告"（*a la criee*）敕令和官方发布文本，并以号角之声（*a son des trompes*）予以宣示。公布的形式以高度专业化和职业化的方式得到了组织。例如，在1561年8月27日，"国王关于宗教事务的诏书"由"鄙人，吾主国王的宣誓公告者帕里斯·克雷斯蒂安（Paris Chrestien）并宣誓号角手克劳德·马拉塞涅（Claude Malaseigne）及其他人等在巴黎宣读、宣告并公布"。[3] 日

1　见 E. 莫吉，《巴黎高等法院史》，第 1 卷，第 522 页，其中涉及有关国王成年的著名法令（见下文第 268 页，注释 27）。

2　如见 F. 伊桑贝尔、A. 茹尔当、A. 德屈西编，《法国古代法律总集》，第 11 卷，第 11 页（1498 年 8 月 31 日）。

3　见《禁止所有人携带匕首、长矛或其他武器，不得煽动叛乱的禁令》；可参照 A. 卡蒂埃，《日内瓦历史与考古学会出版之记录与档案》（A. Cartier, *Mémoires et documents publiés par la Société d'Histoire et d'archéologie de Genève*），第 23 卷（1888 年至 1894 年），第 364 页。

内瓦也配有在号角声中宣读官方敕令的"公告者"。尽管印刷术声势日煊，但在几代人的时间里，它未能取代这种吸引公众注意的原始方法。

至少在法国，印刷术的制度基础同样也早于印刷术的发明本身。出版业精英们都聚集在各种书商行会当中，其中最著名的正是巴黎的"大学宣誓书商兄弟会"（*Confrérie des libraires jurés de l'Université*），这是一个可以追溯到 13 世纪后期的组织，归属市政当局管辖。除了保证手抄本书籍的质量之外，这一团体还拥有专业垄断地位，特别是可以禁止其他商人［如服饰商（*merciers*）和批发商（*porteurs de balles*）］销售书籍。从 1302 年起，该组织的所有成员，共 24 人［其中 4 人被称为"宣誓大书商"（grands libraires jurés）］都必须进行宣誓，因此他们不仅受到保护，免于竞争，而且也被豁免了租税。[1]1316 年，该行会并入巴黎大学，从而将书商从卑微的"机械技艺"和行业当中分离了出来，使之与学术圈的知识分子和作家结盟。1488 年，造纸商也加入了他们的行列，当然，这一整体安排都得到了御敕特权的恩准。

正是在这一中世纪的团体框架内，印刷术于 1470 年被引入了巴黎大学，很快就获得了类似的垄断和特权地位。印刷业整体欣欣向荣，并发展成为一个规模可观的社群。16 世纪的巴黎至少有 1400 名身份可以确认的出版商和工人，囊括了从贫穷的临时工到书籍制作和销售精英的不同群体。由通婚、专业合作和继承，以及规模庞大而又经常得到细分的世家的出现观之，最富有的阶级代表着一类新的封建贵族，此辈必然对著书的知识分子和购书的公众产生巨大的影响。他们主要会聚于大学城，特别是圣雅各街以及发布官方材料的巴黎司法宫周边。他们自始就与政府过从甚密，这种关系随着时间的推移而越发得到增强。敕封印刷商这一职位早在 1488

224

1　见《巴黎书商与印刷业章程》（*Code de la librarie et imprimerie de Paris*, Paris, 1744），第 5 页及后页。

年就已设置，尽管在 1539 年第七位获得此头衔的罗贝尔·艾蒂安之前，这个职位显然都是非正式的。[1] 将印刷业视为民族荣耀之标志和载体的官方措辞以及印刷商的徽记都证明了印刷机构与君主制之间的这一联盟。在 1501 年，此辈中甚至有一人选择了古老的保王党口号"一种信仰，一位上帝，一位国王"作为其家族纹章。

　　尽管一些历史学家业已做出尝试，但如最近一位学者所指，即便使用简单的数值——"文本的乘数"，这项新业务的影响也容易被低估。[2] 对于这一数量的估算最多只能依靠推测。在印刷术被发明后的一个半世纪里，为了打开欧洲识字者的钱袋（如果说不是启迪他们心灵和思想的话），人们花费了成千上万平方英里的纸张、数千桶的墨水和数百万的工时。（下至 1501 年的）"摇篮本"时期无疑标志着近代宣传和大众文化史上的一道门槛。这一时期已经记录在册的书籍就有超过 4 万种版本（也许包含了 1000 万册文本），而且这一数字还在继续增加。在印刷书籍发展的后半个世纪（1500 年至 1550 年），版本数量超过了 10 万种（5000 万册？），即便根据现存的文献，这个总量也永远不会像 15 世纪那样准确。但纵使是这些统计数据也具有误导性，因为它们大多适用于高端书籍和易于识别的书名。除此之外，还有一股正在兴起的大众文本的浪潮——"小书"、宣传册和单张印刷品［布告，或者德语中的"单页印刷品"

　　1　见 G. 勒普勒，《法国印刷术》第 1 卷（G. Le Preux, *Gallia Typography*, I, Paris, 1911），第 50 页及后页；可参照 E. 阿姆斯特朗，《敕封印刷商罗贝尔·艾蒂安》（E. Armstrong, *Robert Estienne, Royal Printer*, Cambridge, 1954）与 Ph. 勒努阿尔，《巴黎印刷商》（Ph. Renouard, *Imprimeurs parisiens*, Paris, 1898），第 56 页。
　　2　见 P. 肖尼，《文化水平与宗教改革》（P. Chaunu, "Niveaux de culture et Reforme"），载于《法国新教历史协会会刊》第 68 卷（1972 年），第 320 页；C. 贝朗热等，《法国印刷业通史》第 1 卷（C. Bellanger et al., *Histoire générale de la Presse française*, I, Paris, 1969）；J.-P. 塞金，《期刊诞生之前的法国新闻》（J.-P. Seguin, *L'Information en France avant la périodique*, Paris, 1964）；D. 波廷杰，《旧制度时期的法国书籍行业》（D. Pottinger, *The French Book Trade in the Old Regime*, Cambridge, Mass., 1958）与 E. 韦勒，《最早的德文报纸》（E. Weller, *Die ersten deutschen Zeitungen*, Stuttgart, 1872）。

（*Einblattsdrücke*）］，尽管其留存状况不尽相同，但在 16 世纪后期皆达到了暴风雪般的规模（至 1600 年可能达到了 200 万册之多）。[1] 这些文本的吉光片羽可能代表了近代早期意识形态剧变的最具体表达形式，因此值得对其进行定性和定量的评价。

这批存在时间甚短且大部分默默无闻的文本（它在"摇篮本"阶段非 225常少见，但在此之后却迅速增加）的第一阶段可以被视为近代新闻业的最早形式。这些方言文本，尤其是德意志地区的"消息"（*Zeitungen*），在轰动效应上（若非说在影响力上的话）堪与近代的黄色新闻相媲美，它们用"精彩绝伦的"、"绝妙的"、"可怕的"（*erschröcklich*）和"可怕但真实的"等不同词汇来进行宣传。起初，此类恐惧主要针对的是自然灾害、怪物和外来的威胁，尤其是土耳其人；但很快，它便扩展到了意识形态的威胁，特别是再洗礼派教徒。

在法国，大约有 200 种此类"应景"出版物自 1530 年之前留存至今，而且这些"小报"似乎比德意志地区和英格兰的同类出版物有着更多变化，囊括了从最耸人听闻的到最平淡无奇的各类消息。它们谈论各种各样的神迹、预言和奇迹；记录火灾、洪水和名目繁多的丑闻；刊载虚构成分更多的娱乐消息、诗歌和散文；甚至还涉及了与宗教文本、日历、历书以及其他日常事务相关的内容。[2] 另一些文本则报道了重大事件，如哥伦布的一系列发现、土耳其人的攻势、严重的犯罪事件、重大战役、外交协议，特别是庆典——如王室成员的诞生、婚礼、葬礼、游行、比武、宴会、入城式、"欢庆"等。它的第一个大标题可能就是查理七世入侵意大利；之后源源

1　最早的一些片段被收录于大英博物馆（大英图书馆）C. 18.e.2，但仍然没有可用于管理这一对于近代宣传研究而言至关重要之材料的简单办法。

2　见《法国历史目录》第 1 卷（*Catalogue de l'histoire de France*, I, Paris, 1885）（收录于法国国家图书馆）及其附录，尤见 Lb（历史）系列［the series Lb（history）］；不幸的是，法律系列始终未能完成；另见 J.-P. 塞金，《路易十二世至亨利二世时期的法国新闻》（J.-P. Seguin, *L'Information en France de Louis XII à Henri II*, Paris, 1961）（巴黎：1961 年）。

不断的"新闻"（*nouvelles*）报道了这位君主的行军进展、他进入罗马和那不勒斯的情况及其"在该处用餐的方式"，有些还采用了诗歌和插图的形式。[1] 此类新闻报道、法律申辩、公共关系声明和更为露骨的宣传模式，以及近代报纸读者所熟悉的其他特征（包括占星术、漫画，或诸若此类），作为支持和强化政治行动的力量而被印刷术永久地固定了下来。

印刷术几乎从发明伊始就被征召为政府效劳。[2] 早在 1476 年，印刷商即开始印制宗教会议章程、教皇敕书、权利证书、帝国法令，特别是外交文件，其先端之一便是 1482 年国王路易十一世和皇帝马克西米利安（the Emperor Maximilian）之间的和平条约。市政当局也转向了这种新的宣传形式，在 1507 年，一座充满自豪感的城市就曾用以下抒情词句歌颂了它的"自由与特权"：

> 荣耀归于三位一体，
>
> 和平、荣誉与稳定归于日内瓦，

1　可参照 J. 德·拉皮洛尔热里，《意大利大军的战役与公报》（J. de la Pilorgerie, *Campagne et bulletins de la Grande Armée d'Italie*, Paris, 1866）与 W. 赫德，《最古老的印刷报纸》（W. Herde, *Die älteste gedruckte Zeitung*, Mainz, 1931）。

2　除了 A. 伊斯纳尔编，《法国国家图书馆印刷书籍总目：国王法令篇》第 1 卷和大英博物馆目录之外，还可见 J. 热尼，《至 1562 前后布尔日的印刷业》（J. Jenny, "L'Imprimerie à Bourges jusqu'en 1562 environ"），载于《语言和历史公报》（*Bulletin philologique et historique*）（1967 年），第 867-890 页与《16 世纪布尔日的书商与印刷商》（"Libraires et imprimeurs de Bourges au XVIe siècle"），载于《文艺复兴初期的法国人文主义》，第 193-202 页；M. 贝松，《洛桑的教会与印刷业》（M. Besson, *L'Eglise et l'imprimerie de Lausanne*, Geneva, 1938），第 2 卷，第 10、18 页与 A. 克洛丹，《法国印刷史》（A. Claudin, *Histoire de l'imprimerie en France*, Paris, 1900），第 2 卷，第 22 页。《路易十一世与奥地利的马克西米利安之间的和平条约》（*Traité de paix entre Louis XI et Maximilien d'Autriche*, 14 Dec. 1482）（收录于法国国家图书馆 rés. Lg6.2）与《致吾主，为法国笃信王以及教皇意诺增爵八世祈祷文》（*Oratio reverendissimorum dominorum oratorum Christianissimi Francorum regis ad sanctissimum D. Innocentiam papam VIII*, 1485）（收录于法国国家图书馆 rés. Lg6.3）。

众志成城归于人民、教会与贵族。[1]

此类商会声明赓续成为近代早期宣传的重要组成部分，尽管它将被更为紧迫的议题所淹没（尤其是在日内瓦！）。

在法国，印刷术作为立法的匡助手段变得尤为重要。自 1488 年起，法国天主教徒的自由宪章《布尔日国事诏书》连同它以一系列版本的反罗马教廷评论面世了。大致从这个时候起，国王法令和法庭判决结果就以印刷文本以及公共呼喊的形式在"巴黎司法宫前"被散播出去。其先端之一便是 1490 年在图卢兹印制的朗格多克习俗集。[2] 意大利印刷商也通过印制外国新闻甚至立法材料（如路易十二世所改革的米兰法规）插手其中。在每一位国王的统治初期，此类合集的出现帮助法官解决了各种专业问题——财政的（税收、关税）、经济的（价格、垄断、行会规则）、司法的（改革诉讼、定义刑事处罚）、教会的（圣职、布道、是非准则）、军事的以及无休止的"治安"问题。在弗朗索瓦一世及其子亨利二世的统治下，这种材料的印刷越来越集中在少数几个印刷世家手中，尤其是让·安德烈（Jean André）、让·达利耶（Jean Dallier）、纪尧姆·尼韦尔（Guillaume Nyverd）、加利奥·迪普雷（Galliot du Pre）、夏尔·艾蒂安及其兄弟罗

1　见 E. H. 加利厄，《日内瓦印刷业研究》（E. H. Gallieur, *Etudes sur la typographic genevois*, Geneva, 1865），第 96 页。

2　见《吾王制定的关于朗格多克地区司法体系的法令》（*Les Ordonnances faictes par le Roy nostre Sir touchant le faict de la justice du Pays de Languedoc*, Paris, c. 1496）；可参照 C. 贝朗热等，《法国印刷业通史》第 1 卷，第 20 页；《吾王弗朗索瓦一世制定的新法令》（*S'ensuyvent les nouvelles Ordonnances faictes par le roy nostre sire Frangoys premier*, Paris, 1519）（法国国家图书馆 rés. F. 1501.2）；可参照 E. 阿姆斯特朗，《查理九世统治时期国王敕令与法令的出版》（E. Armstrong, "The publication of the royal edicts and ordinances under Charles IX"），载于《王室学会公报》（*Proceedings of the Royal Society*），第 192 期（1959 年），第 41-59 页。《由法国国王路易制定的米兰的司法权法规和特别法规》（*Statuta iurisdictionum et extraordinarium reformata a Ludovico rege Francorum Mediolanum*, 1502），收录于 G. 萨波里，《16 世纪的米兰大学》第 1 卷（G. Sapori, *La Cinquecentine dell'università di Milano*, 1, Milan, 1969），第 13 号。

贝尔（二世）［Robert（II）］——此君在宗教战争早期（1563 年至 1568年期间）印刷出版了至少 100 种政府宣传册。这种公开的立法本身显然就是一种刻意的宣传。

227　　16 世纪宣传的一个重要因素即翻译的极为广泛的实践，尽管这种做法几乎仅囿于著名的文本和作家。[1]与文本内容的创作不同，翻译工作很少重要到需要给予颂扬；其中所涉及的人员和组织——有时甚至是动机和市场——皆未留下任何痕迹。然而，在这个世纪，它却变成了一种国际性的行业，先是被用于官方目的，后来又被用于更为非正式的目的。早在1507 年，关于路易十三世举行热那亚入城式的法语记录文本的德语版本业已面世，1515 年又出现了弗朗索瓦一世举行米兰入城式之记录的意大利文译本。外交活动、加冕礼、王室和贵族的婚姻也吸引了类似的关注，此外还有一些法律问题，如查理五世对海尔德公国的主张就自拉丁文翻译成了法文和荷兰文。但到此为止，对新闻译者而言，最受欢迎的话题仍然是战争新闻。诸如帕维亚战役、亨利二世于 1553 年入侵德意志领土、各种法律和条约，以及宗教战争中的谋杀和屠杀等头条新闻迅速通过多种语言被报道了出来。当科利尼在 1569 年被判有罪之后，高等法院的判决结果就被翻译成了八种语言，以达到最大程度的宣传效果。另一个引人注目的例子是路德教派的官方历史学家约翰·斯莱丹，他将赛塞、科米纳（Commines）与弗鲁瓦萨尔（Froissart）的著作从法文翻译成了拉丁文；此君在 1556 年用拉丁文出版了自己的现代史，在五年之内，这本遭到殉道者史家、宣传册作者和历史学家大量剽窃的宗教改革史巨著便被翻译成了法文、德文、

1　见 J.-P. 塞金，《期刊诞生之前的法国新闻》（J.-P. Seguin, *L'Information en France avant la périodique*）（巴黎：1964 年），第 131 页；查理五世的《对海尔德公国的权利主张》（Charles V, *Assertio juris over Guelders*）（拉丁文版以及法文与荷兰文译本）收录于 B. 桑切斯·阿隆索，《西班牙历史原始材料》第 4 卷（B. Sanchez Alonso, *Fuentes de la historia española*, ix, Madrid, 1952），第 5618 号；有关科利尼的内容，见下文第 286 页，注释 79。

意大利文和英文。这种信息流动进一步证实了下述观点，即无论当时的经济和技术条件多么原始，近代新闻仍然是印刷文化早期阶段的产物。

与这股原始新闻印刷品的洪流同时出现的是一个新的宣传人员阶层，其中一些是印刷商，而大多数人则从事某种文学、法律或学术职业，但所有这些人都被潜在的共同读者吸引到了一起。其中的首个重要人物就是克劳德·德·赛塞，他是外交家、教士、翻译家以及路易十二世的顾问。为其最著名的著作《法国君主制》奠定基础的不仅有丰富的政治经验以及有关古代与近代历史的知识，还有一些将他与经常被拿来作比较的对手马基雅维利区别开来的东西，即作为御前宣传员的见习经历。他的一篇演讲（最初是在亨利八世的宫廷里旨在为其统治者的政策辩护而发表的）以拉丁文和法文的形式刊行，后来又被扩充为颂扬路易十三世的统治、美德、政治成就及其总体上优于诸位先王的赞词。与此同时，赛塞还出版了一本关于国王战胜威尼斯人的宣传册，它代表了 16 世纪的一种"战斗文学"。[1] 这些提升"笃信王"之公众形象的做法出现在了爱国主义宣传的洪流之中，利用了最多样化的文学和新闻形式。君主制并非此类宣传的唯一受益者。后来的吉斯家族也收获了大量的公众赞誉，比如由达利耶于 1550 年出版的致克劳德·德·洛林的悼词和随后庆祝其子弗朗索瓦之军事胜利的颂词。[2] 16 世纪亦是第一个公共关系专家的时代。

228

1　见赛塞，《致路易十二世的颂词》（Seyssel, *Les Louanges du roy Louis XIIe de ce nom*, Paris, 1508）与《国王对威尼斯人的胜利》（*La Victoire du roy contre les venitiens*, Paris, 1510），另见 J. 勒迈尔，《威尼斯人的传说》（J. Lemaire de Beiges, *La Légende des venitiens*, Paris, 1509）；可参照 M. 谢尔曼，《路易十二世的推销》（M. Sherman, "The Selling of Louis XII", unpublished Ph.D. thesis, University of Chicago, 1974），B. 拉夫，《法语文献中的威尼斯》（B. Rave, *Venise dans la littérature française*, Paris, 1916），第 234 页及后页与 P. 若多涅，《比利时人让·勒迈尔》（P. Jodogne, *Jean Lemaire de Belges*, Brussels, 1972）。

2　见《论洛林地区的梅斯战役》（*Le Discours de la guerre de Metz en Lorraine*, Lyon, 1553）（收录于法国国家图书馆 Lb31.44）。

　　在这个世纪上半叶的法国官方宣传中占据主导地位的世俗主题是与神圣罗马帝国的论战，从公共方面来说，它肇因于查理八世和皇帝马克西米利安对布列塔尼的安妮（她于1491年嫁给了前者）的争夺。为了回应关于1494年查理八世发动入侵的辩护性"消息"及其对意大利的主张，马克西米利安的发言人对"法国人的虚假出版物"进行了抨击，谴责它们"背信弃义""欺世盗名"，并宣扬了为帝国之事业进行"正义战争"的原则。[1]其后，神圣罗马帝国的大报被散发了出去，以阻止雇佣兵加入法国军队。更笼统地说，法国的法学家至少在两个世纪的时间里一直在用各种准则——特别是"法国国王不承认世俗事务上的任何优越性"的教会法原则——来论证法国王权高于神圣罗马帝国。在16世纪早期，这些由让·费罗尔和夏尔·德·格拉萨耶（Charles de Grassaille）等法学家提出的主张在1519年的帝国选举中被扩展为支持弗朗索瓦一世的候选资格。随着法国和神圣罗马帝国之间的战端重启，尤其是在弗朗索瓦一世食言拒绝遵守1525年的《马德里条约》之后，这种意识形态的冲突就变得更为公开化了；甚至还流传出了两人进行决斗的传闻。1528年，这个故事被改编为"笃信王的辩护"，它在形式上表现为弗朗索瓦一世与查理五世的大使之间的争端。在这本宣传册中，皇帝的使者"指责国王失信，并用侮辱性的言辞损害了他的荣誉"。弗朗索瓦一世打断了他，向其索要证据。这位君主厉声

229

1　见《由吾王自那不勒斯发给波旁先生的几则消息》（*Plusieurs nouvelles envoyees de Naples Par le Roy nostre sire a monseigneur de Bourbon*, 1495）（收录于法国国家图书馆 rés. Lb[28].24）；见《法国历史珍稀档案》第1、2卷，以及内容更为广泛的《时文集》（*Recueil des pieces du temps*）（收录于法国国家图书馆 rés. Lb[28].1）。《驳法国人之伪造书信》（*Contra falsas francorum literas*, 1492）（收录于法国国家图书馆 Lb[28].1），其中抨击了"法国人的背信弃义、欺世盗名，甚至是仇恨"和"法国人的欺诈行为"，以及大英博物馆 D. C.5（国务文件）。

说道："汝主无法在法国发号施令。"这次接见（虽不是辩论）就此告终。[1]

这是一起国际事件，而宣传册读起来就像是新闻快报或一份目击者记录。后来的出版物对这一持续不断的争吵采取了更具批判性和置入主观评论的报道方式，甚至呼吁诸侯和城市反对其统治者的专横、诽谤和对自由的侵犯。有些出版物抱怨了战争暴行，且无一不曾质疑查理五世立场的合法性。1534 年，就在"布告事件"发生的几个月前，弗朗索瓦一世本人也发布了抨击神圣罗马帝国皇帝的若干布告。1536 年，名为马丁·朗珀勒（凯泽）［Martin Lempereur（Keyser）］的神圣罗马帝国出版商印刷出版了一些书信，其内容声称战争的全部责任皆在于法国国王。[2] 作为回应，罗贝尔·艾蒂安出版了一本著名的文集——《法国笃信王弗朗索瓦针对其敌人之诽谤的辩护书信集》（*The Texts of Letters by which Francis, Most Christian King of France, is Defended against the Slander of his Enemies*），这本书被称为欧洲历史上最早的白皮书之一。[3]

考察这些年来外部的和内部的威胁如何争夺公众注意力是一件有趣的事情。在（1542 年 7 月 1 日）公开谴责加尔文之后九天，针对查理五世的

1　见《笃信王关于皇帝推迟两者间决斗的辩护词》（*La Deffense du roy treschrestien contre lesleu en emperor delayant le combat dentre eulx*, Paris, 1528）（收录于法国国家图书馆 rés. Lb³⁰.51）。可参照《针对马德里条约的辩词》（*Apologie contre le traicté de Madric*, Paris, 1526; Chantilly, 100 bis）。

2　见《关于德意志地区和平与自由的书信或悼词》（*Epistre ou voirement Oraison tresparfaicte dung quidam Aleman bonne scavant et de la liberte Germanique trestudieux*）（收录于法国国家图书馆 rés. Lb³⁰.67）；A. L. 埃尔明亚尔编，《法语地区宗教改革者通信集》，第 1 卷，第 3 卷，第 249 页。《国王之仆所写书信的副本》（*Double d'un lettre escripte par ung serviteur du Roy*）（收录于法国国家图书馆 rés. Lb³⁰.65）；《笃信王致神圣帝国诸国统治者的书信》（*Lettres du roy treschrestien aux souverains estats du S. Empire*, Lyon, 1553）（收录于法国国家图书馆 Lb³¹.53）。

3　见《法国笃信王弗朗索瓦针对其敌人之诽谤的辩护书信集》（*Exemplaria literarum quibus et Christianissimus Gallorum Rex Franciscus ab adversarium maledictis defenditu …*, Paris, 1538）与尚蒂伊（博物馆），《书籍之阁》［Chantilly (Musée), *Le Cabinet des livres*, Paris, 1905］，第 414 号。E. 阿姆斯特朗，《敕封印刷商罗贝尔·艾蒂安》，第 142 页。

严重冒犯和伤害的"战争宣告"再度出现（两者都通过号角之声进行了宣示），而皇帝的发言人也用法语做出了类似的回应。[1] 在亨利二世统治时期，这两种威胁似乎都达到了新的高度，而围绕它们的宣传亦是如此。在国内进一步强化其父镇压"路德教派"之运动的同时，亨利二世还将与德意志地区路德教派势力的外交暧昧转为了政治联盟；这一转变也反映在了艾蒂安印刷行的作品当中。尽管罗贝尔·艾蒂安因出版中的轻率之举而被迫流亡，但他的弟弟夏尔却继续为国王效劳。在其出版物当中包含了一系列流布甚广、旨在反驳皇帝之接连诽谤的法文或拉丁文"辩护书"。而亨利二世也正是在此时决定宣称自己为"德意志自由的保护者"，并成为阴谋反对皇帝的帮凶。

到这个时候，也就是这个世纪中叶前后，政治和宗教问题的合流正在改变新闻和宣传的数量和质量。实际上，宗教宣传长期以来一直关注法国与教皇之间的不确定关系，但其内部对国王政策的批评充其量也只能说是微不足道的。具有颠覆性影响的异端邪说，而非国家教会的分裂可能性，才是主要的催化剂。从最直接的意义上来说，"印刷革命"是 16 世纪 20 年代"福音革命"的一种应变量，当时的流动布道者和教师们与流动印刷商一同向所有国家印行福音文本。"我祈盼法国遍地皆是福音派书籍。"这一代先驱的成员之一、法雷尔的朋友阿内蒙·德·科克如是写道。[2] 1523

1　见《法国国王与皇帝间爆发之战争的宣告》（*Cry de guerre ouvert entre le Roy de France et empereur ...*, 10 July 1542）（收录于法国国家图书馆 Lb³¹.29）；《卓越且可敬之皇帝的辩解与回应》（*L'Excuse et response du trèsillustre et très redoubte empereur*, Antwerp, 1542）；《国王针对帝国之诽谤的辩词》（*Apologie pour le Roy, contre les calomnies des Imperialz*, Paris, 1550）（收录于法国国家图书馆 Lb³¹.29）和《第二份辩词》（*Second Apologie ...*, Paris, 1553）（收录于法国国家图书馆 Lb³¹.32）；A. L. 埃尔明亚尔编，《法语地区宗教改革者通信集》，第 1 卷，第 120 页。

2　见 A. L. 埃尔明亚尔编，《法语地区宗教改革者通信集》，第 1 卷，第 282 页（致法雷尔的书信，1524 年 9 月 2 日）、第 155 页（纪尧姆·布里索内致教区信徒的书信，1523 年 10 月 15 日）。

年，幻想破灭的莫城主教也哀叹道："整个世界都充斥着书籍。""凡夫俗子迷恋新奇事物，被（路德的）活泼风格所惑，似乎正在屈从于他臆想的和充满谬误的自由。"累世的宗教冲突无法停息，并且不断重演。

书卷弥满的世界

印刷术的力量似乎始终令人寅畏，至少在识文断字者的心目中是如此，而它的威慑力也得到了那些希望控制舆论之人的认可。在 1513 年的一项模范法令中，法国国王路易十三世宣称"印刷术之发明似乎比人类更为神圣"，因为印刷术传播了"神圣的天主教信仰"的价值。[1] 印刷术的超自然特性以多种方式表现了出来。至少在 17 世纪之前，印刷术的发明还与浮士德的传说联系在了一起，这是由于人们将其与从古登堡印刷装置中获利的约翰·福斯特（Johann Fust）之名混为一谈。[2] 另一方面，它被尊崇为上帝的礼物——诗人迪贝莱（Du Bellay）称之为"第十缪斯"。印刷商们被当作真正的"神祇"来崇拜，因为他们有赋予生命或起死回生的能力，在某种意义上可以确保永生。认为印刷术超越人类的观点自始就已普遍存在：从第一批印刷商及其作者的商业化措辞到培根与孔多塞的社会向善论观点，从德意志理想主义者的浮士德式阐释到马歇尔·麦克卢汉（Marshall

231

1　见《支持新发明之印刷术的声明》（"Declaration en faveur de l'imprimerie nouvellement inventee", 9 April 1513）（收录于 F. 伊桑贝尔、A. 茹尔当、A. 德屈西编，《法国古代法律总集》，第 11 卷，第 113 页）；可参照《书业规章》（Code de la Librairie），第 7 页。标准的论述见 L. 费弗尔与 H. 马丁，《印刷书的诞生》（L. Febvre and H. Martin, L'Apparition du livre, Paris, 1958）；可参照 R. 希尔施，《1450 年至 1550 年期间的印刷、销售与阅读》（R. Hirsch, Printing, Selling and Reading 1450-1550, Wiesbaden, 1967）与 H. 马丁，《书籍、权力与社会》（H. J. Martin, Livres, Pouvoirs et Société, Geneva, 1969）。
2　见帕基耶，《法国研究》，第 9 卷，第 29 页；可参照 A. 菲尔明 - 迪多，《阿尔杜斯·马努提乌斯与威尼斯的古希腊文化》（A. Firmin-Didot, Alde Manuce et l'hellenisme à Venise, Paris, 1875），第 218 页。

McLuhan）和伊丽莎白·爱森斯坦（Elizabeth Eisenstein）的断言，皆是如此。确实，这种夸大之词已有些微世俗化的色彩了，对其神性的指责被关于"革命"以及各种精神与社会困境的讨论所取代，但对其力量的主张仍然是超然的和惊天动地的——如果不能称之为天翻地覆的话。

印刷术的神秘一面与文艺复兴时期人文主义和古典复兴的神秘性紧密相连。正如纪尧姆·比代所宣称的（讽刺的是，此言见于他从未付梓的作品之中）："印刷术的发明令古迹得以恢复和永存不朽。"而据一代人之后其弟子勒华的说法，印刷术的出现及时确保了人文主义运动的空前成就，这是一个"奇迹"。[1]比代的主要对手伊拉斯谟在颂扬阿尔多·马努齐奥（Aldo Manuzio）的文章中对这种奇迹般的——尽管无可否认是源自德意志地区的——技艺之目标的描述也许是最为贴切的。他高呼道："上帝啊，要让已经近乎损毁的东西重现于世，要让残缺不全的章句恢复全貌，要修正其他以无数种方式遭扭曲的事物，是一项艰巨却值得高贵的心灵去完成的任务……"[2]这种学术上的重建过程［其术语是"恢复"（restitutio）与"更正"（emendatio）］从文本内容扩展到了普遍意义上的文化领域，印刷术的意义也相应得到了增强。正如埃贡·弗里德尔（Egon Friedell）所言："活字印刷术乃人文主义的象征。"[3]

因此，印刷术成为"追溯过往的卓绝努力"的主要工具，而后者则被米尔恰·伊利亚德视为西方文明的一个显著特征。[4]从16世纪开始，它也与人性的最高属性联系在了一起，事实上也与人文主义运动的中心主题，

232

1　见比代，《论君主制》，第63页；可参照路易·勒华，《论宇宙中事物的变迁或变化》，第215章。

2　引自 D. 吉纳科普洛斯，《威尼斯的希腊学者》（D. Geanakoplos, *Greek Scholars in Venice*, Cambridge, Mass., 1962），第271页。

3　见《近代时期的文化史》，C. 阿特金森译（*A Cultural History of the Modern Age*, trans. C. Atkinson, New York, 1920），第1卷，第210页。

4　见米尔恰·伊利亚德，《神话与现实》，第134页。

即"人的卓越和尊严"联系在了一起，这代表了写作技艺的顶峰，也是人类与动物之间最泾渭分明的界限。[1]在人文主义的一系列成就当中，印刷术的发明占据着首位。只有火炮可堪与之媲美，但根据某位作家的观点，后者与人的尊严无关，反而与"人的痛苦"这一对立命题有关。这两项发明与航海罗盘一起构成了路易·勒华、弗朗西斯·培根和其他开创性的文明历史学家所推崇的三大转变因素。博丹指出："单是印刷就能轻而易举地与古代的所有发现相抗衡。"[2]因此，作为今人与古人长期"不和"的重要证据，印刷术的神话成为进步的近代观念的重要组成部分之一。

如果说印刷术对那些在学术、商业和政治方面的开拓者而言是天赐之物的话，那么在那些秉持福音思想的异见者看来，它简直就是一个奇迹，尤其是在其出现的时机上。对于一个信奉《圣经》的宗教而言，"圣页"似乎是激进主义真理的化身，《圣经》的传播是信仰的人生原则。这也许是路德教派"革命"中最引人注目的一面，因为从中产生了真正的辩论和通俗文学的浪潮，而这股浪潮在纯粹的物理尺度上也令人印象深刻，即便对于那些不关心读者规模的学者而言亦复如是。[3]作为一种通信手段，广受欢迎的"报纸"（Zeitung）已经问世，但路德教派的册子簿（Flugschriften）在数量和传播速度上皆可谓空前。到1520年，维滕贝格、斯特拉斯堡、巴塞尔和其他对其事业展现善意的城市出版了大约30万册路德教派的书籍。据说，就在那一年，路德的《致德意志基督教贵族书》卖出了4000册。[4]

1　见皮埃尔·博艾斯迪奥，《世界剧场》（Pierre Boaistuau, *Le Theatre du Monde*, Antwerp, 1575）。

2　见博丹，《易于认识历史的方法》，第302页。

3　见H. 比什兰，《六千年广告史》第2卷（H. Buchli, *6000 Jahre Werbung*, II, Berlin, 1962），第18页；C. 科特彼得，《16世纪德意志地区的报纸文本》（C. Kortpeter, "German Zeitung literature in the sixteenth century"），收录于《16世纪文本》，R. 舍克编（*Sixteenth Century Texts*, ed. R. Schoeck, Toronto, 1966）；W. G. 摩尔，《德意志宗教改革与法文文献》（W. G. Moore, *La Réforme allemande et la littérature françaises*, Strasbourg, 1930）。

4　见M. 格拉维耶，《路德与公众舆论》，第32页及后页。

在接下来的十年里，至少有 630 种德语版本的书籍问世（不包括莫纳的作品），其中一半以上是路德的作品；到他去世为止，所有这些出版物中最为畅销的册子簿，即路德的《圣经》译本（包括全译本和节译本）已经多达 430 种。正是在这股骈兴错出，甚至超越了公众的关注和论争的书籍浪潮中，路德成为近代历史上最重要的发言者之一。

由于印刷文本的出现，路德教派的教义之风几乎立刻就吹遍了德意志地区内外。从 1519 年起，他的书从阿维尼翁流传到了安特卫普，很快就出现了"马丁·路德博士先生的书被烧毁"的场景。[1]1520 年，一个年轻的瑞士学生写信给慈温利，声称有一批 1400 册的书籍从法兰克福市场运来，就在索邦神学院学生的鼻子底下兜售。[2] 这一思想通过海报、宣传册和小书蔓延到了学术界、各行各业和城市社区当中。宣传成了一个重要的新职业，作为匡助手段的翻译技艺同样如此，它是"通往异端之路"中最为繁忙的一条。早在 1519 年，路德的著作就以佛拉芒语的形式问世了，而其第一个法语译本问世于 1523 年。[3] 多亏了贝尔坎、朗贝尔和法雷尔等学者的努力，法国人很早就接触到了路德的著作（在 1535 年之前至少已经出版了十多部），以及伊拉斯谟、梅兰希通、布策尔、胡滕（Hutten）、斯莱丹等人的作品。同样得亏各式各样的自由职业者和不甚可靠的印刷商的大胆冒险，以及西蒙·迪布瓦（Simon Dubois）、维甘德·克伦（Wygand Köln）、皮埃尔·德·万格勒和安托万·马尔库尔等重要人物的涉险参与，这些文本才得以出版，否则它们将永远无法面世。这是一个书籍制作以及教导者与布道传教者的时代。

1　见《安特卫普城市编年史》，G. 阿弗尔尔编（*Chronijk der Stadt Antwerpen Nolaris Geerard Bertrijn*, ed. G. Havre, Antwerp, 1879），第 71 页（1521 年 7 月 13 日）。

2　见 A. L. 埃尔明亚尔编，《法语地区宗教改革者通信集》，第 1 卷，第 62 页（格拉雷亚努斯致慈温利的书信，1520 年 11 月 1 日）。

3　见 E. 贝尔，《乞丐的世纪》第 2 卷，第 228 页。

德意志地区的浪潮在 1524 年至 1525 年期间达到顶峰，但在别处，潮水仍在继续蔓延，在一些渠道中甚至化为洪流。造成这一状况的必要条件实乃图书贸易非同寻常的地理扩张和相互勾连。到 16 世纪，印刷业已然国际化和工业化，而这正是智识和商业交流网络的基础，从而进一步加强了欧洲学者共同体的联系，而在此之前，欧洲学者共同体主要是通过大学和宫廷维持着自身的存续。[1] 印刷术最初是沿着莱茵河从美因茨来到法兰克福、斯特拉斯堡和巴塞尔，再翻越阿尔卑斯山来到威尼斯以及更南方的地区；而在法语世界当中，里昂和安特卫普以及巴黎都与莱茵河中轴线保持着联系；不过，在一些小型市镇当中，小规模印刷行的数量也在增加，它们占据了大城市的间隙地带，而在 16 世纪中叶之前的法国，这样的地方至少有 40 多处。移民社群在巴塞尔、斯特拉斯堡（至 1560 年有 60 户家庭之多），特别是日内瓦变得越来越重要。一些相互关联的因素强化了这一信息网络：书贩、小商人和诸如汉萨同盟这样的组织通过合法运输或走私的手段，将书籍运往了安特卫普、伦敦和其他地方；包括安特卫普和法兰克福在内的大型书市；以及印刷商、作家、研究助理和猎书者之间不断扩大的商业和学术联系圈子，这不仅构成了欧洲"文学共和国"的基石，也是不断扩大的国际新教网络的组成部分。

　　作为违禁品，路德教派的宣传材料自然从正统信仰地区转移出去，这一情况也促成了印刷行业在国家间的扩散。在新教中心地区，这一发展高

234

---

[1]　在关于这一主题的大量参考文献当中，此处应当被提及的是 E. 德罗兹编，《论宗教宣传》；W. G. 摩尔，《德意志宗教改革与法文文献》；E. 德罗兹，《异端之路》；A. 帕朗，《16 世纪巴黎的图书行业》（A. Parent, Les Métiers du livre à Paris au XVIe siècle, Geneva, 1974）；加布里埃尔·贝尔图，《安托万·马尔库尔》；J. 皮诺，《法语区新教徒的诗歌》；F. 沙博尼耶，《法文诗歌与宗教战争》（F. Charbonnier, La Poésie française et les guerres de religion, Paris, 1919）；以及仍在继续出版的 B. 莫罗，《16 世纪巴黎出版书籍的年代清单》第 1 卷（B. Moreau, Inventaire chronologique des éditions parisiennes du XVIe siècle, I, Paris, 1972-）与 Ph. 勒努阿尔，《16 世纪的巴黎印刷商与书商》第 1-2 卷（Imprimeurs et libraires parisiens au XVIe siècle, I-II, Paris, 1964-）。

潮出现在了 16 世纪 20 年代。从 1520 年到 1550 年，巴塞尔所出版的书籍数量几乎增加了两倍。[1] 在安特卫普，1525 年有 35 家印刷行，1540 年有 50 多家印刷行，它们的产量占到了 16 世纪头 40 年所列出的 2221 种书籍的一半以上。斯特拉斯堡也变得越来越重要，随着法语国家移民的到来，这座城市在出版德文和拉丁文书籍的同时也开始刊印法文书籍。到 16 世纪中叶，日内瓦也加入了这些老中心的行列之中，成为宣传材料的主要来源地。[2] 经过改革的印刷行的产量从 1540 年前的平均每年 5 种书上升到 1550 年后的每年超过 32 种书。此时，已有三位杰出的出版商来到日内瓦开展业务：罗贝尔·艾蒂安，自从其出版策略导致他遭受冷遇之后，此君便带着两个儿子亨利和弗朗索瓦前来此地，此外还留下了另外两个儿子在巴黎经营家族产业；洛朗·德·诺曼底，他是加尔文的一个亲戚，因为叛逆罪的指控而出逃；以及伟大的殉道者传记作家让·克雷斯邦，他在弗朗索瓦·博杜安的陪伴下逃脱了查理五世的迫害。在加尔文于 1564 年辞世之前，日内瓦的印刷业已经扩展到了包括 34 家印刷行、雇佣 170 名印刷

235

1　见 P. 比滕霍尔兹，《16 世纪的巴塞尔与法国》（P. Bietenholz, *Basel and France in the Sixteenth Century*）（多伦多：1971 年），第 51 页与《意大利人文主义与巴塞尔印刷业的鼎盛时期》（*Die italienische Humanismus und die Blützeit des Buchdrucks in Basel*, Basel, 1959）；E. 贝尔，《乞丐的世纪》第 2 卷，第 11 页；亨利·奥赛尔，《16 世纪法国历史原始材料》（Henri Hauser, *Sources de l'histoire de France, XVIe siècle*, 4 vols, Paris, 1906-1915）；W. 克努特尔，《王室图书馆收藏的宣传册目录》（W. Knuttel, *Catalogus van de Pamfletten-verzameling berustende in de koniklijke Bibliotheek*, Hague, 1899）以及 L. 珀蒂（L. Petit）编纂的荷兰宣传册目录；另见 J. 范·索梅恩（J. van Somern）、J. 范·德伍尔浦与 W. 奈霍夫（J. Van der Wulp and W. Nijhoff）等人的著作。

2　见 P. 谢，《1550 年至 1561 年期间日内瓦印刷业研究》（P. Chaix, *Recherches sur l'imprimerie à Genève de 1550 à 1561*, Geneva, 1954），及其与 A. 迪富尔和 G. 默克利（A. Dufour and G. Moeckli）合著之《1550 年至 1600 年期间在日内瓦印刷的书籍》（*Les Livres imprimés à Genève de 1550 à 1600*, Geneva, 1966）；H. 布雷姆，《宗教战争时期的印刷商和书商》（H. Bremme, *Buchdrucker und Buchhändler zu Zeit des Glaubenskämpfe*, Geneva, 1969）；Th. 迪富尔，《加尔文教理问答和信仰宣告的书目注释（1537 年）》〔Th. Dufour, *Notes bibliographies sur le catechisme et la confession de foi de Calvin (1537)*, Geneva, 1878〕（日内瓦：1878 年）；见 H. L. 施莱普费尔，《洛朗·德·诺曼底》（H. L. Schlaepfer, "Laurent de Normandie"），收录于 E. 德罗兹编，《论宗教宣传》，第 176-183 页。

匠师和工人的规模。日内瓦出版书籍的数量成比例地增加了，其在整个欧洲的分销数量也相应取得了增长。加尔文本人的著作就出版了 160 种版本。按照推测，其每一版的印数也许达到了 2000 册。1562 年，艾蒂安版本的《圣经》就印制了 9000 册；而伊拉斯谟的一版《对话录》（*Colloquies*）印数据说总计达到了 2 万册；但这一方面的纪录却归属于贝扎译本的《诗篇》，同年，该书的印数达到了 3 万册之多。[1]

在法语区，一般而言很难对宣传册的制作——特别是非正式出版物的制作——进行定量估计，因为这一数字取决于留存至今的文本种类，它们可能占据了总数的四分之三。特别是从无与伦比的巴黎馆藏（以及美国地区的馆藏）来看，其生产模式呈现出了惊人的（即使同时也是不规则的）增长趋势。如果把（特别是在这个世纪初常见的那些）拉丁文出版物也包括在内的话，这一时期该地区总共印刷出版了至少一万多种可确认版本的宣传册，超过了其他欧洲国家。其中大约半数具有官方色彩。并且还有少数留存下了多种版本或多个副本。而到弗朗索瓦一世统治之初，非官方宣传册的数量似乎已经超过了法令文本（这一时期之后，两者在国家图书馆中的藏品数量分别为 77 份与 14 份），此后它们的增长也是成比例的（弗朗索瓦一世统治时期文本的藏品数量超过了 100 份）。对于这些法令文本而言，其迅速增长期始于 1539 年，这主要是因为那一年改革敕令的出台，其面世的版本至少就有 18 种之多。在亨利二世统治时期，出版的法令文本达到了平均每年 15 种；相比之下，宣传册的出版数量为平均每年 11 种。后者发展的分水岭出现在了宗教战争前夕，特别是 1558 年。在下一段与之相当的时期里，也就是从亨利二世崩殂（1559 年）到圣巴托罗缪屠杀爆

――――――――
1　见 P. 皮杜，《16 世纪的胡格诺派诗篇》（P. Pidoux, *Le Psautier huguenot du XVIe siècle*, Basel, 1962），第 2 卷，第 30 页；可参照 B. 拉蒂默，《宗教战争时期法国的宣传册作者》B. Latimer, "Pamphleteering in France during the Wars of Religion", Unpublished Ph.D. thesis, Duke University, 1976）。

发（1572 年），法令文本与宣传册的年均出版数量分别为 36 种和 32 种。而在这个影响深远的时期之后，两类印刷文本的增长就显得更加温和而有规律。

236　　衡量意识形态扩张的其他衡量指标甚至更加难以确定，但对于思想的传播而言，流通可能与质量和数量一样重要。书籍的运输当然不是大型生产商的禁脔；成为印刷业当中最下层阶级的书贩们游走于农村和城镇，履险蹈危。拉蒙就曾抱怨过成群兜售带插图"小书"的小贩和那些敢于与大学专家争论神学问题的文盲书商（"彼等傻瓜书商"）。[1]尼古拉·皮图（Nicolas Pithou）在其关于香槟地区新教初期发展的记述中就提到了洛朗·德·诺曼底手下的一个书贩带着他的书来到特鲁瓦，进而引发民愤，历经磨难。[2]1563 年，一名从法兰克福书市返回的书贩在安特卫普遭逮捕，在其被没收的近 100 册书籍中，大多数都是加尔文、法雷尔、维雷、贝扎和其他瑞士宗教改革家的作品。书籍贸易所带来的威胁亦反映在了彼时的诗句中：

> 他们吞噬了《福音》
>
> 以及所有的《保罗书》。
>
> 魔鬼利用了这些印刷商
>
> 以及他们以粗俗语言印制的书册。[3]

但另一方面，殉道者传记却把印刷商放在了比《圣经》宣教者更高的位置上。

印刷文本造成了何种影响？人们是否读过这些书籍和宣传册，他们是

1　见弗洛里蒙·德·拉蒙，《本世纪异端诞生、发展与衰亡的历史》，第 874 页。
2　见尼古拉·皮图，《香槟的新教运动》，第 10 页。另见下文第 242 页，注释 78。
3　相关宣传册已佚失。

否有所触动？他们是否至少被其中的插图打动过，即便其中的一些插图是最为粗糙、最为显白、最具有攻击性的宗教和政治漫画？这些问题层出迭见，但孤立的证据或回溯性的文化水平测试似乎不太可能给出关于阅读模式的令人满意的答案。显然，时人认为书籍是被阅读的，而且对信仰和行为有着很大的影响，而时人自己当然也是书籍的读者和作者。公共阅读也是一种常见的做法，并且成为布道的补充，有时候，人们还会在宗教仪式后分发"小书"。胡格诺派教徒贝尔纳·帕利西讲述了圣东日贫穷的传教修士如何通过朗读福音书籍向孩子们传播其信仰；此外还有其他类似的故事。[1] 当然，颁布的法令——尤其是关于宗教问题的法令，也会产生很大的影响，比如这种影响就表现在了新教徒的书信当中。就给异端罪行设定了死刑和没收财产刑罚的 1557 年《贡比涅敕令》所将造成的威胁而言，弗朗索瓦·奥特芒曾经警告过他的瑞士同事，但重要的是，正如他所认为的，这一敕令充满恶意地排除了路德教派，集中打击了加尔文教派和慈温利派。[2] 尼古拉·皮图曾提及国王敕令在特鲁瓦引发的恐慌，以及 1562 年春天在巴黎颁布的一项令人困惑的法令——根据彼时一位编年史作家的记载，这项法令显然激怒了市民。

237

印刷文字给人的印象将会一直受到质疑，但它的实体存在却是不容置疑的——这不仅包括了它的生产和分销，而且还有各种社会典范对它的占用。在 16 世纪，私人和公共图书馆的数量和规模都在上升，尤其是在平信徒读者群体当中。尤其引人注目的是由法学家和王室官员建立的图书

1　见 B. 帕利西，《作品集》，第 139 页；A. 弗洛凯，《诺曼底高等法院史》，第 2 卷，第 233 页。

2　见唐纳德·R. 克雷，《弗朗索瓦·奥特芒：一位革命者的苦难经历》，第 100 页；尼古拉·皮图，《香槟的新教运动》，第 87 页；P. 帕沙尔，《1562 年之前法国纪事》，第 11 页。

馆——正如人们所指出的，他们也是最为多产的书籍创作者。[1] 在 1493 年以前，律师群体的图书馆藏的数量和规模都很小；而到了 1550 年，单是巴黎就有十多座馆藏超过 100 册甚至更多的图书馆，而少数几座的馆藏甚至接近 1000 册，其中就包括了庭长利泽和纪尧姆·比代的兄弟德勒（Dreux）的馆藏。以上统计只是基于一小部分的样本，通过幸存至今的遗嘱而得出的。其他的记录，比如亚眠的记录，也反映了大致相似的状况，即虽然宗教书籍和藏书仍然占据主导地位，但律师群体已经拥有了更大规模的馆藏。这一切看起来都不足为奇，但至少与近代早期的原始新闻业和宣传所反映的近代意识形态的特征是相符的。

不可否认的是，书籍存在于这个时代——在新教社区中，即使不算《圣经》，书籍甚至也是无处不在的。像克雷斯邦和约翰·福克斯这样的新教宣传家相信印刷书是一份上帝赐予的礼物，它矢志于完成一项神圣的使命。而天主教批评者虽然不置可否，但对印刷术的超自然潜能也有类似的猜度，尤其是当它面向大众的时候。这种威胁不仅是对传统宗教的威胁，也是对知识分子垄断思想的威胁。一位皈依加尔文教派的天主教徒曾引用赫耳墨斯·特里斯墨吉斯忒斯（Hermes Trismegistus）的精英主义（或许是蒙昧主义）观点指出：无论从哪一种意义上来说，"把上帝所有的奥秘和秘密交到民众手中都不符合宗教信仰的要旨"。[2] 而正如许多人所怀疑的，这么做甚至也不符合政治的要旨。

1　见 R. 杜塞，《16 世纪的巴黎图书馆》（R. Doucet, *Les Bibliothèques parisiennes au XVIe siècle*, Paris, 1956）；A. 拉巴尔，《亚眠人生活中的书籍》（A. Labarre, *Le Livre dans la vie amienoise*, Paris, 1971）；H. J. 马丁，《16 世纪巴黎人的阅读内容》（H. J. Martin, "What Parisians read in the sixteenth century"），载于《法国人文主义》，W. 冈德斯海默编（*French Humanism*, ed. W. Gundersheimer, London, 1969），第 131-145 页；A. H. 舒茨，《16 世纪巴黎私人图书馆中的方言书籍：根据公证档案馆资料所做的研究》（A. H. Schutz, *Vernacular Books in Parisian Private Libraries in the Sixteenth Century according to the Notarial Archives*, Chapel Hill, Virginia, 1955）。

2　见弗洛里蒙·德·拉蒙，《本世纪异端诞生、发展与衰亡的历史》，第 585 页。

禁书与焚书

或者说，书籍（与《圣经》不同）是魔鬼的发明？当然，它来自德意志地区，具备"浮士德式"的内涵，而且似乎频频成为违禁知识的提供者。对于印刷机的首个形象描绘出现在 1499 年，图画中描绘了它的两名操作员被拖走的场景，此二人大概是被拖进了地狱。如历史学家所指，如果说第一本希伯来文书籍在 1475 年面世，那么第一本反犹出版物也是出现在这一年。如若印刷书籍能像许多人所认为的那样给良善公民带来启迪，那么它也可能点燃那些忠诚度不甚高者的怒火。在法国，路易十二世确实宣称过"印刷术"是一项神赐的发明，但不到一代人之后，他的继任者弗朗索瓦一世（尽管被冠以了"文学之父"的头衔）对此的期望却已经彻底幻灭（正如前文已经提到的），令人难以置信的是，他试图彻底压制印刷术的发展。[1] 这正是"印刷革命"的悖论之一，它不仅为近代这一宣传时代奠定了基础，也为其意识形态上的正面的、预防性的审查奠定了基础。

审查制度以及控制思想的尝试也是缮写传统——特别是大学纪律的组成部分，它在传统上要求"理性"必须服从于"权威"，尽管这种权威的定义在几代人的历程中已经发生了变化。例如，在 13 世纪至 16 世纪期间，亚里士多德哲学从智识激进主义的化身转变为最为顽固的正统信仰的象征。整个基督教哲学史和神学史的一个侧面便是关于谬误的记载，这些谬误或被调和，或遭到了多多少少的压制。新教徒和天主教徒都有其异端历史撰述［比如布林格包罗万象的《谬误之源》（*Origins of Errors*）］，并企图采取类似的方式压制它们。从 15 世纪晚期开始，无论是帝国还是教皇都试图审查印刷书籍——1501 年，一项为此目的而出台的帝国敕令便

239

1　见弗朗索瓦一世，《法令集》（Francois Ier, *Catalogue des Actes*），第 6 卷，第 686 页，1535 年 2 月 23 日。

被辩称为"良知之职责"——而在路德出现之前，"罗伊希林事件"已经成为这项政策的可耻焦点，该政策的目的即在于没收罗伊希林派系所撰写的书册。[1]1515年，教皇利奥十世（Leo X）颁布了一项"关于书籍印刷"的重要法令，因此就总体而言，制度上的防卫措施已准备好了应对让"罗伊希林事件"迅即相形见绌的路德教派的攻击。

尽管我们论及了路德的"新谬误"，但他的学说实际上与胡斯、威克里夫或任何过往改革者的学说并无二致，因为路德的"新"对于大多数批评家而言仍然归属于一个非常传统的类型。他们的反应也偏于传统。路德接受了问询，他的著作被分析并简化为一些有争议的命题，他遭到了学术权威和教会权威的评判，最后又为世俗权力所谴责。[2]年轻的皇帝查理五世在德意志地区的第一项公开法令（它用法文撰写，于1521年在安特卫普刊布）便是针对路德之谬误与"愚蠢"思想的抨击。[3]八年后，他又继续展开行动，基于一份著名的"布告"建立起了永久性的审查制度，遵从极端但又因循守旧的惩罚措施，比如火刑、刺穿舌头和没收财产。作为典型，路德被与胡斯、威克里夫、帕多瓦的马西利乌斯（Marsilius of Padua）和扬·普珀尔·冯·戈赫（Jan Pupper von Goch）相提并论，其中，戈赫关于"基督徒自由"的著作虽然与路德的观点不同，但似乎也支持了后者。[4]

1　见夏尔·迪普莱西·阿尔让特雷，《错误判例集》，第1卷，第353页；H. 罗伊施，《16世纪图书馆禁书目录》（H. Reusch, *Die Indices librorum prohibitorum des sechszehnten Jahrhunderts*, Tübingen, 1886）；可参照M. 莱贝尔，《报刊与宣传册之真实状况》（M. Leber, *De l'état réel de la presse et des pamphlets*, Paris, 1854）。

2　见《巴黎神学家埃恩·乌尔泰论路德博士》（*Eyn Urteyl der Theologen zu Paris über die lere Doctor Luthers*, 1522）（收录于哈佛图书馆）。

3　见O. 德罗斯特，《1521年至1538年期间从威尼斯进入法国的首批印刷文本》［O. Droszt, *Les premiers imprimés en France de Vienne (1521-1538)*, Szeged, Hungary, 1934］，第7页。

4　见《论基督徒的自由》（*De Libertate Christiana*, 1521），收录于S. 克莱默与F. 皮伊珀编，《尼德兰宗教改革书籍目录》第6卷（S. Cramer and F. Pijper eds., *Bibliotheca Reformatoria Neerlandica*, VI, Hague, 1910），第6卷。

在某些领域，这项立法颇见成效。根据法雷尔的一个朋友的说法，在 1525
年，梅茨驱逐了两名书商；而正如一位历史学家所言，从 1527 年至 1550
年期间，在印刷业曾于 1521 年得到蓬勃发展的洛林地区，"宗教改革的
声音遭到了压制"。[1] 帝国的政策此后没有发生改变，1550 年它又颁布了
一项针对"由马丁·路德、约翰·厄科兰帕迪乌斯、乌尔里希·慈温利、
马丁·布策尔、让·加尔文或其他异端魁首以及彼等之教派成员制作或编
写的书籍"的敕令。鲁汶大学在 1550 年发布的禁书目录中警告读者："勿
要对这份目录包含了这么多不被认可的《圣经》和《新约》文本感到惊讶，
因为异端魁首就从中产生。"[2]

240

在法国，官方的反应如出一辙，而且同样迅速。在那里，审查制度也
已成为一种传统的做法。1514 年，巴黎大学对镇压罗伊希林的帝国运动表
示了支持，在两年之内，诺埃尔·贝达就开始攻击各种异端基督教人文主
义者和福音派人士。根据德·图的说法，诸如比萨大公会议，特别是 1516
年《宗教协定》的议题，促成了"大量著作"的面世，以及试图阻止其传
播的官方行动。[3] 那么，路德的思想会受到何等的欢迎就变得毫无疑问了。
人们对它的反应始于 1521 年春巴黎大学一份颇具针对性的"决议"，其
中为"经院哲学"进行了辩护，并重申了圣礼的价值，以驳斥路德的谬误。[4]
至 6 月，世俗权力当局，即巴黎高等法院紧随其后，它首先通过了一项法

---

1 见 J. 博普雷，《关于洛林地区印刷业发展开端的历史与目录学研究》（J. Beaupré,
Recherches historiques et bibliographiques sur les commencements de limprimerie en Lorraine,
St. Nicolas-de-Port, 1845），第 99 页。

2 见《禁书目录》（*Le Catalogue des livres reprouvez*, Louvin, 1550）（收录于大英
博物馆 618.b.43）；L. 霍尔金，《1538 年至 1557 年期间采邑主教——科尔内耶·德·贝
尔根和奥地利的格奥尔格统治时期的宗教史》（L. Halkin, *Histoire religieuse des règnes de
Corneille de Berghen et de Georges d'Autriche, Princes-Evêques de Liège 1538-1557*, Paris,
1936），第 117 页。

3 见 J. A. 德·图，《寰宇史》，第 1 卷，第 40 页；F. 伊桑贝尔、A. 茹尔当、A. 德屈西编，
《法国古代法律总集》，第 11 卷，第 111 页。

4 见夏尔·迪普莱西·阿尔让特雷，《错误判例集》，第 1 卷，第 365 页。

令，规定若无神学院的批准，任何书籍均不得出版，而后（在查理五世之法令颁布前几周）又通过了禁止印刷出版路德教派文本的法令。8月1日，这一法令在"号角声中"被宣读，所有这类书籍都被下令上交给政府当局。[1]这是专门针对路德教派、旨在压制印刷文本宣传的一系列法令中的第一部。

在某种意义上，攻击性文本的风格是由路德自己决定采用的，因为他正是那个在1520年为了庆祝其对于天主教教义的摒弃而把教皇传统在书本中的化身——教会法合集扔进火中之人。他认为，数个世纪以来，圣人们亦是如此对待邪恶之书籍——事实上，古典时代和教会都为这种做法提供了先例，包括阿伯拉尔之著作在内的大量卷帙都曾被付之一炬。在接下来的岁月里，路德本人的许多出版物也将遭受同样的命运：1521年，400册书籍在安特卫普遭焚毁，次年在根特被投入火海的书籍数量更众，而在1523年8月的巴黎，路易·贝尔坎充满了诸多谬误和可恶的异端思想的著作也遭到了所谓的"公开焚烧"（*publica combustio*）。[2]遭到焚烧的出版物包括了标题为"论弥撒的废除""虔诚和迷信之间的辩论"等等的书籍，一份针对亨利八世对路德之批判的回应，以及（伊拉斯谟匿名创作的）《儒略二世被拦于天堂之外》（"Julius Excluded"）的印刷副本。[3]恰如伊拉斯谟本人曾对贝达说过的，继书册之后，活人辄受火刑之苦；事实上，一个星期后，法国的第一位路德教派殉道者让·瓦利埃（Jean Vallière）就因为"渎神谬论"而紧随贝尔坎的书卷之后被烧死。六年后，桀骜不驯的贝尔坎本人也加入了此君的行列。

自1534年布告事件后，对异端出版物的搜查变得越来越严格。次年

1　见 R. 杜塞，《弗朗索瓦一世之政府研究》，第1卷，第331页；可参照《一位巴黎市民的日记》，L. 拉兰纳编（*Journal d'un bourgeois de Paris, ed. L. Lalanne, Paris, 1854*），第169页。

2　见夏尔·迪普莱西·阿尔让特雷，《错误判例集》，第1卷，第406页。

3　见 P. 费雷，《巴黎神学院》，第1卷，第100页及后页。

6月，弗朗索瓦一世成立了一个高等法院特别委员会来监督针对书籍的审查工作。[1]伟大的人道主义者比代在他于当年出版的一篇抨击圣礼主义新教神学家的文章中为这一政策进行了辩护；至少部分是为了回应这一言论，加尔文在其一年后出版的《基督教要义》初版中加入了致弗朗索瓦一世的书信。审查运动变得愈加激烈，在这种激烈的气氛中，加尔文和拉米斯都受到了来自立法机构的攻击。1542年，高等法院在一项实际上是反新教宣传的开创性法令中指出：《基督教要义》及其作者"阿尔昆"（加尔文之名的拉丁文变形词）是极其有害的谬误来源。[2]这本书受到了谴责，任何收到通知24小时之后还继续出售它的书商也会被定罪。事实上，他们被禁止出售任何此类书籍——"无论是法文的还是拉丁文的，无论大小"——而法学院、医学院和神学院的任务则是审查新的出版物（即使在语法方面）是否存在异端的迹象。根据1543年2月14日的一份高等法院判决结果，伊拉斯谟、梅兰希通、路德和加尔文的书籍被要求在巴黎圣母院前伴随着号角之声和大教堂钟声予以焚烧。[3]这场运动的高潮是巴黎大学在次年开始出版的《禁书目录》（*Catalogue of Censured Books*），它的一系列续编成为新教文本的畅销书清单。在有关"邪恶教义"的作品中，不仅包括了已知的异端书籍，还包括拉伯雷和多雷的著作，而在其后的扩展版本中，甚至还出现了罗贝尔·艾蒂安《新约》译本的身影。[4]

1　见上文第238页，注释58。

2　见《在巴黎城市十字路口伴随号角之声公布的高等法院针对包含新教与异端教义并涉及书商与印刷商之事实与状况的书籍的法令》（*Ordonnances faictes par ia court de Parlement contre les livres contenantz doctrines nouvelles et heretiques et aussi touchant le faict et estat des libraires et Imprimeurs. Publiees a son des trompes par les carrefours de la ville de Paris*, 1 July 1542）（收录于哈佛大学图书馆与法国国家图书馆 F.35149）。

3　见夏尔·迪普莱西·阿尔让特雷，《错误判例集》，第2卷，第134页及后页。

4　见《笃信王亨利二世颁布的关于巴黎神学院审查之书籍的敕令》（*Edict faict par le Roy tres chrestien Henry, deuxieme de ce nom. Sur les livres censures par la Faculte de theologie de Paris*, Paris, 19 Dec. 1547）（收录于法国国家图书馆 F.46804.15）；收录于 F. 伊桑贝尔、A. 茹尔当、A. 德屈西编，《法国古代法律总集》，第13卷，第34页。

242　　　当然，这些管控公众舆论的努力并不囿于直接审查；它们只是对这一蓬勃发展的行业施加控制的更广泛尝试的组成部分。就像对其他所有行会一样，这是通过制定针对印刷匠师和印刷工人的一系列立法而实现的。[1]总而言之，其目的在于维护文字商品的标准，并让出版商对其产品负责。从1539年开始，印刷商就被禁止发行匿名的或使用笔名的书册，而从1537年开始，他们还要将印刷副本寄往位于布洛瓦的国王图书馆。除了各种法令之外，书籍只能在大学城出售。1551年著名的《夏多布里昂敕令》还要求印刷商保留底稿，并在每一版印刷书籍上标注其真实姓名。[2]此类立法还涵盖了诽谤和渎神之问题，从而加强了审查制度。当然，这些尝试基本上是徒劳无功的。"火焰法庭"在宣传异端文本方面做得比压制异端文本更为成功。试图阻止移民流动和境外书籍涌入的1551年敕令也承认："这些谬误已经成为一种具有传染性的瘟疫，已经污染了我们王国的许多市镇和领土，甚至包括孩童。"由于图书贸易的存在，意识形态的动荡在一定程度上已经成了一个社会问题。

　　　与此同时，印刷业本身也遭逢困境，虽然这些困难肯定不是独立于宗教动荡之外的，但其确切的联系并非始终是显而易见的。[3]主要问题来自学徒、书贩与底层劳动力难以操纵的力量；而他们也成为立法机关所关注的对象。[4]从1539年开始，巴黎和里昂的印刷匠师们就遭遇了工人罢工，工人们对微薄的工资极其缓慢的（或未尝有过的）增长感到不满。两年后，弗朗索瓦一世颁行一项法令，禁止了这种行为，甚至禁止了五人以上的集

1　见《国王授予巴黎印刷商与书商团体的章程》（*Conference des statuts accordez par le Roy a la communaute des imprirneurs et libraires de Paris*, Paris, 1684）。

2　见上文第 200 页，注释 57。

3　见梅洛泰，《印刷经济史》（Mellottée, *Histoire économise de l'imprimerie*），收录于 P. 肖韦，《书籍工人》（P. Chauvet, *Les Ouvriers du livre*, Paris, 1959）与 H. 奥塞尔，《昔日的工人》（H. Hauser, *Les Ouvriers du temps passé*, Paris, 1927）。

4　见《书商规章》，第 161 页及后页。

会。在贯穿这个世纪的劳工纷争中，印刷工人被发现或怀疑与流浪汉、乞丐以及更为不堪者相勾结。无照书贩普遍被贱视为小偷、酒鬼和"拈花惹草之徒"，他们的宗教和政治观点也因此受到了怀疑。[1] 为了达成某种程度的控制，后来的立法文件要求这些人充当学徒并具备最低标准的识字能力，而渎神者以及其他顽固分子则可以被赍即解雇。

243

新教徒并没有否认印刷术所具有的意识形态威胁，胡格诺派历史学家道比涅（D'Aubigne）就曾自豪地指出："大批书籍是通过不屈不挠的殉道者流传开来的。"[2] 印刷商始终陷于麻烦之中。在这个世纪里，法国至少有 12 名印刷商被处决，当然还有更多人受到了较轻的惩罚，或遭到流放。巴黎印刷商马丁·洛梅正是其中的一名受害者，他参与了 1560 年夏昂布瓦斯阴谋之后胡格诺派的第一波宣传。在调查一起谋杀案时，闯入其宅舍的巴黎治安官发现了一些在巴黎流传的反吉斯家族著作，其中就包括了抨击洛林枢机主教的、后来被认为是由弗朗索瓦·奥特芒创作的著名作品《法国之虎》（*Tiger of France*）。一个月后，洛梅在大学城的一个传统行刑地——莫贝尔广场被处死。[3] 其他类似事件比比皆是，例如同样在这几年里，里昂有三名书贩遭遇到了类似的命运——而这些事件又继续演变成为宗教战争中规模更大的暴力事件。当然，立法机关也试图控制印刷行。事实上，这场书籍之战的战场正变得越来越大，因为政府越发需要保护自己免受来自外国印刷中心的走私文本的困扰。1548 年，来自日内瓦的书册遭到了禁止，但是收效甚微。与审查制度一样，16 世纪 60 年代的抄没和焚书也无法阻止宣传的浪潮。

1　见 P. 布罗雄，《法国的兜售书籍》（P. Brochon, *Le Livre de colportage en Prance*, Paris, 1954），第 12 页；G. 莫罗，《1563 年的一名加尔文教派书贩》（G. Moreau, "Un Colporteur Calviniste en 1563"），收录于载于《法国新教历史协会会刊》第 68 卷（1973 年），第 1-31 页；尼古拉·皮图，《香槟的新教运动》，第 10 页。

2　见 J. A. 德·图，《寰宇史》，第 2 卷，第 338 页。

3　见唐纳德·R. 克雷，《弗朗索瓦·奥特芒：一位革命者的苦难经历》，第 112 页。

　　这一总体模式在欧洲各地重复出现，不仅在诸如神圣罗马帝国和萨瓦这样的天主教地区，亦包括了信奉新教的诸侯国与城市。例如，在宗教改革后的日内瓦，第一部"印刷商敕令"就在 1539 年 5 月"伴随着号角之声"对外宣布；其市政议会对外来文本的评判也同样严厉。[1] 遭禁的作品包括了拉伯雷和波焦等"不信教者"的作品，以及在萨瓦发布的将日内瓦称为"异端巢穴"的"天主教徒"作品。然而，不同于法国的是，此地的出版许可有时只附带了一个条件，即这座城市的名称或作者的名字不得出现在书籍之中。在宗教战争伊始，为孔代亲王制作的一些宣传文本即是如此。无论如何，无许可印刷书籍的行为都是被禁止的。市政府官员们的标准非常之高，或者更准确地说，委员会非常谨慎，以至于连加尔文教派的宣传作品——比如贝扎的《论行政长官的权利》——有时都被拒绝出版，乃至在关键时期，奥特芒的《法兰克高卢》（*Francogallia*）的印刷副本也遭没收。对于像贝扎的著作以及（在日内瓦秘密印刷出版的）《警钟》这样的政治煽动性书籍而言，让城市当局担忧的并非出版物本身，而是它所要承担的责任。[2] 从某种意义上来说，日内瓦是 16 世纪早期兴起的秘密印刷业的组成部分，尽管身居自己的领土之内，但这座城市的政府依然像其他国家一样谨慎而自私。

　　宗教战争的爆发并没有改变法国的审查制度，反而是加剧和规范化了它。曾经在一代人当中招惹众多是非的布告的散播至今仍然是一个中心问题，伴随阴谋而来的宣传本身也被谴责为暴乱的主因。1560 年 5 月《罗莫朗坦敕令》（Edict of Romorantin）的谴责对象包括了未经当局许可的布道

　　1　见 A. 卡蒂埃，《日内瓦议会关于 1541 年至 1550 年期间印刷商与书商问题的法令》（A. Cartier, "Arrêts du Conseil de Genève sur le fait de l'imprimerie et de la librairie de 1541 à 1550"），收录于《日内瓦历史与考古学会出版之记录与档案》，第 23 卷（1888 年至 1894 年），第 361-566 页；P. 谢，《1550 年至 1561 年期间日内瓦印刷业研究》，第 19 页。

　　2　见下文第 301-305 页；H. 布雷姆，《宗教战争时期的印刷商和书商》，第 85 页。

者与只会煽动人们发动叛乱的"布告、大报和诽谤性书籍，以及这些印刷品的印刷商、销售者和散播者,此辈皆吾等与公众之敌,犯有叛逆罪……"。[1]在宗教战争爆发后的第一个月，胡格诺派仍在四处张贴他们的布告，天主教徒也在出版其回击声明，并收到了回应，如此循环往复——最后诉诸战争。第一次宗教战争之后，审查制度得到了加强。没有高等法院签发的"特权"和财政大臣的许可，任何书籍、诗歌或散文皆不得出版，二十四位宣誓书商（*libraries jurés*）中的两位被任命为督察。当然，这种自我调节也无补于事。就像宗教战争本身一样，书籍之战也无法通过立法的手段来终结：宣传册和刀剑继续共同挥舞，它们各自的受害者都在不断增加。

宣传的模式

"宣传"是一个 16 世纪的概念与术语［"传播信仰"（*Propaganda fidei*）］，是印刷文化的显耀产物。在圣巴托罗缪屠杀之后的几年里，教皇额我略十三世曾多次召集"信仰传播委员会"，这个机构在半个世纪后被克莱芒八世的敕书所制度化，最终成为"万民福音部"。当然，这一反宗教改革的造物在很多方面与路德教派、加尔文教派以及其他宗派的"宣传"是直接相关的，因为这些宗派的宣传似乎已经威胁到了基督教世界的统一。印刷宣传的近代模式与技术在很大程度上是这些意识形态战争的产物，或至少是其副产品。我们不应因近代宣传早期阶段的特定教义背景具备宗教色彩这一事实而忽视其世俗性，在某种程度上，也不应忽视其总体影响。它在很多方面都满足了雅克·埃吕尔（Jacques Ellul）所提出的近

245

1　见《关于主教官邸的国王敕令》（*Edict du roy sur la residence des evesques*, May 1560）（收录于法国国家图书馆 F. 46819.16；收录于 R. O. 林赛与 J. 诺伊，《1547 年至 1648 年期间法国的政治宣传册》，第 193-194 号）；F. 伊桑贝尔、A. 茹尔当、A. 德屈西编，《法国古代法律总集》，第 14 卷，第 27 页。

代"全面"宣传的要求：它以"水平方向的"和"垂直方向的"的方式运作，换言之，在领导者群体和追随者群体的层面上运作；它不仅是政治的，而且是社会的，换言之，它不仅产生于政治方向，而且产生于社会状况和制度安排；它不仅涉及口头恐吓，也涉及了社会骚动；最后，它还涉及了一种包括非理性因素和理性因素在内的说服理论。[1] 如果就如奥古斯特·孔泰（Auguste Comte）所言，形而上学是暮气沉沉之神学的幽灵，那么世俗意识形态很可能就被视为已然消亡之宗教狂热的阴魂，至少在宣传模式方面是如此。

在 16 世纪，"通往异端之路"有很多条，而且由于累世相隔以及文化上的变迁，近代观察者已经很难去发现和追溯它们。口头交流的方式尤甚，但印刷文本亦是如此。从祈祷到长篇大论的每一种宗教话语都为宣传做出了贡献，但处在较低传播水平上的临时性文本类型却不能被如此直接地加以评价。大报、带有插图的文本、日历、关于各种圣事的小文章，以及偶然幸存下来的零星布道文本都反映了一种"水平方向的"宣传过程，而其中的大部分内容必然永远是模糊不清的。[2] 许多早已销声匿迹的通俗文本、音乐文本和戏剧文本也是如此。印刷书籍所完成的是将各种口述的和缮写的传统与话语模式投射到一个更大的屏幕上：教理问答与信仰宣告、戏剧、诗歌、流行歌曲和谚语；布道、演说与演讲；专著、教科书、指南与论战文本；历史书、传记与殉道史书；对于宏大场面、会议和审讯的记录，更遑论（因为缺乏视觉匡助手段）无法在此予以探讨的漫画、时事讽刺画、

246

1　见《宣传》，K. 凯伦译（*Propagande*, trans. K. Kellen, New York, 1965），译自《宣传》（*Les Propagandes*）；可参照 J. 德里朗古，《宣传：新的政治力量》（J. Drirencourt, *La Propagande, nouvelle force politique*, Paris, 1950）。但是大多数有关这个主题的作品几乎都没有关注更早的几个世纪。

2　见 E. 德罗兹的《异端之路》与《论宗教宣传》；B. 拉蒂默的《宗教战争时期法国的宣传册作者》（见上文第 245 页，注释 50）就法国的宣传册提出了一个虽不详尽，但却有趣的类型。

"连载漫画"以及作为一个整体的图画宣传。以上这些连同数不清的新宣传形式赋予了宗教和政治事务的公众舆论以视觉和情感的形态——当然也为新的印刷知识阶层忙碌的笔翰和印刷机提供了素材。

根据宗教宣传的分类，在法国流传的最早的宣传册种类繁多，其间充斥着宗教色彩，而且往往是德意志或瑞士地区出版物的直译或意译版本，许多宣传册即便得以刊行，也没有留存下来，只是在当局查获的作品清单上留下了含糊的标题。这些宣传册的基调千变万化，从最为淡泊和神秘者到最为顽固和咄咄逼人者，不一而足。一方面是《圣经》注疏、对于"基督徒自由"的称颂、良知的要求，以及（伊拉斯谟、法雷尔等人提出的）关于"如何忏悔"的指南；另一方面则是对信仰之敌——天主教徒、索邦神学院学生与敌基督的其他代表的挑衅性攻击。[1]尤其是像朗贝尔、德·科克和法雷尔这样的流亡者采用了由路德所普及的激进福音派措辞，它在法国凭借着 1534 年煽动性的布告而登峰造极。

幽默自始就是这一"新式破坏圣像运动"的有效武器，它可能比愤怒的表达和文字中的暴怒发作更为有效。与伊拉斯谟、塞巴斯蒂安·布兰特、"无名氏"以及皮埃尔·格兰瓜尔（Pierre Gringoire）的风格相关的讽刺和幽默体现在了一些鲜为人知的作品当中，比如无名氏的《修道院院长、廷臣与魔鬼的对话》（"Dialogue of an Abbot, a Courtier and the Devil"）。这种讽刺性的抨击风格虽不为加尔文所采纳，但却是贝扎所使用的重要手段，最为著名的就是他讽刺臭名昭著的利泽的一部稚嫩作品，从高等法院退休的后者成为一位修道院院长，可能是在天主教出版商让·安德烈的怂恿之下，他后来又开始创作宣传册，从而投身于诽谤新教人士的事业。

1　见 P. 费雷，《巴黎神学院》，第 1 卷，第 116 页；可参照 M. 贝松，《洛桑的教会与印刷业》，第 2 卷，第 247 页。

247 　除了利泽和他的鼻子（红得就如同他所垂涎的枢机主教的帽子及其滥饮的玫瑰酒），贝扎继续以堪比拉伯雷的方式（尽管贝扎本人不会认同这种比较）对教会法"这一茅坑"展开了攻击。[1] 在战争期间，讽刺风格得到了延续，也许其中最为著名的就是由一些反天主教律师创作的《梅尼佩讽刺诗》（*Satyre Menippée*）。一种与之相关的流行题材则是伪书，比如伪冒的《贝达的信仰宣告》（"Confession of Beda"）和梅兰希通对巴黎大学针对路德之"决议"（Determinatío）的诙谐模仿，在这一篇文章中，圣母的地位要高于上帝，而教会法和所有的教皇都被归为了异端。在这个世纪后期，这种捏造变得愈加充满恶意和罪恶，因为胡格诺派教徒开始将"灭绝"的可怕计划归咎于他们的敌人。从某种意义上来说，人身攻击（*ad hominem*）一直是宣传的进攻第一线，当然，路德的立场确保了这将同样适用于他和此后的几代人。在这个充斥着"主义"和"反主义"的时代，人格似乎令教义黯然失色，这一点不仅表现在像科赫洛伊斯著作的传记路径当中，也表现在了声称取得神学或历史学研究成果的作品当中。观念始终被当成了目标，但符号似乎也总是成为定义这些观念，并让公众了解这些观念的必要元素。在法国，直到 16 世纪 50 年代晚期，人们才发现了真正有效的教皇制度象征，当时洛林枢机主教以罪魁祸首的形象出现，他所扮演的这一角色直到卡特琳·德·美第奇扑朔不定的公众形象在胡格诺派教徒那里遭到彻底诋毁之后才迎来挑战。"法国之虎"和"娼妓"只是在这个充斥诽谤和中伤的黄金时代被创造出来的黑暗传说中的两例。他们的恶名在战争前夕已经得到酝酿，而在十年后则达到了顶峰，例如 1568 年的"洛林枢机主教的传说"，尤其是亨利·艾蒂安在圣巴托罗缪屠杀之后

1　见贝扎，《过路人》，第 11、106 页。

出版的卡特琳·德·美第奇传记。[1]在尼德兰地区，阿尔瓦公爵（Duke of Alba)充当了恶棍代理人的角色，而直到在16世纪80年代，腓力二世(Philip II) 本人才成为攻击的主要目标。[2]

即使在宗教争议当中，近代早期的宣传所采用的最典型的模式可能也是历史的。在公共教育领域，拒绝旧的（并构建新的）传统对路德和其他福音派宗教改革者而言才是首要任务。这是从 1543 年版开始的加尔文《基督教要义》各版本及其追随者（特别是奥特芒和博杜安）之作品的一个重要主题。这在官方史书中也表现得很明显，包括弗拉齐乌斯·伊利里库斯和他的路德教派同事撰写的《马格德堡的诸世纪》（*Magdeburg Centuries*）、约翰·斯莱丹的路德时期"宫廷史"以及由贝扎指导完成的关于法国宗教改革的《教会史》（*Ecclesiastical History*）。然而，正如福音派的宗教心理学所要求的，在新教重建历史的过程中，个体的人格仍然占据着重要地位。因此，不仅要大量搜寻过去的英雄人物（著名的异端分子以及早期的教父），如弗拉齐乌斯包罗万象的《真理见证目录》(*Catalogue of the Witnesses of the Truth*）所展现的，还要对"虚假信仰"的受害者进行系统的记录，这一点尤其表现在布林格关于困扰真正宗教的"谬误根源"的清单之中。克雷斯邦、福克斯和国际新教共同体的其他成员在这个世纪中叶左右开创的伟大的殉道史创作事业不仅是对这些受害者的纪念，而且

248

1 见下文第 292 页，注释 96，总体概况见 J. R. 阿尔莫加特，《16 世纪与 17 世纪的加尔文传记》（J. R. Armogathe, *Les Vies de Calvin au XVIe et XVIIe siècles*），收录于《宗教改革历史文献》，P. 茹塔尔编（*Historiographie de la Réforme*, ed. P. Joutard, Paris, 1977），第 45-59 页与 G. P. 沃尔夫，《法国的路德新形象》（G. P. Wolf, *Das Neue französische Lutherbild*, Wiesbaden, 1974）。
2 见 P. A. 戈伊茨，《1566 年至 1580 年宣传册中的尼德兰起义》（P. A. Geurts, *De nederlandse Opstand in Pamfletten 1566-1580*, Nijmegen, 1956）。

也是最有效的教育和宣传媒介之一。[1]

除了对似是而非的福音派传统进行带有偏向性的重建之外，历史宣传当然还有其他更多的新闻功能。有些宣传册致力于简要报道重大事件（往往是军事事件），如沃尔屈（Volcyr）对1525年镇压暴乱农民之胜利的颂扬，或克雷斯邦对在梅兰多和卡布里埃发生之屠杀的叙述。[2]此外，诗文体版本的平淡叙事风格也得到了沿用，如《普瓦西的对话》（"Acts of the Colloquy of Poissy"）和奥特芒的《法国之虎》。其他的宣传册则更具分析性和解释性，并掺杂着作者的斥责或颂扬。在冲突的早期阶段，有许多宣传材料致力于详细阐述各种问题的"原因"，比如弗朗索瓦二世统治时期的整个胡格诺派的困境，最后则延伸到了战争本身。在迪布尔格被处死、昂布瓦斯阴谋、圣梅达尔骚乱、瓦西屠杀等诸多"历史"，以及其他有报道价值的事件之后粉墨登场的则是拉普拉斯、拉波普利尼埃（La Popelinière）和其他人等所创作的卷帙浩繁的历史总体论述，它们本身就构成了更高层次的宣传。[3]至关重要的是，道德责任、战争罪行和预谋等更广泛的问题在这些作品中得到了揭露和辩论。

关于这种问题的直接的和更为具体的对抗随着武装冲突的迫近而变得日益普遍。随着合法性和权威的问题（或者反过来说，不法与专制的问题）变得不可避免，律师的重要性也日渐突显；正如我们所见，随着1559年夏"政治问题"的提出，专业合法化的需求也变得迫切起来。自

249

1　见 P. 波尔曼，《16世纪宗教论争中的历史因素》与 S. 贝尔泰利，《巴洛克史学中的反叛者、不信教者与正统派》（S. Bertelli, *Ribelli, libertini e ortodossi nella storiografia barocca*, Florence, 1973）。见上文第158页，注释45。

2　见尼科尔·沃尔屈，《对充满诱惑性且泛滥的路德教派异端所取得之光荣胜利的历史与汇编》（Nicole Volcyr, *L'Histoire et recueil de la triumphante et glorieuse victoire obtenue contre les seduyctz et abusez Lutheriens mescreans du pays daussays*, Paris, 1526），与克雷斯邦，《梅兰多和卡布里埃的人民遭受迫害和劫掠的难忘历史》（*Histoire memorable de la persecution et saccagement du peuple de Merindole et Cabriers*, Geneva, 1556）。

3　见亨利·奥赛尔，《16世纪法国历史原始材料》。

那时起，与神学形式相比，法律形式变得越来越重要。奥特芒是宗教战争期间最为活跃的律师宣传家之一，他的著作清晰地阐述了这种转变的具体含义。其年轻时的作品之一《原始教会的状况》（*The State of the Primitive Church*）正是他在日内瓦流亡期间（1551 年）出版的首部作品，其中描绘了一个尤其是基于加尔文的《基督教要义》所描述之新教愿景的典型教会乌托邦。[1] 几乎时隔一代人之后，奥特芒发表了一篇有关法兰西民族"原始宪法"的类似文章，因为他的《法兰克高卢》（1573 年）确实是福音派宗教的核心神话之一的一种政治变形，也更为系统性地实现了奥特芒等人在宗教战争前夕开始推进的政治宣传。

宣传的洪流从 1560 年开始出现，它没有假借讽刺或宗教抗议的幌子，而是以道德和法律方面的诉讼和要求的名义出版发行——诸如"请求"、"恳求"、"抗议"、"建议"、"投诉"、"劝诫"、"警告"（*advertisements*）、"演讲"、"声明"，以及对上述这些文本形式和其他回应的无休止的"回应"。另一方面，除了法文和拉丁文的出版物之外，其中还包括了关于特伦托大公会议的教皇声明、官方宣告、敕令、法令和书信，它们大体上代表了一个在吉斯家族的派系政策与不时出现以激起民族感情的传统高卢主义之间摇摆不定的君主政体。[2]1562 年，经过一年的和平努力，双方的猜疑已经压倒了一切；三月的瓦西屠杀证实了胡格诺派对于阴谋的恐惧。从四月起，他们开始发布自己的反立法文件，即孔代亲王的顾问为欧洲统治者的利益以及宣传册受众而提出的合法理由，而无论其范围可能有多么广

1　见《原始教会的状况》（*De Statu primitivae ecclesiae ...*, Geneva, 1553），另见下文第 293、308 页。

2　见 E. 德·巴泰勒米，《16 世纪香槟地区历史小册子汇编》（E. de Barthelemy, *Recueil des Plaquettes historiques champenoises du XVIe siecle*, Paris, 1885）；博普雷，《支持与反对吉斯家族的宣传册》。在查阅《法国历史目录》第 1 卷（收录于法国国家图书馆）的过程中，附录是不应忽视的内容，特别是对于德文译本而言；另外可参照 E. 韦勒，《最早的德文报纸》。

泛。在那一年夏天的几个星期时间里，位于奥尔良的总部发布了十几封甚至更多的官方信函和声明。某些德意志报纸基于同一来源报道了这些"加尔文教派教徒"的困境。一如既往，所有这些宣传都被反抗胡格诺派派系团结的更富有诗意的表达进一步放大了。

于是，法国的反对派印刷业开始崭露头角。这一新闻业现象中的一个重要人物便是埃卢瓦·吉比耶（Eloi Gibier），在宗教战争爆发之前，他的职业生涯都只是正统法国出版界的一个微不足道的代表。[1]1536年，他建立了（或者说重建了）奥尔良的印刷技艺，而他的印刷产品中就包括了极端天主教派系成员让蒂安·埃尔韦的布道、亨利二世的颂词、他的一位大使的演说、习俗汇编、各种国王法令和高等法院的判决结果。据记载，他所表现出来的非正统倾向的首个迹象便是在1556年印刷出版了加尔文的老秘书尼古拉·德·加拉尔的一部著作，以及五年后出版了第三等级代表让·朗热（Jean Lange）在奥尔良全国三级会议上发表的一篇倒向胡格诺派的振奋人心的演说。在战争前夕，吉比耶还出版了两份旨在压制宗教辩论和释放胡格诺派囚犯的立法。1562年夏天，当奥尔良成为胡格诺派的总部时，正是他的印刷行与日内瓦的罗贝尔·艾蒂安的印刷行通力合作，开始传播孔代亲王的宣传材料。吉比耶的行动是否算作献身于意识形态的产物，这点颇值得怀疑，因为几年后他又开始为政府印刷出版官方材料。对于宣传过程来说，这点考虑也许并不太重要；事实是，宣传不仅是派系行为的一个表现方面，它也是一个繁荣（若非定然有利可图的话）的行业。

另一位证明了这种从宗教宣传转向政治宣传之过程的新教出版商是自拉罗谢尔发家的巴泰勒米·贝尔东（Barthélemy Berton）。[2]在宗教战争的

1　见 L. 德格拉夫，《奥尔良印刷商埃卢瓦·吉比耶：1536年至1588年》〔L. Desgraves, *Eloi Gibier, Imprimeur à Orleans (1536-1588)*, Geneva, 1966〕。

2　见 E. 德罗兹，《拉罗谢尔的印刷业》第1卷（E. Droz, *L'Imprimerie à la Rochelle*, I, Geneva, 1960），第63页。

早期阶段，他的出版物主要限于宗教文本，包括了一卷祈祷文与一部论述新教对圣礼之观点的专著，以及马罗译本的《诗篇》；但在第一次宗教战争之后，他越来越多地卷入了更为实质性的问题之中。1565 年，他出版了第一部关于宗教战争背景的实质性历史评论著作——皮埃尔·德·拉普拉斯庭长的《评论》（*Commentaries*）。皮埃尔后来成了圣巴托罗缪屠杀的受害者之一。同样有趣的是，在 1568 年，他印行了拉罗谢尔胡格诺派反对天主教攻击的两份"声明"之一。他以"海德堡的威廉·霍珀"（William Hopper, in Heidelberg）的虚假出版商名出版了这一文本以及其他的新教宣传文本。1572 年之后，使用这些虚构的名称和出版地址已经风靡一时，相较于同时代的历史学家，此事可能令后世的历史学家更感困惑。

251

这种宣传——此一前所未有的法规与反法规的政治辩证法——表明法国的印刷业就如同法律职业、学院和宗教团体，以及某些方面的家庭和某些情况下的个体灵魂一样，陷入了四分五裂的状态。经过了十年的零星战斗、三场战争和相应的政治争论，分裂变得愈加严重了。国际化和两极分化的新的极端情况也出现了，因为法国人的论争被卷入了尼德兰的"论战"之中。奥兰治的威廉（William of Orange）成为堪与孔代亲王比肩的新教英雄主义象征，而阿尔瓦公爵则蜕变成了与吉斯公爵相当的"暴政"化身（是为关注腓力二世镇压荷兰新教徒之战役的某一新式反暴君报纸所传递的讯息）。[1] 就政治新闻而非强权政治的现实而言，这些争议的高潮出现在了圣巴托罗缪屠杀之后。如果说 1562 年标志着第一道门槛，那么 1572 年则是近代政治宣传开始成熟的年份。[2]

1　见 E. 韦勒，《最早的德文报纸》，第 334、258 页及后页，以及全文各处。

2　关于此后一个时期的情况，见 D. 巴耶，《神圣同盟统治时期的巴黎印刷业研究》与 A. 索曼，《黎塞留之前法国的印刷行、讲坛与审查制度》（A. Soman, "Press, pulpit and censorship in France before Richelieu"），载于《美国哲学学会会刊》（*Proceedings of the American Philosophical Society*），第 70 卷（1976 年），第 439-463 页。

　　过去对于印刷文化之意义的处理过于简略和有选择性，当然，在关于意识形态现象其他方面的讨论中也曾多次反复暗示了这一点。就历史研究而言，印刷文本仍然是与过往岁月进行信息、记录交流以及直接视觉接触的主要媒介，即使在这一物质层面上，它的意义肯定多为臆测。然而，我们必须努力在其基础上解释意识形态行为的一些更为宏大的结构和更为长期的后果。现在是讨论较为棘手之问题的时候了，即为行动而进行的良知动员与一个意识形态纲领的兑现，也就是探讨建立由政治派系（无论其形式多么原始）构成的共同利益之激进共同体的问题。

第七章　派系：对事业的定义

事业而非刑罚铸就了真正的殉道者。

——奥古斯丁

何为事业？他们无以对答，唯言：此乃善功。

——皮埃尔·沙尔庞捷

序言：孔代亲王制定契约（1562年）

　　1562年4月2日星期三，胡格诺派的领袖孔代亲王路易·德·波旁（Louis de Bourbon, Prince de Conde）在奥尔良设立了他的总部。一周前，实际上即在贝扎面对天主教徒日益增长的敌意进行了一场挑衅性布道的棕枝主日的后一日，这位亲王离开了巴黎。在复活节周，他带领胡格诺派教徒向南进军，并如同往常一样高唱赞美诗。到了4月中旬，包括最高等级贵族在内的3000多人从法国各地汇聚此地，到了6月，其人数增加到了2万多。胡格诺派意识形态的社会基础正在聚集成一股战斗力量，事实上，根据已经从新教印刷行中涌溢而出的宣传材料判断，胡格诺派已然是一个政治团体了。派系已经形成了；它所需要的只是一个平台，孔代亲王的宣传人员便用现成的材料匆匆搭建起了这个平台。

第一份正式宣言于 4 月 8 日发布。[1] 这一宣传册开宗明义地指出："那些首先基于其个人权力而拿起武器的人应当说明他们如此行事的理由，因此孔代亲王在当前的骚乱中面对如此多不同的判断，需要提供一个针对公共福祉的确定的、迅速的补救办法，以防出现任何的诽谤，以宣示鼓动他及其亲属、朋友和仆人共同继续为国王、王太后和整个王国提供当前所需之侍助的理由。"这份宣言继续写道：这些骚乱是由宗教之现状（*le faict de la religion*）所引发的，特别是由未能遂行去年 1 月在全法国推行的自由敕令所导致的。紧随其后的便是当前对抗的直接导火索，即违忤国王饬令进入巴黎，从而给这座城市火上浇油的吉斯公爵在瓦西实施的屠杀。有传言称，吉斯公爵计划"消灭所有所谓的新教徒"，如果不出意外，自卫["允许以暴制暴"（*vim vi repellere licet*）正是其法律原则]将成为当下行动的合法理由。

256

紧随这一宣言之后出台的是孔代亲王的具体法律文书，也就是他的"抗议声明"。这份精心设计的简报指出了以下几点：首先，亲王非为餍足个人之利益［个人之喜怒（*passion particuliere*）］，但求守护归于上帝和法国国王之物；其次，国王的敌人正在耗尽"穷人"的财富；再次，他承认了其兄长纳瓦拉国王拥有更高的威望；最后，他这么做是出于对法国国王和王太后的一片赤诚。在此，我们已经阐述了在最紧迫和最明确的情况下，今后十年宣传的一些基本主题。其中最重要的便是对胡格诺派立场合法性的坚持。孔代亲王不是创新者，当然也非革命者，他乃是在君主制的制度

1　见《孔代亲王发布的说明迫使其捍卫国王、政府和王太后权威以及王国安宁之理由的宣言》（*Declaration faicte par monsieur le prince de Conde, pour monstre les raisons que l'ont contrainct d'entreprendre la defense de l'authorite du roy, du gouvernement de la royne, et du repos de ce royaume*, [Orleans], 1562）（收录于法国国家图书馆 Lb[33].64 等；R. O. 林赛与 J. 诺伊，《1547 年至 1648 年期间法国的政治宣传册》，第 261 号）；另见《孔代回忆录》第 3 卷，第 222 页及后页与法国国家图书馆 Lb[33].49-50，根据奥塞尔德观点，后者所收录的是《孔代回忆录》的第一个版本。

结构内通过恰当的渠道（包括同等级的秩序）发挥其影响力。他反对的"暴政"不是国王的暴政，而是后者那些来自洛林的邪恶且自私的顾问们的暴政，他们正在压榨王国的男丁与财富。最终，正是为了王国的福祉，为了公众的福祉（*pro bono publico*），孔代亲王奉献了他的生命和荣誉。

　　三天后（4月11日），孔代亲王通过一种看似充斥着封建色彩的社会契约进一步赋予了这些理念合法性。此即孔代亲王及其直接追随者签订的著名的《联盟条约》（Treaty of Association）：除他之外，签订者还包括了海军上将科利尼与当德洛等十位"骑士"，以及六十二位次一级的"绅士"——其中就包括了对亨利二世之死负有责任的蒙哥马利。[1] 但这一契约的范围已经超出了封建精英阶层，并如文本所宣称的，囊括了"所有阶层"之成员。此外，它不仅呼应良知与真正的宗教信仰，也顺应了国王的"自由"和王国的和平。在奥兰治的威廉庇护下，尼德兰的一群"同盟绅士"（*gentilshomme confederez*）亦采取了类似的立场。[2] 这种将自由以及合法性与契约联系起来的想法也是此后宣传的一个基本主题，甚至成了一般性

257

1　见《联盟条约》（*Traite d'association* ..., Orleans, 1562）（收录于法国国家图书馆 Lb^{33}.66 与 50；收录于 R. O. 林赛与 J. 诺伊，《1547 年至 1648 年期间法国的政治宣传册》，第 271 号），见《孔代回忆录》第 3 卷，第 258 页；附带签名版本收录于贝扎，《书信集》第 4 卷（Beza, *Correspondance*, IV），附录 8。亨利·博尔迪耶编，《16 世纪的胡格诺派歌曲集》，第 15 卷，第 212 页：

Sus done, hommes pleins de vaillance!

Faisons une sainte alliance

Obligeons nostre pure toy

A deffendre de Dieu la loy …

Une cause plus juste et sainte

Et une bien prudente crainte

Nous font en cest accord.

2　见 P. A. 戈伊茨，《1566 年至 1580 年宣传册中的尼德兰起义》，并可参照《致尼德兰各省的所有居民，为了捍卫他们的宗教、个人、特权和古老习俗的自由，反对西班牙人及其追随者的暴政而联合起来的宣告》（*Advertence a tous les inhabitans des Provinces du Pays bas, estantz uniz et confederez pour la deffence de la liberte de leur Religion, personnes, Privileges, et anciennes coustumes, contre la tyrannie des Espagnolz, et leurs adherans*, 1583）（收录于大英博物馆 873. g. 26）。

政治理论的基本主题；它一如既往地得到了诗歌和散文的颂扬：

> 起来吧，勇敢的人们，结成神圣的联盟。
>
> 让我们捍卫自己的信仰，兴起神圣的反抗。
>
> 我们不为私利而战；我们不得不战斗，
>
> 我们的理由是生存，我们的事业必然正义。

作为论战的另一方，政府的官方和非官方发言人也以类似的历史悠久且通常可预测的措辞作出了回应。[1]除了对孔代亲王、科利尼和其他一些次要人物展开人身攻击之外，他们还提出了一些标准的反驳论点，即反对派要求的不是自由，而是法外之恩，他们犯下了煽动罪、反叛罪和叛逆罪。事实上，除了"良知自由"之外，近代政治词汇表中大多数丰富多彩且激动人心的词汇皆是由既有权威投入使用的，而反对派运动往往不得不拒绝使用这些词汇。然而，近代革命和反动话语的术语学，以及某种程度上的行动，正是在这些争论中得以塑造。

孔代亲王代表着宪政上的反对派，但是他的运动基础比其直接追随者的新封建利益要广泛得多。这一运动后来被称为"事业"，其连贯性和持久性更具体地取决于其福音派基础。多年来，人们一直在讨论"加尔文教派的事业"，正是这个汇集了在政治上被疏远者（用皮埃尔·德·拉普拉斯的话来说就是"宗教上的胡格诺派教徒"与"国家的胡格诺派教徒"）的宗派团体催生出了反对派系。[2]"胡格诺派"一词的起源长期以来始终存有争议。人们一致认同该词源自持反抗立场的瑞士同盟者（*Eidgenossen*），

1　见《孔代回忆录》第 3 卷，第 271 页，高等法院致孔代亲王的信函。

2　见拉普拉斯，《论宗教与国家等级》（La Place, *Commentaires de l'estat de religion et republique*），收录于 J. 布琼编，《编年史与回忆录选编》（J. Buchon, ed., *Choix de chroniques et mémoires*, Paris, 1836），第 41 页。尼古拉·皮图，《香槟的新教运动》，第 21 页认为该词出现于 1555 年，但其著作成书时间更晚。

但在昂布瓦斯阴谋期间，它似乎就已经出现了，而"外邦的"吉斯家族之政敌则视之为对于格·卡佩王朝后裔之忠诚的最佳称谓。无论如何，福音运动为这个派系提供了意识形态方面的刺激和社会方面的基础，虽然它的源头是迥然不同的，其目标在各个方面也都不可调和。尽管如此，两者的共同点却足以让法国社会在一代人甚至更长的时间里陷于动荡之中。

以加尔文这样一个富有感召力的人物为中心的福音派运动转变为了一个国际性政治组织，这是一段戏剧性的故事和一首意识形态的史诗——其表面上充满学究气的主题，也就是16世纪的福音事业，在由反对者（不管是否为派系成员）所制造的大量印刷宣传材料中最为抢眼。加尔文本人在任职伊始就提出了一个核心的政治问题。他在《基督教要义》的序言中承认，已有人指控"吾等之教义宣讲导致了诸多骚动、骚乱和争论……"。尽管其后加尔文否认了这些指控，但他及其同僚们作为麻烦制造者的声名依旧鹊起，事实上，其学说的大部分历史确实可以通过一系列的决斗和大规模的战斗得以展现。阿尔恰托、比代、萨多莱托（Sadoleto）、卡斯泰利奥、博尔塞克、塞尔韦特、博杜安等各式各样的路德教派与慈温利派神学家——他们与其他人等在加尔文形成其观点、阐明并净化其教义、回应批评声音，以及在追随者中凝聚思想的过程中都遭到了他的抨击。弥撒、洗礼、三位一体、占星术、预定论、传统之问题、法官惩罚异端分子的权利与信徒抵抗暴政的权利——诸如此类的一系列问题启迪了加尔文及其门徒与敌人，从而推动了世纪中叶论战与宣传的爆发。事实上，加尔文作为一个煽动者和麻烦制造者的形象受到了新教徒，尤其是路德教派教徒——而非天主教徒——的抱怨。极端路德教派的领袖维滕贝格的克里斯托夫（Christoph von Württemberg）就曾评论称："许多例证都证明了这一点，即加尔文教派在精神上具有煽动性，无论进入哪个领域，它都决意要篡夺统治权，甚至是辖制地方行政长官。"[1]

另一方面，"加尔文教派"——博杜安称之为"加尔文崇拜"（Calvinolatry）——在内部似乎显得极端僵化和教条，至少在外人看来是如此。加尔文也没有试图掩饰他对秩序和纪律的热爱。在其作为福音主义者的生涯中，他不仅攻击了天主教徒和彻头彻尾的伪善者——"秘密教徒"，也攻击了伊拉斯谟主义者和温和的路德教派教徒，比如"不贞的德意志临时协定"的支持者，以及所有推动和解的"见风使舵者"和"调停者"（*moderatores; moyenneurs*），妥协在原则上似乎属于一种大罪。[2] 博杜安是这些虚假调停者当中最不堪的一个，因为其与路德教派暗通款曲以及最后投靠天主教的行为似乎都证明了这一点；他最终和洛林枢机主教一同参加了特伦托大公会议。随着加尔文教派日渐居于守势（不仅在法国，在持续遭到萨瓦家族威胁的日内瓦亦是如此），它采取了越来越强硬的路线。加尔文教派修辞的派系特性——信仰上的"我们"和"我们的"的排他性——反映了一种意识形态的狭隘和劝诱皈依的狂热，而从日内瓦和其他中心涌出的印刷宣传文本则放大了这两种倾向。

"加尔文教派的事业"从一开始就在劝诱他人改变信仰，并且至少在间接意义上以及在批评者看来，它是政治性的。不仅是加尔文及其年轻的门徒，还有法雷尔和维雷等年长的同僚，有时甚至还包括布策尔和布林格等友人，都致力于在寰宇之内推广和宣传其信仰。他们的信徒都被教导要采取攻势：提出主张、反驳反对意见、批评谬误、识别和攻击敌人。在理想情况下，每一名福音派教徒都是一名指导者、布道者和传教士。路德教

---

1 见 A. 克卢克霍恩编，《虔诚的腓特烈的来信》第 1 卷（A. Kluckhohn, ed., *Briefe Friedrichs des Frommen*, I, Braunschweig, 1868），第 271 页。

2 见《对某一个狡猾调停者的回应》（*Response a un certain moyenneur ruse*）（译自加尔文 1562 年对博杜安的抨击文章），收录于《小作品集》（*Opuscules*, 1567），第 1185 页；可参照唐纳德·R. 克雷，《弗朗索瓦·奥特芒：一位革命者的苦难经历》，第 141 页及后页。

派的宣传模式得到了更大规模的复制和组织。与此同时，在公众舆论的背景之下，人们的重点显然从宗教和个人的理想转向了世俗和社会的目标，从"上帝真言"转向了会众的世俗利益。这一转变所涉及的因素包括了新一代人的粉墨登场——他们在寻求加尔文的道德领导的同时，面临着大相径庭的实际问题；宣传和反宣传所扮演的日渐吃重的角色；福音思想对较高层级贵族和知识阶层的渗透；律师作为社会和政治问题代言人日益提升的重要性（高于神学家）；尤其是不可调和的宗教分歧在一个无论是于神学背景之下还是于制度背景之下都无法容忍分歧的社会中所带来的日益痛苦的困境。其结果就是在很多情况下所谓的"新教的政治化"。[1]

加尔文教派社群本身就具有一定的政治经验，这有助于塑造他们对政府当局的态度。比如洛桑学院就曾与伯尔尼议会发生过摩擦，而维雷也曾极其愤怒地回应了慈温利派的"暴政"。有人认为，他的一些作品当中的"革命性暗示"影响到了其两位年轻的同僚，即贝扎和奥特芒；当然，16世纪40年代早期的这些争议也催生了当时正在萌发的关于抵抗的普遍观点。[2]"良知自由"的问题（特别是涉及教育领域）稍后也在斯特拉斯堡出现了。面对极端路德教派压力的加尔文教派教徒再度被迫采取了异议立场。实际上，博杜安、奥特芒和施图尔姆所卷入的那场冲突直接促成了加尔文教派事业的阐发与统一（以及疏离）。除了这些经历之外，英格兰新教徒为了逃脱玛丽一世的迫害，伙同其在斯特拉斯堡、日内瓦以及他处的法国战友，引入并发展了反抗的思想。福音派的移民，特别是从法国前往日内瓦的移民（其人数在16世纪中叶不到两年的时间里大约达到了1万），

260

1　见 R. 穆恩贝格，《法国新教的政治化》（R. Mürnberger, *Die Politisierung des französischen Protestantismus*, Tübingen, 1948）、V. 德·卡普拉里斯，《宗教战争期间法国的宣传和政治思想》（V. de Caprariis, *Propaganda e pensiero politico in Francia durante le guerre di religione*, Naples, 1959）与前述 R. 金顿的作品《日内瓦与法国宗教战争的爆发》和《日内瓦与法国新教运动》（*Geneva and the French Protestant Movement*）。

2　见 R. 林德，《皮埃尔·维雷的政治观念》，第 129 页。

导致了民族边界的消融，并为这些观念的践行创造了条件。

与此同时，日渐集中于日内瓦的新教印刷行继续制造着派系宣传材料。激进的《圣经》文本——特别是摘自《诗篇》的内容——能够轻易地为挑战世俗权威之目的效劳。当这些世俗权威不敬上帝之时，它们便不再执掌权柄。对罗马教廷制度的攻击（也就是对物质享乐主义传统的攻击）可以转而用来对抗来自巴黎大学、巴黎高等法院与作为国王意志表达的立法文件的更为直接的威胁。在宗教战争爆发之前，加尔文、维雷等人也曾直接讨论过反抗的问题，并且似乎就这个问题的框架达成了共识——如果说他们还没有完全给出明确的答案的话。当然，此乃这一时代的核心问题之一，几乎人人都在思考它，尤其是在 1559 年法国宪政危机期间。贝扎在那年秋天写道："我们经常被问及是否允许反抗那些不仅是宗教之敌，同时也是国家之敌者。"[1] 这些讨论也促成了孔代亲王的计划，以及宗教与政治动机的统一，尽管如我们所见，最终动机的形成主要得归功于律师们的工作。不管如何，这都是形成典型近代制度——政党——的最早雏形之一的一些主要因素。

261　　界线的划定

法国在 16 世纪 50 年代充斥着意识形态的分歧，但直到 1559 年夏，亨利二世因为马上长枪比武事故而驾崩后，界线才变得不容更改。正是在这一时期，吉斯派系与在纳瓦拉的安托万（Antoine of Navarre）领导下的波旁家族之间的新封建冲突演变成了一场以 14 岁的弗朗索瓦个人（也就是他的"第二躯体"，即政治身体）为中心的权力斗争。当先王驾崩、弗朗索瓦即位之际，安托万未曾采取果断的行动；而洛林枢机主教和吉斯公

1　贝扎致布林格的信函，1559 年 9 月 12 日，收录于贝扎，《书信集》第 3 卷，第 150 号。

爵则不失时机地控制了政府；这一古老竞争中所出现的不平衡状况成为下一代人关注的政治焦点。与此同时，年轻的国王颁布了其统治生涯中的第一项敕令，要求主教们控制其教区内的所有布道行为，从而使得宗教分歧更为激化，并变得更加政治化，特别是对阿纳·迪布尔格和其他在亨利二世驾崩前几天召开的高等法院"水曜大会"上遭指控的高等法院成员的继续监禁起到了火上浇油的作用。[1] 显见的犯罪浪潮进一步激化了局势，而它也成为其他几项早期立法的针对对象。接下来三年里所发生的事件不仅造成了欧洲历史上最为血腥的冲突之一，而且还引发了政治意识和行动的一大高潮。

　　1559 年下半年出现了一些不大明显的反对吉斯家族统治（或者如批评者所认为的，其实是吉斯家族的篡权）的声音。在这位国王统治伊始，便有人炮制了两份卡特琳·德·美第奇的书面呼吁，它们可能是印刷文本，但没有留下任何副本。其中一份由某位署名为"D. V."的前朝臣所撰，他向王太后警告了其敌人的存在，包括"如蛇蝎一般的枢机主教"，并向她

　　1　见 1559 年 7 月 23 日、8 月 18 日与 12 月 26 日的法令（"反复的保护措施"）（收录于法国国家图书馆 F. 46817. 8, 11, 46818. 21）；11 月 4 日、13 日与某一不确定日期发布的法令还禁止了"非法集会"（收录于法国国家图书馆 F. 46818. 5, 10, 12），1559 年 11 月 14 日、1560 年 12 月 10 日与 1 月 8 日的法令则旨在召集近卫队（收录于法国国家图书馆 F. 46818. 11, 13, 46819. 1），之后的一系列法令则涉及昂布瓦斯事件（R. O. 林赛与 J. 诺伊，《1547 年至 1648 年期间法国的政治宣传册》，第 132、135、139、140、145、146、151 号）。总体概况见 L. 罗米耶，《昂布瓦斯阴谋》（L. Romier, *La Conjuration d'Amboise*, Paris, 1923）、唐纳德·R. 克雷，《弗朗索瓦·奥特芒：一位革命者的苦难经历》，第 105 页及后页；尤见 H. 内夫，《昂布瓦斯阴谋与日内瓦》（H. Naef, *La Conjuration d'Amboise et Genève*, Geneva, 1922）。

推荐了普世的"福音真理"，特别是马罗翻译之《诗篇》版本。[1] 另一份文
262 本包括了由一名新教徒所撰写的信件（此君在其中为"吾辈之事业"进行
了辩护）和一份加尔文教派的信仰宣告，其中提出了更具体的要求：撤销
授予主教世俗权力的诸项敕令，释放遭关押的高等法院成员，以及推行更
为普遍的信仰自由——这一信仰自由每天都在天主教布道当中受到攻击。
新教宣传的另一个重要主题是迪布尔格事件，通过"真实的历史"和其他
宣传册对这位殉道者骄傲地拒绝放弃其信仰，甚至不屑于缓和攻击其敌人
（也就是那些"可悲的害虫"和"敌基督之暴徒"）之"暴政"的措辞的
描绘，这一催人泪下的事件已经具备了传奇色彩。[2]

当一些人尚在纸上谈兵之际，另一群人已在筹谋计划和付诸行动了。
就在这几个月里，一项真正的阴谋正在酝酿。这场地下运动以及随之而来
的混乱和后果在 16 世纪下半叶的宣传爆炸中起到了至关重要的作用。昂
布瓦斯阴谋有着传奇性的地位，但它同样也面临着重构的困境。由于缺乏

1　见《致王太后的关于一些人借以恶意指责信仰福音者之法律的问题的书信》（*Epistre
envoyee a la Royne Mere du Roy ... En layuelle est sommairement respondu a calomnies on a
par cy devant charge malicieusement ceux qui font profession de l'Evangile*, 1561）（收录于法
国国家图书馆 Lb^{32}.6），见《孔代回忆录》第 2 卷，第 561 页与《一名仆人在先王亨利二
世去世后致王太后之书信的副本》（*Coppie des lettres envoyees a la Royne Mere par un sien
serviteur apres la mort du feu Roy Henri II*, 26 Aug. 1559），见《孔代回忆录》第 2 卷，第
531-544 页。

2　见迪布尔格，《关于基督教信仰主要观点的宣告》（Du Bourg, *Confession sur les
principaux points de la religion chrestienne*）（收录于法国国家图书馆 Lb^{32}.30）、《在巴
黎高等法院就基督徒的事业所作的演讲》（*Oraison Au Senat de Paris pour la cause des
chrestiens*, 1561）（收录于法国国家图书馆 Lb^{32}.7）、《程序之范例与形式》（*L'Exemplaire
et forme du process*, Antwerp, 1560）（收录于法国国家图书馆 Lb^{32}.8）（收录于 A. L. 埃尔
明亚尔编，《法语地区宗教改革者通信集》）以及《包括对上帝忠实的仆人阿纳·迪布尔格
之审判与错误程序的真实的历史》（*La vraye histoire, contenant l'unique iugement et fausse
procedure faite contre le fidele serviteur de Dieu Anne du Bourg*, 1561）（收录于法国国家图书
馆 Lb^{32}.9），见《孔代回忆录》第 1 卷（*Memoires de Condé*, I, London, 1743），第 217 页；
另见《回忆汇编》（*Recueil des choses memorables*, Strasbourg, 1565）（收录于法国国家图
书馆 Lb^{33}.50），收录于让·克雷斯邦与西蒙·古拉尔，《殉道者的历史》，第 2 卷，第 689
页及后页与 F. 沙博尼耶，《法文诗歌与宗教战争》，第 123 页。

一位合格的首领，也就是一位血亲亲王，一个名为拉勒诺迪的愤愤不平的流亡者便致力于召集一支军队来推翻吉斯家族，"解救"国王。尽管到了1560 年 3 月，这一计划已经宣告彻底失败，但它在意识形态方面的影响却是不可估量的，而且对作为诸多近代政治思想基础的基本问题和思想体系的影响也是无穷无尽的。在针对弗朗索瓦二世所居之昂布瓦斯城堡进行袭击并以失败告终之前，一些相伴随的宣传可能已经由阴谋者自己所推进；但其中规模最大也最耸人听闻的部分则是这次暴动之后出现的宣传册。在胡格诺派看来，众多领导人遭处决堪称一场"大屠杀"。在接下来的几个月里，有二十多种哀悼昂布瓦斯这些"殉道者"之命运或为其动机辩护的出版物面世。这些人还在当时一幅著名的版画和若干首哀悼死者以及卢瓦尔河中浮尸的歌曲中得到了颂扬。[1]许多其他出版物，特别是官方出版物，皆是为应对这种宣传而面世的，而政治论争的模式早已在多年前就被确定了下来。

　　围绕昂布瓦斯阴谋之宣传活动的基本目的是在不质疑"王权"（也就是最高统治权）的情况下，赋予反对吉斯家族所控制之政府的宪政反对派以合法性。就如战争一般，暴动在某些情况下是具有正当理由的，至少一些宗教权威人士作如是观。加尔文本人即便没有提出最后的解决方案，至少也提供了找到临时性答案的方法。他承认存在着两种例外，一种是宗教的，另一种则是世俗的。首先，也是最普遍的，就是对上帝的义务总是优先于对人类当局的义务。其次，根据加尔文的说法，这种行为可以在"次级行政长官"的授权下进行，在法国，它所指向的只能是血亲亲王，即纳瓦拉的安托万。尽管加尔文本人并没有得出拉勒诺迪及其追随者之行动具

1　见亨利・博尔迪耶，《圣巴托罗缪屠杀与近代批评》（Henri Bordier, *La Saint Barthélemy et la critique modern*, Geneva, 1879）；唐纳德・R. 克雷，《弗朗索瓦・奥特芒：一位革命者的苦难经历》，第 70 页。

备正当理由的结论，但胡格诺派的支持者，尤其是律师们，却有着不同的看法。因此，以神学为基础的消极反抗概念被诸如奥特芒和贝扎等人转变为近代革命观念的首次表达。

这批最早面世的宣传册之一便是《遭吉斯家族暴政压迫的法国各等级》（"The Estates of France Oppressed by the Tyranny of the Guises"），其目的是传达如在法令和历史资料中所表述的那种绝对合法性，以及对传统之遵从的观点。[1] 尽管从表面上看来标新立异且具有暴力性，但昂布瓦斯阴谋参与者之所为皆是出于国王之利益。根据这位辩护者的说法，正是吉斯家族侵犯了国王的王权，而且还企图篡夺王位，这从其野心和自诩查理大帝苗裔的言论中即可见一斑。其流毒因他们对财政的压榨和对法国法律体系（包括巴黎高等法院）的腐化而得到了放大。不幸的是，这一论点的影响力在某种程度上受到了这份宣言令人不快的辩护语气的干扰，它强化了"叛乱罪和煽动罪"的指控（同时否认了它的合法性）。由此开始，这些法律条款是否适用确实成了一个核心问题。

此时，人们仍在努力把"政治问题"与"宗教问题"分开。例如，这本宣传册的结尾否认了"那些希望按照福音生活之人"的需要与昂布瓦斯的抗议者有任何关系。[2] 虽然这一点看似非常合乎逻辑，但其他宣传材料却让维系这种区别变得困难。其中之一便是由"受到不公正诽谤的可怜信徒"致"所有愿意倾听者"的呼吁，它亦是于昂布瓦斯进呈国王的胡格诺派信仰宣告之弁言。这40条信纲的最后两条同样提出了宪政合法性的主张，但这本宣传册的主旨却是宗教方面的——它大胆攻击了"偶像崇拜"、

264

1　见《法国各等级关于吉斯家族各种无法容忍之野心、暴政和压迫的简短谏诤》（*Brieve remonstrance des estats de France ... Sur l'ambition, tyrannie, et oppression du tout intolerable des de Guyse*, Rouen, 1560）（收录于法国国家图书馆 Ld^{176}.9 与 R. O. 林赛与 J. 诺伊，《1547年至1648年期间法国的政治宣传册》，第169号）；见《孔代回忆录》第1卷，第26页及后页。

2　见《孔代回忆录》第1卷，第51页及后页（印刷版本）。

弥撒仪式和"天主教徒"的其他亵渎行为。其余基于这些理由的请愿书此后又陆续面世，其中包括了代表"希望按照福音宗教改革而生活的法国信徒"的两项请求。[1] 根据这一请愿书，"尽管犹太人在上帝眼中是可憎的，但为了和平与和谐之目的，基督教世界的许多地方都容许其建立神殿。而我们这些将耶稣基督视为唯一救主以及向上帝代祷者，岂不更应蒙其优容乎？"高等法院成员在翌年出版的一份抗议书中予以了回应："众所周知，犹太人或其他异教徒之言论对基督徒之威胁要小于异端分子之言论。"

政府的发言人当然亦作如是观。根据 1560 年 3 月的一项敕令，"在我们王国的大部分地区，由于过往战争的肆虐，以及来自日内瓦的某些布道者（其中大部分都是底层文盲）和恶意散布之书籍，我们在宗教上遭逢横祸……"。[2] 尽管这项立法旨在遂行大赦，但却特别将胡格诺派布道者和所有参与当月阴谋之活动者排除在外。两个月后，官方继续对那些"叛逆罪犯"展开了另一次攻击，用国王的话来说，彼等"起而反抗，妄想通过强制植入其在宗教信仰中所持之新观点来扰乱我们自己和我们臣民之秩序和安宁"。[3] 在致函有可能成为胡格诺派教徒领袖的纳瓦拉的安托万时，弗朗索瓦二世指出——或者被迫指出：麻烦制造者想要"让他们的双手沾满鲜血，通过放纵邪恶之民、压迫良善之民、淆乱万事，来违逆上帝的律法，剪断人类社会的纽带"。

265

这些事件激起或加剧了人们对巴黎胡格诺派教会秘密活动的恐惧。一

---

1 见《希望按照福音宗教改革而生活之法国信徒的两项请求》（*Deux requestes de la part des fideles de France, qui desirent vivre selon la reformation de l'Evangile*, 1560）（收录于法国国家图书馆 Lb^{32}.21），见《孔代回忆录》第 2 卷，第 654 页及后页；《高等法院的抗议书》（*Remonstrances of the Parlement*, Cambrai, 1561）（R. O. 林赛与 J. 诺伊，《1547 年至 1648 年期间法国的政治宣传册》，第 230 号），第 Diii 页："众所周知，犹太人与其他异教徒之言论对基督徒的危害远小于异端。"

2 见《孔代回忆录》第 1 卷，第 9 页。

3 见《关于主教官邸的国王敕令》；F. 伊桑贝尔、A. 茹尔当、A. 德屈西编，《法国古代法律总集》，第 14 卷，第 27 页；《孔代回忆录》第 1 卷，第 96 页及后页。

份《天主教徒的抗议书》（"Catholic remonstrance"）察觉到了"新教徒"渗透到社会各个阶层的影响。[1] 他们试图败坏教育，密谋让其教友获得官职和司法职位，最重要的是，他们在颠覆家族和遗产。作者让·德·拉瓦克里（Jean de la Vacquerie）认为这些人能够做出各种"不自然的"行为和"乱伦之举"，对社会和婚姻的神圣制度皆造成了伤害。"因为在把婚姻的坦诚踩在脚下之后，谁能确定他是真正合法的继承人？"他的想象力让其得出了更进一步的结论，因为"父女母子如此自由与不纯洁地同床共枕"，那么新教徒将其破坏力量转而针对国家本身，谁又会感到惊讶？

　　胡格诺派的宣传人员并没有淡化（事实上他们反而强调了）针对他们的极端主义指控——至少是政治指控。《基督教徒的回应辩词》的作者承认，昂布瓦斯事件在某些方面被认为是"一次可憎的阴谋和一项不合时宜的事业，即对国王、王弟、王太后和所有王室成员之权威、荣誉、威严和生命的反叛、不服从，甚至是不可容忍的背叛"。[2] 但是他继而说道，这种过激言辞只能暴露出这些诬控的根源：与有关"非法集会"和"叛乱者这一共同之敌"的讨论道同契合的是宣传者（也就是《基督教徒的回应》的作者所谓的"修辞学家"或"雄辩家"）的夸夸其谈，而非审慎的立法，"概因他用修辞粉饰其话语，相当于弄假成真"。此非国王或王太后的观点，而是发自吉斯一派的声音，而后者确实也是昂布瓦斯阴谋实施者和辩护者

1　见让·德·拉瓦克里，《天主教徒关于废除今天盛行的异端邪说致国王的抗议书》；可参照 G. 德索泰尔，《致法国人民的反叛乱演讲》（G. Desautelz, *Harangue au peuple françois contre la rebellion*, Paris, 1560）（收录于法国国家图书馆 Lb^{32}.20）。关于天主教的宣传，见 G. 怀利·塞佛（G. Wylie Sypher）载于《十六世纪期刊》，第 11 卷（1980 年），第 59-84 页的文章。

2　《基督教徒的回应辩词》（*Response chrestienne et defensive*）（见《孔代回忆录》第 1 卷，第 114 页及后页）将某些官方书信视为吉斯一派影响力的表现，尤见《国王论及针对其王权、意图颠覆王国之手段和可憎阴谋的书信》（*Lettres du Roy, Contenant les moyens de la destestable Coniuration et Conspiration, entreprinse contre sa maiesté, tendant a la subversion du Royaulme*, 31 Mar., Poitiers, 1560）（收录于法国国家图书馆 Lb^{32}.19）；但是在这一点上，官方出版物因为数量过多而无从引用。

所针对的真正目标。不可否认，在这一戒严令时期，权力实际上已经移交给了作为统帅的吉斯公爵。

然而，昂布瓦斯事件之强烈反应的主要象征和替罪羊却是吉斯公爵的兄弟洛林枢机主教；在谴责这个法国撒旦时，昂布瓦斯事件的宣传达到了高潮，甚至是达到了狂热的高度。他被指责为无神论者，充满了个人的腐败，在自己的领地上（尤其是许多福音派教徒家庭遭到驱逐的梅茨）犯下了累累暴行，甚至连整个法国都深受其害。一封致纳瓦拉国王的请愿书指责他犯下了"乱伦、暴力、残忍、不人道和敲诈勒索"等各种罪行。[1] 那么，法国的苦难究竟应该归咎于谁？

> 对你这位枢机主教而言，为了你的背信弃义、你的野心和你的贪婪，我们的鲜血比任何染料都更为亮丽……是你分裂了这个王国的力量，从而让你本人成为教皇，让你的兄弟成为西西里的国王，正是你造就了这么多的罪恶。是你抢走了数以百万计的财富。有这么多的寡妇向你索要她们的丈夫，有这么多的丈夫向你索要他们妻子的贞操，有这么多的父亲向你索要他们的孩子，又有这么多的孤儿向你索要他们的父母，恸哭请求上帝向你和你的部属降下复仇之火。是你让法国的法庭和高等法院蒙羞、堕落，招致怨声载道；因为正是你把不经审讯即秘密处死犯人的可怕习俗带到了法国。简而言之，我们的祖先在坟墓中抱怨的正是你这个卑鄙之徒……

其他出版作品也采纳了这个有趣的主题。其中一篇是"复活的夸尼耶尔"（Cognieres resussité）（也就是深受迪穆兰推崇的 14 世纪法学家皮埃

1　见《致纳瓦拉国王的谏净》（*Supplication et remonstrance addressee au roy de Navarre*, 1560）（收录于法国国家图书馆 Lb³³.9），见《孔代回忆录》第 1 卷，第 310 页，可参照第 109 页。

尔·德·屈尼埃）创作的《宫廷中的帕基耶》（"Pasquil de la cour"），其中公然抨击枢机主教是"附属于尘世王国之苍穹的路西法"。[1] 一首怨气满腹的诗文是这样说的：

> 你想听
>
> 关乎你名声的讯息吗？
>
> 去掉字母"i"
>
> 并且把你名字的元音字母倒过来。[2]

267　　　枢机主教是一个窃贼，是一名"强盗"（*larron*），是王国的掠夺者。但最尖锐的攻击则来自弗朗索瓦·奥特芒那本赫赫有名的《法国之虎》，它以西塞罗谴责喀提林之风格重申了所有这些指控，并且还增加了一些其他罪责。"你永远不会终止你那无止境的野心、你的骗局、你的偷窃行为吗？""谁还未曾从你的脸上看出我们这个时代的不幸、王国的覆灭和国王的崩殂？""你杀死了那些密谋反对你的人……你阴谋反对法国的国王，阴谋夺取孤儿寡母的财产，阴谋镇压受苦受难者与无辜之人。"[3] 这位枢

　　1　见《复活的皮埃尔·德·夸尼耶尔之新作：法庭上的帕基耶》（*Le Pasquil de la cour, composé nouvellement par maistre Pierre de Cognieres resussité*, 1561）（收录于法国国家图书馆 Lb³³.16），第 Aiiiv 页；见《孔代回忆录》第 1 卷。

　　2　见《法国的忠实拥护者针对敌对之教皇主义者与其他人等的公正怨诉》（*luste complainte des fideles de France. Contre leurs adversaires Papistes, et autres*, Avignon, 1560）（收录于法国国家图书馆 Ld¹⁷⁶.6）：

　　"Aux Lorrains,

　　Si vous voulez ouyr nouvelles

　　Certaines de vostre renom

　　Ostez un I, de vostre nom

　　Et transportez les deux voyeles."

　　3　见奥特芒，《法国之虎》，Ch. 里德编（Hotman, *Le Tigre de 1560*, ed. Ch. Reade, Paris, 1575）；可参照唐纳德·R. 克雷，《弗朗索瓦·奥特芒：一位革命者的苦难经历》，第 113 页与 J. 普若尔，《迪巴尔塔斯与诛戮暴君》（J. Poujol, "Du Bartas et le tyrannicide"），载于《法国新教历史协会会刊》，第 101 卷（1955 年），第 33-37 页。

机主教在其余生当中不得不忍受此类的辱骂。

这种宣传营造了仇敌的公众形象，并将法国"穷人"的苦难归咎于他们，似乎比宗教热情更能让反对派系团结一致。其中最激动人心的宣言之一便是针对吉斯家族的《致法国人民的警告》（"Warning to the People of France"），该文本认为，这一家族妄图将自己置于与于格·卡佩王朝同等的地位上。他们才是真正的敌人。这份宣传册的作者继续说道："因此，法国人民，出于对你们的君主和'笃信王'的热爱，你们的责任便是用一切正当之手段反对这项邪恶且不恰当的事业，并向上帝……然后是王国中所有的高等法院和阶层求助。"[1] 一份与之相关的《致法国人民的控诉》（"Complaint to the French People"）则更加激进。

> 法国人民，向吾等之圣王表达崇敬和忠诚的时刻到了。阴谋已被揭露和知晓，吉斯家族的诡计已被公之于世……国王的敌人把贵族赶到海里去喂鱼了……寰宇皆应知晓这样一个因为其对君主之信仰和忠诚而被其敌人之愤怒和暴政压迫的国家的不幸与厄难。

然而，从一开始就存在着一个比吉斯家族的统治更为根本的问题；而法国宪政的存续也变得岌岌可危。一部可能由奥特芒创作且在早年出版的"昂布瓦斯骚乱史"便是以法律作为起点——"法国的法律基于古代习俗，以及1484年在图尔召集的三个等级的协议和决议"——这将把政府置于由全国三级会议所设置的摄政会议之中。根据法国的传统，该摄政会议的成员仅限于血亲贵族，外国人则被排除在外。为了支持这一论点，奥特芒不仅补充了历史证据，还根据民法指出，国王在25岁之前都是未成年人，

268

---

1 见《致法国人民的警告》（*Advertisement au Peuple de France*）与《致法国人民的控诉》（*Complainte au Peuple François*），与之共同出版的是奥特芒的《昂布瓦斯骚乱的历史》；见《孔代回忆录》第1卷，第21页及后页与第6页及后页。这些文本可能就是昂布瓦斯阴谋期间流传的大报。

因此不能根据其尚未成熟的"意志"选择自己的监护人，就像被监护人依法不能选择监护人一样。吉斯家族声称自己是查理大帝的直系后裔一事其实无足轻重，即便这一主张是真实的。最重要的一点是："国王未及弱冠，无法在撇开依据上述法律合法建立之会议的情形下实施统治。"这是派系斗争开始时的主要法律问题：它关乎的不是王权，而是国王未成年之状况，以及由于其未成年所导致的宪政安排。

反驳这些观点的工作被交给了高等法院的首席书记官和案卷保管人（ *greffier civil* ）让·迪蒂耶，此君乃拉勒诺迪之宿敌，也是吉斯家族的支持者。作为书记员，他在这几年里负责签署了几乎所有的国王立法文件，包括刊行的和未刊行的。在于 1560 年夏出版的简短论著《论国王之成年》（ *The Majority of the King* ）中，迪蒂耶认为这个问题得以解决的依据不应是民法，而是封建法律——尤其是法国的相关立法，根据后者（ 1374 年的一份法令），人的心智将在 14 岁时变得成熟。[1] 对于迪蒂耶而言，"叛乱者"的牵强论点仅仅是他们更深层次颠覆意图的组成部分，他继续以"因其谎言和放肆无礼的羞辱，秘密印刷出版的臭名昭著的煽动性文本不值一提"来驳斥这些人的整体计划。然而，当胡格诺派教徒为了他们的"事业"而发表两份回应，申明他们的"良知"和未曾犯下煽动罪行时，迪蒂耶毫不犹豫地再度加入辩论之中。他批评道："一个无知的顾问对所有人来说都是一个巨大的诅咒，而他的敌人则是法国历史的真相。"这场论争以迪蒂耶的第二

1　见迪蒂耶，《论笃信王之成年及驳反叛者言论书》（Du Tillet, *Pour la majorité du Roy tres chrestien, contre les escrites des rebelles*, Paris, 1560）（收录于法国国家图书馆 Lb^{32}.10 与 R. O. 林赛与 J. 诺伊，《1547 年至 1648 年期间法国的政治宣传册》，第 173 号）与《论笃信王之完全成年，驳反叛者恶意提出之所谓合理忠告书》（ *Pour l'entiere Maiorité du Roy tres chrestien, Contre le Legitime conseil malicieusement inventé par les rebelles*, Paris, 1560）（收录于法国国家图书馆 Lb^{32}.12）；《回应》（ *Response*, Amboise, 1560）（收录于法国国家图书馆 Lb^{32}.11），见《孔代回忆录》第 1 卷，第 169 页及后页，与《合理忠告》（*Legitime conseil* ），见《孔代回忆录》第 1 卷，第 225 页及后页。

部著作宣告终结，他在其中反对了"反叛者"的错误立宪主张。全国三级
会议可能是"神圣的"（因为其"奥体"的地位），但绝非至高无上。他
最为反对的是其敌人依赖法国编年史中的虚构材料，而非他的档案资料（即
巴黎高等法院的注册簿）中所记载之事实的倾向。理想化的民族传统与获
得授权的官方传统之间的这一对比在这些宣传之战的后期亦持续存在。

　　在这场早期对抗的某些时刻，胡格诺派的热情超越了这种法律思想，
提出了关于服从之限度的更为基本的问题。例如，奥特芒的《法国之虎》
便冒险超越了个人谩骂和控诉暴政的范畴，以诛戮暴君作为主题。他问道：
"如若恺撒因僭夺王位而伏诛，那我们能容许你僭夺王位而苟活乎？"[1]《基
督教徒的回应》一书的作者就武力反抗的合法性问题给出了更为全面的答
案。他承认："宗教信仰当然禁止臣民违抗他的君主、律法和国家，然上
帝之信仰和悉数之人类律法不仅会原谅，甚至将命令臣民在其自然统治者
受到压迫之时，为了保护律法和维系社会而拿起武器来保卫他。"在法律
的虚构与策略之下，这一论点代表了一种在更为紧迫之时期得到更明确表
述的观念的原始版本：这不仅是反抗的宪法权力，而且在国王丧失"王权"
的情况下，亦成为一种革命的神授权力。

理性与非理性之声

　　1560年的春夏是意识形态的萌芽期，而在下一代人甚至更长的时期内，
它迎来了不止一次的收获期。但是如果从理论上划清界限，那么一切可行
的调和办法其实还没有穷尽，观念与权力基础之间的联系也并不固定，领
导权和组织仍然存在疑问。最重要的是，卡特琳·德·美第奇和她的一些
支持者仍在努力维系和平。因此，公开的冲突被延缓了（尽管几乎无人怀

[1]　见奥特芒，《法国之虎》。

疑它行将到来）；在近两年的时间里，人们讨论了各种政治上和宗教上的补救方法与改革建议。这种温和而分散的宣传——从关于和平与和谐的含糊其词的劝诫，到实际的立法和制度上的分歧解决方案——保留了对君主制之稳定和"治安"的一些关注。不管这些声音是合理抑或愤世嫉俗、是不切实际的理想抑或口是心非之言，它们至少都代表了一种不愿诉诸武力的态度——直到它们最终被压倒一切的、毫不妥协的派系之争所淹没。

胡格诺派教徒一方似乎越来越怀疑对吉斯派系所鼓动之个体个性的强调——一份致纳瓦拉的安托万、充斥着各种隐喻的请愿书即指出："这就仿若法国君主制的金字塔不依赖于其基础，犹如一座老朽且摇摇欲坠的废墟只靠独木支撑。"[1] 胡格诺派宣传的前提是对法国"穷人"之福祉的关心。另一篇批驳吉斯派系之诋毁的"辩白书"指出：人民被指控犯下了叛乱和煽动罪行；而福音派则是他们的保卫者。因此，大批以国王、王太后、血亲亲王以及"所有等级"为呼吁对象的文本就此问世。[2] 这样的设想不仅与"国家意识"有关，而且也与召集全国三级会议之希望颇有牵涉。正是在这种预期之下，传统赛塞式的有限的和结构化的君主制观念得到了复兴和宣传。在 1561 年奥尔良三级会议召开前后，出现了一连串或具备或不具备派系色彩的宣传出版物，其中论及了三个等级与君主制之间，以及"人民之和谐"（根据一位福音派发言人的说法）与"他们的国王的威严与财富"之间的重要联系。[3]

从 1560 年末开始，人们的注意力就逐渐从反抗的威胁转向了改革的冀望。这是一本名为《终结今日法国之动乱的方法》（"The Way of

---

1　见《致纳瓦拉国王的谏净》（见上文第 266 页，注释 22），第 Cii 页（《孔代回忆录》第 1 卷，第 288 页）。

2　见《致所有等级的谏净书》（*Remonstrances a tous estats*, Paris, 1560）（收录于法国国家图书馆 Ld^{176}.7），见《孔代回忆录》第 2 卷，第 839 页。

3　见《法国第三等级的演讲》（*La Harangue du tiers estat de France*）（见《孔代回忆录》第 2 卷，第 660 页），由 M. 布列塔尼与圣日耳曼昂莱三级会议起草于 1561 年 8 月 27 日。

Ending the Troubles in France Today"）的宣传册所传达的讯息。[1] 这份支持"畏惧上帝"之必要性和拒斥"宗教教皇"的出版物为来自日内瓦的布道者和参与昂布瓦斯阴谋者进行了辩护。但它主要关注的是神职人员改革和圣职分配的实际问题、世俗机构中类似的滥用职权问题、法院中没完没了的难题，以及普遍意义上的"政治国家"的状况。作者继续说道：为何要单独挑出福音派？为何不去攻击娼妓？毫无疑问，这样的改革不可能由一个吉斯家族所主导的政府推动。"这就如指望酒馆老板去改造醉汉，指望银行家去改革高利贷，指望娼妓去改革卖淫制度一般。"唯一的希望在于一种得到净化的宗教以及与之协同的、得以重建的君主制；这意味着，在如统治者一般的传统父亲形象缺位的情形下，要依赖于国家的制度和法律。这些理念在某种程度上反映在了历年来在奥尔良和随后的蓬图瓦兹举行的三级会议以及一些和解法令当中，并在 1562 年 1 月达到了顶峰。两个月后，曾被指控在昂布瓦斯事件后意图作乱的孔代亲王从监狱中获释，舞台似乎已经为一些比宗教战争的沉重悲剧更愉快的剧目做好了准备。

271

　　当"政治问题"看似屈从于温和的忠告时，"宗教问题"似乎也向一些风行草偃之辈做出了妥协；而制度上的解决方案其实也大同小异，即召集全国性的议会讨论分歧。不管是传统的全国性会议还是较为新颖的跨宗派会谈，这样的会议至少可以保证沟通大门的开放，并抵挡罗马教廷所主导的特伦托大公会议的持续威胁——该大公会议事实上在 1561 年春得以再度召开。1560 年 8 月，王太后召集了一次会议，从而跨出了第一步。科利尼出席了这一会议；但此后以宣传册的形式发布的最引人注目的声明则是由瓦朗斯主教让·德·蒙吕克所撰写的。[2] 福音派教义被他称为"新理论"，

　　1　见《终结动乱的方法》（*La Maniere d'appaiser les troubles*）（见《孔代回忆录》第 1 卷，第 341、369 页）。
　　2　见《孔代回忆录》第 1 卷，第 324 页。

但他对待这一教义的态度却最为温和。他告诉年轻的国王："陛下，这一取悦您之臣民的教义已经传播了三十年，而非两三日，它是由三四百名学识淹博且勤勉的牧师冒着为其布道活动而牺牲的风险带来的，他们极其谦虚、严肃，看起来虔诚之至，声称厌恶一切的罪恶，尤其是贪婪……"他赞成在更广泛的范围内"出版"《圣经》，甚至是唱赞美诗，[1]总而言之，他提出了一项可谓宽容的建议。他认为，这个时代的苦难不是由宗教——而是由对法律的违犯和腐败所导致的。他也希望能够召集一次全国性的会议。

在接下来的一年里，还有其他一些出版物也在呼吁法国人和睦相处，而这些呼吁不仅来自像蒙吕克和洛皮塔尔这样的政治家，也来自业已印刷出版的立法文本，还来自诸如帕基耶、卡斯泰利奥、路易·勒华和居伊·德·布雷这样的学者所创作的宣传册。[2]多年来，迪穆兰等人一直在公共领域就法国天主教徒的困境争论不休：如何在推动改革的同时避免异端和罗马教廷的双重威胁？古老的法国天主教传统所坚持的"一种信仰、一位国王、一种法律"正在成为一个空洞的准则，尽管它是由洛皮塔尔和其他众人在奥尔良三级会议上所宣布的。在其《致君主们的规谏》（*Exhortation to the Princes*）中，帕基耶为了抵制极端派系亦重复了这一论点，但他直到最后也未对宗教统一的可行性产生任何幻想。他是耶稣会士的终生仇敌，他厌

---

1 见《法国教会的辩护性怨诉》（*Complainte apologique des eglises de France*），1561 年（见《孔代回忆录》第 2 卷，第 496 页）。

2 见帕基耶，《致君主们的规谏》（Pasquier, *Exhortation aux princes*, 1561），收录于《政论集》，D. 蒂克特编（*Ecrits politiques*, ed. D. Thickett, Geneva, 1966）；布雷，《信仰宣告》（Brès, *Confession de Foy*, 1561），关于此文见 E. M. 布雷克曼，《居伊·德·布雷的政治思想》（E. M. Braekman, "La Pensée politique de Guy de Brès"），载于《法国新教历史协会会刊》第 115 卷（1969 年），第 1-28 页；勒华，《因宗教上的不同观点而引起的人与人之间的分歧和纷扰》（Le Roy, *Des differences et troubles advenus entre les hommes par la diversité des opinions en la religion*, Paris, 1562）；卡斯泰利奥（Castellio）之著作（见上文第 62 页，注释 13）。

恶臣服于罗马的想法，但他对日内瓦的担忧亦丝毫不减。他认为，"新教徒"可能在人数上更占优势，尽管他也相信贵族"将基于政治理由而支持罗马天主教之派系"（*vous favorise le party de Romme par esprit politique*）。他总结道，为了实现国家之和平，"没有比在王国内允许两个教会——也就是罗马天主教会和新教教会——共存更快捷的办法了"，不过他马上补充称，"我毫不怀疑你们当中的一些人会因这句话而感到不安……"。正如持续不断的派系宣传所表明的，这是一部观点节制的杰作。尽管如此，在1561年这一和解之年的几个月里，这一观点还是获得了相当的支持。

比这种一厢情愿的想法更严重的也许是同时出现的所谓"和平运动"，其目的是在得到宽泛解释的路德教派神学理论的基础上促成各派系和解。它至少拥有一个相当值得尊敬的智识传统，并与梅兰希通以及伊拉斯谟派神学家格奥尔格·卡桑德（George Cassander）的调停努力密切相关。此外，它还在诸如卡特琳·德·美第奇、纳瓦拉的安托万、洛皮塔尔这样的"温和派"，以及洛林枢机主教那里获得了一些政治层面的支持。支持这场运动的宣传战役由前加尔文教派教徒博杜安领导，他在其关于早期基督教法律史的著作当中已经为之奠定了部分基础，而在1561年夏，此君已开始在法国刊行这场运动的重要宣言——卡桑德的《虔诚者的司职》（*Office of Pious Men*）。[1] 这场运动所传递的公开讯息在广泛改革的"天主教传统"方面进行了妥协；然而，它也隐晦地威胁要孤立（若非削弱）加尔文教派的极端分子，并让法国天主教徒和路德教派教徒（两者已在政治上结盟）相互靠拢。至少胡格诺派忧惧这样的局面，他们的猜疑决定了其对普瓦西会谈的态度，而这场在1561年10月举行的会谈表面上是为了实现和平计划，但实际上只是暴风雨前的沉寂。

273

1　见《虔诚者的司职》（*De Officio pii viri*），收录于《全集》（*Opera omnia*, Paris, 1616），第781-797页；可参照唐纳德·R. 克雷，《近代历史研究的基础》，第134页及后页。

普瓦西会谈是一出充满误解的喜剧与一出充满矛盾的悲剧。[1] 它志在和解，但实际上只会加剧公众舆论的两极分化。率领加尔文教派代表团出席的贝扎利用这个机会向尚未皈依者布道，希望能够借此改变众人之信仰。他还在王室和洛林枢机主教面前进行了三场演讲。[2] 值得注意的是，当时贝扎是跪在上帝（而非国王）面前进行祈祷的，他面向国王的演讲和四分之一个世纪前加尔文在其《基督教要义》序言中的措辞相差无几。其姿态仍然是防御性的。他承认，有些人声称我们为和解设定了太多的条件。（在当时的苏格兰译本中）有人更进一步地指出："仿若我们要颠覆世界的现状，并按照我们自己的方式建立一个新世界，通过毁坏他们的财富来充盈我们自己。"此言大谬，但更为言过其实的却是如下观点："吾等之分歧不在于要紧之事，而在于细枝末节……"这种宽纵的态度（无论是梅兰希通的"不置可否论"还是秘密教徒主义）令人无法忍受；事实上，加尔文就曾私下指示勿要在神学问题上做出任何让步。这次会谈的目的是"就一种正确的教义达成一致"，这是值得称赞的；但贝扎抱怨称枢机主教所提

1　见《普瓦西会谈的大量演讲》（*Ample discours des actes de Poissy*, 1561）（收录于法国国家图书馆 Lb³³.29 与 R. O. 林赛与 J. 诺伊，《1547 年至 1648 年期间法国的政治宣传册》，第 219 号），见《孔代回忆录》第 2 卷，第 688 页及后页；以及塔朗德的诗文体版本《普瓦西会谈录》（Tarander, *Les Actes de Poissy*）；另见 D. 纽金特，《宗教改革时代的普世主义》（D. Nugent, *Ecumenism in the Age of Reformation*, Cambridge, Mass., 1974）与 H. O. 伊文尼特，《洛林枢机主教和特伦特大公议会》（H. O. Evennett, *The Cardinal of Lorraine and the Council of Trent*, Cambridge, 1930）。

2　贝扎的这三篇分别印刷出版的"演讲"（巴黎：1561 年）流传广泛：第一篇收录于法国国家图书馆 Lb³³.34, 35 与 R. O. 林赛与 J. 诺伊，《1547 年至 1648 年期间法国的政治宣传册》，第 200 号；第二篇收录于法国国家图书馆 Lb³³.38, 39 与 R. O. 林赛与 J. 诺伊，《1547 年至 1648 年期间法国的政治宣传册》，第 221 号；第三篇收录于法国国家图书馆 Lb³³.40；此处援引自当时的英文译本《一篇演讲》（*Ane Oration*, Edinburgh, 1561）（收录于 A. W. 波拉德与 G. R. 雷德格里夫，《英格兰、苏格兰与爱尔兰印刷出版书籍短名目录》（A. W. Pollard and G. R. Redgrave, *A Short-Title Catalogue of Books Printed in England, Scotland & Ireland*, London, 1926），第 2026-2027 页；洛林枢机主教，《演讲》（Cardinal of Lorraine, *Oraison*, 1561）（收录于法国国家图书馆 Lb³³.36）。可参照亨利·奥赛尔，《16 世纪法国历史原始材料》，第 177 页。

出的只是奥格斯堡信仰宣告的翻版而已。通过其论点，特别是态度，贝扎实际上有意识地关闭了任何可能达成协议的大门，即便政府曾经认真考虑过这一选项。

　　另一方面，洛林枢机主教的讲话充满了外交辞令（胡格诺派教徒认为是其阴险狡诈的表现），而其他人则较为直言不讳。如雷内·伯努瓦（René Benoist）、让蒂安·埃尔韦和克劳德·德·桑克特（Claude de Sainctes）等神学家继续着反对加尔文教派以及任何在普瓦西会谈中妥协之观念的运动。他们哀叹破坏圣像运动中的恣意妄行，德·桑克特尤其回想起了传统的教规教义，即"天主教会之外无救赎"。[1] 包括让·盖伊（Jean Gay）、朱利安·塔布埃（Julien Tabouet）和雅克·德·费伊（Jacques de Faye）在内的律师们进一步补充了他们的论点。不久之后，他们就加入了引领和平运动精神的博杜安的行列。博杜安谴责了贝扎所扮演的破坏者的角色，还指责他作为一名煽动者回返巴黎，"并在这座城市那些经常出没于赌场、妓院和酒馆的恶棍与麻烦制造者当中声名鹊起"。[2] 博杜安追忆道，尽管贝扎似是在谴责天主教的圣职制度，但他本人所占据的圣职却何止一种，而且一言以蔽之，他是为了地位和财富而被加尔文的这种新宗教所吸引。博杜安还忆及贝扎和奥特芒在前一年的昂布瓦斯暴动（他将其称为"世界

274

　　1　见埃尔韦，《致新福音派煽动者个人的书信：其中清楚地表明天主教会之外无救赎》（Hervet, *Epistre envoyee a un quidam fauteur des nouveaux evangeliques. En laquelle est clairement monstré que hors l'Eglise Catholique n'y a nul salut*, Rheims, 1562）（收录于 R. O. 林赛与 J. 诺伊，《1547 年至 1648 年期间法国的政治宣传册》，第 248、287 号）；可参照《演讲》（*Discours*, Paris, 1563）（收录于法国国家图书馆 Lb^{33}.55 与 R. O. 林赛与 J. 诺伊，《1547 年至 1648 年期间法国的政治宣传册》，第 349-350 号）；桑克特，《天主教信仰宣告》（Sainctes, *Confession de Foy Catholique*, Paris, 1561）（R. O. 林赛与 J. 诺伊，《1547 年至 1648 年期间法国的政治宣传册》，第 255 号）与《关于古代异端分子洗劫教堂的演讲》《*Discours sur le saccagement des Eglises par les heretiques Anciens*, Verdun, 1562）（收录于法国国家图书馆 Lb^{33}.57）。另见亨利·奥赛尔，《16 世纪法国历史原始材料》，第 174-175 页。

　　2　见《第一篇辩护书》（*Defense premier*, Paris, 1562）；《第二篇回应》（*Responsio altera*, Paris, 1562）。

上最残暴、最邪恶的暴动"）中所扮演的角色。因此，上一代人在个人、职业和信仰方面的敌意进一步刺激了之后更具爆炸性的论争。

在这个世纪里，相比于这场波澜壮阔的对抗，罕有其他事件能够制造出更多的宣传，它不仅成为经久不息的争议的焦点，更是演变为一座论坛，在其中，即使是温和派的最后疑虑也被打消了。这一点在会谈本身的宣传中已经展露无遗，尤其是贝扎的长篇大论与洛林枢机主教的演讲，而这些演讲内容几乎赓即就以宣传册的形式得以刊行，其中，枢机主教的演讲被译成了德文，而贝扎的文案被译成了英文与意大利文。会谈期间出台的一项敕令再度呼吁"追捕"异端分子和煽动叛乱者。[1]除此之外，一系列出版物也在当时问世，特别是对攻击反对派"及其伟大偶像加尔文"的王太后的抨击文本。[2]论争的精神也反映在了更为个人的意识形态斗争当中。其中最轰动的事件当数另一位前加尔文教派教徒德·维尔加尼翁骑士（the Chevalier de Villegagnon）与多位匿名批评家之间的争论，此君尖锐地抨击了这个"虚荣和软弱的"蠢货，其轻信程度堪比卡特琳·德·美第奇的御用占星家诺查丹玛斯。[3]整个事件的导火索正是维尔加尼翁对奥古斯丁·马洛拉（Augustin Mallorat）致王太后的新教徒"谏诤"的抨击，马洛拉将

275

1　见1561年10月20日之法令（收录于法国国家图书馆 F. 46821.46 与 R. O. 林赛与 J. 诺伊，《1547年至1648年期间法国的政治宣传册》，第243号）。

2　见《论叛乱者之试探性言论及其所坚持之法国国王年幼时期王太后无能力摄政之观点》（*Discours sur ce qu'aucuns seditieux ont temerairement dit et soustenu que pendant la minorité des Rois de France, leurs meres ne sont capables de la Regence*, Paris, 1579）（收录于法国国家图书馆 Lb³³.7），文本署名日期为1560年3月19日。

3　见维尔加尼翁，《回应》（Villegagnon, *Response*, Paris, 1561）（收录于法国国家图书馆 Lb³³.19），其回应对象为马洛拉的《为上帝圣言而受迫害之人致王太后的谏诤》（[Mallorat], *Remonstrance a la Royne Mere de Roy, par ce qui sont persecutez pour la parole de Dieu*, 1561）（收录于法国国家图书馆 Lb³³.18）；另见回应马洛拉之"回应"（Paris, 1561）（收录于 R. O. 林赛与 J. 诺伊，《1547年至1648年期间法国的政治宣传册》，第254号）的另一份宣传册（收录于法国国家图书馆 Lb³³.21）。

"一个人无需服从一位异教徒国王"这一挑衅性宣示归咎于王太后。[1]现在，维尔加尼翁用他自己幻灭的痛苦来回应其批评者们。他声称存在着七个不同的"圣餐象征论者"派别，它们各不相同，但却都有着同样的教条主义特征。它们假装合法，却继续集会，从而违反了多项禁令。与博杜安、迪穆兰、拉蒙、卡特兰等人一样，维尔加尼翁展示了意识形态战争中的一个奇怪特点：一场运动的背叛者往往会变成其最严厉和最无情的批评者。

经过普瓦西会谈之后，获得一个普遍性的解决方案的希望已经十分渺茫，暴力倾向开始显现。空气中弥漫着破坏圣像和殉道的氛围。[2]这一年年底（12月27日）发生了一起特别具有新闻价值的事件，圣梅达尔教堂的堂区教士试图打断附近的新教活动，从而引发了一场骚乱，其间一名胡格诺派教徒遭杀害。[3]之后，一群新教徒甚至尾随在一支将天主教囚犯送去法庭的队伍后面嬉闹。这场冲突的影响持续了好几个月。4月18日，胡格诺派教徒再度在巴黎街头张贴布告，抗议他们所遭受到的暴力。紧随其后发生的便是天主教徒对胡格诺派教徒所犯下的"渎神、渎圣、污染、谋杀、抢掠、暴虐和屠杀罪行"的反击，而后，另一份新教宣传册对此作出了回应，

1　见马洛拉，《为上帝圣言而受迫害之人致王太后的谏净》，第 Eii 页。

2　见《孔代回忆录》，第 2 卷，第 743 页。

3　见《由神梅达尔教堂神职人员引发的反叛、骚乱与暴动的真实历史》（*Histoire Veritable de la Mutinerie, Tumulte et sedition faite par les Prestres Sainct Medard*（收录于法国国家图书馆 Lb[33].41）；见《孔代回忆录》第 2 卷，第 864 页及后页；《法国历史珍稀档案》，第 4 卷，第 77 页及后页；《受国王保护之巴黎居民希望依据福音维持加尔文教派宗教活动的请求》（*Requeste des habitans de Paris, qui soubs la Protection du Roy ... desirent estre maintenuz es exercices de la Religion reformee selon l'Evangile*, 18 April 1562）（收录于法国国家图书馆 Lb[33].72），见《孔代回忆录》第 2 卷，第 876 页，这一"布告"遭到了《天主教徒关于 4 月 18 日之布告与檄文致国王的谏净》（*Remonstrances faictes au Roy, par les Catholiques ... sur les placars et libelles attachez et semez le 18. de ce present mois d'Avril*, Paris, 1562）（收录于法国国家图书馆 Lb[33].67）的抨击；另见《对于抗议此类布告之谏净的回应》（*Response aux Remonstrances faites contre les Placars ...*, 1562）（收录于法国国家图书馆 Lb[33].68），见《孔代回忆录》第 2 卷，第 878 页。可参照 1 月 17 日之敕令（收录于 F. 伊桑贝尔、A. 茹尔当、A. 德屈西编，《法国古代法律总集》，第 14 卷，第 44 页与其他众多印刷文本）。

并再次谴责了"圣梅达尔的暴动"。

宗教战争至此时（4月中旬）已经爆发。引发这场战争的最终导火索便是瓦西屠杀，关于这一战争爆发原因的讨论充斥了之后几代人的宣传材料和历史著作。战争罪行成为一个核心问题，而胡格诺派教徒一如既往地处于守势。《论吾等为宗教而发动战争之谣言》（"Discourse on the Rumor that We have brought about War for the Sake of Religion"）是他们最早的抗议文本之一，其目的仍在于否认"暴动与叛乱"的指控。[1] 一份致卡特琳·德·美第奇的"警示书"抱怨称："吉斯家族及其仆从所组成的虎群现在唯一想做的便是煽动民众，并高呼'杀光所有人，将他们屠戮殆尽！'"[2] 一部记录1562年春种种事件的胡格诺派"史书"也揭露了吉斯家族的阴谋，以及孔代亲王在奥尔良所采取之立场的原因。[3] 作者写道："并非良知驱使这些热爱罗马天主教之人，他们唯一的目的就是掌控王国。"对这一"我们新改革者所书写之精彩历史"做出回应的是一篇针锋相对、意在批驳叛乱者所传播之谎言的反"警示书"；论争就此持续了下去。不满者早就做好了战争的准备，福音派亦是如此。根据一份为王太后之利益考虑而发表的不祥警示书所言，"教会的胜利并非依靠国王和地方行政长

1　见《论我们将因宗教而发动战争的谣言》（*Discours sur le bruit qui court que nous aurons la guerre, a cause de Religion*, 1562）（收录于法国国家图书馆 Lb³³.45），第 Aiiii 页 [见《孔代回忆录》第 3 卷（*Memoires de Condé*, III, London, 1743），第 73 页]。

2　见《致王太后的警告》（*Advertisement a la Royne mere du Roy*, Orleans, 1562）（收录于法国国家图书馆 Lb³³.43），见《孔代回忆录》，第 2 卷，第 119 页。

3　见《概述之史》（*Histoire comprenant en brief ...*, Orleans, 1562）（奥尔良：1562 年；收录于法国国家图书馆 Lb³³.48 与 R. O. 林赛与 J. 诺伊，《1547 年至 1648 年期间法国的政治宣传册》，第 288 号）："促使那些表现得如此热爱天主教之人去夺取王国的统治权的并非良知的热忱。"该文本得到了《关于叛乱者散布的几则虚假谎言的警告》（*Advertisement sur la faulseté de plusieurs mensonges semez par les Rebelles*, Paris, 1562）（收录于法国国家图书馆 Lb³³.53 与 R. O. 林赛与 J. 诺伊，《1547 年至 1648 年期间法国的政治宣传册》，第 258 号），第 B2 页的回应："我们以伟大上帝的名义拿起武器，为了国王陛下及其领主兄弟、其御前会议和整个王国的自由和拯救：他们通过暴政、暴力、武力和个人权力，扣押和抢夺了陛下、御前会议成员及其国家、军队和财政……"

官的力量，而是殉道者的鲜血"。[1] 总而言之，宣传的基调正在从意识形态的操纵转变为好战的宣言；宗教抗议不仅被卷入了政治当中，还成了军事行动的组成部分；"政治家"（*homo politicus*）正在转变成为"战争之人"（*homo bellicus*）。

血与墨

尽管战斗已经开始，喊叫声却没有停止，言辞上和军事上的交锋事实上在许多方面互为助力。在接下来的十年里（1562 年至 1572 年），战争只是零星爆发；但宣传的洪流却无休无止，尽管其间曾出现过短暂的和平，不过派系的两极分化却是无情且不可逆转的。宣传册和应景宣传物的品类和数量都在迅速增加。传统主题被保留或改变，新主题又被引入；但总的来说，正是在这几年里，这一世纪余下时间的（在某种意义上甚至是此后更长时间里的）政治论争模式得以确定。

这场论争的开端尤以孔代亲王所发起的宣传运动为标志，后者始于孔代亲王之"宣言与抗议"和《联盟条约》的基本阐述，以及一系列公开或

277

---

1 见《为上帝圣言而受迫害之人致王太后的谏诤》（*Remonstrance a la Royne Mere du Roy, par ceux qui sont persecutez pour la parole de Dieu*, 1561）（收录于法国国家图书馆 Lb^{33}.18），第 76 页。

未公开的书信，以获取支持或预料中的批评为目的，向四面八方散播开来。[1]
他的发言人告诉年轻的国王与王太后："为了获得陛下真正的理解，亲王
备述其动机，在所有的基督教国家中印行，以为所有的诸侯、君主、盟友、
亲朋、国王的支持者与王国的所有法院周知。"在这一宣传中，派系的路
线已经被确定了下来。旧创迸裂，新伤日多，结论既出，宪纲框定。反叛
者的意图一如既往地遭到了否定，事实上，将责任归咎于所谓"谗言"而
非国王意志的这一辩护惯例得到了国王与王太后身陷吉斯家族保护者囚笼
之谣言的支持。"现在我要问那些以国王的名义发布诏书之人，这位周围
被手枪兵和火枪兵包围、只有其母亲和弟弟陪伴的十一二岁的年轻国王，
是不是一位遭幽囚之国王……？"孔代亲王之联盟的最终目的乃是通过武
力"保证国王的自由和维护王太后的权威"。

　　事实上，这些论点不过是对宗教战争丑陋现实的拙劣掩盖，后者释放
了狂热的情绪，并为长期被压抑的敌意提供了目标。双方都自命获得了上
帝的青睐。一方称赞上帝"对路德教派教徒（现在被称为胡格诺派教徒）

　　1　见上文第 255 页，注释 1。其他相关宣传册见孔代亲王的《第二份宣言》（Conde, *Second Declaration*, Orleans, 1562）（收录于法国国家图书馆 Lb³³.70 与 R. O. 林赛与 J. 诺伊，《1547 年至 1648 年期间法国的政治宣传册》，第 269 号），见《孔代回忆录》第 3 卷，第 249 页；《孔代亲王之使节致神圣罗马帝国法兰克福之诸选帝侯的演讲》（*Oratio legatorum Principis Condei ad sacra Romani imperii principes electores Francofurti*, Brussels, 1563）（收录于法国国家图书馆 Lb³³.92；法文译本收录于法国国家图书馆 Lb³³.91），见《孔代回忆录》第 3 卷，第 371 页；《论国王之自由或被囚》（*Discours sur la liberté ou captivité du roy*, Orleans, 1562）（收录于法国国家图书馆 Lb³³.83 与 R. O. 林赛与 J. 诺伊，《1547 年至 1648 年期间法国的政治宣传册》，第 275 号）；《孔代亲王及其盟友关于其自称位巴黎高等法院法庭之敌人对他们作出的叛乱罪判决的抗议》（*Remonstrances de monseigneur le prince de Condé et ses associez, sur le iugement de rebellion donné contre eux par leur ennemis ses disans estre la cour de Parlement de Paris*, Orleans, 1562）（收录于法国国家图书馆 Lb³³.87 与 R. O. 林赛与 J. 诺伊，《1547 年至 1648 年期间法国的政治宣传册》，第 267 号）。总体概况见亨利·奥赛尔，《16 世纪法国历史原始材料》与 H. G. 柯尼希斯贝格尔（H. G. Koenigsberger）的经典文章《16 世纪法国与尼德兰革命派系的组织》（"The organization of revolutionary parties in France and the Netherlands in the 16th century"），载于《近代史期刊》（*Journal of Modern History*），第 27 页（1955 年），第 335-351 页。

神迹般的惩罚"；另一方面亦更为粗鄙地颂扬了他"对诸位国王所犯下谋杀罪的骇人报复"。[1]针对"天主教徒之暴政"的私下谩骂要先于官方宣传问世，但并未提前多少。因为夏季零星战斗的爆发和政府的不妥协态度，胡格诺派的路线变得更为强硬和严苛，一篇充满悲叹的文章也再度将巴黎谴责为"新埃及地"。在一本关于"平息该王国动乱之方法"的宣传册中，孔代亲王提出了三项具体的要求：第一，在国王未成年时为其设立一个咨议会；第二，赔偿新教徒所遭受的损失；第三，作为应对当前困境负有全责之人，吉斯家族的成员应该远离朝堂，回到他们自己的领地上去。[2]他在 7 月发表的一份《要略声明与信仰宣告》（"Summary Declaration and Confession of Faith"）中把自己描绘成了上帝与国王之敌的惩罚者，从而再度引入了宗教和政治问题。[3]几天后，他对巴黎高等法院发动了攻击，称其仅仅是一个无足轻重的集会。他宣称："最重要的是，不可容忍或允许吉斯之派系和党羽继续存在下去。"他接着列举了对几位高等法院庭长的具体指控，并毫不犹豫地揭露了涉及吉斯家族和其他篡权者的恩庇关系。

1　见《论上帝的争议与对尘世统治者和当权者所犯下的谋杀罪行的可怕报复》（*Traité de la iustice de Dieu et horrible vengeance contre les meurtres commis par les Princes et Potentats de la terre*, 1562）（收录于法国国家图书馆 Ld[176].17）与《发生在我们的圣母教会的敌人、邪恶且不幸的路德教派教徒（现今被称为胡格诺派教徒）身上的奇迹神罚》［*Les miraculeuses punitions divines advenues sur aucuns meschans et malheureux Lutheriens ... (a present nommez Huguenotz) ennemis de nostre Mere saincte Eglise*, Paris, 1562］（收录于法国国家图书馆 Ld[176].18）；《驳天主教徒之暴政》（*Dialogus contra Papistarum tyrannidem*, 10 Aug. 1562）（收录于《法国新教历史协会会刊》R. 11410）；《依照先知耶利米之言巴黎偶像的出现》（*La Consommation de l'Idole de Paris suivant la parole du prophete Ieremie*, Lyon, 1562）（收录于法国国家图书馆 Lb[33].44）。

2　见《平息该王国动乱之方法》（*Les moyens de pacifier le trouble qui est en ce royaume*, Orleans, 1562）（收录于法国国家图书馆 Lb[33].77 与 R. O. 林赛与 J. 诺伊，《1547 年至 1648 年期间法国的政治宣传册》，第 265 号），见《孔代回忆录》第 3 卷，第 289 页及后页。

3　见《要略声明与信仰宣告》（*Sommaire declaration et confession de foi*, Orleans, 1562）（收录于法国国家图书馆 Lb[33].85 与 R. O. 林赛与 J. 诺伊，《1547 年至 1648 年期间法国的政治宣传册》，第 270 页），见《孔代回忆录》第 3 卷，第 394 页。可参照亨利·博尔迪耶编，《16 世纪的胡格诺派歌曲集》，第 15 卷，第 211 页。

胡格诺派的诗歌和歌曲则一如既往地为不断演变的政治纲领注入了狂热的力量。

官方的反应如他们所预料的一般迅速。高等法院对亲王的言辞以及其中所提出的"邪恶建议"感到"极其遗憾"，高等法院的成员们提醒他，他们所代表的是国王本人的"至高无上的正义"。他们既否认了国王被囚的"不幸谣言"，也否认了和解法令无效的指控。[1]以同样的态度回应亲王之要求的王太后也同意继续遵守一月敕令，并按照完全公正之要求进行赔偿，但她认为不应继续谈论驱逐吉斯家族成员之事。她接着说道，胡格诺派教徒无论如何必须先弃甲投戈。所以僵持局面依然继续了下去。论争的激烈程度堪与第一次宗教战争的暴力程度相当，后者已经从零星的破坏圣像运动发展到大规模的暴行，再到激烈的战斗。一份来自曼恩的新教徒谏诤尤其抱怨了贵族遭大量杀害的情况，并将该省的受害者视为世俗殉道者。[2]胡格诺派教徒的财产一再被没收，从而对他们的荣誉和后嗣造成了更大的伤害，这比战争造成的伤亡更令人难以忍受。[3]

尽管出现了这样的社会动荡，但是人身攻击仍继续在宣传中占据着主导地位，特别是当弗朗索瓦·德·吉斯在第一次宗教战争结束前几周的

1　见《孔代回忆录》第3卷，第274、278页。

2　见《曼恩新教贵族就暗杀、抢劫、劫掠、暴动、强奸妇女和其他可怕的暴行致国王的谏诤》（*Remonstrance envoyee au roy par la noblesse de la Religion Reformee du païs de Maine, sur les assassinats, pilleries, saccagements de maisons, seditions, violements de femmes et autres exces horribles*, 1564）（R. O. 林赛与 J. 诺伊，《1547 年至 1648 年期间法国的政治宣传册》，第 401 号）；可参照国王发布的《关于教堂遭毁坏的记录与报导》（*Verbal et information ... de la ruine de l'Eglise ...*, Lyon, 1562）（收录于法国国家图书馆 Lb³³.75）与《关于该王国每日出现的谋杀与压迫之不受惩罚之情况，就敕令之损害致国王的陈情书》（*Doleance faicte au roy sur l'impunité des meurtres et oppressions qui se committent iournellement en ce royaulme, au prejudice de ses Edictz*, 1564）（收录于法国国家图书馆 Lb³³.148）。

3　见《责令抄没暴动者与叛乱者之一切财产的诏书》（*Lettres patentes, par laquelle est enioint prendre et enlever tous et un chacun les biens appartiens aux seditieux et rebelles*, 19 March, Paris, 1563）（法国国家图书馆 F. 46823.8）。

1563 年 2 月遇刺之时。这次暗杀不仅加深了吉斯与波旁两派的宿怨，还催生出了一系列的悼词以及针对科利尼的攻击言论——他被认为是这一罪行的罪魁祸首。[1] 这一处于政治争议漩涡中心的冲突不仅制造出了丰富多彩的挞伐之论、诗歌与政治稗史，还最终酝酿出了种种之政治理论。尼德兰也出现了类似的情况，在这一地区，这场对抗同样始于一份广为传播的致腓力二世的个人请愿书。这样的冲突导致了一场被荷兰宣传册文本史家称为"神话塑造"（*Mythvorming*）的波澜壮阔的进程。[2]

　　和平减少了暴力，但未曾减损言语上的攻讦。宣传的洪流从 1563 年春一直持续到 4 年之后战争再度爆发之际。其中大部分的宣传形式都颇为传统——敦促和平书、对国王的颂词、典礼文书，尤其是在国王和王太后在巡视法国各行省的著名旅程中举行的各种"入城式"。有些议题颇具挑衅性，但尚不构成新的议题——如国王未成年的问题（在吉斯家族的支持下得到了解决），对特伦托大公会议之教规与法令的接受（根本未得到解决），以及加尔文教派教徒与前加尔文教派教徒之间无休止的相互指责。如同以往一样，个人之间的斗争似乎屡见不鲜，比如御前史官兼诗人龙萨

　　1　例如见雅克·勒翁格尔（Jacques Le Hongre）为弗朗索瓦·德·吉斯所撰之葬礼悼词（20 March, Paris, 1563），（收录于 R. O. 林赛与 J. 诺伊，《1547 年至 1648 年期间法国的政治宣传册》，第 351 页），以及孔代亲王为科利尼所作的辩护与辩解，5 月 25 日（1563年；收录于法国国家图书馆 Lb[33].130）；《论海军上将先生的清白》（*Arrest de l'innocence de monsieur l'admiral*, Paris, 1566）（R. O. 林赛与 J. 诺伊，《1547 年至 1648 年期间法国的政治宣传册》，第 448、447 页）。

　　2　见 P. A. 戈伊茨，《1566 年至 1580 年宣传册中的尼德兰起义》，可参照《杰出的奥兰治亲王的声明，其中包含了反对阿尔瓦公爵及其党羽的可怕暴政的自卫行动之理由》（*Rescript et declaration du Tres illustre Prince d'Orange, contenant l'occasion de la defense ... contre l'horrible Tyrannie du Duc d'Alba et ses adherans*, 20 July 1568）（收录于大英博物馆 9210. a. 15）。

280　（Ronsard）与其胡格诺派批评者（包括殉道史作家尚迪厄）之间的斗争。[1]

意识形态上的仇怨不仅因为这些，还因为孔代亲王的派系声明的再版发行，以及从历史方面对战争起源的重新审视［其中最昭著者便是 1565 年皮埃尔·德·拉普朗什（Pierre de la Planche）的《评论》（*Commentaries*）］而持续存在。最后还有武力反抗的理由。1563 年，日内瓦议员（和前法国国王顾问）雅克·斯皮法梅（Jacques Spifame）在一篇致王太后的（看起来是从意大利语翻译而来的）文章中，将正义之论点运用到了叛乱问题上。他写道："上帝之言教导吾辈，当地方行政长官下令拿起武器，对那些扰乱王国安宁之人（无论是本国人还是外邦人）展开公开的报复，战争即是合法的。"[2] 尽管使用到了合法性的概念，但它却又一次催生出了一种隐秘革命的理论。

　　尽管就科利尼参与杀害吉斯公爵的指控，宣传家们予以极力辩护，但他们并没有减少针对吉斯家族恶劣影响的抨击。在和平协定签订后很久，一名宣传册作者仍在抱怨："他们劫掠和偷盗王国中最伟大、最尊贵的家族的行为如此可怕，如此令人难以置信。为了其利益且衔命于此辈展开的

　　1　见 J. 皮诺编，《针对龙萨之新教论争》（J. Pineaux, ed., *La Polémique protestante contre Ronsard*, Paris, 1973）；另见 F. 沙博尼耶的《1560 年至 1577 年反龙萨的新教宣传册》（F. Charbonnier, *Pamphlets protestants contre Ronsard 1560-1577*, Paris, 1923）与《法文诗歌与宗教战争》，以及 F. 耶茨，《16 世纪的法国学院》（F. Yates, *The French Academies of the Sixteenth Century*, London, 1942），第 186 页及后页。

　　2　见《从罗马致王太后的书信》（*Lettre addressee de Rome ala roine ...*, 1563）（法国国家图书馆 Lb³³.131 与 R. O. 林赛与 J. 诺伊，《1547 年至 1648 年期间法国的政治宣传册》，第 361 号），见《孔代回忆录》第 4 卷（*Memoires de Condé*, IV, London, 1743），第 442 页。

这些屠杀又是如此残忍，如此不人道。"[1]回过头来看，他们与路德教派之间的亲近关系（*rapprochement*）似乎已经昭然若揭，吉斯兄弟与极端路德教派的领导人维滕贝格的克里斯托夫公爵在瓦西屠杀前夕举行的引人怀疑的萨韦尔讷会议即证明了这一点。通过这些手段，他们不仅篡夺了政府的控制权，羞辱了整个王国，还支持了"仰赖于其全部权威"的罗马天主教。这位"法国之虎"的抨击者总结道："因此，在这场论争中支持或原谅枢机主教之人皆是国王及其国家的死敌。"

一个重要且不断扩展的主题乃是外部影响造成的社会秩序的纷乱和阶级差别的混乱。转变宗教信仰所导致的社会地位的丧失是显而易见的，这一点从一位逃离法国来到瑞士成为磨坊主的主教（*d'evêque devenir meunier*）的例子就可看出。[2]另一方面，一位绅士援引了大量的例子，抱怨这一"败坏贵族等级"的进程。[3]他控诉称地位低下者经常被擢升到体面的职位上，而欠考虑的婚姻则使得社会变得愈加混乱。卡特琳·德·美第奇曾让一名医生之妻成为公爵夫人，其丈夫因此也成为公爵，而国王寝宫的第一侍从则是一名银行家之子。（此处颇为直截了当地嘲讽了王太后，

281

1　见《简论吉斯家族反对国王及其王国的首要阴谋》（*Bref discours et veritable des principales coniurations de ceux de la maison de Guyse, contre le roy et son royaume*, 1565）（收录于 R. O. 林赛与 J. 诺伊，《1547 年至 1648 年期间法国的政治宣传册》，第 407 号），第 Ai 页："当然，他们（吉斯家族）对本王国大部分最古老、最尊贵的家族所进行的掠夺和强盗行为，是一件令人难以置信之事，亦是一件可怕之事。"可参照《关于洛林枢机主教为阻止和平到来并将动乱带回法国所采取手段的简短演讲》（*Brief discours sur les moyens, que tient le Cardinal de l'Orraine pour empescher l'establissement de la Paix, et ramener les Troubles en France*, 1568）（收录于法国国家图书馆 Lb³³.245）与《枢机主教的战争》（*La Guerre Cardinale*, 1565）（收录于法国国家图书馆 Lb³³.160A）。

2　见 J. B. 迪贝达，《图卢兹高等法院史》，第 1 卷，第 333 页。

3　见《一位贵族致其朋友的书信，内含法国贵族不满的原因》（*Lettre missive d'un gentilhomme a un sien compagnon contenant les causes du mecontentement de la Noblesse de France*, 1567）（收录于法国国家图书馆 Lb³³.191 与 R. O. 林赛与 J. 诺伊，《1547 年至 1648 年期间法国的政治宣传册》，第 548 号）及复函（收录于法国国家图书馆 Lb³³.191）；可参照《对致贡比涅书信的回应》（*Response a une lettre escrite a Compiegne*, 1567）（收录于 R. O. 林赛与 J. 诺伊，《1547 年至 1648 年期间法国的政治宣传册》，第 554 号）。

因为她本人就是佛罗伦萨银行家之后。）他继续说道："多么可怕的过程啊，这委实是一种扭曲变形，它把一名绅士变成了一个恶棍，又把一个恶棍变成了一名绅士。"另一位贵族抱怨称，跻身法国上流社会的新人不仅出身卑贱，甚至还不相信上帝。一些假装贵族者是"税务员、农民和工匠的儿子，另一些干脆是无父无母的农民"。诚然，法国胡格诺派教徒被迫辞去了他们的职位——"国王不过是简单地宣布新教徒拥有的所有职位皆将空出而无法为其所占有"——1568 年发布的一份判决结果当中甚至包括了一份被没收财产者的名单。[1]

这种影响甚至扩展到了最高政治层面，因为御前会议本身就充斥着外国人。根据 1567 年的另一份抗议书所言，"意大利人凭借其精明和金钱开道，在宫廷中获得了如此多的信任和青睐，相比之下，本土的法国人似乎反倒成了异邦人"。[2]弗拉齐乌斯·伊利里库斯翻译的一份反教皇宣传册便将对"天主教徒骗子"的抨击深入他们谬误传统的核心，而胡格诺派教徒更是紧随路德教派所开辟的这条道路。[3]这种感染的一个明显表现就

1　见《高等法院关于所谓新教徒所拥有的所有职业与职位都将空出而无法为他们所占有之宣言的判决结果》（ *Arrest de la Court de Parlement ... sur la declaration des estats et offices vacans et impetrables, de ceux de la nouvelle Pretenduë Religion*, Paris, 1569）（R. O. 林赛与 J. 诺伊，《1547 年至 1648 年期间法国的政治宣传册》，第 655 号，可参照 R. O. 林赛与 J. 诺伊，《1547 年至 1648 年期间法国的政治宣传册》，第 658 号）与相关敕令（Rouen, 1568）（收录于法国国家图书馆 F. 46837.18 与 R. O. 林赛与 J. 诺伊，《1547 年至 1648 年期间法国的政治宣传册》，第 585 号）："国王不过是简单地宣布所谓新教徒拥有的所有职位皆将空出而无法为其所占有。"可参照《国王书信与谕令汇编》（ *Recueil des Lettres et Mandemens du Roy*, Paris, 1568）（收录于法国国家图书馆 Ld^176.29），第 Div 页，"因逮捕……而被剥夺职位者的姓名与地位清单"，总计 184 人。

2　见《论民众之怨言与诉苦书》（ *Articles des plaintes et doleances du peuple*, 1567）（R. O. 林赛与 J. 诺伊，《1547 年至 1648 年期间法国的政治宣传册》，第 503 号），可参照这一年孔代亲王的其他宣传册（收录于 R. O. 林赛与 J. 诺伊，《1547 年至 1648 年期间法国的政治宣传册》，第 509、510 号）以及作者疑为迪蒂耶的《告贵族书》（Du Tillet, *Advertissement a la noblesse*, Lyon, 1568）（收录于法国国家图书馆 Lb^33.250 与 R. O. 林赛与 J. 诺伊，《1547 年至 1648 年期间法国的政治宣传册》，第 270 号）。

3　见《罗马主教公国之驳议》（ *Contre la principauté de l'evesque Romain*, Lyon, 1564）（收录于 R. O. 林赛与 J. 诺伊，《1547 年至 1648 年期间法国的政治宣传册》，第 367 号），第 8 页。

是拉伯雷所嘲笑的"教皇狂热"。而它也是 1567 年一份宣传册的标题，这份宣传册赞扬了"伟人瓦拉"及其对"君士坦丁的奉献"的揭露与对被认为具有欺骗性的教会传统的抵制。[1] 天主教教义的主要标志包括了耶稣会和特伦托大公会议，后者所出版的"教会法与法令"（"Canons and Decrees"）（1564 年）成为之后数代人的宣传风暴中心。当然，天主教徒对胡格诺派势力的境外基地也颇有怨念，这里的境外基地所指不仅是被称为"新耶路撒冷"的日内瓦，也包括"基督教自由"和颠覆性宣传的祖国——德意志。

事实上，双方都展露出了明显的国际化进程。对新教徒的威胁包括了意大利、萨瓦和后来居上的西班牙，此时的西班牙已经开始镇压尼德兰的新教反对派。尼德兰的宣传和反宣传热潮与法国极为相似，并且还与之交织在了一起，以至于一些宣传册很难通过其内容来确定出处，比如《保卫自由反抗暴君》（*Denfense of Liberty against Tyrants*）。人们还采用了类似的修辞惯例、诗歌和音乐的表达方式，以及针对镇压之企图的类似反抗立场。布道一如既往地成为一类特别的目标，但是在回应当局发布的禁止无许可布道的布告时，新教徒问道："如果使徒未曾服从主的命令该怎么办？"此外，"如果反抗是为了拯救灵魂……那么，人们必然会判定德意志、法国、苏格兰、丹麦、瑞典、波兰和其他国家已经叛乱了"。[2] 人们确实做出了这样的判断，而这个时代的意识形态结构已经覆盖了全欧洲。

在法国，意识形态的升级在伴随第二次和第三次宗教战争（1567 年至 1570）出现的第二次胡格诺派宣传浪潮中表现得尤为明显。正如在奥尔良出版的一份"演讲录"（带有"海德堡"的虚假出版信息）所言，人们

1　见《法国的教皇狂热》（*La Papemainie de France*, 1567）（收录于阿瑟纳尔图书馆 10.1）。

2　见《安特卫普所发生影响宗教信仰之事件汇编》（*Recueil des choses advenues en Anvers, touchant le faict de la Religion*, 1566）（收录于大英博物馆 850.b.3），第 Fi 页。

依旧认为敌人决心"消灭纯粹的福音教义"，但这一次敌人更为迫近，也更有威胁性。[1] 在国王的环法巡游结束之际，王太后曾在巴约讷与腓力二世的代表阿尔瓦公爵会面，这从一开始就引发了新教徒的怀疑。几周之后，阿尔瓦衔命前往尼德兰恢复秩序之举进一步加剧了人们的怀疑，当其军队进军法国东部地区时更是引发了恐慌，至少间接地促成了第二次宗教战争的爆发。迫害以及一些更糟糕的预感让新教徒担心"巴约讷的阴谋"，如这一"演讲录"的作者所指，其目的是"消减和削弱宗教事业，从而更轻易地破坏和撤销和解法令"。根据另一份宣传册的说法，"已经加入了皇帝、教皇和其他君主旨在消灭新教徒之联盟的西班牙国王召唤（法国）国王去做同样的事情，并签署洛林枢机主教日思夜想的特伦托大公会议之合约"[2]。至少从新教徒的角度来看，此乃"特伦托大公会议"联盟的意识形态起源，该联盟以某种形式对至少下一代人构成了威胁。它也代表了一种历史阴谋论的经典论述。

此即胡格诺派官方宣传的前提，从 1567 年起，胡格诺派又开始借奥

1　见《关于大公会议的真相以及在这个王国之外消灭纯粹福音教义的手段的演讲》（*Discours au vray des conseils et moyens qu'on a tenus pour exterminer la pure doctrine de l'evangile hors ce royaume*, Orleans, 1568）（收录于法国国家图书馆 Lb[33].195）；可参照 E. 德罗兹，《拉罗谢尔的印刷业》第 1 卷，第 63 页。另见 A. 茹贝尔，《15 与 16 世纪安茹的苦难研究》（A. Joubert, *Etude sur les misères d'Anjou aux XVe et XVIe siècles*, Anjou, 1886）。

2　见《新教徒举兵起义之原因短论》（*Bref discours contenant les causes et raisons par lesquelles ceux de la Religion reformee ont prise les armes*）（下一注释提供了援引之文本系列），第 Avi 页："他们正在等待西班牙国王进入意大利，因为他已经散布了谣言，在与皇帝、教皇和其他君主结盟，消灭新教徒之后，他将召集法国国王做同样的事情，并签署特伦特大公会议的条款，洛林枢机主教正是该会议的积极促成者。"可参照《两位贵族的书信》（*Lettre de deux gentilshommes*, 1567）（收录于法国国家图书馆 Lb[33].217 与 R. O. 林赛与 J. 诺伊，《1547 年至 1648 年期间法国的政治宣传册》，第 547 号）。

尔良和日内瓦的印刷行展开宣传攻势。[1] 此时又出现了"召集三级会议之必要性"的讨论；它们不仅提到了数年前在枫丹白露和奥尔良所召集的三级会议，还提到了 1484 年图尔的全国三级会议，它经由科米纳的描绘，并因为胡格诺派对"暴政"的批评而被理想化。但最终的问题依然是武力反抗——更重要的问题则是：反抗何种权威？根据 1569 年 11 月高等法院的一份判决结果，这是对国王"陛下"的伤害，因此叛逆罪或叛国罪成为明确的论辩理由。马基雅维利在法国的推广者之一让·德·拉塔耶（Jean de la Taille）也反对那些"拿起武器反抗国王陛下"的臣民；另一份保王党宣传册则谴责叛乱是最为严重的罪行。[2] 胡格诺派教徒的策略正是要去推翻这一论点。他们的目标无论如何都不是国王的王权或最高统治权。相反，是洛林枢机主教对法国实施了"国家颠覆"，他与西班牙以及国王的其他敌人相勾结。然而，不可否认的是，胡格诺派教徒容易受到与外国人合谋之指控的攻击。与德意志的其他诸侯一样，茨韦布吕肯伯爵（the Count of Zweibrucken）（用法语）向全世界发表了他支持"新教徒"的立场。于是论辩就这样继续下去，除开叛乱（也就是叛逆罪）代表了这个时代的基

284

1　见《孔代亲王的请求、抗议、谏诤与公告》（*Les Requestes, protestations, remonstrances et advertisements, faits par Monseigneur le Prince de Conde*, Orleans, 1567）（收录于法国国家图书馆 Lb³³.206），其中包括 11 份独立的宣传册，其副本分别收录于法国国家图书馆 Lb³³.207-211 与 R. O. 林赛与 J. 诺伊，《1547 年至 1648 年期间法国的政治宣传册》，第 505-509 号）。可参照《论召集三级会议的必要性》（*De la necessité d'assembler les estats*, 1567）（收录于法国国家图书馆 Lb³³.186、阿瑟纳尔图书馆 10.2 与 R. O. 林赛与 J. 诺伊，《1547 年至 1648 年期间法国的政治宣传册》，第 511 号）与关于 15 世纪"公共福祉之改革者"的宣传册（1567 年；R. O. 林赛与 J. 诺伊，《1547 年至 1648 年期间法国的政治宣传册》，第 550 号）；另见亨利·奥赛尔，《16 世纪法国历史原始材料》，第 184 页及后页。

2　见拉塔耶，《为国王致所有拿起武器反对陛下之臣民的警告》（La Taille, *Remonstrance pour le roy, a tous ses subiects qui ont prins les armes contre sa maiesté*, Lyon, 1567; Paris, 1569）（收录于 R. O. 林赛与 J. 诺伊，《1547 年至 1648 年期间法国的政治宣传册》，第 545、675 号）与《关于和平之讨论的公告》（*Advertisement sur le pourparlé qu'on dit de paix*, 1568）（R. O. 林赛与 J. 诺伊，《1547 年至 1648 年期间法国的政治宣传册》，第 557 号）。

本议题之外，人们未曾达成任何共识。

在努力维持对社会动乱的控制的过程中，政府继续仰赖于针对各色人等之活动的立法补救措施。[1] 它还颁布了一系列的法令，以规范继承私法中的未成年问题和封建没收问题，即没收封地的问题。教育如同往常一样也受到监视，新教徒被禁止建立任何学校或学院，或在其中教学。它们还重申了对未经批准之书籍的印刷禁令，重犯者将被处以死刑。根据1562年1月的模范法令，这些限制和持续禁止诽谤和辱骂的尝试是为了"维护吾等之政治律法"（*pour garder nos loix politiques*）[2]，并根据"宇内平靖"的传统概念保护"吾等王国之栋宇"；但是，对如此多违反民法的行为进行刑事定罪却清楚地反映了政治野心的扩张（若非权力的扩张的话）——而这恰好发生在一个新封建主义复兴与宗教混乱的时代。

在这些争论中，吉斯家族与波旁家族之间的长期斗争仍然居于中心地位，尽管科利尼取代了1568年去世的孔代亲王，成为吉斯家族的主要对手。在那一年的一份谏诤书中，科利尼讲述了法国在过去十年中所遭受的灾难，

1　见 A. 伊斯纳尔编，《法国国家图书馆印刷书籍总目：国王法令篇》第1卷与 R. O. 林赛与 J. 诺伊，《1547年至1648年期间法国的政治宣传册》收录的众多已出版的敕令。

2　见1562年1月17日敕令（收录于法国国家图书馆 F. 46822.7），其他副本与增补立法文件收录于 A. 伊斯纳尔编，《法国国家图书馆印刷书籍总目：国王法令篇》第1卷，第1677页及后页、R. O. 林赛与 J. 诺伊，《1547年至1648年期间法国的政治宣传册》，第283号及后、《孔代回忆录》第3卷，第7页。

他特别提到了那些在动乱中加入了其所谓"宗教派系"的城市。[1] 奥尔良、瓦朗斯、欧塞尔和其他许多城市都加入了反抗的行列，而像亚眠和布尔日这样的天主教城市也见证了"叛乱"的发生和大量的新教徒被屠杀。这与其说是一种抱怨，不如说是一种威胁，因为许多城市都将科利尼视作一位预言家。就像对洛林枢机主教的攻击已经演变成为一个黑色传奇，这位海军上将的魅力和政治威胁正在创造一种危险的公众形象，使之成为一种象征和内乱的替罪羊。1569 年，一份判决结果（该文本被翻译成了八种语言）正式宣判科利尼有罪，剥夺了他的职务，宣布他犯有阴谋罪和叛国罪，并在缺席情况下（*in absentia*）模拟绞死了他。[2] 正如一些人后来所认为的，这一举动为科利尼在三年后遭暗杀奠定了基础。然而，这既未曾减弱他的吸引力，也没有减少他的追随者，尤其是在城市群体当中。

　　在法国和尼德兰的战争当中，城市的作用变得越来越重要。从 1562 年孔代结盟开始，包括鲁昂、圣洛和勒芒在内的一些城市都公开支持了胡格诺派；而到了第三次宗教战争之际，这样的声明已经成为宣传的重要组

285

1　见《致国王的谏诤》（*Remonstrance au Roy*, 1568）（收录于法国国家图书馆 Lb³³.241）；可参照《对海军上将及其追随者发表的某篇试图掩盖破裂之关系并为之辩护的文章的回应》（*Responce a un certain escrit, publié par l'admiral et ses adherans, pretendans couvrir et excuser la rupture ...*, Paris, Lyon, Poitiers, 1568）（收录于法国国家图书馆 Lb³³.244 与 R. O. 林赛与 J. 诺伊，《1547 年至 1648 年期间法国的政治宣传册》，第 283 号及后页、《孔代回忆录》第 3 卷，第 573-575 号）；可参照 F. 德尔塔伊，《圣洛教堂来信》（F. Deltail, "Lettres de l'eglise de Saint-Lo"），载于《法国新教历史协会会刊》，第 67 卷（1971 年），第 84-87 页，以及《孔代亲王与拉罗谢尔之民的协议》（"Accord entre Mr le Prince de Condé et ceulx de la Rochelle"），1577 年 6 月 6 日，收录于《宗教改革与神圣同盟历史中的未出版文件》，J. 鲁特希茨基编（*Documents inédits pour servir à la histoire de la Réforme et de la Ligue*, ed. J. Loutchitzky, Paris, 1875），第 94 页。

2　见《以法文、拉丁文、意大利文、西班牙文、德文、弗拉芒文、英文和苏格兰文刊行的高等法院对法国海军上将加斯帕尔·科利尼的判决书》（*Arrest de la Court de Parlement contre Gaspart de Coligny, qui fut admiral de France, mis en huict langues, a sçavoir, François, Latin, Italien, Espagnol, Allemant, Flament, Anglois et Escoçois*, Paris, 1569）（收录于 R. O. 林赛与 J. 诺伊，《1547 年至 1648 年期间法国的政治宣传册》，第 652-643 号）；可参照唐纳德·R. 克雷，《弗朗索瓦·奥特芒：一位革命者的苦难经历》，第 202 页。

成部分。其中最为轰动的便是拉罗谢尔在 1568 年和 1569 年反对政府的处理方式，以及"某些桀骜不驯和充满煽动性的意大利人和其他堕落与腐败之法国人"的两份"声明和抗议"。[1]根据第一份宣传册的记载，当国王派出的一位官员进入城市时，听到了人们在唱赞美诗，"他发誓称这些人三天之内唱得都不重样"。作者继续说道，"简而言之，人们无法想象新教徒做出任何残忍、专制、不公和不人道的行为"。这些新教公民展开了大量关于"良知自由"原则和武力反抗之合法性的讨论。他们认为"一切力量都源自上帝"；而"那些与上帝对抗，并阴谋反对上帝之人，不是真正的国王，乃是不必像顺服于尊敬父母一般顺服于他的个体"。然而，真正的罪犯并非年幼的查理九世；而是"西班牙人，法国古老的、天然的、世代相传的敌人"腓力二世。这份宣传词充斥着仇外言论——"懦弱且臭名昭著的意大利人"、"傲慢、愚蠢和迷信的西班牙人"，以及"伪装成法国人和西班牙人的无神论者"。拉罗谢尔所反对的正是这种外来的影响，而非君主制。

因此，在公认的政治解决办法范围之内，合法性以及相关活动的虚构形象得以维持，毫无疑问，这使得 1570 年的和解更容易实现。在这份著名的《蒙西厄和约》（Peace of Monsieur）中，拉罗谢尔和其他三座胡格诺派城市的安全得到了保障，许多新教徒（包括奥特芒）的财产、学术职

1　见《拉罗谢尔新教徒的宣言与抗议》（Declaration et protestation de ceux de la religion reformee de la Rochelle, La Rochelle, 1568）（收录于法国国家图书馆 Lb[33].226），第 Biii 页："人们会礼貌且慷慨地示好于一个怯懦且臭名昭著的意大利人、一个骄傲、愚蠢且迷信的西班牙人、一些偷盗成性的银行家和财政官员、一个恶贯满盈的皮条客、一个厚颜无耻的奉承者，或一个虚伪的法国-西班牙无神论者，却反而背弃一位血亲亲王或一些正直且英勇的骑士，他们皆对国王忠心耿耿。"以及《第二份宣言》（Second declaration ..., 1569）（收录于法国国家图书馆 Lb[33].227）；可参照 E. 德罗兹，《拉罗谢尔的印刷业》第 1 卷，第 61 页及后页；《论所谓新教徒发动的拉罗谢尔叛乱》（Discours sur la rebellion de la Rochelle commis par les pretendus reformez, Poitiers, 1569）（收录于法国国家图书馆 Lb[33].221）；《在拉罗谢尔的会谈》（Pourparler fait a La Rochelle, 1571）（收录于法国国家图书馆 Lb[33].296）。

位和官职得以物归原主。国王在这一和约中所做的声明——应当"视王国动乱以来的所有记忆为仿若未有之事"[1]——便反映了这一时期的乐观精神，而路易·勒华等人传统的和平劝诫亦是如此。胡格诺派教徒纳瓦拉的亨利与王妹玛格丽特（Margaret）的联姻有望令这一解决方案合法化。在1572年上半年，伴随着国家繁荣昌盛的预言，公众情绪达到了狂喜的顶峰。诺查丹玛斯向"法兰西民族"宣示了他的预言，并得到了同样也发现了好运与"查理九世治下之福"迹象的贝勒福雷（Belleforest）的支持。[2]还有另外一位占星家也加入了他们的行列，他更加明确地颂扬了定于8月举行的波旁家族与瓦卢瓦家族的"政治"联姻。自1561年夏人们筹备普瓦西会谈并将其公之于众以来，公众的希望就未曾如此热切。

事实上，希望也从来没有像此时这样不可挽回地破灭。事实上，和平使双方得以加强自己的力量，胡格诺派教徒尤其加强了与荷兰人的联系，后者甚至将拉罗谢尔作为其行动基地。而所有的联姻计划皆是为了将科利尼和其他胡格诺派领袖聚集到巴黎，从而为接下来的灾难做好铺垫：首先是先后发生的针对海军上将的未遂的和得逞的刺杀行动（分别发生于8月22日和24日），然后是暴民的暴力行动，在接下来的几个星期里，它在巴黎和各个行省的城市中导致了成千上万人的丧生，并且迫使更多的人流亡他国。圣巴托罗缪屠杀不仅引发了另一场更为严酷的内战，还导致了一场前所未有的宣传风暴——它或许是近代历史中最耸人听闻、影响最为深

287

1　包括了一份英文译本《法国国王为缓和国内动乱而颁布之敕令》（*An Edict set forth by the French King for appeasing of Troubles in his kingdome*, London）。

2　见诺查丹玛斯，《预言》（Nostradamus, *Propheties ...*, Lyon, 1572）（收录于法国国家图书馆 Lb³³.304）；贝勒福雷，《论标志着吾主笃信王查理九世治下之福的关于我们时代之预兆的幸运》（Belleforest, *Discours sur l'heur des presages advenus de nostre temps, significantz la felicite du regne de nostre Roy Charles neufiesme tres-chrestien*, Paris, 1572）（收录于法国国家图书馆 Lb³³.303）；贝尔纳·阿巴蒂阿，《关于婚姻的预言》（B. Abbatia, *Prognostication touchant le mariage ...*, Paris, 1572）（收录于 R. O. 林赛与 J. 诺伊，《1547年至1648年期间法国的政治宣传册》，第717号）。

远的事件。

事业的奉献者

海军上将科利尼的殉难及其数以千计的追随者遭屠戮的故事，先是在巴黎，然后又在其他地方得到了大量传播[1]，但从未如胡格诺派理论家所讲述的那般生动形象。贝扎和奥特芒便是其中一员，他们在十多年前就已经是这一派系的创始人之一，现在他们分别成为这个派系的哲学家和历史学家。当然，这两人都沉迷于采用宣传、画报、诗歌以及传统的散文形式；从那时起，重建事件背景和进程的尝试就不得不与这种传播媒介的干扰做斗争。不管事实（行动者们的动机、罹难者的数量、损害的程度及其直接的后果）如何，从长远来看，这一突发事件的主要意义仍然是它在道德和政治上对各派系成员的影响，以及间接意义上它对当时的思想家和更为超然的政治观察家的社会和宪政思想的塑造作用。

胡格诺派回过头来得出的结论是：包括虚假的《圣日耳曼和约》在内的整起事情早有预谋。其中最为极端的宣传回应之一便用苦涩的诗句表达了这一观点：

> 吾父是一个伪装的恶魔
>
> 他还保留着牧师的习惯，
>
> 他是一头臭名昭著的怪物，
>
> 制造动乱，他是一头可怕的野兽，

1　近年来的研究成果见《圣巴托罗缪屠杀》（A. 索曼编）与《会议纪要：海军上将科利尼及其时代》（*Actes du Colloque l'Amiral de Coligny et son temps*, Paris, 1974）；H. 法齐，《圣巴托罗缪屠杀与日内瓦》（H. Fazy, *La Saint-Barthelemy et Genève*, Geneva, 1879）；雅尼娜·埃斯泰布，《屠杀的警钟》（Janine Estèbe, *Tocsin pour un massacre*, Paris, 1968）；以及唐纳德·R. 克雷，《弗朗索瓦·奥特芒：一位革命者的苦难经历》，第 9-10 章。

与那出身高贵的娼妓为伴，

也就是那意大利恶棍的后裔。

他由可怕的愤怒所哺育。[1]

胡格诺派教徒当中曾有人预料到了会发生这样的灾祸，他们回想起了过去的暴行以及两代人所面临的"根绝"威胁；他们还特别提到了 1567 年卡特琳·德·美第奇和阿尔瓦公爵在巴约讷的可疑会面。对宿怨的重温直接引发了对最基本问题的探讨，其中就包括后来的历史学家所争论的诸多问题，包括预谋问题、普遍"阴谋"的观点和战争罪行的判定。政府当局赓即开始发布敕令，指控科利尼领导下的巴黎胡格诺派教徒密谋反叛国王和其他王室成员。三年前炮制的一份判定科利尼犯下叛逆罪的文件再度被出版，而胡格诺教徒则被要求签署一份变更宗教信仰的制式文件——"我，某某人，生于某某教区，发誓放弃并诅咒无论是路德教派、加尔文教派、胡格诺派还是其他教派的一切谬误"，紧随其后的便是对天主教信仰的宣告。[2] 许多不签署这份宣告的胡格诺派教徒都被迫开启了东躲西藏或流亡方外（特别是流亡到日内瓦）的生涯。正是这种流亡的地下社群形成了近代最具颠覆性和最激进论战的社会基础。

在接下来的两年里，宣传战变得愈加激烈，它从三年前停止的辩论话题开始，但涉及的范围更广，所针对的目标也更为危险。各式各样的国际问题令事情变得复杂，包括法国政府迫使瑞士（胡格诺派教徒的潜在盟友）保持中立的企图、法国更进一步地卷入了西班牙与尼德兰之间的战争

1　见《警钟》（*Reveille-Matin*）（见下文第 302 页，注释 2）；亨利·奥赛尔，《16世纪法国历史原始材料》，第 249 页。

2　见《那些欲为教会接受的信仰误入歧途者弃绝异端以及信仰宣告之文件》（*Forme d'abjuration d'heresie, et confession de foy, que doivent par les desvoyez de la foy, pretendans estre receuz en l'Eglise*, 1 Oct., Paris, 1572）（收录于法国国家图书馆 Ld[176].32）。相关立法文件收录于法国国家图书馆 F. 46843，另外可参照 R. O. 林赛与 J. 诺伊，《1547 年至 1648年期间法国的政治宣传册》，第 729、724 号。

当中，尤其是卡特琳·德·美第奇的第三子——安茹的亨利成为波兰王位的候选人，这一事件制造出了更为传统的宣传效果。（除开这些立法声明之外）政府的官方发言人包括了驻瑞士各州大使蓬波纳·德·贝利埃夫尔（Pomponne de Bellièvre）、为消除贵族疑虑而派驻波兰的大使让·德·蒙吕克，以及这个世纪最为雄辩的律师之一居伊·迪富尔·德·皮布拉克（Guy du Faur de Pibrac）。[1] 贝利埃夫尔指控胡格诺教徒冒犯了国王的尊严，但这一指控仅口耳相传，而蒙吕克的说辞却还以宣传册的形式得以发布。总的来说，他淡化了杀戮的严重程度（认为巴黎只有40人丧命，而非1200人），并将其与几年前他在自己的辖区瓦朗斯所目睹的新教徒暴行进行了比较。他认为这绝非一个不人道或专制的政府，它反而表现得宽宏大量；相反，正是"这些新教徒"重新挑起了战争。为了强化这一论点，皮布拉克试图更为详细地记录官员们不断累积的不满，以及胡格诺派谋弑王室成员并篡夺政府控制权之"阴谋"的背景。[2]

为了支持这一观点，这个世纪的两位伟大学者一反常态地卷入了论争之中。马克—安托万·米雷（Marc-Antoine Muret）指责这些"异端叛乱者"

1　见《演讲》（*Oratio*），1573 年 4 月 10 日与 25 日（克拉科夫：1573 年；收录于法国国家图书馆 Lb³⁴.20）及其法文译本《演讲》（*Harangue*, Paris, 1573）（收录于法国国家图书馆 Lb³⁴.21）；另见蒙吕克的《书信》（*Epistola*）与《辩解书》（*Defensio*, Paris, 1574）（收录于法国国家图书馆 Lb³⁴.19）和《真实且简要的记录》（*Vera et brevis descriptio*, Cracow, 1573）（收录于法国国家图书馆 Lb³³.313）；以及弗朗索瓦·德·诺瓦耶在其《1572 年的瓦卢瓦的亨利与波兰》（François de Noailles, *Henri de Valois et Pologne en 1572*, Paris, 1867），第 2 卷，第 128 页所引用的一份波兰文译本。

2　见《致斯坦尼斯劳姆·埃尔维迪乌姆的书信》（*Ad Stanislaum Elvidium epistola*, Paris, 1573）（收录于法国国家图书馆 Lb³³.322 与 R. O. 林赛与 J. 诺伊，《1547 年至 1648 年期间法国的政治宣传册》，第 770 号）及其法文译本（收录于法国国家图书馆 Lb³³.323 与 R. O. 林赛与 J. 诺伊，《1547 年至 1648 年期间法国的政治宣传册》，第 771 号），另收录于 A. 卡博编，《居伊·迪福尔·德·皮布拉克的〈关于圣巴托罗缪屠杀的辩词〉》（A. Cabos, ed., *L'Apologie de la Saint-Barthelemy par Guy du Faur de Pibrac*, Paris, 1922）。

参与了一场阴谋，并以狂热的言辞为这些屠杀辩护。[1]"啊，这个令人难忘的夜晚，通过几个叛乱者的毁灭，国王摆脱了死亡的威胁，王国摆脱了内战的永久恐惧……啊，这个快乐且充满荣耀的日子！"（当然，这句话是当着同样也为这一宣传贡献良多的教皇的面说的，后者为纪念1572年8月24日而铸造了一块奖章。）即便是更多地以语言学家的身份为人所知的雅克·屈雅斯也从象牙塔中蹦出来支持国王的立场，并在与胡格诺派教徒的争论中表达了自己的厌恶之情。屈雅斯补充道：请注意"宣传册"的洪流，"他们似乎并不满足于自己的文字，还绘制了关于圣巴托罗缪之日的插图，其中描绘了国王举着插有海军上将头颅的长矛，而其他人（也许是他的兄弟）则眼睁睁地看着孕妇被烧死和剖腹"。[2]根据另一位评论家的说法，"没有什么绞刑架、十字架或酷刑严厉到足以抵偿叛国者、暴动者、

1　见《演讲》（*Oratio*）（罗马：1573年；收录于法国国家图书馆 Lb³³.320）与A.布卡帕杜里乌斯（A. Buccapadulius）的法文版回应（巴黎：1573年；收录于法国国家图书馆 Lb³³.319与R. O. 林赛与J. 诺伊，《1547年至1648年期间法国的政治宣传册》，第767号）。可参照《论该王国内战的发生与上帝对叛乱者之审判》（*Discours sur les occurrences des guerres intestines de ce royaume et de la justice de Dieu contre les rebelles ...*, Paris, 1572）（收录于R. O. 林赛与J. 诺伊，《1547年至1648年期间法国的政治宣传册》，第724号），第4页：

"O bien esleu de Dieu, ó Roy qui n' as iamais
Rien plus ayme, que voir tes subiets vivre en paix,
Embrassant lennemy de ta misericorde,
Ennemy, meritant la faveur d' une corde.
O huguenot ingrat, cour plein d' impiete,
Isseu de mont Caucase, et d' un tygre alaite
Pourtant de bien receus, quelle recognoissance?"

以及该书第8页：

"Iustice et Piete, font dominee la France.
Iustice et Piete, y maintiennent la loy.
Pour n' y servir qu' un Dieu, une Eglise, et un Roy."

2　见《支持蒙吕克、反对察哈里埃·弗内斯特里布告之书》（*Pro Io. Monlucio ... adversus libellum ... Zachariae Furnesteri*, 1575）（收录于法国国家图书馆 Lb³⁴.22），最初与蒙吕克的《书信》（Monluc, *Epistola*）（见上文第289页，注释85）一同出版，另见其法文译本《支持蒙吕克先生的辩词》（*Defense pour monsieur de Montluc*, Paris, 1575）（收录于法国国家图书馆 Lb³⁴.23）。

叛乱者、国家与国王之敌的罪行”。[1]

就在几年之前，胡格诺派教徒最野蛮的批评者之一也曾经是其中的一员。皮埃尔·沙尔庞捷因为受到重重质疑而放弃了日内瓦大学的法学教授教席，而到了 1572 年秋，他便将自己的辩论才能用于为天主教服务。对他而言，屠杀只是对那些反叛之法国人（François revoltez）的惩罚。他针对之前的伙伴最为脆弱的一点（也就是他们的自身利益）发起了攻击，并声称被反叛者称为殉道者的拉米斯实际上是其事业的反对者。他坚持认为：“对法国教会的迫害并非来自那些宗教信徒，而是来自那些鼓吹派系和阴谋之人，而这些东西却被冠以‘事业’之名。”他嘲笑称：“这一‘事业’只是为了发动成功的政变。”[2]

胡格诺派的发言人们正是准备在“事业”这一至关重要的问题上赌上他们的名誉，甚至是他们的命运。弗朗索瓦·波尔托（Frangois Portus）也许最早的胡格诺派拥护者，他曾经在日内瓦的避难所中为“上帝的忠实仆人与国王的顺从臣民的清白无罪”进行了辩护，批驳了那些“诽谤性的言论”。他提醒其曾经的同僚沙尔庞捷，“事业”这个词之所以冒犯他，

1　见阿蒂斯·德西雷，《胡格诺派教徒的虚伪》（Artus Desiré, *La Signerie des huguenots*, Paris, 1574）（收录于阿瑟纳尔图书馆 16.6），第 22 页；《论豪哥马利伯爵加布里埃尔的死亡与处决》（*Discours de la mort et execution de Gabriel comte de Montgomery*, Paris, 1574）（收录于 R. O. 林赛与 J. 诺伊，《1547 年至 1648 年期间法国的政治宣传册》，第 790 号），第 2 页；以及弗朗克·S. 吉西，《阿蒂斯·德西雷》（Frank S. Giese, *Artus Desire*, Chaple Hill, 1973）。可参照《奖章之形》（*Figure des medailles*, Paris, 1572）（收录于阿瑟纳尔图书馆 14.7）：“1572 年 8 月 24 日被‘笃信王’查理九世镇压和击败的法国叛乱者阴谋的奖章中所载的小册子和言论的图解和阐述。”其中一幅画描绘是手持燃烧的剑和权杖、坐在宝座上的国王；另一幅画描绘的是戴着橄榄王冠、正面披着狮子皮、手持火炬面对九头蛇的赫拉克勒斯。这一形象塑造的许可文件是由塞吉埃在 10 月 4 日签署的。

2　见《致方济各会修士克里特人波尔托的书信》[*Epistola ad Franciscum Portum Cretensem*, 1572（1573）]（收录于法国国家图书馆 LB³³.314 与 R. O. 林赛与 J. 诺伊，《1547 年至 1648 年期间法国的政治宣传册》，第 720 号）及其法文译本（收录于法国国家图书馆 Lb³³.315 与 R. O. 林赛与 J. 诺伊，《1547 年至 1648 年期间法国的政治宣传册》，第 721 号）。

是因他在为那些未曾拥有事业之人辩护。[1]相反，对他而言，最近发生的灾难把胡格诺派教徒的福音派诉求和宪政诉求合而为一，所以"宗教之人"如今变成了"事业之人"。这一派系的另一位支持者（他称这一派系为"迷失和令人遗憾的事业"）是不久前从布尔日流亡至日内瓦的伟大法学家于格·多诺（Hugues Doneau），他已经开始着手去驳米雷、（在布尔日的前同事）屈雅斯以及沙尔庞捷的观点。[2]多诺试图凭借保王党自身的言辞给其定罪，尤其是后者在屠杀爆发四天后发布的一份臭名昭著的敕令，根据这份敕令的内容："国王陛下宣布，所发生的一切皆出自其明确的敕令，而非出于宗教原因。"[3]其本意大概是要否认任何宗教迫害的指控，但许多人由此得出的推断却是国王本人为杀戮和战争的重新爆发承担了政治上的罪责。当然，这只是多诺的结论，他认为其后果"甚至比古代最残酷的暴政还要糟糕"。

　　其他源于一派的胡格诺派宣传册遵循着大致相同的路线，在某种程度上，个体归属的问题在某些情况下最终是无法解决的，或许也非举足轻重：这一事业的意识形态实际上是由一台相互协作的宣传机器所制造的整个流亡社群的声音。一个名为威廉·普里斯贝克（Wilhelm Prisback）之人曾讲

291

　　1　见《致皮埃尔·沙尔庞捷的书信》（*Ad Petri Carpentaria causidici virulentam epistolam, responsio*, 1573）（收录于法国国家图书馆 Lb³³. 316 与 R. O. 林赛与 J. 诺伊，《1547 年至 1648 年期间法国的政治宣传册》，第 773 号）及其法文译本（1574 年；收录于 Lb³³.317 与 R. O. 林赛与 J. 诺伊，《1547 年至 1648 年期间法国的政治宣传册》，第 831 号）。

　　2　见《为成千上万正义与无辜之人的鲜血所作的辩护》（*Zachariae Furnesteri defensio pro iusto et innocente tot millium animarum sanguine*, Lyon, 1573）与《支持蒙吕克，驳某些匿名辩护言论书》（*Adversus anonymi cuiusdam pro Monlucio praescriptionum Zacaraei Furnesterii defensio*, 1575）；见上文第 290 页，注释 87。

　　3　见《国王关于海军上将死因的声明》（*Declaration du roy, de la cause et occasion de la mort de l'admiral*, Paris, 1572）（收录于 R. O. 林赛与 J. 诺伊，《1547 年至 1648 年期间法国的政治宣传册》，第 729 号）；副本收录于法国国家图书馆 F. 46843（《孔代回忆录》，第 2 卷），第 Aii 页："陛下声明，所发生的一切皆是他的明确敕令，而非出于任何宗教上的原因。"

述了科利尼的生平，并从中概括出了胡格诺教徒所遭受的八次"暴行"。[1]
皮埃尔·法布雷（Pierre Fabre）也抨击了沙尔庞捷，认为后者只不过是一
个僭用了"法学家的高傲头衔"的"讼棍"。[2] 除了为圣巴托罗缪的屠杀
而悲叹之外，法布雷还继续宣扬了宗教改革的主题，他抱怨称俟望教皇
改革教会就形同期盼朝臣们改革其施政、酒鬼们改革酒馆、娼妓们改革妓
院。皮埃尔·比兰（Pierre Burin）则回应了皮布拉克，他认为根据奥特芒
早先对洛林枢机主教的描述，从保王党的声明来看，国王本人已经变成了
"猛虎"。[3]

这种充斥谩骂的新闻文本的背后是一种数量更为客观（但也同样充斥
着谩骂）的历史文本，它重构了上一代人的历史背景和事件。也许其中最
权威者便是多诺的同事奥特芒的著作，他同样也从布尔日逃亡到了日内瓦，
也为科利尼撰写了一本经过审查的传记，此外还撰写了一部名为《法国人
的狂怒》（*French Fury*）的叙事性史书。这两本书都以若干种语言的形式
广泛流传。一方面，奥特芒把科利尼描绘成了一个最终成为殉道者的高洁
领袖；另一方面，他继续其针对枢机主教这一血腥"猛虎"的谩骂攻击，
认为此人是"此前所有战争的始作俑者"，其中甚至回溯了发生于 1559
年、奥特芒本人也参与其中的昂布瓦斯事件。也许除了这一斗争中的主要
参与者，对这一关于政治美德与罪恶的孪生稗史所做出的贡献而言，没有

292

1　见《对一篇祈祷文的回应》（贝利埃夫尔著）（*Responsio ad orationem* [by
Bellièvere], La Rochelle, 1573）（收录于法国国家图书馆 Lb³³.321）。

2　见《论基督徒可以拿起武器的条件》（*Traitté du quel on peut apprendre en quel cas
il est permis a l'homme chrestien de porter les armes*, 'Neustadt', 1575）（收录于法国国家
图书馆 Lb³⁴.99 与 R. O. 林赛与 J. 诺伊，《1547 年至 1648 年期间法国的政治宣传册》，第
854 号）及其拉丁文版本（收录于法国国家图书馆 Lb³⁴.98 与 R. O. 林赛与 J. 诺伊，《1547
年至 1648 年期间法国的政治宣传册》，第 877 号）。

3　见《回应》（*Response*, Basel, 1574）（收录于法国国家图书馆 Lb³³.324 与 R. O. 林
赛与 J. 诺伊，《1547 年至 1648 年期间法国的政治宣传册》，第 783 号），第 25 页："勿
再试图说服我们，国王成了猛虎。"

人能够超过奥特芒。在圣巴托罗缪的阴谋当中，枢机主教的同伙正是卡特琳·德·美第奇，而奥特芒所撰写的海军上将的传记当中便收录了一封指证海军上将有罪的书信（无疑是伪造的）。在这封信中，美第奇宣称"想要恢复法国的王权，没有比杀死所有胡格诺派教徒更好的方法了"。[1] 奥特芒的朋友亨利·艾蒂安是另一位投身于论战的先驱学者，他在那篇尖刻的传记文章中为卡特琳·德·美第奇的黑色传奇做了最后的润色，而这篇文章也以多种语言的形式在国际上广泛流传。

　　与此同时，人们对圣巴托罗缪屠杀所造成的意识形态困境也有了更为深刻的认识。严阵以待的学者们仔细翻查历史，这么做不仅是为了寻找相互指责的理由，也是为了求索当前问题的更深根源，甚至可能是为了发现解决这些问题的方法。贝扎和奥特芒再次成为其中的主要人物。贝扎从1548 年转变信仰到加入加尔文阵营当中的生涯历程很好地说明了"意识形态原生群体"的发展动态，以及之前已经讨论过的在个人层面上的政治化进程。加尔文是"创始者"的典型代表，贝扎则是"次生代"的典型代表，他在这项事业陷入困境之际接管了它，并努力为其提供坚实的社会和政治基础。如一位社会学家所指，"舆论对次生代一直很不利"并非虚言，那么在这种情况下，原因就不难理解了。[2] 比加尔文更痛苦的是，贝扎在于日内瓦遵奉传统和于法国兴起反抗的需求之间左右为难。人们普遍认为，他在昂布瓦斯卷入了密谋，并于战争爆发前夕在普瓦西参与了有损国家统一的活动，甚至是在巴黎参与了煽动暴乱的行动。他经历了国内冲突最为黑暗的岁月，而且由于圣巴托罗缪屠杀以及随后的移民，他被激怒了，从

　　1　见唐纳德·R. 克雷，《弗朗索瓦·奥特芒：一位革命者的苦难经历》，第 207 页及后页。另见艾蒂安，《关于卡特琳·德·美第奇生平、事迹和行为的精彩论述》（Estienne, *A mervaylous discourse upon the life, deedes, and behaviours of Katherine de Medicis ...*, 'Heidelberg', 1575）。

　　2　见 W. 斯塔克，《宗教社会学》，第 4 卷，第 13 页。

而将加尔文（几乎漏洞百出）的反抗观点扩展成为一套相当宏大的革命理论。这些事件，加上后来国王亨利四世重新皈依天主教一事，都证实了贝扎的流亡心态与政治上的幻灭。

293 　　奥特芒亦在流亡过程中去世，尽管他没能活着看到亨利四世最后一次背叛这项事业。他的《法兰克高卢》基本上算是 16 世纪 60 年代的产物；但就像其旧交（以及过往频繁的合作者）贝扎所撰的《论行政长官的权利》一般，这种对自由和制度纯正性的博学辩护正好抓住了 16 世纪 70 年代的精神。从历史上看，奥特芒的目的是将罗马腐化且"专制"的法律和社会遗产（帝国的和教会的遗产，也即民事的和宗教的遗产）与本土的日耳曼—凯尔特（即"法兰克高卢"）文化传统进行对比。这种与宗教改革的类比是显而易见的。正如新教改革者试图通过一个经过净化的教会寻求从天主教的物质享乐主义中获得"解放"一样，奥特芒也试图通过一部经过净化的宪法寻求从意大利的压迫中获得解放。在政治层面上，人们可能会认为他反对历史的"内在性"原则——这一原则将证明瓦卢瓦王朝晚期的"意大利高卢"状态是合理存在的（奥特芒本人就曾用这个词来形容其最严厉的批评家帕皮雷·马松所持的另一种观点），包括其对高等法院的权力篡夺与迫害；在这一点上，奥特芒使用了一种尽管存在于理想化的古代，但却可以重现的类似"原始教会"的"超然"结构。在其中，法律和社会的"改革"再度与宗教的多样性融合在了一起。接受法国的"梭伦"（Solon）——掌玺大臣米歇尔·洛皮塔尔（此君也曾悲叹过与民法相关的腐化以及"欺诈行为"）的委托，奥特芒在几年前曾经撰写了一篇名为《反特里波尼亚努斯》（Anti-Tribonian）的文章，这篇论及罗马法的拜占庭编者的文章建议推行法学教育与实践的基础性改革。在某种意义上，《法兰克高卢》代表了这种社会和智识理念的政治基础。[1]

　　奥特芒的著作成了下一代人主要意识形态主题的核心，并且渗透到宗教战争的论争之中。帕皮雷·马松是奥特芒的宿敌博杜安的门徒，也是"猛虎"洛林枢机主教的传记作者（两人皆于 1573 年去世），他所发起的攻击建构了被奥特芒视为邪恶并与其"法兰克高卢"理念相抗衡的一种理念；除此之外，还有随之而来的争议，它再次唤醒了与博杜安兄弟阋墙的幽灵，并且在很多方面代表了在这个文化冲突（*Kulturkampf*，也就是意识形态战争）兴起之时代的派系冲突的高潮。[2] 许多胡格诺派的出版物都支持了奥特芒的阐释，其中即包括了鄙弃迥异于奥特芒观点的天主教理念的《法兰西—土耳其》（*France-Turquie*）。[3] 更为直接的支持声音出现在了尼古拉·巴诺的著作当中。他的《法国人之镜鉴》诊断出了国家的弊病，特别提到了犯罪、高利贷和腐败的增加，而这些都与法国的意大利移民——尤其是王太后庇护之下的亡逸者（*fuorusciti*）——有关。[4] 正是由于意大利对法国的此番影响，巴诺才翻转了古老的高卢原则，即"无神、无信、无法"（neither God, nor faith nor law）。在《警钟》一书中，"法兰克高卢"的理念被援

294

　　1　见奥特芒，《法兰克高卢》与《反特里波尼亚努斯》，关于后者见 A. 圣－沙尔马朗的论文《弗朗索瓦·奥特芒作品中的反特里波尼亚努斯观点》（A. Saint-Charmaran, "L' Antitribonien dans l' oeuvre de François Hotman", Paris, Ecole du droit, 1972）。另见上文第 194 页，注释 40。

　　2　进一步的论述见 P. 龙齐，《帕皮雷·马松》（P. Ronzy, *Papire Masson*, Paris, 1924）与唐纳德·R. 克雷，《弗朗索瓦·奥特芒：一位革命者的苦难经历》，第 252 页及后页。

　　3　见《法兰西—土耳其，即法兰西王室的敌人所拥有的将该王国沦为土耳其式专制国家的建议与手段》（*La France-Turquie, c'est a dire, conseils et moyens tenus par les ennemies de la couronne de France pour reduire le royaume en tel estat que la tyrannie turquique*, Orleans, 1576）（收录于 R. O. 林赛与 J. 诺伊，《1547 年至 1648 年期间法国的政治宣传册》，第 890 号）。

　　4　见《法国人之镜鉴》（*Miroir des françois*, Paris, 1581），第 31 页及全书各处；可参照皮埃尔·德·莱斯图瓦勒，《亨利三世统治时期的日志》，L. 勒费弗尔编（Pierre de l' Estoile, *Journal pour le régne de Henri III*, ed. L. Lefèvre, Paris, 1943），第 58 页及后页、第 90 页及后页等。此外还存有另外一版"代表了这个腐化世纪之风貌"的《法国人之镜鉴》（*Miroir François*）（收录于阿瑟纳尔图书馆 26.2）。

引作为解决那个时代苦难的唯一办法。[1]

　　德意志精神与意大利精神的对立影响到了这些年的大部分宣传，而且双方的外交关系也强化了这种对立。正如马松这样的法国天主教徒在意识形态上与罗马教廷保持着联系，胡格诺教徒也不可避免地为德意志的新教徒所吸引，根据一位宣传册作家的说法，德意志新教徒"就像法国新教徒的兄弟和表亲"，"被一种共同的宗教纽带联系在了一起"。[2]皮埃尔·法布雷用语源学中的双关语表达了意大利式行为与日耳曼传统的自由和"坦率"之间的标准而招人反感的对比："吾等坦率之法国人无需意大利式的掩饰。"[3]在屠杀之后，针对王室和枢机主教的诽谤性诗歌开始流传，它们的反意大利特征表现得非常明显。总而言之，意大利精神遭到了像奥特芒和艾蒂安这样的作家的讨论和斥责，其对象从西塞罗主义到鸡奸不一而足；但意大利精神还特别包含了神学、政治哲学、无神论和暴政的弥天大罪；而胡格诺派教徒正是把这方面的异邦特征作为他们的主要抨击对象。

　　正是在这种背景之下，意大利精神的一种新的象征和替罪羊问世了。美第奇家族的老仆人尼科洛·马基雅维利被与"政治"这个词的最具贬毁之意联系在了一起；很快，他的种种影响以"马基雅维利主义"见称，这个概念一直困扰着之后的欧洲历史。[4]在屠杀后的几个月里，波尔托给"叛徒和叛教者"沙尔庞捷贴上了这样的标签，而这种说法很快就开始蔚然成风。马基雅维利受到指责不仅是因其不道德的政治风格，亦是基于其《君主论》题献之对象的孙女卡特琳·德·美第奇这一层关系。屠杀本身似乎

1　见《警钟》，第191页。
2　见《推动新教徒拿起武器保护其事业之宣言》（*Declaration des causes qui ont meu ceux de la religion a reprendre les armes pour leur conservation*, Montauban, 1574）（R. O. 林赛与 J. 诺伊，《1547年至1648年期间法国的政治宣传册》，第789号）。
3　见《论基督徒可以拿起武器的条件》，第64页。
4　见克雷，《法国的致命权谋政治家》（Kelley, "Murd'rous Machiavel in France"），载于《政治科学季刊》，第85卷（1970年），第545-559页。

就是采纳此书第 13 章建议的结果。1574 年，一份致国王亨利三世（不幸的查理九世的继任者）的"谏书"认为：为了实现和平，有必要"永远禁止有史以来最大的骗子马基雅维利现身法国"。这位作者继续说道："那些把马基雅维利的理论引入法国之人没有意识到法国与其国家迥然不同。因为法国人天生拥有虔诚的宗教信仰，从不喜伪造自己的信仰或否定自己的荣誉与名誉……"[1] 两年后，这份宣传册的作者伊诺桑·让蒂耶出版了赫赫有名的《反马基雅维利》，从而开创了一种新的政治风格，同时也成就了一种非常生动的反天主教宣传形式。其他众人——他们终归都是天主教徒和新教徒——为了自己的论争目的，纷纷采用了这种仇外的且往往充斥着种族主义的象征意义。而之后在胡格诺派教徒看来，西班牙人与意大利人沆瀣一气，就如同尼德兰人为了共同的事业而加入法国人的阵营。

其他反抗声音一如既往地来自城市，尤其是拉罗谢尔这座有着强烈公民自由传统的城市。就在 1539 年，拉罗谢尔就曾在世俗领域——也就是财政方面——公然违抗国王的权威；而宗教动机在当时已经开始发挥作用。[2] 在圣巴托罗缪屠杀之前不到一个月，拉罗谢尔向科利尼寻求庇护；在他死后，有传言称这座城市将放弃对法国国王的效忠，接受英格兰女王伊丽莎白的统治（这座城市在更早时期就曾臣服于英格兰）。《圣经》当中立拿（Libna）的故事也证明了这一点，而立拿在这一时期的宣传（尤其是奥特芒与贝扎的作品）当中同样扮演了重要角色。正是后者最为直接地提出了公民自由的观点；与其同僚奥特芒的《法兰克高卢》相比，贝扎的《论行政长官的权利》在理论上更近似于著名的《马格德堡信仰宣告》（"Magdeburg Confession"）——在 1550 年的这篇信仰宣告中，德意志

1　见《致笃信王亨利三世的谏书》（*Remonstrance au Roy tres-chrestien Henry III*, Frankfurt, 1574）（收录于法国国家图书馆 Lb^{34}.92），第 92 页；让蒂耶，《反马基雅维利》。

2　见下文第 320 页，注释 38。

的新教徒已经开始公然反抗皇帝的权威。

296　　　在这些年的所有宣传中，意识形态的焦点始终保持不变：用1577年一份胡格诺派匿名"决议书"的话来说，就是"关于下层人民拿起武器的问题在此之前已被多番提起"。[1] 在1576年实现和解之后，这份宣传册的作者从哲学的角度来看待其使命；他一开始就把社会定义为"一个由法律联系在一起的人的共同体，无论是君主制、贵族制还是民主政体，它都建立在某些为公共福祉所接受和认可的法律、惯例和习俗之上"。然而，在任何形式的政府当中，法律都是至高无上的："正义是灵魂，法律是灵魂的表达，而国王只是法律的喉舌（bouche）。"此乃"国王的意志即法律"这一古老准则的真正含义，因为事实上"国王只是王权的管理者"。作者又继续说道：如此，我们就可以在王宫中与之抗辩；否则我们就只能放弃，并对他说，"任汝取之！"因此，社会的基础正是"人民之福祉为最高之法律"这一古老的原则；就如奥特芒和贝扎一般，作者从这个概念中推断出了某种人民主权的概念。他还推断称：人民之自由和纯粹的宗教信仰之间存在着联系，并且似乎认为前者是后者的必要条件。例如，在瑞士，政治自由早在慈温利和厄科兰帕迪乌斯宣扬福音之前就已经实现了。在任何情况下，暴政与新教都是不相容的，这促成了这场"革命"对是否允许使用武力反抗暴这一经典问题的回答，即"出于良知，使用武力反抗暴政是被允许的"。不仅如此，这样的反抗也是必要的，所有参与这一事业的人都是真正忠于其祖国者。

　　当然，此种论点只会加重这一指责，以至于用同一位作者颇为勉强

　　1　见《关于频繁提出的下层人民武力反抗之问题的清晰而简单的解决方案》（*Resolution claire et facile sur la question tant de fois faicte de la prise des armes par les inferieurs ...*, Rheims, 1577）（收录于法国国家图书馆 Lb³⁴.103.A），第50页、第83页及后页："我满肚疑团，为何在法国，我们不可违背地坚持这一规则，即国王只是王权的管理者"，"此即为何在所有法庭上，我们针对国王进行申辩，并且比他赢得了更多的案件：因为如果他的权力是绝对的，他只消说：'汝且取之'"。

的话来说就是："福音厥为叛乱之温床。"（*l'Evangelile soit semence de rebellion.*）沙尔庞捷继续用此类措辞谈论"事业"。他写道，"那项古老的事业已经催生出了一项崭新的事业"，（其中所指涉者便是促成第四次宗教战争的抵抗浪潮。[1]"因此，他们可以拒绝服从国王之命，并从其手中夺走他的城市，但这项崭新的'事业'实为修辞学家所谈及之事业，也就是说，它是与理性相分离之物。"当然，对胡格诺派教徒而言，这个词语不仅意味着一项政治承诺，也意味着一项神圣的使命；为了理解意识形态在宗教战争最后阶段所采取的极端形式，我们应对不断重复但如今已被政治化的殉道之条件予以回顾："造就殉道者的并非刑罚，而是事业。"[2]

在探讨了社会和政治意识的某些层面、考察了不同的制度工具和某些直接的历史后果之后，现在终于到了研究意识形态问题的一些更为广泛和更为长远之方面的时候了。最后一章将从几个角度审视 16 世纪的意识形态，以便将前几章中所展开的各种研究联系在一起。在尝试评估与天主教意识形态对抗，并且其政治组织和力量正处于顶点的胡格诺派的意识形态的普遍特征之后，我们将展开两种回顾性的分析，首先是对意识形态的社会和制度来源进行的历史性讨论，然后是对这些因素如何组合成为关于人类困境的明确观点的结构性讨论。以关于这个循环的最后一个阶段，即"意识形态的终结"的讨论作结，似乎是恰当的。

1　见《关于携带武器的神圣且虔诚的公告》及其拉丁文版本（收录于法国国家图书馆 Lb[34].96）；关于相关回应，见上文第 291 页，注释 95。
2　见让·克雷斯邦与西蒙·古拉尔，《殉道者的历史》，第 1 卷，第 23 页。

第八章 意识形态：社会思想的剖析

此乃他们所拥有的粗野意识形态。

——约翰·亚当斯

教义未必因遭扼杀而殒没。

——T. H. 赫胥黎

序言：警报声起

　　"君王若不肯为自己的臣民申冤，无异于在上帝面前犯罪。一位拒绝为其所有臣民如此行事的君主，特别是那些知道这样的阴谋将会导致死亡的君主，尤为糟糕。"[1]胡格诺派的一位发言人在圣巴托罗缪屠杀过去一年有余之后的一次对话中如此说道。恶名昭彰的《警钟》是一个自称为"尤

　　1　见《尤瑟贝·费拉德尔菲创作之法国人及其邻国人的警钟》（*The Reveille-matin des François, et de leurs voisins. Composé par Eusebe Philadelphe Cosmopolite*, 'Edinburgh' [Basel], 1574），第 1 篇对话；于 1573 年 11 月 20 日题献给伊丽莎白的《尤瑟贝·费拉德尔菲创作之关于发生在法国路德教派教徒与胡格诺派教徒身上的若干件事之对话》（*Dialogue auquel sont traitees plusieurs choses advenues aux Lutheriens et Huguenots de la France ... par Eusebe Philadelphe*, Basel, 1573）及其拉丁文版本（收录于法国国家图书馆 Lb³³.343、342）。H. 博尔迪耶在《圣巴托罗缪屠杀与近代批评》（H. Bordier, *La Saint Barthelemy et la critique modern*, Geneva, 1879）中认为第二篇对话为多诺所作；可参照亨利·奥赛尔，《16 世纪法国历史原始材料》，第 249-251 页；P. 谢、A. 迪富尔与 G. 默克利，《1550 年至 1600 年在日内瓦印刷之书籍》（P. Chaix, A. Dufour and G. Moeckli, *Les Livres imprimés a Genève de 1550 a 1600*, Geneva, 1966），第 82 页；N. 卡萨兰，《宗教战争的若干宣传册中的古代例证》（N. Cazaran, "Exemples antiques dans quelques pamphlets des guerres de religion"），载于《纪尧姆·比代协会第 9 届会议纪要》（*Association Guillaume Budé, IXe Congres*, Paris, 1975），第 570-610 页。

瑟贝·费拉德尔菲"（Eusebe Philadelphe）之人的作品，而此君很可能正是尼古拉·巴诺；这本表面上是在爱丁堡出版，但实际出版地却是巴塞尔的著作提出了迄今为止最清晰、最全面，或许也是最有效的胡格诺派政治立场声明。这部宣传杰作不仅总结了上一代的政治和社会不满，例证了1572 年之后论争的激进转变，也反映了从派系宣传到更为广泛和更充满哲学意味之阐释（有人可能会认为是意识形态与政治哲学之交会）的转变。

1573 年的《警钟》的第一部分以单篇对话（*Dialogue*）形式出现，"其中讨论了发生在法国路德教派教徒与胡格诺派教徒身上的诸多事情，以及需要了解和遵循的一些观点和建议"，此书在屠杀之后不到六个月就问世了。对话者包括了阿利希（真理）、菲拉利希（爱真理者）、历史学家、政治家、教会，以及先知但以理（Daniel）。尽管对话情节幽默，笔触轻快，但它却提供了一份相当标准的胡格诺派对导致 1572 年 8 月屠杀爆发以及尔后历史进程之事件的描述。阿利希首先开启了这一对话："我的老朋友菲拉利希来了，在我看来，他步履缓慢，悲伤而不安……与汝同来者是谁？"菲拉利希答道："汝之气色甚好……他们一位是历史学家，另一位是法国政治家。"阿利希回应称："我更乐意看到你和其中的第一个人——而非第二个人——站在一起，据我所知，前者不可避免地有资敌之嫌，但尚可为子孙所用，而后者往往有害且应受到谴责，特别是当他待在你所知甚多的宫廷内的时候。但是如果你还记得我对你的教导，我相信像如今之政治家这样的人是不会怂恿你反对我的。"

当严肃的讨论开始时，他们一致认为同样自称是阿利希朋友的历史学家应该讲述这一时代的诸多事件。后者对此表示赞同，尽管他认为这个故事中的大部分内容或许还是忘却为妙。接下来是一段从路德、布策尔、慈温利、厄科兰帕迪乌斯和梅兰希通时期开始的福音传布之史略，而后便是对随后发生之迫害的描述，正是这些迫害催生了更有组织、更有力的暴力活动。其中的关键事件便是昂布瓦斯起义，正是在这一过程中，"路德教派教徒变成了胡格诺派教徒"，迫害也变成了暴政。

政治家插话道："我记得那些时刻。"随后召集的"作为过往那些言路更为通畅的国王们的头脑、眼睛和耳朵，并预防最坏情况发生的"全国三级会议不过是为了遮掩吉斯家族的阴谋诡计而已。政治家以一则似乎让所有人会心一笑的洛林枢机主教的轶事结束了他的离题讲话。[1]教皇似乎曾经送给他一幅米开朗琪罗的圣母像，作为对此人为天主教会所做贡献的奖励。但是信使在途中染病，遂由另一个来自卢卡的人替他跑腿。这个爱好恶作剧的人用另一幅同样大小的画偷梁换柱，还更换了封印。当枢机主教当着国王的面打开教皇的礼物时，他们震惊地看到了一幅描绘有枢机主教、王太后和吉斯公爵夫人的全景图，他们都挥舞着裸露的四肢，享受着狂欢的乐趣。

阿利希赞同这很好地证明了"真理的力量"，但随后他又敦促历史学家继续讲述他的故事，后者照做了。其他人一一品评了16世纪60年代的重要主题。阿利希评论了"良知自由"，政治家评论了已被滥用的"古代律法"。在进入结局之前，历史学家推出了他早已预想好的建议，并特别回顾了一个半世纪前在康斯坦茨大公会议上提出的原则，即没有必要对异端守信［正是"异端分子无法因信得救"（*hereticus non esse servandum fidem*）这个命题令约翰·胡斯走上了殉道之路］。他还重复了关于纳瓦拉的亨利之母中毒而亡的谣言。紧随亨利与卡特琳·德·美第奇的女儿玛格丽特的婚礼庆典而登台的便是王室的大阴谋；在这里，忠于其职业的历史学家援引了一份诽谤性的（尽管殊为遗憾的是它并非真实的）文件，表明

303

1　见《警钟》，第1卷，第13页。另见C. S. 罗恩，《乌尔里希·察修斯与约翰·埃克："无需守信于敌"》（C. S. Rowan, "Ulrich Zasius and John Eck: 'Faith need not be kept with an enemy'"），载于《十六世纪期刊》，第8卷（1977年），第79-95页。

王室已被"马基雅维利的教义说服了"。这封可能是王太后在屠杀发生当日致斯特罗齐元帅（Marshal Strozzi）的信写道："我告知你就在今天，即 8 月 24 日，海军上将和所有陪同他的胡格诺派教徒都被杀死了……你将衔命统治拉罗谢尔，并对所有落入你手中的胡格诺派教徒行管制职权。如若你害怕触怒国王，即吾子与吾本人，那就务必认真遂行此一敕令。"其后的签名则是"卡特琳"。历史学家继续说道：在此之后的两个多星期里，国王仍然发誓要消灭敌人的残部。现在，包括教会和但以理在内的所有听众都悲叹这种背信弃义的行为，并一致认为没有什么恶行能与瓦卢瓦家族的"马基雅维利门徒"之所为相提并论。

但以理从这些事实和论点出发，得出了一个普遍性的定论："大屠杀这一天，也就是 8 月 24 日，应当永远被称为'背叛之日'（*la Iournee de la Trahison*），国王……应被称为'叛徒查理'，并在他的手臂上纹一个'不忠之信徒'的变形词。"对话的其余部分围绕着一份胡格诺派的判决结果展开，用了四十篇文章来思考整个法国国家的重建问题，它以一个 25 人的管理委员会为起点，延伸到了民事、军事和教会生活的所有领域。众人皆呼："阿门！"在对话结束之前，大家都对这份虚构的宪政宣言表示了赞同。[1]

八个月后，对话再度展开，此时的这番对话与另一段（可能出于他人之手的）对话放在一起出版，并有了一个新的标题《警钟》。此次的场景位于弗赖堡的一家旅店中，只有两名讨论者在场；由于某些原因，真理及其朋友都没有现身。政治家第一个出场，他唱着赞美诗，并花了一点时间方才认出对方。他高呼："天哪，你是历史学家！这是真的吗？"历史学家拥抱了政治家，说道："千真万确。"这两位同僚交换了有关他们旅行

---

1 见《警钟》，第 1 卷，第 82、138 页。

的消息，然后又回到了这个话题上，尽管现在他们的用词已经有些不同了。

304 此时，如何应对暴君已经不再是一个假设性的问题了，因为查理九世显然把他的个人利益置于公共福祉之上，这样的新闻已经传遍了全世界。根据这篇对话，我们可以确定的是：第一篇对话——也就是讲给阿利希听的那个故事已经由兜售一部"在屠杀后不久由一名德意志人"（奥特芒）所撰之作品《法国人的狂怒》的那位天主教印刷商出版了。更为重要的是，这两位朋友现在可以自由地沉湎于诸如"国王的权力、暴政与自愿奴役"等更具普遍性的思考之中。政治家第一次成为演讲的主角，他的主题是：所谓的革命只是名义上的不合时宜之物。

其中的典型问题是："臣民是否有可能反抗行政长官，而这种许可能扩展到何种程度？"典型的回答如下："国王居于上帝之下、万人之上的说法的确没错，但并非绝对正确。因为人们未曾如此愚蠢或不智，以至于在没有强有力束缚的情况下授予任何人最高统治权，概因人们担心王权可能会一路滑落，成为暴政。"[1] 罗马和其他国家皆是如此。

其中也出现了这样典型的悲叹：对诸等级及其长期存在的"自由权"的压迫。在这样的背景下，政治家引入了封建法律（le droict feudal）来支持其例证。他认为，根据封建法律，封臣失去封地的原因和领主失去封地的原因是相同的，也就是犯下了重罪，因为法律规定两者之间的义务是相互的。国王与其臣民之间亦是如此。他继续说道：在封建社会当中，即使农奴也有权反抗暴虐的领主；"臣民的状况不应比农奴更糟，因为如若农奴因其主人滥用权力而获得自由，为何臣民不应如此？"正是基于这些理由，瑞士早已摆脱了奥地利人的暴政。那些自由城市亦复如是，特别是政治家所谓的"吾等可怜的兄弟拉罗谢尔"，它们的自由权早已由弗鲁瓦萨

1　见《警钟》，第2卷，第85页。

尔——列举。但是，最基本的模型始终还是教会，尤其是在大公会议时期。政治家承认："教皇的教会暴政败坏了所有教义，干扰了曾经就如同政治组织中的三个等级（*qui eust esté comme les trois estats en la police*）的教会秩序……但如今他们却被禁止在自由的会议中聚集。"[1] 正如教会的反抗紧随教会的暴政，政治的反抗亦紧随着政治的暴政而发生。

结果便是社会在各个层面上（包括家庭、道德、政治和宗教等方面）的腐化。国王诚如父亲，但即使在罗马的法律当中，父亲亦不再有权杀死自己的孩子。这在情感和文明方面都是根本性的困境："当他们（臣民—子女）看到他（国王—父亲）挥舞着血腥之剑，周遭都是他的刽子手和他们的敌人，当他们知道正是他自己下令进行牺牲，承认了屠杀，策划了这一桩叛国罪——那么现在他们还承认此人是其父亲吗？"不，他是一个"暴君"、一个"叛徒"、一个"冒牌的父亲"。历史学家同意政治家的观点，即"瓦卢瓦家族的行为让人们等不及到他们死后再宣布其恶行"。

反抗的态度不仅延伸到了心理学和哲学的范畴，而且还扩展到了历史和传统的维度。政治家特别赞扬了奥特芒和帕基耶，两者都基于信仰差异以及对阿尔比派教徒的近代研究而抨击了天主教教义。他还提及了尼姆会议曾委托七位古文物研究者（*observateurs de l'antiquité*）考察法国和高卢的传统，以建立一种理想的社会秩序并寻求反抗的正当理由。[2] 他还补充称，在看到暴政终结和法国的"古老律法"恢复之前，多菲内的人民不会放下武器。因此，古文物研究者的努力继续激发着革命的热情，并暗示了种种乌托邦的理想。

这一意识形态的警钟只是一篇对话，而非一场辩论：真正的论争在信

305

1　见《警钟》，第 2 卷，第 93 页。

2　见《警钟》，第 2 卷，第 116 页；可参照 L. 安凯，《法国改革政治集会史》（L. Anquez, *Histoire des assemblées politiques des reformes en France*, Paris, 1889），第 3 页。

仰的圈子以外展开；而作为正统天主教评论家反应的典型例证，对在同年
（1574 年）发表并因其展露出更多的恼怒而非智谋而被称为"真正的警钟"
（*Le Vray Reveille-Matin*）的一篇批驳文章进行考察是恰当的。该文的作
者是自称为神学博士和图卢兹的布道者（以其激烈的布道风格而闻名）的
阿诺·索尔邦（Amaud Sorbin），他在这篇回应文章前还颇为不当地插入
了赞美"基督使徒"圣巴托罗缪的赞美诗。索尔邦没有采用其所抨击目标
的戏剧形式或讨喜风格，但在教条主义和频繁呈现出的尖酸恶毒的语气方
面，却是不遑多让。

索尔邦的做法即便不是消极的，也必然充满了防御性。他抗议称：吾
辈对自由之热爱并不比汝等少，暴政亦非吾辈之所欲。[1] 然而，"秩序"
却是必要的，这也是索尔邦为正统信仰和王权所作的充满激情之辩护的中
心主题。他写道，"一些出色的奥特芒主义者会告诉我，三级会议高于国
王……"，但这完全悖逆了秩序的原则。他对这接二连三的犯罪和暴行表
示遗憾，但同时也指出某些天主教徒同样成了殉道者。如果被问及为了维
持"秩序"，狡诈、诡计和"手腕"是否合法，其回答便是：针对叛国者
和"乱臣贼子"的确如此。特别是针对奥特芒，他宣称："我们将通过法
国真实的历史或被承认的法律证明，犯下亵渎君主、上帝和人类之罪的异
端分子、叛逆者和国家之敌正是那些扰乱公共和平者、践踏人民者、纵火
者……"在此，索尔邦就保卫君主制提出了他的四十条款。

在这两篇相互抵触、将人们纠集于相互冲突的事业周围的警世之作
当中，我们可以清楚看到的不仅是主要派系的身影，而且还有在接下来的

1　见 A. 索尔邦，《加尔文教派教徒与法国税吏的真正警钟》（1574 年）［A. Sorbin,
Le Vray Reveille-Matin des Calvinistes et publicans François (1574), Paris, 1576］（收录于法
国国家图书馆 8° Lb[33].385），第 6 页及后页。可参照此后两部以《天主教徒之警钟》的
作品（*Le Reveille-matin des catholiques*, Paris, 1589）（收录于法国国家图书馆 Lb[33].184、
186）。

二十年里将它们割裂开来的论争内容。尽管政治和社会已经出现了根本性的变革，而且正统群体和反对派群体的位置在十年之后也发生了彻底的翻转，但意识形态的格局仍然根深蒂固。煽动叛乱、无神论、叛国、篡权等等指控，以及最恶毒的动机交替出现在两派身上，又相继遭到否认。两派在政治和宗教问题上都陷入了绝望的混乱之中；只有极其激进和"马基雅维利式"的割席断交才能解决这一冲突，而此种做法对大多数信仰基督教的人而言几乎是不可想象的。因此，论战和谩骂持续增多，并在16世纪80年代达到了顶峰。尽管在日内瓦和法国遭到了禁止，但《警钟》却被译成了各种语言，重新出版发行，[1] 它的观点当然也被无休止地反复重申。另一方面，回应文本的数量和强度都在增加，而且在16世纪80年代和90年代，法国人仍在警惕叛乱的威胁。当然，到了那个时候，这已经不足谓之为新闻了。

意识形态的形态 307

从许多方面来说，16世纪是近代意识形态的萌芽期，（根据拉蒙的

1　见 H. 法齐，《圣巴托罗缪屠杀与日内瓦》，第 80 页。

说法）产生了 200 多种异端邪说，以及随之而来的世俗生活愿景。[1] 当然，
这一说法并非要厘定这个意识形态创新时代的原创性源头；事实上，从概
念上来说，最好是将这一隐喻颠倒过来——也就是将其视为西方政治和社
会思想的收获时刻。因为从长远来看，这个世纪值得关注的并非哲学上的
创新，而是折中主义和保守主义。思想家们不是通过分解新的规则——而
是通过对旧有规则进行调整和重组——来展现他们的精湛技艺。尽管如此，
政治上的（若非社会方面的）激进主义的影响却颇为深远。的确，有人可
能会说，与忽视或回避相比，对西方政治传统的掌握能够让更为根本的行
动和见解成为可能。正如在思想史的其他领域一般，最为有效和持久的方
向与观点的改变正是通过摆脱和转变（而非伴装遗忘）主流观念得以实现
的。以保留传统或回归更早、更好之状态为幌子推动变革，在任何情况下
都是思想家们的惯用伎俩，尤其是在这个保守的（无论是激进主义的还是
传统主义的）重估时期。

　　胡格诺派的派系路线已经酝酿多年，但直到 1572 年后才形成明确的
意识形态。在此之前，它往往囿于政治正统地位（若非宗教正统地位）的

　　1　见弗洛里蒙·德·拉蒙，《本世纪异端诞生、发展与衰亡的历史》，第 146 页。除
了 G. 韦尔，《宗教战争时期法国的王权理论》（G. Weill, *Les Théories sur le pouvoir royal
en France pendant les guerres de religion*, Paris, 1894）、V. 德·卡普拉里斯，《宗教战争期
间法国的宣传和政治思想》与 J. M. H. 萨尔蒙，《英格兰政治思想中的法国宗教战争》（J. M.
H. Salmon, *The French Religious Wars in English Political Thought*, Oxford, 1959）等权威著作
之外，与之相关的有用讨论还包括 M. 亚德尼，《宗教战争期间法国的民族意识（1559 年至
1598 年）》［M. Yardeni, *La Conscience nationale en France pendant les guerres de religion*
(1559-1598), Paris, 1971］、Ch. 梅西埃，《宗教战争期间法国加尔文教派教徒的政治理论》
［Ch. Mercier, "Les Théories politiques des Calvinistes en France au cours des guerres de
religion"（载于《法国新教历史协会会刊》第 83 卷（1934 年），第 225-260、381-415 页］、G.
德·拉加德，《宗教改革的政治思想研究》（G. de Lagarde, *Recherches sur l'esprit politique
de la Réforme*, Douai, 1926）、A. 埃尔坎，《关于圣巴托罗缪屠杀的新闻报道》（A. Elkan,
Die Publizistik der Bartholomäusnacht, Heidelberg, 1905）与 P. 梅亚利，《宗教改革的宣传家》
（P. Méaly, *Les Publicistes de la Réforme*, Paris, 1903）。菲吉斯、J. W. 艾伦、P. 梅encil尔等人
关于近代早期政治思想的权威论著也涉及了这一话题，尤见昆廷·斯金纳的《近代政治思想
的基础》。

资格和主张范畴之内；当然，它的声音也因为将篡权的吉斯家族而非君主制本身作为目标的传统而遭到压制。这也是荷兰人针对腓力二世之"乱臣"的态度。[1] 但是圣巴托罗缪屠杀改变了这一切，至少在一段时间内是如此。胡格诺派的"事业"得到了明确的，甚至是在哲学上的定义；此后所有的深思熟虑和回溯都无法削弱它所带来的最初冲击，也无法阻碍其意识形态后裔的长期影响。派系路线本身继续以人们熟悉的方式得到宣传。就如孔代亲王和他之前的科利尼一般，纳瓦拉的亨利发表了阐明其立场的宣言。当然，他与吉斯家族的宿怨始终有增无减，直至1588年亨利·德·吉斯亡故。[2] 更深层的结论则由奥特芒与贝扎等人得出，正是通过他们相对自由的考察和推测，意识形态才从宣传转变成为某种接近政治哲学的东西。

308

事实上，在不到十年的时间里，坊间出现了一系列被称为西方政治传统经典的基础性著作。除了各类著名的史学著作与《警钟》之外，还包括了奥特芒的《法兰克高卢》（1573 年）、其旧交贝扎的《论行政长官的权利》（1574 年）、无名氏的《政治论述》（1574 年）、拉博埃西的遗作《自愿的奴役》（*Voluntary Servitude*）（1574 年）、让蒂耶的《反马基雅维利》（1576 年）、让·博丹不朽的《国家六书》（*Republic*）（1576 年）以及通常被认为出自菲利普·迪普莱西·莫尔奈（Philippe du Plessis Mornay）之手的《保卫自由反抗暴君》（1579 年）。[3] 尽管这些作品触及了许多其

1　见 P. A. 戈伊茨，《1566 年至 1580 年宣传册中的尼德兰起义》，第 23 页。

2　见《亨利·德·波旁之宣言》（*Declaration de Henry de Bourbon ...*, La Rochelle, 1574）（收录于法国国家图书馆 Lb[34].85）。

3　相关讨论见 R. 吉西，《反君权运动三巨头：奥特芒、贝扎与莫尔奈》（R. Giesey, "The Monarchomach triumvirs: Hotman, Beza and Mornay"），载于《人文主义与文艺复兴文丛》第 32 卷（1970 年），第 41-56 页、萨尔蒙（Salmon）为《法兰克高卢》所作之导言、J. 富兰克林，《16 世纪的宪政主义与反抗》与 J. 德纳特，《贝扎、布鲁图斯、奥特芒：加尔文教派的反君权主义者》（J. Denert, *Beza, Brutus, Hotman: Calvinistische Monarchomachen*, Cologne, 1968）；另见《让·博丹：慕尼黑博丹国际研讨会纪要》，H. 登策尔编（*Jean Bodin, Verhandlungen der internationalen Bodin Tagung in Münunchen*, ed. H. Denzer, Munich, 1973）；此外尤见萨尔蒙的文章。

他问题，并让我们摆脱了16世纪意识形态的困境，但它们亦是同一困境的产物，属于同一话语世界，在某种程度上值得在同一背景下进行阅读。

其中最具影响力的便是奥特芒、贝扎、博丹和莫尔奈的作品，这些作者都参与了同一时期的辩论，不过在诸多重要方面仍存有分歧。奥特芒的《法兰克高卢》大抵算是宗教战争前十年的产物，它代表了一位学者对国家困境根源的探索——从本质上讲，它是针对历史和古制的研究，但在风格和论述上却仍然充溢着法律色彩。无论是在情感上还是在概念上，它都类似于新教徒对一种纯净而无污染的宗教的追求。尽管书中一些更为激进的主题后来被奥特芒证明在特性上属于历史和描述的范畴，而非法律和规范的范畴，但大多数读者（包括像巴诺这样的友人，以及如贝勒福雷这般的敌人）都持有异议；奥特芒本人私下也赞同对暴政施以反击。贝扎的《论行政长官的权利》不仅支持了奥特芒的著作，而且在内容上往往与之重叠，特别是在法律和制度历史方面。该著作效仿了加尔文的反抗立场以及《马格德堡信仰宣告》，因而具备了更多的宗教倾向，也更多地依赖于"事业"的殉教史概念；事实上，就如同奥特芒的著作一般，其激进主义阻碍了它在日内瓦的刊行。似乎既适用于荷兰也适用于法国的《保卫自由反抗暴君》代表了一种更进一步的激进主义，这不仅是因为它更抽象，更符合《圣经》教义（法理学色彩更淡），还因为它支持了基于一种国际基础的反抗。结合了《圣经》和法律论点的《政治论述》甚至更为坚持人民主权和弑君的概念。至于博丹的《国家六书》，虽然它旨在规划一个系统的社会愿景，但也可以被解读为针对诸如贝扎和奥特芒等人的"反君权主义"（monarchomach）概念的反击。

在16世纪70年代的法国，最高统治权或王权的概念成为人们关注的焦点，博丹对这一概念的经典构想与这一时期问世并非偶然。最高统治权在思想和行动的诸多层面上正在接受挑战。奥特芒曾通过私下反诘表达了自己的怀疑："（查理九世）这等怪物怎能拥有王权？人们怎么能够接受一个在 8 天内屠杀 3 万人之辈为人主？"[1]而在公开场合，他似乎也表达了一种类似的观点，尽管其中充斥着学术和概念上的夸张，但它的煽动性几乎未有减损。在许多人看来，奥特芒为"混合政府"所作之辩护是对"王权"的公然侵犯；无论是友是敌，罕有人相信他的声明，即其所撰是历史而非政治理论。无论如何，奥特芒的观点被评论家、诸如普里什巴赫（Prisbach）等友好的解读者以及《警钟》的作者引入了公共领域，《警钟》的最后几页便反映了"法兰克高卢主义"某种意义上的广泛传播。而博丹对最高统治权（他对其读者所使用的是拉丁文单词 majestas）的著名定义是"不可分割的和永恒的"，这可以被视为对这一论点的明确反驳。在这一对立中，我们可以看到划分派系的议题在最高理论层级上被炮制出来。

与当时其他不太知名的胡格诺派教徒一样，诸如贝扎和奥特芒这样的"反君权主义者"或多或少都有意识地倾向于人民主权的原则。在其公开的学术观点之下，奥特芒似乎也在倡导选举国王以及人民拥有声讨与废黜国王之权利的观念，在第二版《法兰克高卢》（1576 年）当中，他曾多次用大写字母插入了一句著名的罗马俗语："人民之福祉为最高之法律"（SALUS POPULI SUPREMA LEX ESTO）。这实际上是一句犯上的密语。[2]贝扎大体上赞同了这一观点，同时还在援引法律和历史资料之前更为广泛地应用了《圣经》的例证。他还提出了在法国和德意志地区留存的古老的大公会议至上主义观点，即大公会议的地位高于教皇，而通过类比，他认

310

1　见《致瓜尔特尔的信》（Letter to Gualter, 10 Jan. 1573）（援引自唐纳德·R. 克雷，《弗朗索瓦·奥特芒：一位革命者的苦难经历》，第 227 页）；总体概况见 R. 穆尼耶，《刺杀亨利四世》，J. 斯潘塞译（R. Mousnier, The Assassination of Henry IV, trans. J. Spencer, London, 1973）与 B. 洪德斯哈根，《加尔文主义和公民自由》（B. Hundeshagen, Calvinismus und staatsbürgerliche Freiheit, Zurich, 1946）。

2　见《法兰克高卢》，第 12 章（1576 年）；《政治论述》（Discours politique），见《孔代回忆录》第 3 卷，第 213 页。

为世俗的三级会议的地位同样高于国王。[1]《保卫自由反抗暴君》的观点亦复如是，但该作者在这个问题上的态度更显武断。他不仅认为"国王乃由人民创制"，而且"人民高于国王"，"国王之法律源自人民"。不管是根据时间还是根据因袭习惯取得的权利都不得违背如此设想的人民主权。这些观点建立在了一种比贝扎和奥特芒所构想的更为正统，并且更符合《圣经》要旨的社会观点之上。[2]

契约主义当然是律师们普遍的思维方式和辩论方式；它在若干方面都影响到了宣传——不仅是以封建契约的形式，而且还以要求在任何社会关系中都要保持诚信的私法的形式，当然其中最为重要的还数著名的罗马王权法（*lex regia*）。皮埃尔·法布雷在1575年针对沙尔庞捷的批判中便引入了这一原则，而罗马人民正是通过这一原则将他们的"最高权威"授予了国王。他写道："当一个民族最初创制国王的时候，他们想要选出一位父亲，他将是一个负责管理信仰和他们托付的其他事务的明智的统治者，因此他们也颁布了一些善法以限制其权力；如果国王违背了他们的意志，他就不再是一位真正的国王，而是一个篡位者和暴君。"[3]奥特芒在1576年的第二版《法兰克高卢》中引入了这一概念，并用这个词（*leges regiae*）来指代所有限制国王的"基本法"。贝扎和《保卫自由反抗暴君》的作者也讨论了认为王权原本属于人民的罗马观念。巴诺的《法国人之镜鉴》当中的一位发言者就问道："是国王创造了人民吗？"政治家回答说："绝非如此，是人民创造了国王。"[4]

311   更为复杂的是在法律和制度上限制王权的问题，在此，我们回归到律

1　见《论行政长官的权利》，R. 金顿编，第24页及后页；《论法官》，K. 施图尔姆编（*De Iure magistratuum*, ed. K. Sturm, Neukirchen, 1965）。

2　见《保卫自由反抗暴君》（*Vindiciae contra tyrannos*, 1580）。

3　见《回应》（*Response*, 1575）（收录于法国国家图书馆 Lb^{34}.99），第103页。

4　见《法国人之镜鉴》，第261页。

师的论争与诡辩世界当中，在这个世界里，几乎所有能够想到的立场都有先例和论据可循。奥特芒等人又把赛塞三种"缰绳"的古老观念复活了，而其中的每种缰绳都在反对派的宣传中发挥了一定的作用。[1]首先，宗教被认为是对国王意志的一种限制，其意义不仅在于国王应该遵守它的戒律，还在于一种不祥的暗示，即臣民对上帝的责任要先于对国王的责任。其次，正义意味着国王受到某些基本法的约束，比如萨利克法、领土不可让与的原则，以及在某种程度上基于议会"同意"（这至少默认了他的"绝对权力"）的统治需要。（另一方面，巴黎高等法院在胡格诺派教徒看来已经名誉扫地，奥特芒曾经特别将其抨击为"讼棍王国"。）[2]最后，王国的"治安"要求其他团体和机构的特定法律、协议、习俗和特权需要得到尊重。胡格诺派的宣传家就相当重视这种包含了大量自由传统与团体特权，并在此一过程中催生了各种颂扬三级会议、法律体系、贵族、市镇，以及法国社会其他产物之悠久历史与民族优越性的制度神话（即所谓的"古制研究"）的中世纪观念。

16世纪70年代的宣传中最为强调的两大主题是所谓的"次级行政长官"与三级会议，两者都是胡格诺派系计划的一部分。前者涉及了最高阶层的封建贵族，尽管它同样也可以在民法以及封建法律方面寻找到理由。这一通过加尔文的《基督教要义》为人所周知的概念又被贝扎和《保卫自由反抗暴君》的作者所采用，不过支持这一概念的具体论据同样也可以在奥特芒的书中找到。[3]全国三级会议在所有这三部作品，以及这一时代的其他众多作品当中都得到了广泛的颂扬。对奥特芒而言，这意味着从墨洛温王朝（若非塔西佗所认为的史前时代）延续下来"大议会"（*Magnum*

1　见《法兰克高卢》，第25章（1586年）；可参照该书第17章。
2　见上文第182-185页。
3　见加尔文，《基督教要义》，第4卷，第20章，第31-32页。

Concilium）的全部光荣传统及其所暗示的"混合政府"的结构。贝扎采纳了同样的观点，并援引了许多相同的先例，他似乎还赋予了三级会议更多的最高统治权。而即便是对制度设计不甚感兴趣的《保卫自由反抗暴君》亦是如此。

312   然而，最终的问题却关乎反抗的合法性，或者更确切地说，抵抗在何种条件下才是合法的。贝扎和《保卫自由反抗暴君》的作者以最彻底的方式提出了这个问题——用贝扎的话来说，此问题即"是否可以合法地用武力阻止暴政"；或者如后者所言："反抗一位正在压迫或毁灭国家的君主是否合法，以及这种反抗行为可以延展到何种程度？何人行反抗之事，如何反抗，基于什么权利反抗？"[1]

对于贝扎、《保卫自由反抗暴君》和《政治论述》的作者而言，答案是一种有保留的肯定。后者表现出了一种颂扬社群"消灭暴君"之权利的激进态度，并补充称"反抗暴君是最可靠的补救办法"。[2]贝扎不认可除了以暴制暴之外的私人兴起的武力抵抗，但他承认"次级行政长官"（比如科利尼和奥兰治的威廉）的权威。贝扎根据"国王的两个身体"的传统概念争辩称：无论如何，臣民效忠的是最高行政长官的职位，而非其个人。然而，反抗的主要权利来源却是三级会议，该机构的主要职能便是匡正暴政。奥特芒将博丹与正统辩护者通常为国王保留的所有"最高统治权标志"都赋予了它，而后，《保卫自由反抗暴君》的作者在这一点上更显坚定。他毫不怀疑"驱逐暴君或其他不称职的国王，或推举一个贤明的国王登基"确实是三级会议的分内之事。当然，重点始终落在了"国王"这个词上，因为抛开暴政的所有问题不谈，这三位作者当中没有一人能够接受女性统治者的概念。

---

1 见《论行政长官的权利》，R. 金顿编，第 10 问；《保卫自由反抗暴君》，第 iii 页。
2 见《孔代回忆录》，第 3 卷，第 213、177 页。

与这一基本问题相关的问题是应当对宗教迫害做出何种反应。[1]奥特芒著作的特征即在于他回避了宗教问题，然而在对屠杀之义愤最为炽烈之际所作的序言当中，他认为真正信仰之腐化是社会与"法兰克高卢"宪制朽腐的主要原因。另一方面，贝扎毫不犹豫地谴责了"国王们通过誓言将自己与罗马的敌基督捆绑在一起的不公正和罪恶之恭顺"。总而言之，他对这个问题的回答如下：如果"真正的信仰"得到了法律的保障（比如法国的和解救令），那么人们就可以问心无愧地兴起针对宗教迫害的反抗。《保卫自由反抗暴君》的作者以反问的形式回应道："简单说来，如果一方面是上帝呼召我们侍奉他，另一方面是国王呼召我们侍奉他，是否有人会毫无理性到对我们必须抛弃国王并专心侍奉上帝一事缄口不言？"

313

毫无疑问，这种态度在胡格诺派成员（特别是那些流亡者或武装人员）当中是普遍存在的，尽管具体的观点形式可能有所不同。事实上，这一时期反抗思想的惊人之处在于用来证明其合法性的各种理由。在一定程度上，这是由当时的折中主义和众多理论家的态度造成的，即在一项伟业当中，任何争论都是有价值的。但它也反映出了各种各样的信仰、情感、思想和理论。合法化的手段可能囊括了从最传统的权威到最不受约束的合理化方式：《圣经》与书面文本、历史的例证与法律的规则、私法与封建法律的类比、源自道德和自然法的观点、对常识和纯粹理性的呼求。胡格诺教派的世俗意识形态与路德的"唯独《圣经》"原则相去甚远，它更接近于特伦托大公会议的观点，即可以在传统、习俗以及《圣经》方面展开论证。在这一意义上，胡格诺派的宣传似乎是"全面的"，并且触及了经验的每一个层面。

然而，就政治思想而言，从经验主义和权威主义的说服模式到更理

1　见《法兰克高卢》，前言；《论行政长官的权利》，R. 金顿编，第 1 问；《保卫自由反抗暴君》，第 iv 页。

性的证明方法当中都可以发现某种趋势。所有这四位作家的共同点是都倾向于以比较之方式从不同社会的经验与制度当中［即从对应不同国家古老法律——万民法（*jus gentium*）的领域内］提取例证，然后通过归纳的过程推断出看似普遍而且可能符合"自然法"的各类模式。本着这一精神，他们援引了英格兰国王和阿拉贡贵族的誓言［著名的"不欲勿行"（si no, no）之套语］，援引了基本法以及各类代表会议的例证。[1] 由此，在一种近代的、经验主义的、比较式的意义上以及一种中世纪的、先验的（*a priori*）意义上，一种源自"自然法"的观点浮出水面。这一观点尤其反映在了《保卫自由反抗暴君》一书当中，它提出了一种近乎纯粹的社会契约理论，而绝对主义的道德基调更是大行其道，乃至于面对猖獗的民族主义，甚至连给予这项"事业"以国外奥援的概念都得到了合理的辩护。

314　　　众所周知，所谓"反君权主义者"之观点的采纳者和应用者名单中不仅有因为纳瓦拉的亨利成为国王候选人而转变为反对派的下一代天主教徒，而且还包括了17世纪英格兰和18世纪美洲的革命者。[2] 在某种程度上，这些观点的改造代表了智识史的连续统一体中观点的某种特定传递；但也必须承认，当反抗的观点变得更加抽象、更加合理化，并且更加基于哲学和自然法，而非法律先例或历史传统的时候，它也具备了普适性，可以适用于诸多的困境。正如约翰·亚当斯以及17世纪和18世纪的众多大人物所认为的，暴政、自然权利、社会契约和革命的权利等等概念在（美洲以及英格兰和欧洲的）其他背景之下得到了详尽的阐释，并且至少代表了16世纪战争遗留下来的一份间接遗产。但这些概念却代表了其他渊源有自的意识形态循环，从而超越了当前的探究范围。

1　见《法兰克高卢》，第7章；《论行政长官的权利》，R. 金顿编，第7问；可参照 R. 吉西，《不欲弗行》（R. Giesey, *If Not, Not*, Princeton, 1968）。

2　尤见 J. M. H. 萨尔蒙，《英格兰政治思想中的法国宗教战争》。

意识形态的要素

如何分析 16 世纪 70 年代国际新教社群的意识形态高潮？在近代早期的历史上，如何评价这种至少在公共方面以及全球范围内可能代表了一种"整体"意识形态最强烈和连贯表达的现象性创造？其中所涉及的有形宣传当然从各式各样的社会不满，以及长期的政治分裂中汲取了力量，但同样肯定的是，宗教热忱构成了其生机勃勃的力量。这一观点不仅被各个派系所接受（尽管有人曾在更早的时候对领袖宗教动机的真实性表示了怀疑），也被公正无私的观察者和专业的社会批评家所接受，比如威尼斯驻法国的大使马可·安东尼奥·巴尔巴罗（Marc' Antonio Barbaro）。在 1564 年的一份报告中，巴尔巴罗写道：这个时代的动荡简直前所未有，"而这种巨大的变化正是由宗教引起的"。[1]他接着列举了社会遭到颠覆的五种方式：贵族日益倾向于异端思想、论争的盛行、神职人员获得法律职位、在胡格诺派城市惩罚"犯罪"的失败，以及大人物（可能是具备政治影响力的人物，如孔代亲王和科利尼）对异端的支持。这些至少算是 16 世纪意识形态得以产生的最显著条件。

315

在巴尔巴罗见证异端和反社会行为之处，通过更为仔细的考察，我们可以发现一种不仅意味着政治纷扰的更普遍的反对模式。在法国、瑞士、德意志和荷兰的加尔文教派教徒或其支持者当中，由于智识信仰与社会需要的合流，一种统一和激进的世界观得以形成——即便只是暂时的；其结果是对人性的普遍认识超越了特定的信仰形式。虽然这种观点未曾通过任何系统性的形式表达出来，但在此处所用到的一系列宣传之中，部分的观

1　见马可·安东尼奥·巴尔巴罗 1564 年的报告，收录于 E. 艾伯特编，《威尼斯大使向元老院提交的报告》，第 1 系列，第 4 卷（E. Albert, ed., *Relazioni degli Ambasciatori veneti al senato*, ser. 1, vol. IV, Florence, 1958），第 159-163 页。

点却是显而易见的；而在此处提出一种有待证实的重构过程可能是行之有效的。接下来，我将把在此前章节中已经通过更为历史的方法予以探讨的新教意识形态造物的一些主要元素整合在一起。

其中最为基本的是心理因素，它是不满以及社会与世代动荡的根源。在社会层面上，似乎没有任何令人满意的方法可以用来分离和追踪自我意识力量的影响，当然，呼吁全面的"个人主义"仍显不足。但不可否认，一些具有反社会意涵的模式是特定意志之行为的产物，特别是英雄模式的出现，也即"权威性"宗教改革者——他们业已取代了社会规范。更广泛的影响还可以在各种非常规行为中看到，其中包括逃脱父母的控制与修道院制度、寻求殉道和更积极、更激进的反抗。从现有证据来看，推测其心理历史学方面的原因可能尚有些武断，但结果却不容置疑。基于良知的非传统标准和超越性价值观来为这些行为辩护的普遍倾向同样也是如此，在实践中，它往往指向了一种非法的，或外来的社群的价值观。当然，在一代人当中，这种行为和这些价值观本身往往都趋于社会化和惯例化了，正如接替权威性宗教改革者的是被称为"次生代"的不那么富有感召力的接班人，比如慈温利之后是布林格，加尔文之后是贝扎。但这正是我们通过各种途径将理念转化为意识形态的过程。

居于次位且更容易被观察到的是福音派的要素。在某种程度上，它是意识形态当中最为活跃的成分，就像宣传以及作为合法化非正统行为的主要手段《圣经》一样。路德、普珀尔·凡·戈赫、法雷尔和其他许多人所倡导的"基督徒自由"的主题一开始并不带有政治色彩，但它显然是反专制的，而且很容易为各项政治事业所用，正如路德在与"反抗的"德意志诸侯接触时所发现的。最重要的是，根据埃里克·弗罗姆（Erich Fromm）关于后中世纪社会"消极自由"的著名构想，福音派的自由观念有望从物质享乐主义和偶像崇拜的暴政中被解放出来，从神学的可耻"人类"观念中被解放出来，当然也会从外国统治中被解放出来。[1]这意味着判断和行动的标准并非源自人类的权威、传统或制度，而是来自一个超然的"真言"，而它又出自未经任何教会"阐释"的经文。被投射入世俗领域的自由和经过净化之信仰的概念也提供了一种批判——也许是抵制——人类权威的手段。这一类比与"国王的两个身体"的隐喻是一致的：就如同弥撒仪式被清除掉了偶像崇拜式的"真实临在"一般，世俗权力也从人之中介中分离了出来；这一论点便是：忠诚就如信仰一般，只因其归于超然的层面。[2]易言之，对于君主而言，崇敬是基于他的"王权"，而非"他的王权"。这一"改革"宗教在多个方面提供了一种世俗意识形态的典范与情感来源。从历史的角度来看，奥特芒的《法兰克高卢》是原始教会的世俗投影；而从政治的角度来看，《保卫自由反抗暴君》是《圣经》圣约的世俗投射；两者都代表了类似于基督徒自由的概念。

第三，还可能存在着一种团体要素，包括了各种群体或机构特权——它在某种意义上涉及了一种独立于对教会或国家之忠诚的忠诚。行会、各种行业、官员和其他机构都有自己特别定义并尽力保护的"自由权"，即使是政府也无法在不受惩罚的情况下侵犯这些自由权。[3]值得注意的是，法国天主教会、巴黎大学、律师公会和高等法院、印刷商行会，甚至是家庭都有着历史悠久的特权，对于这些特权，国王会定期予以确认，有时还会增删其中的内容。我们无法像历史学家那样将全体特权的这种积累 317 与近代自由主义的立场太过紧密地联系起来，也无法像他们那样将16世

1　见埃里克·弗罗姆，《逃离自由》（Erich Fromm, *Escape from Freedom*, New York, 1941）。

2　见 E. H. 坎托罗维奇，《国王的两个身体》（E. H. Kantorowicz, *The King's Two Bodies*, Princeton, 1957）。

3　F. 奥利维耶·马丁的《旧制度时期法国团体的阻止》（F. Olivier Martin, *L'Organisation corporative de la France d'ancien régime*, Paris, 1938）对此进行了颇为有用的探讨，但至今尚无关于这一主题的智识史成果。

纪印刷商与匠师的反抗与近代的"新闻自由"或"教学自由"（*Lern-* and *Lehrenfreiheit*）的原则联系起来，更无法像他们那样将 16 世纪高等法院成员所享有的"言论自由"与那些较为晚近的概念联系起来。较为早期的"自由权"概念当中当然存在着不平等和专制模式，这与 19 世纪和 20 世纪的不平等和专制模式是不同的。然而，承认差异并不意味着否认历史上的联系。较为早期的社会和职业群体确实是抵制统一主义的和压迫性的政治力量的根源；至少在意识形态方面，习惯、传统以及反对团体"自由"的构想催生出了非正统的立场与抵抗，从而最终导致了革命的爆发。

位居第四位的是封建要素，它一直都是，并将继续成为王权发展和国家统一的永久性障碍。[1]从某种意义上来说，这方面的重要先例是 1529 年"反抗的"德意志诸侯组建的反叛派系，在次年的《奥格斯堡信仰宣告》为其提供了意识形态基础之后，它便花费了四分之一个世纪的时间为"德意志人的自由权"而战，对抗顽固的皇帝。根据德·图的记载："他宣布他们为叛国者、叛乱者、煽动者、褻渎君主的罪犯，以及扰乱公共安宁者。"[2]虽然国王支持发生在境外的此种行为，但他却对国内的类似事件公开表示了震惊。特别是当陆军统帅夏尔·德·波旁（Charles de Bourbon）的"叛国罪行"仍然令老一代人记忆犹新之时，其子嗣们——最终则是其孙子纳瓦拉的亨利——已经为了他们的"事业"而举兵起事，而不仅是德·图一人认为这一"事业"当中所包含的"不满情绪尤甚于胡格诺派之情结"。封建契约的概念，以及与之相伴随的双方权利与义务在昂布瓦斯的"阴谋家"所采取的立场中仍是不明确的，但在孔代亲王的"联合条约"中却已

1　见 F. 克恩，《中世纪的王权与法律》，S. 克赖姆斯译（F. Kern, *Kingship and Law in the Middle Ages*, trans. S. Chrimes, Oxford, 1948）与 P. L. 卡尔道恩斯，《反抗权利的原则》（P. L. Cardauns, *Die Lehre vom Widerstandsrecht ...*, Bonn, 1903）。

2　见 J. A. 德·图，《寰宇史》，第 1 卷，第 154 页，论"德意志人的自由"以及查理五世关于反抗诸侯的声明："他宣告他们为叛徒、反叛者、煽动者、叛逆罪犯和公众安宁的搅扰者。"

变得明白无误。这在多位贵族等级发言人的各种控诉中表现得尤为明显，他们被迫为自己的"荣誉"（也就是其土地财产）以及宗教和政治原则而战。源自封建"自由"以及与之类似的争论已经渗透到了宗教战争的宣传之中，而在屠杀发生之后，它在诸如《警钟》和《法兰克高卢》等更具系统性的声明论著中占据了突出位置。甚至连人民主权的观念在某种意义上也依赖于这种新封建理念，因为这种假设倾向于认为"人民"可以直接通过"次级行政长官"（也就是这些"大家族"中的族长）的中介角色行事。

318

强调宗教战争的政治与社会意识中的古典因素可能是一种夸大，从历史上来看也并不成熟。的确存在着一些共和主义者夸大其词的例证，布鲁图斯的先例偶尔也会被援引，但即使是在有关弑君和刺杀的问题上，这种遥远的古代影响也是次要的。在大多数方面，16世纪的意识形态并没有尝试从封建社会的框架和设想中解脱出来。这一点甚至在那些针对"主权"主张的最强有力的反抗阐述中也彰明较著，比如德意志的黑森的腓力一世、法国的孔代亲王和科利尼，尤其是尼德兰的奥兰治的威廉。就如黑森的腓力一世的辩护词一般，1582年奥兰治的"辩护书"在很大程度上是基于他（作为布拉班特公爵）反对其宗主西班牙的腓力二世之处理方式的封建理由。[1] 反抗观点的新封建基础也显见于法国和尼德兰不断要求召开三级会议的呼声之中，1581年，尼德兰的三级会议最终"放弃"了腓力二世的最高统治权，理由是不同于腓力二世与其在新世界的殖民地之间的关系，它们之间的关系在本质上确实为契约关系。当然，罗马法为所有这些困境提供了诸多观点和先例，从而在某种程度上代表了与古典时代的联系，但总而言之，其所涉及的法律仍然是被现代化的，也可以说是被融合吸收的。

1　见《蒙上帝恩典之奥兰治亲王反对西班牙国王的禁令与敕令，为声名卓著的纪尧姆亲王所作的辩护》，A. 拉克鲁瓦编（*Apologie ou defense du tresillustre prince Guillaume, par la grace de Dieu prince d'Orange ... contre le ban et edict publie par le roi d'Espaigne ...*, ed. A. Lacroix, Brussels, 1858）。

因此，封建主义［如果我们能将欧洲习俗的合理化结构称为"封建权利"（*jus feudisticum*）的话］继续提供了首要的意识形态背景。

与封建观念有关且更令保王派正统人士感到不安的是 16 世纪意识形态当中的公民要素。古典时代在此有更多要素为其所用，而从智识的角度来看，16 世纪"宗教改革"城市的独立，或至少是它们主张的独立，代表了与 15 世纪意大利城邦的"公民人文主义"相关联的态度的延续。然而，中世纪模式似乎再次占据了主导地位。城市的自由虽然可能受到了古典共和主义的滋养，但也有自己的本土根源和独特特征。"城市的空气让你自由"（*Stadtluft macht frei*）这句古老谚语在与德意志人以及基督教徒之"自由"概念结合后，获得了新生；当然，像斯特拉斯堡和马格德堡这样的自由城市实际上也采纳了这一立场，站在了反抗皇帝查理五世的第一线。[1]类似的例子还可以在荷兰城市反抗皇子腓力二世的声明中找到。宗教和公民自由权的融合在布拉班特市的例证中就表现得很明显，它正是基于某些禁止这位公爵（也即腓力二世）通过正当法律程序之外的手段"追捕"其臣民、在未召集三级会议的情况下征税，以及任命外国人担任公职等行为的"古老自由权"而对"那些新教徒"表示了支持。根据这份宣言，这一安排形同封建契约："如果公爵侵犯或减损了这些自由权，公民可以从他们的誓言中解脱出来，自由地去做被视为最有利于他们的事情。"[2]这些由叛乱城市发布的宣言直接推动了更为正式的反抗理论的发展，其中最为著名的便是贝扎的《论行政长官的权利》（此书据说是一份针对 1550 年著名的《马格德堡信仰宣告》的评论）和援引了荷兰之先例的《保卫自由反抗暴君》。

319

1　类似于汉斯·巴龙与威廉·鲍斯曼在意大利文艺复兴的背景之下所讨论的"公民人文主义"，宗教改革城市的城市意识形态才刚刚开始得到类似的普遍意义上的比较研究（最为著名的就是莫勒与奥兹门特的研究成果）；见上文第 36 页，注释 35。

2　见泰奥菲勒，《尼德兰的动乱与内战史》［（Theophile），*Histoire des troubles et guerres civiles du pays pas*, 1582］，第 12-13 页。

最值得注意的是尤其被荷兰宣传者奉为圭臬的瑞士诸城市所提供的先例。在相互关联的"宗教改革"过程以及从萨瓦手中争取独立的斗争中得到加强的日内瓦的自由主义传统，在与这一统治政权历经两代人的冲突中得到了巩固。在任何地方，宗教上的信仰与政治上的独立（也就是意识形态的精神和物质组成部分）的结合都未曾如在日内瓦人的效忠誓言中那般得到如此清楚的证明：过去对于公民的要求得以保留（在这座城市中拥有财产、离开这座城市或进口外国商品需要获得许可、在必要时服兵役等等），但从 16 世纪 40 年代开始，公民"按照福音宗教改革生活"的先决条件也被加入其中。[1] 当然，它是以公民自由和基督徒自由——而不仅仅是日内瓦人的自由——的名义推行的。在法国第一次宗教战争之后，贝扎就曾写道："我们确信如果这座城市沦陷了，它将影响到邻国，即使对于那些对其一无所知的人来说也是一场灾难。那将是自由的终结。"就像更早的"威尼斯神话"一样，被当时的人们称为"莱芒湖传奇"的"日内瓦神话"得到了朋友和敌人的共同宣传。对于极端天主教派系而言，日内瓦似乎是异端和颠覆性力量的可怕"巢穴"，对于幻灭的安托万·弗罗芒（Antoine Fromment）而言，（他在一篇将自己送上流亡之途的布道中声称）日内瓦是第二个索多玛，对于新教徒而言，日内瓦是他们的"新耶路撒冷"和"新

320

1　见唐纳德·R. 克雷，《弗朗索瓦·奥特芒：一位革命者的苦难经历》，第 346 页。

邦国"；但总的来说，它是宗教改革意识形态的主导性象征。[1]

对法国而言，公民反抗的经典案例是拉罗谢尔，这座城市的自由地位至少可以追溯到 12 世纪，事实上它自称前身是恺撒所构筑的防御工事。[2] 在 1200 年之前，这座城市还拥有组建"元老院"的特权，并且（就如巴黎高等法院一般）遵循着罗马元老院设置 100 个席位的先例。在 16 世纪，拉罗谢尔的公民自由权开始具备了威胁性，因为据称这里的人们在 1534 年便开始武装自己反抗国王的"王权"。拉罗谢尔抵制盐税的"叛乱"在 1542 年得到了表面上的解决，但宗教问题此时已经开始显现。弗朗索瓦一世曾在两年后写道："已经有人警告过我，在拉罗谢尔及其周边地区，有一些业已被该死的路德教派谬误污染之人聚集成群，他们妄图在这个国家之中制造无止境的流言，在人民的心中播撒下他们那错误且可恶的教义，此事令我大为不悦。"[3] 但国王的不满并没有阻止异端的发展，尤其是当它在贵族群体中获得支持的时候。据称在 1558 年，一群喜剧演员在来访

1　见弗洛里蒙·德·拉蒙，《本世纪异端诞生、发展与衰亡的历史》，第 13 页；可参照 A. 迪富尔，《加尔文时代的日内瓦神话》（A. Dufour, "Le Mythe de Geneve au temps de Calvin"），载于《瑞士历史期刊》（*Schweizerisches Zeitschrift für Geschichte*），第 9 卷（1959 年），第 489-518 页。可参照《一位法国贵族对萨瓦公爵的抗议》（*Remonstrance faicte a Monseigneur le Duc de Savoy, par ung gentilhomme François*, Lyon, 1589）（收录于阿瑟纳尔图书馆 31.10），文中将日内瓦形容为一座"充满了小偷、刺客以及世界上任何人都能找到各种苦难之城市，一座被流放者、叛教者、强盗和凶杀犯选择的城市……它是遭到意大利、西班牙、弗兰德斯、法国、巴黎和里昂驱逐的异端分子的避难所，一座亵渎上帝和教会的城市。它还是印刷出版异端书籍之所，简而言之，它是五十年来所有基督教国家各种不幸的源头"。可参照 H. 梅朗，《16 世纪之剪影》（H. Meylan, *Silhouettes du XVIe siècle*），第 51 页。

2　见阿尔塞尔，《拉罗谢尔史》（Arcère, *Histoire de la ville de la Rochelle*, La Rochelle, 1756），第 1 卷，第 430 页，可参照 G. 普罗卡奇，《16 世纪上半叶法国的社会阶级与君主专制》（G. Procacci, *Classi sociali e monarchia assoluta nella Francia della prima meta del secolo XVI*, Turin, 1955）。

3　见《1542 年国王弗朗索瓦一世前往拉罗谢尔的旅行》（*Voyage du Roy François I en sa ville de la Rochelle en l'an 1542*），复印本见《法国历史珍稀档案》，第 3 卷；可参照 L. 戴尔马，《拉罗谢尔的胡格诺派教徒》，G. 卡特林译（L. Delmas, *The Huguenots of La Rochelle*, trans. G. Catlin, New York, 1880），第 11 页。

的纳瓦拉国王和王后面前嘲笑天主教的仪式。四年后，瓦西屠杀煽动起了"一种推倒偶像的狂热"，它旋即升级成为武装冲突。16世纪60年代，拉罗谢尔不仅开始要求尊重其"古老的自由权"，同时也要求尊重更具近代色彩的"良知的自由"。到了1572年，这座城市实际上已经成为一个独立的国家，创造出了一个堪与日内瓦媲美的"神话"，并直接促进了16世纪70年代宣传中的公民要素的发展。

在16世纪的意识形态运动中，无可否认民族要素也是显而易见的，但其作用在某些方面却颇为矛盾且具有欺骗性，甚至对一些福音政治"事业"的追随者来说是具有分裂性的。[1] 尤其是在神圣罗马帝国当中，路德曾在1521年的演讲中举起了民族主义的大旗反对教会机构，从而也无意中站在了皇帝的对立面上。在尼德兰地区，民族主义的主要基础是反西班牙情绪和某种交杂着封建的、公民的和福音派的利益的大众阵线，这一阵线在很多方面无力克服根深蒂固的排他主义倾向。法国的情况也很复杂。法国天主教徒和胡格诺教徒的言论和观点都可能带有强烈的民族主义色彩，但两个派系却都越来越多地与外国势力结成联盟———一方是意大利与西班牙的势力，另一方是德意志、瑞士、荷兰以及在一定程度上参与其中的英格兰势力。我们所能得出的结论似乎是：民族主义是一股强大的意识形态力量，但即便是在某个特定国家，它的分裂性影响也甚于统一，至少在短期内是这样的。事实上，它是16世纪意识形态运动之力量的一个衡量标准，既可以抵制，也可以利用这种民族情绪。

总体而言，16世纪的意识形态运动在起源和形式上都非常明确：它们反映了人们当前的困境和利益，也就是说，它们诉诸特定的先例和传统。然而，有人试图超越历史、法律甚至《圣经》的权威，把他们的反抗

1　见 M. 亚德尼，《宗教战争期间法国的民族意识（1559年至1598年）》。

和计划提升至一个哲学层面。在这方面，作为取代人类习俗和惯例的合法化、理性和普遍价值的手段，自然法和理性的神学再度浮出了水面。正如君主制似乎是建立在理性基础上的，社会契约和人民主权的观念亦是如此。最终，无论制定法的主张是什么，"上帝选择而人民创制国王"（*Eligit Deus et constituit Regem populus*），不同的派系可以选择这一主张中的一部分或全部内容来支持其行动路线。[1] 这种情况也适用于积极反抗，

322 因为它是一种与理性以及民法观点一致的准则，即可"以暴制暴"（*vim vi repellere licet*）。[2] 尤其是在博丹和反君权论者的作品当中，这里所探讨的所有要素（甚至更多）都被结合成了关于人的境况的综合性观点，仿佛从社会和政治的角度来看，人的境况在本质上就是如此或本当如此。如果说在与政治家派的历史学家争辩过程中，声称奥特芒的《法兰克高卢》直接影响到了卢梭的《社会契约论》（*Social Contract*）可能显得过于离谱，但从意识形态的历史来看，其派别相似性似乎是无可置疑的。[3] 易言之，在得到升华的形态下，16世纪关于反抗和革命的诸多观点都已经传递给了之后的许多代人，而每一代人都有他们自己的困境——吾辈、卢梭和约翰·亚当斯皆是如此。

意识形态的层次

西方文明的多元精神遗产为意识形态的表达提供了素材；特定的制度和社会结构赋予了它形式与方向；但给予其直观性和张力的却是特定的人

1　可参照克劳德·古斯特，《论教会中的王权》（Claude Gousté, *Tractatus de potestate regia in ecclesia*, 1561），收录于梅尔基奥·戈尔达斯特编，《神圣罗马帝国的君主制》（Melchior Goldast, ed., *Monarchia S. Romani Imperii*, Hanover, 1611），第 656 页。

2　见《学说汇纂》（*Digest*），第 43、16、27 页。

3　见弗朗西斯·德·克鲁，《政治家派》，第 82 页。

的困境。这些困境是由欧洲宗教改革时期的宗教、社会和政治分裂造成的，即便是无信仰之人也要被迫面对诸如服从与反抗、忠诚与背叛、掩饰与逃避，甚至是生与死的最基本问题。这些问题贯穿了各个层次的经历：家庭的、宗教的、教育的、职业的、社群的和国家的；而要充分认识这一历史进程，将其中任何一个层次放在优先地位都是错误的。以阐释之名义抓住人类经验的一个特定维度（不管是经济的、政治的还是宗教的），对于某些类型的历史调查，尤其是关注意识的外形与变化，以及社会的文化和制度模式的历史调查而言，是非常有局限性的。这种可能更多地利用了文化人类学而非社会科学的调查可能会舍弃一些回答尖锐问题的能力（尤其是孩童经常提出的问题："为什么？"）；但事实上，虽然这些尖锐的问题可能会穿透历史的表层，但它们也可能在某些方面违背了历史，特别是在寻找普遍性结构的过程中。这里的首要问题不是原因与责任，而是方法与模式，即如何实现，以什么形式实现，在什么背景下实现。同样的，分析的形式遵循的并非因果顺序，而是人类经验的模式，即思想和行为的层次。

作为一个例证，我们需要考虑"权威"的问题，这个主题确实涉及了各个层次的经验，并且在许多方面成为近代早期历史的核心。其内涵的丰富性及其所产生的共鸣可以通过回顾前面章节中"权威"一词及其概念所采用的各种形式来加以理解。处于最基本的社会层次之中的便是父母的权威，尤其是父亲的权威。从时间和情感上来说，这在人类经验中占有优先地位；因为如果一个人无法在这一层次上把握权威的原则，如果一个人不能学会顺从父母——特别是父亲，如何能指望他对师长、统治者、行政长官，甚至是上帝表示顺从或尊敬？[1]这并不是说家庭内部形成的态度会通过任何有意义的方式"导致"他们长大成人后的集体行为；大规模的社会

323

1　见本书第二章。

动荡无法用一代桀骜不驯的孩子来解释，尽管一些社会评论家试图将这两者联系在一起。然而，在 16 世纪，我们仍然能从一些突出的案例中看到一些联系，比如贝扎和奥特芒的案例，而这种联系必然是重要的。

教育权威同样也是如此，因为校长和教授成了拥有奖惩权力的父母代理人。至少在一开始，学术权威是一个个的个体。但是当"权威"的范围被扩大到包括以特定的，通常是传统的"作者"的形式出现的学术传统之际，一个重要的区别就出现了。[1] 在此，权威（*auctoritas*）与特定人等或学究式表现之间可能会出现分离。在大学当中，"今人"长期地与"古人"决裂，他们效忠于通常是以对立的科系为代表的不同智识权威。例如以文学院作为根基的人文主义者就与以哲学、神学和法学见长的经院哲学相决裂。在某些情况下，这种反抗接近于破坏圣像运动；所以洛伦佐·瓦拉拒绝接受任何人的支配性影响——即使是西塞罗也不行，而是转向了"古代的权威"——这实际上等同于他自己的判断与学术良知。他的这一种自由的（有人说是"不信教的"）态度为伊拉斯谟等人所采纳，也许其中最著名者便是彼得·拉米斯，尽管其仅仅基于理性之基础而对宗教改革哲学提出的主张所具备的离经叛道特性也许更多地表现在了表象而非现实之中，尤其是当他的观点业已变得组织有序和僵化，从而成为另一个威权体制之时。

权威宗教改革者们与被诋毁为"人类传统"的权威进行了更为果断的决裂。路德烧毁教规典籍便明确无误地声明了他的基本的和激进主义的反独裁立场，这是所有宗教改革者所共享的一条原则。从人类的实际角度来看，正如路德本人对"阐释"的自由观点所表明的，上帝之《圣经》文本的"权威"并不一定具有约束力，也无法以任何令人不适的方式成为绝对的权威。重要的是，《圣经》的标准允许批评和抵制任何仅仅属于人类的

324

1　见本书第四章；可参照唐纳德·R. 克雷，《近代历史研究的基础》，第 1 章。

权威。事实上，绝对服从于上帝意志的观念，即加尔文所谓的"上帝令人寅畏的最高统治权"（*horribilis maiestas Dei*）也同样如此。[1] 绝对君主制与人民主权、神授君权与神授之反抗权利，在《圣经》当中皆是合理的，而其他几乎任何可以想象得到的立场也都是合理的。在这一层面上，良知不仅是向导，实际上也是法律，甚至还是国王。

16世纪最重要，也最令人畏惧的权威象征可能是天主教弥撒；毫无疑问，它是福音派宗教改革者们首要的，也是最具争议性的目标之一。这类似于教皇和神职人员之神圣属性的"真实临在"的概念在最为基本的情感（以及神学）层面上将教会合法性的假设以及对现存之教会和所有政府持续的神圣委任具体化了。[2] 在宗教改革者看来，在圣餐礼当中，人与上帝的不当并存乃最根本的腐化表现；但与此同时，在社会和制度安排上也出现了类似的混乱，这些混乱虽然在其起源和维系上充斥着人类的色彩，却依然具有超然和神圣的特性。与抵制弥撒仪式类似的是抵制作为其基础的传统和"权威"，最后则是抵制作为其担保人的政治机构。这至少是16世纪福音派"反抗"的理论基础和可能性，而在我看来，最激进的意识形态表达也证实了这一点。它可能违背了路德、加尔文和其他负责之领导者有意识的意图，但却并不能改变这种情况。

尽管"权威"明显是几乎不可抵抗的，但事实上，各种意义上的权威问题却是无休止的论争与分歧的对象。它确实是某些特许专家的首要且公认的目标，而这里的特许专家就是那个时代的专业"科学家"，尤其是接受过大学教育的神学家、哲学家、律师和医生，所有这些人都持有关于欧洲文化和社会之价值观、目标与结构的最敏感和最负责的立场。智识史的诸多方面在很大程度上可以被理解为一个质疑、批评，有时是抵制哲学、 325

---

1 见加尔文，《基督教要义》，第3卷，第20章，第17页。
2 见上文第19页。

自然科学和其他领域（包括"政治科学"的新领域）权威的过程；在很多情况下，这一过程被视为教会和社会稳定的威胁。哲学和医学科系尤其成为其观点无法适应占据优势的神学正统思想的自然主义批评者的庇护所。而身为"科学之冠"的神学博士们则有能力应付对权威发起的最具颠覆性的挑战。

这一讨论最为有趣且与之最为相关的一点便是法学院系、法学理论家以及法律实践者的地位。[1] 很明显，首先它们拒绝了其他任何科学或职业在智识上高于它们的主张。它们的学说帝国主义甚至包括了神学，以至于民事律师几乎是本能地将教会置于世俗权威之下。其次，也是更具有预示性的是，律师们致力于一种基本的"阐释"过程，而这可能比权威本身更重要；总而言之，通过训练，他们对法律传统采取了一种功利主义的、诡辩主义的和真正的"双重"观点。不仅是关于辩论的教学惯例和学术上的两方（*in utramque partem*）辩论方法，而且连服务于特定"事业"的需要都令他们具备了制度和宪政方面的批判思想；当然，他们把这些破坏性的天赋带上了政治舞台，让它们为政治服务。"律师乃不道德的基督徒"这种普遍的、跨宗派的观点不仅具备一种神学意义，它还涉及了在讽刺文本中大量展现的一种信念，即法律从业者从职业上讲是派系的拥护者，从本质上讲是说谎者——我们甚至可以称之为"虚假意识"的传播者。

当我们面对所有问题当中最具爆炸性的问题，即公共权威、控制政治机构的权力及其合法性时，就应该考虑到所有这些议题和态度。[2] 在16世纪，这尤其指向了王权和统治权（*regnum* and *imperium*），它结合了父权、社群、神性以及权力中的职务等属性。西方政治传统当中充满了关于政治权威之限制与条件的经典的（和学术的）问题的相互抵牾之理论，尽管古代、中

1　见本书第五章。
2　见本书第六章。

世纪和近代的律师除非为人所吁求，否则很少愿意冒险发表意见。其例外包括了（不管是教会的还是世俗的）权威之间、敌对国家或城市之间的利益冲突，以及封建法当中领主与封臣之间的复杂关系问题；但这些并非诸如此类的权威问题的核心。一般来说，只有在特定危机的背景之下，权威才会受到质疑，而且从未像 16 世纪那般受到大规模且公开的质疑。其结果便是引人注目的观念融合，这些观念不仅来自家庭、职业和宗教等人类经验的维度，也来自（不管是古典的还是中世纪的、世俗的还是教会的、道德的还是政治的）欧洲智识遗产的不同部分。这种观念的复合体延伸到了私人和公共生活的广阔视野之中，其预设毫不妥协，其指涉积极主动，具备了一种成熟的，或许也是"全面的"意识形态的所有标志。

如"权威"一般，自由的概念是多重的和多层次的，而作为一个术语的"自由"则跨越了 16 世纪论争的两极，它对新教徒而言是最珍贵的神赐之礼，对他们的敌人而言却是招致分裂和社会混乱的虚假授权。在个体心理的层面上，"自由"提出了一个令人痛苦的悖论。一方面，它提出了自由意志这一潜藏的概念，而它正是伊拉斯谟与路德的分歧所在；另一方面，它唤起了"基督徒自由"的新教意识，这一观点宣称人性有可能摆脱物质上的沉迷与腐化，从而得到了伊拉斯谟、路德和加尔文的支持。在近代早期社会的背景下，"自由"意味着特定的特权以及"免除"来自各种更高的（不管是世俗的还是教会的）权威的"辖制"，但即便在这种意义上，它显然也正在获取一种意味着令人钦佩的人类理念的积极力量。尽管"自由"来自更高层次的社会等级，但它却成了特定机构以及与之相关的个体的显著特征——也就是起到决定性作用的属性。当大学和学术团体的成员为更大程度的"学术自由"而庆祝和斗争时，法律从业者和巴黎高等法院也在捍卫其"言论自由"，以及注册法律和向国王提出抗议的权利。每个团体都在寻求加强自己的权威，从而为更广泛的"自由"概念做出了贡献。

326

在政治层面上，个人自由几乎未曾以任何明确的方式获得承认，然而在法理学上，这种概念却自有其基础。在习惯法当中，特权往往附属于土地和特定的行省；但是民法则把人格放在了首位。法律的定义和适用以"人的境况"〔"人的境况"（De Statu hominum）是民法的首要评估准则之一〕的确定作为前提，而处于这种确定程度上的"自由"正是讨论的首要主题。[1]

327 在这种背景之下，中世纪和近代法学家的探讨往往从法律上的"自由"转向了哲学上的"自由"，并在这一基础之上通过暗示一种法律体系的优点和包容这一自由的社会来颂扬"人的尊严和美德"。在16世纪后期的宗教——特别是政治——宣传当中，至少存在着这种关于自由的法律概念的弦外之音，尽管事实上近代意义上的"政治"自由的主要出处仍然与君主、大领主和城市的主张有关。很明显，封建的和公民的"自由"代表了政治自由培育的原始基础；但即便在这些有限的意义之中，也可以汲取出更为广泛的含义——而且事实也是如此，也许其中最为著名的例证就是《保卫自由反抗暴君》。

无论如何，在16世纪得到拓展，并在很多方面被政治化的自由概念倾向于增强积极的和消极的反抗观念。在很大程度上具有负面意义的"反抗"在传统意义上不是一个能够被轻易合法化的概念；因为它似乎始终与特殊的环境联系在一起。然而，在社会的各个阶层之中，似乎都存在着反抗权威的理由。基于宗教原因而不服从父母是合理的；诉诸更高的（也就是神圣的）原则而不服从更高的权威是合理的；还有人认为诉诸理性而不服从学术权威也是合理的。对于政治权威的抵抗利用了所有这些辩护模式，而将它们综合在一起的企图极大地促进了意识形态结构的一致性，也就是将所有这些层次联结在一起的关键点。

1　见《学说汇纂》，第1、5页。

正如此处所解释的，意识形态的过程并不依赖于特定的内容。除了其实质外，它的模式（无论是在社会层面上还是在个人层面上）都可以被认为与生活经验大体一致；而宗教改革的主要阶段可以大致定义如下。身份认同：良知对信仰的激活，无论它是否经历过一种离散式的"信仰转变"。社会化：形成信仰或加入至少有一个心照不宣的基础的社群，并承认这种成员的身份。智识化：在特定的知识分支和教育机构中将这种信仰合理化。合法化：根据一种辩护传统，或至少是在作为一个整体的社会和公众当中，典型地由法律从业者和其他世俗知识分子完成的这种信仰的正当化过程。出版：通过各种媒介（其中最惹人注目的就是印刷）传播这一信仰。最后则是组织：在某种程度上以作为同样成为武力反抗基础的近代政治派系之预兆为形式的一种意识形态方案的实施。 328

这种分析可能看起来过于抽象，而不可否认的是，特定的意识形态表达是在特定的社会环境中产生的，它也是对特定的人的困境的回应。但即使在历史当中，从不断升级之阶段的意义上来说，我们也有可能区分不同的意识形态层次。第一阶段一如既往地与宗教相关，它源于对得到政府赞助或至少是其保护的信仰自由和礼拜自由的长期要求。在 16 世纪 50 年代后期，当宗教诉求与世俗抗议合流之时，第一波的宣传主要表现为对吉斯家族成员——尤其是对洛林枢机主教的人身攻击。在法国和尼德兰地区，枢机主教格朗韦勒和阿尔瓦是辩论文本的首要针对对象，而君主制本身只有在紧随 1572 年屠杀之后爆发的最绝望的战争阶段之后才遭到了抨击。正如我们所看到的，尤其是律师的建议将这种反抗提升到了宪政的层面，从而最终导致了武力反抗的正当化。将这些观点提升到更高的政治理论水平的企图定义了最后一个阶段，从而以一种普遍的形式提出了关于服从之本质、主权、宪政传统、社会结构和合法性的最终来源等最尖锐的问题。然而，我们在这一点上已经脱离了我们的主题，步入了我们过去一直在重构的过程的最后阶段——也就是"意识形态的终结"。

意识形态的终结

至 16 世纪 70 年代末，胡格诺派最基本的意识形态表达已经得以发表并产生了影响，但就数量而言，宣传的高潮尚未到来。而最可怕的宗教战争和个体犯罪也尚未到来。对于政治论争而言，喧嚣还在继续，并一直延续到了 1588 年这个宣传册出版的"奇迹之年"，这一年同样也见证了西班牙无敌舰队的失败、巴黎的街垒之日与年轻的吉斯公爵遭暗杀（次年接踵而至的便是瓦卢瓦王朝最后一位国王亨利三世遇刺身亡）。1580 年，纳瓦拉的亨利遵循科利尼和孔代亲王在他之前所构建的模式，发表了他本人的"宣言"。[1] 然而，四年之后，基于安茹公爵的去世以及亨利三世绝嗣的昭彰事实，纳瓦拉的亨利成为假定的继承人；胡格诺派的路线出现了正统和保守的转向。例如，奥特芒在其《法兰克高卢》第三版中删除了援引君主选举原则的内容。另一方面，反天主教的路线变得愈加激烈，特别是在开除纳瓦拉的亨利和孔代亲王教籍的教皇敕书再度令论争变得尖锐的1585 年。

从此时起，在法国被迫摆出反对姿态的一方成了天主教派系；但是，尽管困难的处境发生了变化，派系的角色也出现了逆转，但意识形态冲突的模式仍然大同小异。现在天主教的"王公、贵族和城市"纷纷发表声明

---

[1] 见《纳瓦拉国王关于为了保卫法国新教教会而兴兵反抗的正当情形的宣言与抗议》（*Declaration et Protestation du Roy de Navarre, sur les iustes occasions qui l'ont meu de prendre armes, pour la defense et tuition des Eglises reformees en France*, 1580）（收录于法国国家图书馆 Lb^{34}.187）。此处无意直接讨论此后这些年的大量宣传文本，但近年来 F. J. 鲍姆加特纳的《激进的反动：法国天主教神圣同盟的政治思想》（F. J. Baumgartner, *Radical Reactionaries: The Political Thought of the French Catholic League*, Geneva, 1975）则探讨了这一问题。

反对那些试图"用尽一切手段颠覆天主教信仰和国家"的人，并转而开始论证"迫使天主教徒拿起武器并控诉国王亨利三世'暴政'的事业"。[1] 然而，在意识形态上，武器早已为他们量身打造好了。根据 1589 年一份宣传册的说法，"胡格诺派已经为天主教徒指明了道路……"。[2] 其作者补充说道：至于反抗的理由，"可以肯定的是如果他们有任何理由支持拿起武器、发动战争反对国王的设想，那么这些理由就更有力地支持了已经拿起武器消灭异端分子的天主教徒"。故而，天主教的宣传者毫不犹豫地诉诸由贝扎、奥特芒和巴诺所推广的选举国王原则，有些人甚至还诉诸弑君的观念。[3]

因此，被胡格诺派的一位发言人比作 14 世纪意大利圭尔法派与吉贝利内派之间冲突的这种两极对立仍有增无减。迪洛里耶曾谴责过那些声嘶力竭地对着人群发表演讲、仿佛他们已经让加尔文和贝扎身陷困境的神职人员。[4] 神圣同盟神职人员的布道的确堪与这个世纪早期福音派改革者的布道相匹敌。根据 1589 年的一篇《法国之宣言》的说法，一些人宣称所有的法国贵族皆是异端分子，皆是人民之敌。[5] 各派系的狂热相辅相成。 330
在天主教方面，像路易·多莱昂（Louis Dorléans）这样的极端分子继续以

1　见《天主教徒针对法兰西王国其他地区的破坏性团体所炮制、撰写和出版之檄文、宣言、布告、咨询的辩护书》（*Apologie catholique contre les libelles, declarations, avis et consultations faites, ecrites et publiees par les ligues perturbateurs du repos du royaume de France*, 1585）（收录于法国国家图书馆 Lb34.240）；《致神圣同盟的回应》（*Responce faicte a la ligue ...*, 1585）（收录于 R. O. 林赛与 J. 诺伊，《1547 年至 1648 年期间法国的政治宣传册》，第 1123 号）。

2　见《三封天主教徒书信之副本》（*Coppie de trois epistres catholiques*, Orleans, 1589）（收录于法国国家图书馆 Lb34.700）。

3　见《论我们这个时代的政治家派成员对天主教王公与领主的诽谤》（*Discours sur les calomnies imposees aux Princes et seigneurs Catholiques, par les Politiques de nostre temps*, 1588）（收录于法国国家图书馆 Lb34.434），该文本即援引了奥特芒的选举观点反对纳瓦拉的亨利。

4　见迪洛里耶，《王国在宗教、司法与治安方面的现状》。

5　见《法国之宣言》（*Le Manifest de la France*, 1589）（收录于 R. O. 林赛与 J. 诺伊，《1547 年至 1648 年期间法国的政治宣传册》，第 1559-1560 号）。

阴谋活动的罪名指控他们。他认为胡格诺派的"联盟"早在 1563 年（也就是吉斯一世遭暗杀之时）就已经形成了；他还特别攻击了将加尔文教派带入政治领域的"刺客"贝扎。[1] 当然，他也为圣巴托罗缪屠杀的必要流血牺牲进行了辩护。另一方面，皮埃尔·德·贝卢瓦（Pierre de Belloy）在 1587 年代表纳瓦拉的亨利撰文谴责了为反对"国王之尊严"而建立的"神圣同盟日常的叛逆罪行"。[2] 同年，更为激进的《反吉斯派系》（Antiguisart）的作者还抨击了天主教徒的"反叛同盟"，并基于吉斯家族要为宗教战争之"潘多拉魔盒"的开启负责的理由为近 25 年前刺杀弗朗索瓦·德·吉斯（一年之后，这位公爵的儿子亨利也遭遇到了相同的命运）的行为进行了辩护。[3] 正如他们曾经因其"异邦的"洛林血统以及意大利人（更遑论苏格兰人）的野心而饱受指责，现在他们又因为另一桩国际阴谋而遭到指控。如路易·多莱昂的一位批评者所指："我不认为那些心归西班牙者是法国人。"[4]

双方都认同的一个观点助长了意识形态之火的燃烧，这是一个古老的假设，即信仰上的漠然比谬误更为糟糕。在圣巴托罗缪屠杀之后不久，一

1　见《英格兰天主教徒致法国人的第一份和第二份忠告》（*Premier et Second Advertisements des Catholiques Anglois aux François*, Paris, 1590）（收录于法国国家图书馆 Lb³⁴.312））；可参照 B. 里克特，《纽贝里图书馆中的法国文艺复兴时期宣传册，第一部分：菲利普·迪普莱西 - 莫尔奈与路易·多莱昂之间的论争》（B. Richter, "French Renaissance pamphlets in the Newberry Library, I. The debate between Philippe du Plessis-Mornay and Louis Dorleans"），载于《法国研究》（*studi francesi*），第 11 卷（1960 年），第 220-240 页。

2　见《论王权、神圣同盟犯下的叛逆罪行、继承人的指定以及对国王人格与尊严的书面诽谤》（*De l'autorité de roi et crimes de lese majesté qui se committent par ligues, designations de successeur, et libelles ecrites contre la personne et dignité du prince*, 1587）（收录于法国国家图书馆 Lb³⁴.329）；可参照《回应》（*Response*, Paris, 1589）（收录于法国国家图书馆 Lb³⁴.330）。

3　见《反吉斯派系》（*Antiguisart*, Rheims, 1587）（收录于法国国家图书馆 Lb³⁴.333），第 29 页。

4　见《一位法国天主教徒的简短回应》（*Briefve responce d'un Catholique françois*, Bordeaux, 1586）（收录于法国国家图书馆 Lb³⁴.309 与 R. O. 林赛与 J. 诺伊，《1547 年至 1648 年期间法国的政治宣传册》，第 1125-1126 号），第 7 页。

位保王派律师便宣称"蔑视宗教者才是国家的真正颠覆者"，那些派系成员当然完全赞同这一观点。[1] 所以多莱昂才对"那些认为每个人都可以因自己的信仰而得救的冷漠之人"感到震惊。[2] 更糟糕的是隐藏或掩盖两者之差异的企图——正如某些"沉默的胡格诺派教徒"所做的"掩饰"或"伪装"。迪洛里耶对那些反常的、不自然的"阴阳人"尤其感到愤怒（作为上一代人的博杜安也因为他的和平主义努力而遭受同样的指责），他们假装接受了两种信仰，并为了保护自己的财产与职位而掩饰了自己的观点。[3] 是为"马基雅维利式的理性"，而这个早已为人所知的佛罗伦萨伪君子的名字（一名"虔诚的天主教徒"曾称之为"暴政的博士"）充斥于最后几场宗教战争的论争之中。[4]

331

　　此时，问题再度集中在了越来越多地与不信教主义、无神论以及"马基雅维利主义"联系在一起的"政治家"的熟悉术语和概念之上。一位正统派宣传册作者在 1588 年写道："'政治家'这个名称曾经是知悉如何通过公民理性统治一座城市并在不同公民的不同利益中创造和谐的公正统治者和审慎行政长官的尊号……但是如今这个美名却与千般恶习相联系，因那些滥用者，它已经变成了一个令人恐惧且破坏秩序的名称，一个充满

　　1　见让·德·拉马德莱娜，《论国家与贤王之司职》，第 62 页。
　　2　见《天主教徒的辩护》（*Apologie ou defense des Catholiques*, 1586）（收录于法国国家图书馆 Lb[34].308），第 6 页。
　　3　见迪洛里耶，《王国在宗教、司法与治安方面的现状》，第 63 页。
　　4　见《给法国天主教徒的忠告》（*Advis aux Catholiques françois*, Paris, 1589）（收录于 R. O. 林赛与 J. 诺伊，《1547 年至 1648 年期间法国的政治宣传册》，第 1393 号），第 13 页，与《来自一位法国贵族和一位虔诚天主教徒的建议》（*Conseil d'ung gentilhomme françois et bon catholique*, 1585）（收录于法国国家图书馆 Lb[34].244）。

污秽和轻蔑的名称。"[1]他还补充说道："'政治家'的荣誉就如狐狸的荣誉，他总是唯君命是从，在任何事情上都与他保持意见一致，甚至不惜与上帝对抗。"简而言之，诸多人等对律师的看法也可以被用来指控"政治家"：从任何一种信仰的角度来看，他都是一个"不道德的基督徒"。另一位作者提出了关于"政治家"心态的详尽"谬误清单"——其中便包括了"他优先考虑国家的公民和政治事务""尤其将这些政治事务置于宗教之上""天性是保护人类的唯一向导和镜鉴""为了维系一个和平的文明国家，有必要保护所有已经出现的宗教"等主张。而他的结论是："此即与不信教者、伊壁鸠鲁派和无神论者过从甚密的胡格诺派和'政治家'的目的。"他完全担得起"无神论的马基雅维利主义者与今日政治家的传道者"的称号。[2]一位作家甚至认为不愿意发动反宗教侵略的战争便是"马基雅维利式"立场的表现。

然而与此同时，也有迹象表明时人的情绪正在发生变化。甚至在圣巴托罗缪屠杀之前，一些对战斗失去兴趣之人就已经幻灭了。即使是充满挑衅色彩的《政治论述》也认为宗教战争爆发的原因之一是一些除了打仗之外别无所长者的存在。尽管雅克·屈雅斯曾经为政府的立场进行过辩护，但他也颇为鄙夷学术界充斥论争的现状。他写道："我从未听闻有任何一

1　见《关于我们时代政治家派的描绘》（*La Description des Politiques de nostre temps*, Paris, 1588）（收录于 R. O. 林赛与 J. 诺伊，《1547 年至 1648 年期间法国的政治宣传册》，第 1238 号），第 3 页："政治家派之名本为荣誉之名，它是一位公正统治者的公正之名，是一位知晓如何统治一座城市居民的审慎行政官——他能够明智地通过协调，通过体察不同市民的异见，缔结良约……现今此一美名已被千般恶行蹧玷，唯余毁坏治安之恶名……政治家派乃狐狸之性情，为君主之耳目，唯命是从，纵然违抗上帝亦在所不惜……"可参照《神圣同盟史》，C. 瓦卢瓦编（*Histoire de la ligue*, ed. C. Valois, Paris, 1914），第 135 页。

2　见《我们时代政治家派的信仰与宗教》（*La Foy et religion des politiques de ce temps*, Paris, 1588）（收录于 R. O. 林赛与 J. 诺伊，《1547 年至 1648 年期间法国的政治宣传册》，第 1258 号）。可参照《致挑剔且谄媚的马基雅维利主义者的书信》（*Epistre aux delicats et flatteurs machiavelistes*, 1575）（收录于国家图书馆 Lb³⁴.100），第 3 页。

个时代像我们这个世纪那般充满诽谤的精神。"[1] 在一封写给后辈的信中，吉斯一系的律师迪蒂耶就曾哀叹派系之争所带来的罪恶，甚至连他那易怒的死对头奥特芒在桑塞尔遭围困的黑暗岁月里也改变了好战的立场，并在奥古斯丁式的沉思中寻求"慰藉"和内心的平静。他们所痛斥的激进精神渗透到了生活的方方面面；一些反思之人（其中最著名的便是蒙田）开始意识到最严重的问题不在于神学上的分歧，而在于人性本身。正如一位诗人所言：

> 大象高大，狮子强壮，
> 老虎凶猛，但一切皆徒劳无功：
> 凭借人之手——或众人之手——
> 众猛兽皆遭屠戮。[2]

正是为了抵制这种伪装成宗教狂热的暴力本能冲动，一些"政治家派"成员提出了节制的建议。他们当中最超群绝伦者之一皮埃尔·德·贝卢瓦写道："他们被称为'政治家派'，一群不想沾染基督徒鲜血的人。"[3] 因此，这也可能是良知的问题。

在胡格诺派教徒当中，现实主义的态度也随着战争的破坏性影响而出现。迪洛里耶对纳瓦拉的亨利的指责是在赛塞对"牵涉到宗教、司法与治

1　见《为蒙吕克先生进行的辩护》（*Defense pour monsieur de Monluc*, Paris, 1575）。

2　见 J. 斯皮法梅，《论洛林枢机主教允许其人民武装自卫的演讲》（J. Spifame, *Discours sur le conge impetre par monsieur le cardinal de Lorraine, de faire porter armes defensives a ses gens ...*, 1565）（收录于 R. O. 林赛与 J. 诺伊，《1547 年至 1648 年期间法国的政治宣传册》，第 444 号），第 60 页：

L'Elefant est grand, et le Lyon fort,
Le Tigre furieux: toutesfois sont
Par main de l'homme souvent mis a mort,
Ce qu'un ne peut faire plusieurs le font.

3　见《驳神圣同盟反对审查之回应》（*Replique faicte a la responce que ceux de la ligue ont publiee contre l'Examen*, 1587）（收录于国家图书馆 Lb[34].328）。

安的王国现状"进行的一般性评估的背景下做出的，而他的结论是悲观的。

333 赛塞所谓的三种"缰绳"都需要进行最彻底的改革。[1] 在《警钟》面世之后不到十年，巴诺便开始了他旨在评估战争的社会和经济成本的广泛研究，他所得出的结果是惊人的。仍在争论"法兰克高卢"的案例，并且仍然以"政治家派"的口吻发言的巴诺在《法国人之镜鉴》中承认，为了推翻传统的高卢准则，法国一度"无神、无信、无法"。[2] 不过至少有建议认为，在"法国的君主政体"随宗教、司法与治安彻底倾圮之前，应该更多地关注"政治"问题。

因此，我们回归到了战前宗教宽容与"和解"的传统主题上，或者更确切地说，回到了法律认可、共存与立法和解的复杂机制当中。在圣巴托罗缪屠杀之前，一份"和平之呼吁"就曾提出了这种和解的条件。这份宣传册承认："在法国，我们有两种形式的宗教，现在只剩下一件事了，那就是为这两种宗教各自指定某种规则……以确保其中一种宗教相比于另一种不会具备太大的优势，我们应该在我们的宗教信仰中享有平等的自由和支持。"[3] 但是在这个世纪的最后 25 年里，论争的国际化使得这个解决方案变得复杂，但似乎也没有其他选择。1586 年的一份宣传册曾记录了德意志地区使节们的争论，他们请求给予法国福音派"怜悯"，并希望通过政治手段解决宗教分歧。[4] 正如一个家庭需要一个稳定的结构和用来调节夫

1　见上文第 88 页，注释 26，以及第 329 页，注释 55。

2　见《法国人之镜鉴》，第 69 页。可参照《代表这个腐朽世纪面貌的法国镜鉴》（*Le Miroir françois representant la face de ce siecle corrumpu*, 1588）（收录于阿瑟纳尔图书馆 26.2）。

3　见《和平之呼吁》（*Exhortation a la paix*, 1568）（收录于 R. O. 林赛与 J. 诺伊，《1547 年至 1648 年期间法国的政治宣传册》，第 571 号）；可参照《论现今王国两派之比较与选择》（*Discours sur la comparison et ellection des deux partis qui sont par le iourd'huy en ce Royaume*, Montauban, 1586）（收录于国家图书馆 Lb³⁴.320）。

4　见《论至御前斡旋法国和平之德意志诸使节》（*Discours des ambassadeurs d'Allemagne qui sont venus vers le Roy pour moyenner la paix en la France*, Paris, 1586）（收录于国家图书馆 Lb³⁴.297）。

妻关系的"良策"一般，一个社会也需要一种合理的、相互包容的意识形态解决方案。两方的政治协议可能看起来如同宗教中的双重神格一样矛盾且"表里不一"，但在圣巴托罗缪屠杀之后，妥协让步的政治家派确实是作为一个明确可辨的"派系"出现的，并随着纳瓦拉的亨利成为法国王位的候选人而获得了权力基础。然而，尽管这个"政治派系"自有其民族主张，但除了反对罗马天主教，它所拥有的却只是遭到极大削弱的意识形态。

　　毫无疑问，我们在此处要回顾 16 世纪最后 25 年复杂的意识形态模式。就数量而言，此时的宣传攻势达到了新的高度，论战的国际性也同样如此。新的知识阶层通过印刷术创造出了各种各样的行业，其中之一就是宣传行业本身。极端主义和言语谩骂变得职业化，且令人习以为常，特别是当除开由此产生的情感力量，以及与上一代人的信仰冲突几乎毫无共同点的暴力和各种社会动荡加剧之时。尽管出现了政治和宗教利益上的混乱，意识形态的模式依然存在，例如，在"三亨利"以及马耶纳（Mayenne）和"查理十世"（Charles X）竞相制定的律法当中，他们都发布了"国王宣言"，以延续过去的法令传统。除了特定的政治暗杀外，弑君也成为一个明确的问题，同样如此的还有关于人民主权的各种观念。当时甚至还出现了为孤儿、穷人以及没有权力基础或"事业"的国内冲突受害者发表的陈情书。[1]但从修辞、行为和制度的角度来看，这个时代的公共性反映了既定主题的变化和同一意识形态过程的延伸。从本文所选择的角度来看，令人震惊的是离心式的派系之争日益彰显的徒劳无功与大多数宣传的空洞重复，而看似具有意义的则是日渐增长的结束党争，以及在政治基础上实现国家和解与团结的趋势。

　　1　见弗朗索瓦·勒布勒东，《为拯救穷人和孤儿，致法国三个等级与所有基督教人民的进谏》（Fr. Le Breton, *Remonstrance aux trois Estatz de la France, et a tous les peoples chrestien pour la deliverance du Pauvre et des Orphelins*, Paris, 1586）（收录于国家图书馆 rés Lb³⁴.321）。

不仅回顾过去是如此，而且在许多法国天主教徒、胡格诺派教徒和"政治家派"成员看来，亨利四世本人及其地位决定了和解方案；争论主要集中在两个核心问题上。第一个问题是他（在信仰和系谱方面）的合法性问题，臭名昭著的"萨利克法"在此处成为关注的焦点。[1]民族传统和政治现实主义似乎都确信，这个问题的解决将有利于纳瓦拉的亨利，而非西班牙支持的、被冠以查理十世头衔的波旁枢机主教。第二个问题是亨利的"公开弃绝信仰"问题，也就是他回归到在法国的社会和制度当中占据绝对主导地位的天主教信仰。这一步当然带有最为鄙贱的"政治家"意味，尤其是考虑到亨利此前的犹豫不决。对虔诚的新教徒和天主教徒来说，亨利的第三次皈依似乎带有最应受到谴责的"马基雅维利主义"的色彩，是对"良知"的过分背叛。[2]然而，就国家而言，似乎并没有其他办法可以摆脱困境。

所以亨利四世回归到了贝扎所谓的"马基雅维利的宗教"之中。在为天主教所接纳（特别是在他本人的法国天主教神职人员的襄助之下），而后在沙特尔加冕为王并回到巴黎之后，这位国王开始了重建工作；公开的宣传再度成为重新确认君主制和国家统一的最引人注目的工具。一系列的

1　见贝卢瓦，《教皇西斯笃五世截至1585年9月的诏书与敕书滥用之手段》（[Belloy], *Moyens d'abus entreprises et nullitez du rescrit et bulk du Pape Sixte Ve, en date du mois de septembre 1585*, 1586），与奥特芒，《布鲁图姆·福尔曼》（Hotman, *Brutum Fulmen*, 1586），关于该书，见唐纳德·R. 克雷，《弗朗索瓦·奥特芒：一位革命者的苦难经历》，第304页。

2　例如《国王之公告》（*Advertisement au Roy ...*, 1589）（收录于国家图书馆 Lb³³.89）与 J. 布歇，《关于亨利·德·波旁的虚假皈依与所谓公开弃绝之无效性的布道》（J. Boucher, *Sermons de la simulee conversion et nullité de la pretendue absolution de Henry de Bourbon*, Paris, 1594）（收录于国家图书馆 Lb³⁵.480）。可参照《驳当前胡格诺派教徒、政治家派成员与无神论者之诽谤与谎言》（*Refutation des calomnies et impostures des Huguenots Politiques et Atheistes de ce temps*）（收录于国家图书馆 Lb³⁴.586）、《当前政治家派成员与无神论者的生活与状况》（*La Vie et condition des politiques et atheistes de ce temps*, Paris, 1589）（收录于国家图书馆 Lb³⁴.624）等。

法令和敕令为法国社会的各个部分制定了重建计划。[1] 削弱反叛城市、重建高等法院与巴黎大学、恢复团体自由与特定职位以及其他的立法行动开启了重建秩序的长期努力。宗教和解花费了数年时间，但它依然遵循了早期敕令的指导方针。通过这种"政治的"手段，法国君主制和社会的结构（宗教、司法和治安）得以稳定，过度的论争得以遏制。不满情绪和关系的紧张状态依然存在，但在政治上，波旁家族的得位至少代表了那个时代的"意识形态的终结"。

然而，这只是一种在16世纪晚期日益显现的情绪的政治表达——至少如果我们不把自己囿于号鼓之声与宣传册的浪潮的话，这种情绪便是明显的。这种情绪在那位大失所望的法官米歇尔·德·蒙田的作品中表现得最为明显，此君甚至在圣巴托罗缪屠杀之前便已隐退，并开始反思自己的意识状态，以及宗教与政治论争之下的社会生活层次。尽管他对自我意识大加颂扬，但也谴责了利己主义与基于智识的"自然的和原初的弊病"。他谴责了论争、其他类型的夸张，以及对话语技艺的滥用。[2] 他宣称，"语法是这个世界所能制造的最为混乱的东西"，而他那个时代恶名昭彰的论争之风只不过是语法的延伸罢了。他接着说道："吾等之诉讼只是源于对法律解释的论争。"当然，最令人痛苦的是信仰。他谈及了宗教中的种种变化："何时还能看到比今日之法国尤为甚之的景象？"蒙田把当代的宗教热忱斥为无耻的利己主义："那些引导它向右或向左之人，那些呼其黑或称其白之人，都如出一辙地为了他们的暴力和野心勃勃的事业而利用了它……""看看我们是多么厚颜无耻，我们又是多么不虔诚地拒绝它们，

336

1　见A. 伊斯纳尔编，《法国国家图书馆印刷书籍总目：国王法令篇》第1卷，第4129、4170页及后页。关于近代与这些幻灭时代的对比，见A. 德·莫勒伊，《亨利四世治下的反抗与合作》（A. de Moreuil, *Resistance et collaboration sous Henri IV*, Paris, 1960）。
2　见蒙田，《为雷蒙·瑟邦德进行的辩护》（"Apologie pour Raimond Sebonde"），收录于《文集》，第1卷，第12页。

又接受它们，因为命运改变了我们在这些公众风暴中的位置。"

毫无疑问，蒙田在这里所指的是宗教运动的"政治化进程"；但除此之外，他也抱怨了派系利用宗教的伎俩。他指责道：某些特定事业的正义性只是"出自律师之口，而非派系之真情实感"。这种口是心非的做法在16世纪80年代中期所发生的派系立场翻转中表现得最为明显，这种翻转所展现出的革命的伪善令蒙田十分反感。他引述称："臣民反叛并起兵对抗其君主是否合法？这样一个严肃的命题被谁挂在嘴上。过去的这一年，一方对它表示了支持，另一方则竭力反对；且观……这些武器为一方制造之声势是否少于另一方？"这确实是"意识形态的终结"。

结语：意识形态与乌托邦

在将这些不同的声音转变为 16 世纪的经验之后，我们应该如何在总体上描绘这一历史过程？我们应该如何评价 16 世纪的改革、叛乱、反动和内战等现象？约翰·亚当斯在两个世纪之后审视此景；而我们与那个骑士精神颓败、道德上麻木不仁、技术上蒙昧无知与宗教上狂热如火的陌生时代又多间隔了两百多年。然而，在某些方面，我们在这个世纪的惨痛经历可能会让我们比这位充满远见卓识的次任总统更能理解宗教改革后的动荡。我们是否可以（如其不动声色之所为那般）将法国宗教战争归类为"革命性的"事件，这仍然是有争议的，但在"意识形态"的背景之下，这样的建议在历史上似乎是站得住脚的。显然，16 世纪的剧变发生在了一个"前工业化的"和"不发达的"社会当中（这正是一些历史学家喜欢通过自己回溯过往的智慧来观察的对象）、一个缺乏近代意义上的阶级区分且大众媒体以非常原始之形式存在的社会。因此，任何坚持保留这些要素的"革命"药方必然会得出这样的结论：胡格诺派和天主教在宗教改革之后的政治行为无论在意识方面还是在社会深度方面都不符合近代的标准。[1]

问题不仅仅在于术语方面。显然，这里所探讨的现象并不构成如同 1917 年、1848 年或 1789 年革命的同类型革命；与之相关的问题是它们是否属于同一类事件，是否属于同一连续的历史。当时的人们当然认为 16

---

1 见 P. 扎戈林，《当代史学中的革命理论》（P. Zagorin, "Theories of revolution in contemporary historiography"），载于《政治科学季刊》，第 88 卷（1973 年），第 23-52 页。

世纪后期的动乱（他们给其敌人贴上了"煽动""颠覆""反叛"等不同的标签）在对社会和制度造成极大破坏的同时，也对国家构成了威胁。他们看到他们的对手在为社会和政治变革（用当时宣传册的话来说，是为了"他们国家的改变"，也是为了"颠覆国家"）而努力。胡格诺派的反抗不能说是近代意义上的阶级分化的产物，但当时大多数革命运动的高潮都是阶级利益（特别是城市贵族和土地贵族之间的利益）勾连的结果。正如亚当斯所意识到的，法国宗教战争在首先由孔代亲王和长期"反叛的"城市（这些城市依附于其派系，尤其是依附于其继任者科利尼）所领导的持异见的"不满"贵族的联盟当中为此提供了一个经典的例证。无论是宗教狂热者还是寡廉鲜耻的"政治家派"成员，意识形态的拥护者们都努力维持着这条不稳定的民众阵线，并常常在这一过程中自欺欺人地认为他们的计划是连贯的和可行的；而他们在尼德兰的战友亦是如此。

不管是否具备革命性质，16 世纪的异见都与一个历史（以及社会学和政治）关切的基本问题密切相关："人为何反抗？"[1] 关于这一点，"相对剥夺"的概念似乎是最为贴切的，因为 16 世纪的历史进程——特别是从"布告事件"到圣巴托罗缪屠杀期间，似乎以一种惊人的方式满足了"相对匮乏"的最极端条件：也就是说，福音主义（尽管它所具备的是"超然的"吸引力，但仍然不乏社会效力）所鼓动的期望的上升与官方的镇压（以及现实主义的缺位——实为对它的抵制）所导致的实现这些期望的能力的下降。古尔所确定的另外两种因素加剧了这一差异：一种是社会学意义上和宗教意义上的"皈依"现象，它所指涉的是抛弃旧的规范和信仰，并以往往无法实现的新的规范和信仰取而代之；另一种是"异见者胁迫"和"政权胁迫"的发展和最终对抗，它为所谓的"内战"这类有组织的暴力奠定

1　见泰德·罗伯特·古尔，《人为何反抗》（Ted Robert Gurr, *Why Men Rebel*, Princeton, 1970）。

了基础。[1]简而言之，无论社会结构与目标是否被允许贴上"革命"的标签，"新的意识形态"的兴起，结合日益增加的（并且往往愈加具备正当性的）暴力行为，都为叛乱提供了必要的先决条件。

然而，这里提出的问题与其说是人为何反叛，不如说是人为何认为他们必须反抗（以及他们如何合法化这种反抗）；要回答这个问题，我们必须考虑16世纪法国的特殊困境——也就是其充满异见的社会形式、层次和性质。偶发的焦虑和不满被有能力团结不同群体的特定意识形态力量聚焦了起来。对于那些具备各种层次的经验与期望、从热衷冒险的青年人到谨慎小心的老年人、从充满贫困之怨恨到野心勃勃的男男女女们，则必须将他们个人的爱和憎与公众的对立和团结奋进结合起来，并且至少在一段时间内将其精力用于为一个单一目标或一系列理念服务。当这种罕有之条件存在之时，当私人利益被压倒之时，历史的进程就会在社会模式和制度以及个体的痛苦和抗议方面受到深刻的影响。毫无疑问，最终的结果可能与任何竞争派系的设计几无任何相似之处。在1622年印刷出版的一篇描绘路德和加尔文重返人世以审视其作品的对话文本中，历史的讽喻性（或悲剧性）一面被生动地表现了出来。尽管他们的理念没有发生改变，但当看到其对手的预言在某种意义上被实现（即良知自由带来了分裂，而分裂导致了内战）之时，他们理所当然地感到了震惊和懊恼。[2]

本书的目的并非找出导致16世纪后期混乱冲突的各种互不相关的"原因"，事实上，这样的目标很难与它的方法和多层次的设计保持一致。尽管如此，从普遍的意义上来说，考虑这个（在我看来）几乎是在传统意义

339

1　见 H. 埃克斯坦，《论内战的根源》（H. Eckstein, "On the etiology of internal wars"），载于《历史与理论》（*History and Theory*），第4卷（1965年），第133-163页。

2　见《重返人世的加尔文与路德关于欧洲诸事件的对话》（*Le Dialogue de Calvin et Luther revenus du nouveau mondre sur les affaires de l'Europe*, 1622）（收录于法国新教图书馆）。

上被不恰当地提出来的问题却可能是有用的。最近的一篇理论探讨提出了各种各样（重叠的，甚至可能是矛盾的）原因要素，或者说是"内战的先决条件"；这篇文章中给出的大量建议引发了人们对宗教改革时期历史进程的一些思考。比如"政治诸因素"之一肯定会受到天主教派系的欢迎，那就是"对遭疏远群体的过度容忍"，而另一个因素，即"对暴虐政府的回应"肯定会受到胡格诺教徒的欢迎；但一种近代的观点可能更倾向于埃克斯坦（Eckstein）所谓的"统治阶级之间的划分"。在与之明显相关的"社会因素"当中，我们可能会注意到那些强调"精英传播"或其局限性的因素，因为在法国和尼德兰地区，对官职的控制、任免和职业机会都是基本的问题。然而，在许多方面，社会和经济因素对这种经济"不发达状态"和社会社团主义的影响似乎要比对一个依赖近代工业和技术的社会的影响小得多。

340 　　这意味着，至少在16世纪，"智识因素"扮演了一个更重要的角色；事实上，埃克斯坦提出的这四个特殊"先决条件"对欧洲宗教改革运动的困境和转型而言都至关重要。"一个政权未能充分履行社会化的职能"（尽管它很好地推动了法国君主制和帝国的立法议程）可能是一种太过落伍过时的说法；但它确实对16世纪"治安"的缺陷提供了相关的评论。更重要的是，这些条件被定义为"在一个存在着相互冲突的社会'神话'（它们最终对应于天主教和新教各自关于传统与创新、超然性与内在性、自由与权威的观点）的社会当中和平共处"，因此也是"生存于一个具备无法实现之价值观或有害之社会哲学的社会当中"。最后——也许也是最为明显的——便是"知识分子的疏离（忠诚的抛弃与转移）"。所有这些因素（以及其他可以被推断出来的因素）都指向了与"意识形态的起源"相联系的社会和政治意识的强化。

　　撇开大规模的社会转型问题不谈，16世纪的社会、政治和宗教共识显然正在从根本上分崩离析。亚瑟·凯斯特勒（Arthur Koestler）所谓的"人类最致命的武器乃是语言"这句话在这一时期的论战中得到了前所未有的生动证明。[1]即便考虑到福音派和正统派过度的恶言谩骂，对"不信教主义"和"无神论"的关注与无处不在的指责也表明了双方交流的基本失败。加尔文把"不信教者"简单地定义为不信经者，但更广泛的含义则是——比如拉伯雷所认为的——一个在总体上缺乏传统和公共价值观的人。另一方面，在反对者看来，加尔文本人对超越法律的"自由"的呼吁似乎是在推动类似的无政府状态。这两种态度似乎都是基于一种几乎无视社会习俗或政治后果的良知观念。毫不奇怪，这个意识形态混乱的时代，这个不仅价值观被颠覆，甚至连语言也被颠覆的时代，产生了关于反抗和权威两方面的极端言论。在博丹的《国家六书》当中，这个充斥着破坏圣像运动、暗杀和诛杀暴君行为的时代也产生了政治专制主义的终极宣言（至少是在霍布斯之前），以及遭到意识形态分歧破坏的社会共识之崩溃的补救措施。

这些极端意识形态一旦形成，就无法被遗忘，尽管它们可能会遭到暂时的压制：意识形态以一种理想化的方式成为智识遗产的永久组成部分。而且，即使其实质内容被搁置一边或趋于过时，意识形态的形式也可能被保留下来。良知——至少是对良知的诉求——仍然是西方公众思想和行为中的一个突出要素；这种信仰转变的经验已经远远超出了其原本的宗教教化领域。与亲属关系、兄弟情谊和姐妹情谊相伴的各种宗教模式通过不同的方式被引入世俗的社会和政治运动当中。更引人注目的是学院始终都是各种意识形态和事业的载体与制造者，无论它们是否植根于整个社会。法律职业已经失去了其核心作用，但这只是因为合法化和政治宣传的问题业已发展出了它们自己的专业特长。在实力更强的媒介面前，印刷在某些方

341

1　见《雅努斯》（*Janus*, New York, 1978），第 15 页。

面也相形见绌，但它仍然是宣传和信仰传布的典范和支柱。历经递嬗的政治派系制度最终远远超出了其准封建、准军事或准教会的形式；但是它至少保留了一种家族相似性和某种修辞上与社会方面的联系（如果说不是与16世纪遥远的意识形态原型的特定制度联系的话）。

关于理念的保存或延续，我们就不是那么笃定了。各种信仰形式当然仍旧存在，特伦托天主教教义以及激进主义的新教宗派至少在名义上都起源于宗教改革时期；尽管它们在个人层面上可能对人的境况起到了至关重要的作用，但在公开层面上，它们对大多数西方社会的意识形态冲突而言可能只是边缘角色。工业主义、阶级的出现、"完整的"民族主义、技术的进步、全面战争的经历、暴露于同质化的媒介和"现代化"的其他所有力量之下，这些都使得过去的宗教无论从个人还是从团体的角度来看，实际上都不可能成为意识形态的组织原则，甚至不可能形成一个有效政治派系的基础。但不容忘却的是，在16世纪，"宗教"的内涵远多于天命和个体意识的问题：在所有的信仰形式当中，它都暗含着一种既是世俗的也是神圣的，既是物质的也是精神的，既是社会和政治的也是道德和宗教的人生观。信仰忠诚牵涉到对从家庭到学校，从社会使命到政府的社会各个层面的基本假设；因此，它包含并隐藏着针对意识形态之起源（或终结）的最基本态度和潜在行为。

342　　　　还可以进一步指出的是，具有内在化和精神化倾向的社会态度的宗教核心实际上鼓励了世俗利益向更为普世之价值观的转变。[1] 我们可以在不同的制度层次上注意到16世纪意识形态的理想化一面。这一点还可以在家庭之中看到，在此种意义上它推动（或激发）了（即便只是暂时地）超越血缘关系、财产及其继承以及政治忠诚的价值观的发展。普世化倾向也

1　见 A. 格里利，《非世俗的人》（A. Greeley, *Unsecular Man*, New York, 1922）。

反映在了学术当中，在这种意义上它将理性拔擢到了权威之上，并支持了不仅仅是团体的、教会的或政治的价值观；它也反映在了法律职业当中，在这种意义上，它实现了自己作为"真正之哲学"的监护人、平等和法律条文的推动者的主张；它还反映在了印刷方面，在这种意义上它为早期人文主义者倾注其修辞（如果说并不完全是其精力的话）的公众之启蒙与学问之进步所用。至于政治派系，从定义上而言，它很难具有普世性；然而，在一段时间之内，它却可以代表更宏大的，甚至是无派系的目标，在这种意义上，它反对了权力滥用和不平等的现象。而所有这些倾向都受到了宗教理念的推动和指引。

这些理念的全盛时期当然出现在了审判、压迫和试图从人的角度确定邪恶问题的早期阶段；理解突然出现的新教意识形态的最好方法就是考察它的消极冲动。由于基督教的自由思想本身在很大程度上就是消极的〔源自非自由（用埃里克·弗罗姆的话来说就是源自法律、物质享乐主义和权威）的自由〕，[1]所以新教的社会和政治意识可以通过它的目标来加以理解；反之，这些概念还可以通过回顾赛塞的原始社会学范畴之内容（宗教、司法与治安）而得到最恰当的概括。新教改革者们所反对的首先是将宗教视为一种物质结构和"人类传统"的法国天主教徒（以及罗马教廷）的观点；其次并且与之相类似的是将司法视为法令与官方法案之层累的法学家的观点（高等法院成员明确地提出了这一点，保王派则有所保留）；最重要的是司法和财政官职的官僚主义式增殖，尽管它具备着腐败的特性，但却构成了"治安"的基础。他们在这些范畴的改革中首先提出的是一种经过净化的、去仪式化的和去政治化的信仰；其次是同样清除了外国统治与"暴政"，并容许地方自治的法律秩序；最后是一个不存在好讼之风、（财产

1　见《逃避自由》，第 24 页。

343   以及宗教方面的）迫害或暴政，且具备民众基础的社会机体。诚然，他们
在保守主义的幌子下提出了这些改革，希望回归到早期更为纯粹的状态之
中；但即便是此种对于传统的诉求，比如奥特芒的"法兰克高卢"纲领，
也代表了一种普世化的冲动。其关键是在16世纪备受推崇的"古制"的
特性，它所指涉的不仅包括了资历，还有与一系列普世的（经过尝试并被
论证为真理的——如果说并不始终是理性的话）价值观在时间上的接近性，
并与后来腐朽的外来者的可变的和"外来的"创新形成了鲜明的对比。

很难想象这样的理念会对欧洲社会产生持久的促进作用。事实上，新
教的"政治化"与随后派系的出现很快就为最初"超然的"新教信仰提供
了其自身的内在性，及其不断发展的"人的传统"。"纯粹的信仰"——
也就是胡格诺派的"真正的教会"本身就发展出了一套复杂且易堕落的制
度基础，并通过原本试图"消灭"胡格诺派的立法传统的中介，形成了一
种日渐具备威胁的形态。奥特芒重建的"原始宪法"、原始的法律和社会
传统不仅是一系列的理念，也是派系宣传的工具，而且是非常灵活的工具。
至于"民众政府"，从社会的角度来看，它更像是为"与政治过从甚密的"
特定利益集团编造的谎言。随着意识形态冲突演变成为内战，"良知"的
超然祈祷，以及它与"信仰"的"自由"，与"学识"、"真正的哲学"
和"公平"的密切结合，都成为派系的口号与遁词——也就是"粗俗的意
识形态"的基础，它被约翰·亚当斯视为"愚人学校所传授之内容"，[1]
甚至在伊拉斯谟《愚人颂》中也占据着一席之地（如果只是将其视为人的
境况的一个常见特征的话）。

意识形态分歧的理性表述并没有造成作为一个整体的法国和欧洲社会
的社会分裂与政治分裂，但却在极大程度上加剧了这一进程。在我看来，

---

1   见上文第2页，注释3。

早期宗教改革者的言语过激行为（他们的中伤诋毁所针对的不仅是教皇和
神职人员，还包括圣母和弥撒仪式，也就是说针对的不仅是信仰上的腐化
者，还包括其核心符号）与其民间暴力之间存在着一种行为上的一致性。
从改革到革命的运动遵循了一条由修辞及其对应姿态和破坏圣像运动所标
记的、从宣传发展到民间反抗，最后演变为武力反抗的轨迹。很明显，暴
力是由政治当局和教会当局发起的，因此实际上得到了宽宥，但同样清楚
的是，暴力也是一种传统的（并且在某些方面是可以容忍的）反应手段，
特别是集体反应的手段。以破坏圣像运动和骚乱为表现形式的零星暴力被
政治活动和内战转变为更有目的性的破坏行为，其中便包括了恐怖主义、
暗杀和屠杀。极端主义以一种可怕的方式进一步定义和澄清了意识形态的
立场。还需要注意的是，它也促成了理想的破灭以及对标志着那个时代"意
识形态的终结"的"传统政治活动"的回归。

　　理想的破灭可能是人的境况当中不可避免的一部分，是意识形态循环
的终结；但它并非历史的最终殷鉴。诚如丹尼尔·贝尔（Daniel Bell）所言："意
识形态的终结"与曼海姆（Mannheim）的准则有关，但并不意味着乌托
邦的终结。[1]在历史的进程中，特定的超然原则可能注定是始终无法实现的，
尽管如此，意识的形成和改造并没有停止。为了我们的意识形态需求，我
们始终可以尝试重建历史，从而使得我们的成就和错误具有意义，甚至可
能为之进行辩护。为了我们的乌托邦希望，我们始终可以设想一个未来，
以此来遵循我们的传统，兑现我们的努力。始终有一些价值观与理念是我
们的努力目标，或者至少是我们判断失败的依据。也许，无论它是否能被
人类表达出来，总有一种莱因霍尔德·尼布尔（Reinhold Niebuhr）所谓的"我

344

1　见哈伊姆·I.韦克斯曼编，《意识形态终结之争》。

们在意识的极限中遇见的作为'他者'的上帝……"[1] 如果我们认真思考，就会发现这些超然性的形态将永远处于历史的边缘地带；此种对历史进程的浅薄看法忽视了这一潜力，而这一潜力不仅存在于宗教之中，且以某种方式存在于每一个新的"意识形态的起源"之中。

1　见《人的本性与命运》（*The Nature and Destiny of Man*, New York, 1941-1943），第 130 页。

姓名索引

（页码为原书页码）

131, 132, 146-148, 154-156, 159, 161-165, 173-175, 178, 184, 187, 191, 206, 208, 217, 229, 235, 236, 239, 241, 246, 247, 249, 250, 257-260, 263, 273, 274, 292, 309, 311, 315, 324, 326, 329, 339, 340

Cop, Nicolas　尼古拉·科　111, 147

Coquastre, Baptiste　巴蒂斯特·科卡斯特　148

Coras, Jean de　让·德·科拉　72, 76, 160

Corbeil, Louis　路易·科贝伊　163

Cordier, Mathurin　马蒂兰·科尔迪耶　15, 136, 147, 152, 155, 156, 163

Corlieu, François　弗朗索瓦·科利厄　136, 137, 189

Cortés, Hernando　埃尔南多·科尔特斯　20

Coser, Lewis　刘易斯·科泽　46, 47, 84

Crespin, Jean　让·克雷斯邦　34, 40, 57, 79, 85, 89, 116, 120-123, 127, 235, 237, 248

Cugnières, Pierre de　皮埃尔·德·屈尼埃　182, 207, 266

Cujas, Jacques　雅克·屈雅斯　160-162, 166, 207, 289, 290, 332

Curtius, Ernst　恩斯特·库尔提乌斯　65, 221

Cusa, Nicolas of　库萨的尼各老　189

Dallier, Jean　让·达利耶　226, 228

D'Andelot, François　弗朗索瓦·当德洛　94, 256

Dante Aligheri　但丁·阿利吉耶里　221

Dathenus, Pierre　皮埃尔·达汀　99

D'Aubigné, Théodore Agrippa　泰奥多尔·阿格里帕·德·奥比涅　123, 243

Davila, Enrico Caterino　恩里科·卡泰里诺·达维拉　1

Decio, Filippo　菲利波·德乔　208

De Coct, Anémond　阿内蒙·德·科克　132, 230, 246